大学生心理健康与心理咨询经典案例

主编　李宏伟　王筱鹏

西安电子科技大学出版社

内 容 简 介

　　大学生从入学到毕业走向社会，不可避免地会面临很多的心理困惑和人生抉择。本书根据大学生的心理特点以及作者近年来在心理健康教育与咨询方面的经验和研究，针对大学生入校后遇到的心理困惑和烦恼，选用几十个经典心理咨询案例，循序渐进、有的放矢地引领大学生走进心理学，了解心理现象和心理规律，认识心理健康和心理咨询的重要性，为大学生指引了一条正确、健康、积极向上的生活道路。

　　本书既可作为心理学专业学习的参考书，也可作为相关专业的选修课教材，还可供心理学爱好者阅读参考。

图书在版编目(CIP)数据

　　大学生心理健康与心理咨询经典案例/李宏伟，王筱鹏主编.
—西安：西安电子科技大学出版社，2019.2(2021.8 重印)
ISBN 978 - 7 - 5606 - 5255 - 9

Ⅰ. ① 大…　Ⅱ. ① 李…　② 王…　Ⅲ. ① 大学生－心理健康－健康教育　Ⅳ. ① G444

中国版本图书馆 CIP 数据核字(2019)第 026796 号

策划编辑	刘统军
责任编辑	孙雅菲　阎彬
出版发行	西安电子科技大学出版社(西安市太白南路 2 号)
电　　话	(029)88202421　88201467　　邮　　编　710071
网　　址	www. xduph. com　　　电子邮箱　xdupfxb001@163.com
经　　销	新华书店
印刷单位	陕西天意印务有限责任公司
版　　次	2019 年 2 月第 1 版　2021 年 8 月第 7 次印刷
开　　本	787 毫米×1092 毫米　1/16　印张　18.5
字　　数	435 千字
印　　数	10 301～13 300 册
定　　价	39.80 元

ISBN 978 - 7 - 5606 - 5255 - 9/G

XDUP 5557001 - 7

序

爱，永远会赢

写这本书的初衷，来源于我的工作经历和实践，也来源于我读过的一本书——《相约星期二》，其作者是美国著名专栏作家米奇·阿尔博姆。该书讲述了米奇在社会心理学家莫里老教授缠绵病榻的十四周时间里，每周二都上门与他相伴，聆听他最后的教诲，并在教授去世后，将教授的醒世箴言缀珠成链的故事。

书中，莫里教授说，"生活是持续不断的前进和后退。你想做某一件事，可你又注定要去做另一件事。你受到了伤害，可你知道你不该受伤害。你把某些事情视作理所当然，尽管你知道不该这么做。反向力，就像是橡皮筋上的移动。我们大多数人生活在它的中间。

——听上去像是摔跤比赛？

——是的，你可以对生活作类似的诠释。

——那么，哪一方会赢？

——爱会赢。爱永远是胜者。"

从事心理咨询工作二十多年以来，常常被人追问："来你这儿咨询的是些什么人？他们得了什么病？"

每当此时，我都会耐心解释：前来咨询的人并非全部有病。有的人只是心里不舒服，心情不愉快，就像我们平常日子遇事情着急上火，伤风感冒了一样普通。不过，他们的问题不能靠多喝水、吃点药、打几针、输输液这样来处理。治疗心理上的痛苦，需要心理咨询师这支专业队伍倾听他们的心声，分析他们的心结，陪伴他们成长，指点他们如何一步步穿越心灵迷雾，走出心灵迷宫。

前来求助的人群，有性格孤僻自我封闭者，缺乏自信、严重自卑者，失恋后寻死觅活、痛不欲生者，心理茫然、无所事事者，心理焦虑、神经衰弱者，情感困惑、精神颓废、消极厌世者，网络、手机成瘾厌学者，狭隘、自私、多疑、嫉妒者，等等，不一而足。在分析他们的病症所在时，我发现这些求助者心理上都缺少了一个非常重要的成长支撑，那就是爱的品质和能力。具体表现是：他们对周围很多事物缺乏关心和热情，学习上不主动，情绪方面不积极，人际交往不顺畅，工作没能力，等等。甚至很多求助者不喜欢自己，也就不懂得如何尊重他人，不懂得如何热爱生活，不懂得如何热爱周围的一切美好事物。这样的求助者，其实最需要爱的包围、爱的温暖、爱的滋养。

人最深切的需求，即克服分离，从孤独中抽身，有所归依，而感情是人类克服孤独的唯一方法。人的感情是一种内心的力量，这种力量能够冲破人与人之间的高墙，分享彼此的秘密。人与人结合，感情使人克服孤寂和与世隔绝感。作为一名心理咨询师，我很幸运有了与他们建立感情链接的机会。

根据多年咨询经验，我认为正是因为缺乏爱，才导致了他们出现各种各样的心理问题或心理疾病。我特别认同精神分析大师弗洛伊德的"心因说"理论——"所有生理的疾病都可以从心理上找到病源"。也就是说，生理疾病大多是心理因素引起的。东汉末年著名医学家华佗也说过："善医者，先医其心后医其身。"最好的医生总是先做通病人的心理工作再做其生理救治。我所做的就是从心理学角度给予求助者引导和帮助，给予他们鼓励和温暖，给予他们恰当的爱的引导，帮助他们逐步走出心理困境，使他们重新拥抱快乐，脚踏实地地走好每一步过好每一天，逐渐接近人生的真相和幸福。

从心理学的层面，爱是一种高贵的品质，是我们需要终身学习、加强和培养的一种能力。拥有高品质爱的人，他们的思想是积极的、乐观的、向上的，他们的行为行动也是阳光的、和善的、勇往直前的，他们的习惯是美好的、有益于生活和成长的，他们的成功自然而然是水到渠成的。即使有时候他们孤独寂寞，甚至遭遇挫折和不幸，他们也能活得有尊严，活得有滋味、有乐趣。

爱的高贵，在于它能激发人们生活的热情、智慧和勇气。我们都是孤立的个体，在成长中，我们需要他人的爱也需要去爱他人，爱与被爱都是爱的滋养，爱会让我们的人生充满幸福感和愉悦感。

我们都很渺小，爱的力量却可以很强大，强大到可以支配一切、改变一切、战胜一切。当苦难来临时，爱可以给我们苦难的心注入强大而温暖的力量，也可以教我们学会坚强与勇敢。所以，爱能够使我们的生活由痛苦变甘甜，由忧愁变喜乐，由无力变有力，由无能变强大。爱是圣坛，爱是天堂，爱使我们的心底开花，爱使我们在尘世获得永恒的幸福，爱使我们不忧不惧，快乐前行，拥抱世界。

在爱的包围中长大的孩子，充满了对他人的信任，也懂得与他人团结与合作，并且学会爱自己，与自己做朋友。高尔基说："一个人只要爱着什么的时候，就能活下去，如果什么也不爱，那他活着还有什么劲？"一个缺失了爱的人会怎样呢？他可能就会怨天尤人，不思进取，颓废迷茫甚至消沉堕落，不啻为一具行尸走肉。所以，有所爱、拥有爱的能力的人是有福的，他们的生活是充满激情和快乐的，他们的心灵是富足并有寄托的。

生活本身不是一个目标，却是你走向目标的过程。而能使你走完这个过程的唯一动力便是爱。如果给爱下个定义的话，最能概括其全部含义的只有两个词：一个是生活，一个是心情。一旦失去了爱，人也就失去了生活和心情，因为爱就是生活的心情。

一个人活着，有所爱，有所好，才能使生活有趣儿、有味儿、有劲儿。汪曾祺在《生活，是很好玩的》一书中写道："爱，是一件非专业的事情，是花木那样的生长，有一份对光阴和季节的钟情和执着。一定要，爱着点什么，爱让我们变得坚韧，宽容，充盈。业余的，爱着。"的确，人生有所爱，才有所附丽；人生有所爱，才有意义、有激情、有奔头。爱一个人，爱一样东西，爱一份工作或一项事业，可以使我们的生活充满激情，洒满阳光。对生活的热爱，对自己、对他人、对大自然、对一切美好事物的热爱，会使我们拥有努力活下去的好心情，会使我们的人生发生伟大的转变。

弗洛姆认为，爱是一门艺术，它需要我们不断学习和努力。因此，人生最重要的是找到自己潜藏的爱，并学会如何施爱于人，还要学习如何去接受爱。爱是唯一的理性行为，没有了爱，我们便成了折翼的小鸟。我希望，爱永远围绕在我们左右，爱永远温暖我们的世界。

我在心理咨询中遇到过形形色色的求助者，他们当中大多数人其实过着没有意义的生活，即使当他们在忙一些自以为重要的事情时，也显得昏昏沉沉的。这是因为他们在追求一种错误的东西。要想使生活有意义，你就得献身于爱，献身于你周围的群体，去创造一种能给你目标和意义的生活方式。

只有当你温暖别人的时候，你才能温暖自己；当人间有爱的时候，人们就会激动地落泪，泪水会滋养和安顿我们的心灵，让我们成为一个真正的人。

爱，是人生永远的话题，因为爱是对人类一切生存问题的答案。正如爱因斯坦的临终遗言："有一种无穷无尽的能量源，迄今为止科学都没有对其找到一个合理的解释。这是一种生命力，包含并统领所有其它的一切。而且在任何宇宙的运行现象之后，甚至还没有被我们定义。这种生命力叫'爱'。当科学家们苦苦寻找一个未定义的宇宙统一理论的时候，他们已经忘了大部分充满力量的无形之力。爱是光，爱能够启示那些给予并得到它的人。爱是引力，因为爱能让人们互相吸引。爱是能量，因为爱产生我们最好的东西而且爱允许人类不用去消除看不见的自私。爱能掩盖，爱能揭露。因为爱，我们才活着……爱是最强大的力量，因为爱没有限制。如果我们想要自己的物种得以存活，如果我们发现了生命的意义，如果我们想拯救这个世界和每一个居住在世界上的生灵，爱是唯一的答案。"

爱是唯一的答案。爱，也是一切教育的前提和核心。作为一名心理咨询师，我的心里始终充满了一份对求助者的爱意和怜惜：

假如我能使一只落单、受伤的鸟儿归巢，我将不虚此生；

我愿意，以世界上最简单的方式爱你们——倾听、鼓励并陪伴……

最后，愿人人记住这一法则：

爱，使人感到充实和幸福；

爱，是永远的胜者；

爱，永远会赢！

王筱鹏

2018 年 9 月

前 言
Preface

为进一步加强和改进高等学校德育工作，全面推进素质教育，提升高等学校人才培养质量，实现大学生更高水平的就业，我们以教育部下发的《关于加强普通高等学校大学生心理健康教育工作的意见》、《普通高等学校大学生心理健康教育工作实施纲要》、《关于进一步加强和改进大学生心理健康教育的意见》等文件精神作为指导思想，编写了本书。

本书紧随时代潮流，以大学生心理健康与心理咨询案例为基点，将心理咨询师帮助大学生走出各种心理困惑的建议和指导呈现纸上，并加以适当的心理学释义和链接。本书包含的案例全部来自身边高校大学生的真实生活经历，但是在每个案例中，为了保护学生隐私，作者特意修改了一些个人的突出特征，有时也会把两个或两个以上学生身上发生的事件融合为一个事例，以求更加清晰、有效地展示一个话题。

本书分为上、下两篇。上篇包含32篇心理咨询案例。对于每篇案例，心理咨询师都以情景再现的方式记录自己协助求助者解决心理问题的全过程，并在文章后面给出相关心理学知识链接。下篇包含36篇心理札记，每篇札记后附一首结合主题的励志小诗，其后更有广大网友对案例的体会、见解和评语，使读者对心理学的概念以及克服心理困惑的方法有更加深刻的认识。从一篇篇咨询案例和心理札记中，读者可以学习和了解心理咨询师协助求助者解决心理问题的技术和方法。比如，心理咨询师运用自我暴露的咨询技术与求助者分享个人成长经历，以身边大学生心理档案为引子引导大学生积极思考，最终使求助者的心理和行为在咨询后发生了根本性的变化。一篇篇案例生动形象，鲜活接地气，读者不仅可以清晰地获取心理健康与心理咨询等心理学知识，也能体会心理咨询这门科学技术的应用和妙处。

本书宗旨是唤醒大学生爱的意识，帮助大学生了解自身的心理特点，树立心理健康意识，掌握一些心理调适的基本方法，预防和缓解心理问题，提升心理素质，优化心理品质，提升职业心理基本素养，最终学会更好地生活和学习，人人成才，人尽其才。

本书由山西电力职业技术学院李宏伟和山西金融职业学院王筱鹏主编。在出版之际，谨向一直关心和支持大学生心理健康与心理咨询工作的领导、同事、亲人、朋友以及使用本书并提出宝贵意见和建议的师生们表达崇高的敬意和诚挚的感谢。

编　者

2018 年 11 月

目 录

上篇　咨询案例

1. 初恋，难懂你心 ………………………………………………………… 2

2. 舍友，谁伤害了你 ……………………………………………………… 9

3. 尿频，不是绝症 ………………………………………………………… 16

4. 分数，学生心中永远的痛 ……………………………………………… 22

5. 孤单，是一个人的狂欢 ………………………………………………… 28

6. 心理学，并非看相算命 ………………………………………………… 34

7. 我是谁，我怎么了 ……………………………………………………… 38

8. 老师，我得了抑郁症 …………………………………………………… 44

9. 反复洗手，为什么 ……………………………………………………… 48

10. 拔掉心灵的杂草 ………………………………………………………… 52

11. 大学生，请不要做"彩奴" ……………………………………………… 57

12. 网恋，虚幻的美丽 ……………………………………………………… 62

13. 请说"不"，拒绝也是一种智慧 ………………………………………… 66

14. 男人不坏女人不爱，为什么 …………………………………………… 69

15. 我爱你，与你无关 ……………………………………………………… 73

16. 敞开心扉，拥抱阳光 …………………………………………………… 79

17. 面对金钱，你受诱惑了吗 ……………………………………………… 84

18. 淡蓝，不一样的关注 …………………………………………………… 87

19. 学会选择，懂得放弃 …………………………………………………… 92

20. 白天不懂夜的黑 ………………………………………………………… 97

21. 走出自卑，寻找自信 …………………………………………………… 102

22. 学生会干部，你图什么 ………………………………………………… 106

23. 大学生，请学做社会人 ………………………………………………… 111

24. 团队精神永远不能丢 …………………………………………………… 115

25. 亲情迷失，谁的责任 …………………………………………………… 120

26. 既生我，为何不养我 …………………………………………………… 125

27. 老师，请爱护您的学生 ………………………………………………… 130

28. 说出来，发泄掉 ………………………………………………………… 134

29. 请熄灭心头无名之火 …………………………………………………… 138

30. 女孩，别冲动 …………………………………………………………… 142

31. 就业，不得不说的尴尬 ………………………………………………… 147

32. 珍惜生命，热爱生活 …………………………………………………… 152

下篇　心理札记

1. 遇着了应该感恩，错过了学会释怀 ……………………………………… 158

2. 雨季里，请以晴日的幻想度日 ………………………………… 162

3. 春暖花开，爱让我们有了力量 ………………………………… 164

4. 孤独时，愿送你一个握手 ……………………………………… 167

5. 克服自卑，做更好的自己 ……………………………………… 171

6. 尘世中相遇，相约好走一程 …………………………………… 174

7. 我请求，你我将仇恨安放 ……………………………………… 177

8. 不知生，焉知死 ………………………………………………… 180

9. 欢乐有时生死一瞬，活着就有希望 …………………………… 183

10. 爱的终极，给你一个拥抱 …………………………………… 186

11. 因为慈悲，所以冷酷 ………………………………………… 189

12. 只要……就 …………………………………………………… 191

13. 借一双慧眼，发现生活中的美 ……………………………… 194

14. 爱自己，是一生的课题 ……………………………………… 197

15. 有一种感觉，如影随形 ……………………………………… 201

16. 生活中的"小确幸"，让日子更快乐 ………………………… 204

17. 撑一截心灵的阳台，不必刻意忘记 ………………………… 206

18. 青春仓促，爱情却徐徐可期 ………………………………… 208

19. 赶走空虚，慢慢长大 ………………………………………… 211

20. 抛却犹疑，别丢掉努力 ……………………………………… 214

21. 先定心，后做事 ……………………………………………… 217

22. 别急，请走在自己的时区 …………………………………… 220

23. 你只负责精彩，老天自有安排 ……………………………… 223

24. 请一笑而过，远离垃圾人 …………………………………… 225

25. 扔出去，抓回来 ……………………………………………… 228

26. 自尊自爱，把握好尺度 ……………………………………… 231

27. 在爱中，不断修正自己 ……………………………………… 234

28. 改变自己，从阅读开始 ……………………………………… 237

29. 女孩子，请提升你的高度 …………………………………… 241

30. 大学时代，关键期的自我教育 ……………………………… 244

31. 加油，我的小尾巴——写给女儿 …………………………… 247

32. 幸福，是因为有他(她)的陪伴 ……………………………… 250

33. 生命中的号角，难得有你 …………………………………… 253

34. 让别人快乐是慈悲，让自己快乐是智慧 …………………… 256

35. 提高心智，提高幸福生活的能力 …………………………… 260

36. 吾日三省吾身，学末告白 …………………………………… 263

附录1 心理剧本《原谅过去，从现在开始》 ………………………… 266

附录2 心理测量量表 …………………………………………………… 270

参考文献 ………………………………………………………………… 281

后记 ……………………………………………………………………… 284

上篇　咨询案例

愿迟钝的人，从中学到耐心和勤奋；

愿愤怒的人，从中学到沉着和冷静；

愿粗暴的人，从中学到自重和沉默；

愿封闭的人，从中学到分享和友善；

愿欺诈的人，从中学到真诚和操守；

愿固执的人，从中学到弹性和宽容；

愿惊恐的人，从中学到安慰和勇气；

······

爱是生活的主题，爱是一切的答案。

——芭芭拉·安吉丽思

1. 初恋，难懂你心

男女生之间的互生好感，容易被自己或他人误认为是谈恋爱。在青春期的异性交往过程中，如果双方之间缺乏信任与理解、沟通与交流，那么纯洁的友谊可能就会被误会，一株友情的幼苗可能也会被扼杀。

东是第一个走进我心理咨询室的男孩子。

他身材颀长，面庞英俊，只是神情中有一丝焦躁和抑郁。

他说，他也不明白心理咨询能不能帮助他。来之前他犹豫了很长时间，直到在校园网上看到了我写的那篇文章——《一名心理咨询师的心路历程》，他才决定来见我。

他说："老师，你文章中写到的某段经历和我的有些相似。"

听了东的话，我自然而然对他多了一份亲切。我们都曾年轻过，年轻的时候容易犯傻、犯错，年轻的时候不知该如何面对失败，这时候非常需要身边有人指点、有人安慰。

我希望东能够在我的帮助和引导下穿越迷雾，重塑美好的人生。

"老师，你真的也想过放弃自己吗？"东用诚恳和渴望的眼神看着我，他指的是文章中提及的我高考落榜后那段时间的失落、不知所措，甚至无所事事想放弃生命的茫然。

"曾经是这么想过。可是你看，老师现在不是还好好地活着？"我笑了，并且挺了挺胸，把头抬得更高一些。

"我也这样想过。以前，我有一个知心朋友，她考上北京的一所大学了。在我落榜的那些日子，她一直陪着我，给我鼓舞和支持。在她的帮助下，我终于战胜了自我的困顿和外界的压力。我很庆幸，能够拥有这样一份纯洁真挚的友情，有她这样一个可信赖的朋友；我也很感动，是她给了我真挚的关怀、真诚的关心和温暖。她还鼓励我，好男儿志在四方。最近，很长时间收不到她的来信，QQ上也不见她的影子。我感觉她在故意疏远我，我多想和她说说话，但是她不再给我机会了。所以，我感到深入骨髓的痛苦和无奈。"

我朝他挪了挪椅子："噢，被朋友疏远的感觉确实难受。你有没有试着向她谈过你的这些感受？"（我是在拉近我们彼此的社交距离。）

他说："没有！"

男女生之间的互生好感，容易被自己或他人误认为是谈恋爱。在青春期的异性交往过程中，如果双方之间缺乏信任与理解、沟通与交流，那么纯洁的友谊可能就会被误会，一株友情的幼苗可能就会被扼杀。想到此，我问："为什么你没有告诉她呢？"

"我觉得她应该懂，我觉得没必要告诉她。她上了北京的大学，我却上了一所本省高职学校。她总是说北京如何如何好，周围的同学如何如何优秀。我感觉我们已经不是站在同一个舞台上的演员了。"

"那么说，是你有意疏远她了？"我紧追他的话题。

"起初，可能是。可现在是她真的不理我了。我认为我们之间爱情不存在了，友谊似乎也没了。"

从东的讲述可以看出，东现在迷惑的是他们之间到底是爱情还是友情的人际交往问题，这是很多青年人感到困惑却又很关注的话题。

怎样区别男女之间的友谊和爱情呢？他们不明白：友谊是在学习中工作中通过互相帮助而产生的。最突出的表现是遇到困难时，想找对方帮助。而且，友谊往往不是针对一个人的，男女之间的正常的友谊应该在同学之间交叉地产生。如果只有一个男生和一个女生经常性地接近和依恋，那就不是友谊，而是爱情了。东只想和她一个人说话，让她对他一个人好，这无疑说明东非常依恋她。一旦她不再理睬他，他就会感到焦虑和不安。

于是，我直截了当地问："你是不是很烦恼？"

东不好意思地笑了一下，低下头，用手挠了下自己的后脑勺说："是呀，一方面我很自卑，觉得配不上她；另一方面我又很自傲，觉得自己只要努力一定有出人头地的一天。可现在，我心里只想着她不理睬我的这件事，好烦！"

我说："这很正常，因为你还没有从失意中摆脱出来，所以你的情绪消极，心境低迷。"东摇了摇椅子，不安地问："可能是这样吧，那么我该怎么办呢？"被动依恋他人的人总是充满了疑问"我该怎么办"，在现实生活中，他们往往总是无法确定自己到底该怎么办。

我反问他："那你觉得怎么办才好呢？"

东看着我，像是在思索又像是在向我寻找答案。我坚持不说话，静静地等着他的回答。大概过了有一分钟，东开口了："我想把我们的关系就变成普通朋友的关系吧，已经是这样了。"

"普通朋友关系是怎样的关系呢？"我采用质问的技术紧追不放，让他的思维一直跟着我走下去。

"应该是淡淡地来淡淡地走，偶尔想起来打个电话，甚至很长时间不联系，但在你有困难时他会积极地、无私地向你伸出援助之手。"随着我们谈话的深入，我认为对东的咨询重点应该放在帮助他改变不良的认知上，而改变他的不良认知就必须启发他思索友谊和爱情到底是什么，以及大学生该不该谈恋爱的问题。

东在我的启发下继续谈论他们之间发生的一些小事，后来他说："实际上，我很感谢她。一直以来，我很担心我对她的疏远会让她不愉快。后来，她真的不理我了，反而我的内疚多一些。毕竟，她曾给予过我许多帮助。"

"噢，是这样。那你觉得当初你们之间到底是什么关系？"我继续追问。

"应该是友谊的成分多一些吧，因为我们只是曾经彼此有好感而已，我们恐怕都不清楚爱情究竟是怎么回事。只是她曾经在我最困难的时候热心地帮助我而已。"他说。

友谊和爱情真的是人类生活中追求的永恒主题，对家人、对朋友的深深思念，对大学生活的憧憬，使刚刚走出家乡走进大学校园的大学生们更加渴望友情的温暖、爱情的滋润。但或因年幼无知缺乏经验，或自作多情浮想联翩，又使许多同学品尝到落花有意、流水无情的失落或懊悔。

可喜的是，东经过这次咨询不但明白了什么是心理咨询、谈心和聊天的不同，更懂得了男女同学之间的情感需要慎重对待、理智处理，在情感大门前徘徊时，需要反思自己的情感。在反思中学会选择，学会承担责任；在选择中把握青春，在承担责任中长大成人。

是的，心理咨询有安慰，但不是简单的劝说：过去就让它随风而逝吧，明天会更美好更灿烂。心理咨询要让人从失败中找寻原因，从挫折中认真反省，总结经验教训，增强生活的智慧，激发独立决策的能力，使求助者可以更好地处理以后生活中可能遇到的各种困难。

从这层意义上来说，心理咨询就是心理咨询师协助求助者更好地认识自我、激励自我、实现自我的一个过程。

相关知识链接——什么是心理咨询

一、什么是心理咨询

咨询(counseling)：在古汉语中，咨是商量的意思；询是询问，合起来就是与人协商、征求意见。英语的"counseling"含有协商、商讨、会谈、征求意见、寻求帮助、顾问、参谋、劝告、辅导等含义。心理咨询(psychological counseling)一词，既表示一门学科，即咨询心理学，也可以表示一种心理技术工作，即心理咨询服务。这是一门使人愉快成长的科学，这里的成长是心理学意义上的人格成长，含有心理成熟、增强自主性和自我完善的意思。

作为一种技术与服务的心理咨询，是心理咨询师协助求助者解决各类心理问题的过程，也就是指咨询人员运用心理学的理论和方法，通过言语、文字或其他信息传递方式，在心理方面给咨询对象以帮助、启发、疏导和教育的过程，即运用心理学的方法，对心理适应方面出现问题并企求解决问题的求助者提供心理援助的过程。需要解决问题并前来寻求帮助者称为来访者、咨客或求助者，提供帮助的咨询专家称为咨询者或咨询师。来访者就自身存在的心理不适或心理障碍，通过语言文字等交流媒介，向咨询者进行述说、询问与商讨，在其支持和帮助下，通过共同的讨论找出引起心理问题的原因，分析问题的症结，进而寻求摆脱困境、解决问题的条件和对策，以便恢复心理平衡，提高对环境的适应能力，增进身心健康。

二、心理咨询与心理治疗的关系

对心理咨询的解释可以分为广义和狭义。广义的心理咨询包括心理咨询和心理治疗，有时心理检查、心理测验也被列为心理咨询的范围。狭义的心理咨询不包括心理治疗和心理检查、心理测验，只局限于咨访，双方通过面谈、书信、网络和电话等手段向来访者提供心理救助和咨询帮助。关于心理咨询与心理治疗的关系，陈仲庚认为两者没有本质的区别，无论在关系的性质上，在改变和学习过程上，在指导的理论上都是相似的。如果有区别的话，也是人为的、非本质的。

第一，工作的任务不同。心理咨询的任务主要在于促进成长，强调发展模式，帮助来访者发挥最大的潜能，为正常发展消除路障，重点在于预防。而心理治疗多在弥补病人过去已经形成的损害，解决和改变发展结构障碍。

第二，对象和情景不同。心理咨询遵循教育的模式，来访者多为正常对象，主要涉及日常生活问题，一般在学校、单位、心理咨询机构等情景中开展工作。心理治疗的对象是心理异常的病人，在临床和医疗情景中开展工作。

第三，工作的方式不同。心理咨询应用更多的方式介入来访者的生活环境之中，如参与他的直接环境，与来访者的家庭、亲友取得联系，应用更多的日常生活设施（如电话咨询等），设计和组织学习班等各种团体活动。而心理治疗的形式则更多为成对会谈。

第四，解决问题的性质和内容不同。心理咨询具有现实指向的性质，涉及的是意识问题，如有关职业选择、培养教育、生活和工作指导、学习辅导等，因此多采用认知和论理的途径。心理治疗涉及内在的人格问题，更多的是与无意识打交道。

三、心理咨询的对象

心理咨询最一般、最主要的对象，是健康人群或存在心理问题的人群，它有别于极健康人群，也和心理治疗的主要对象有所不同。健康人群会面对婚姻、家庭、择业、求学、社会适应等问题，他们期待作出理想的选择，顺利地度过人生的各个阶段，追求自身能力的最大限度发挥和寻求生活的良好质量。

心理咨询的主要对象可分为三大类：（1）精神正常，但遇到了与心理有关的现实问题并请求帮助的人群；（2）精神正常，但心理健康出现问题并请求帮助的人群；（3）特殊对象，即临床治愈的精神疾病患者。

其中，心理咨询最一般、最主要的对象是健康人群，或者是存在心理问题的亚健康人群，而不是人们常误会的"病态人群"，病态人群例如躁狂、精神分裂症等患者是精神科医生的工作对象。

四、大学校园的咨询对象

任何一位学生都可以在心理咨询中获益。心理健康的学生可以寻求发展性的心理咨询，在心理咨询师的帮助下，更好地了解自己，更好地发挥自己的潜力，使自己的心灵更好地成长。心理咨询师可以从心理学的角度，提供中肯的发展咨询，给出相应的帮助。

在人际关系和环境适应中遇到问题的学生，情绪处于不良状态中的学生，不能应对学习生活压力的学生，因遇到挫折而心理上受到影响的学生，都可以借助心理咨询得到帮助，使自己的情绪得到调节，并学会更好的人际交往方法。

感觉自己可能有心理障碍的学生，应该寻求心理咨询。例如，有一些难于克服的怪癖，害怕一些很平常的事情，过分害怕与人交往，性观念和行为上的异常等，都应该寻求心理咨询。

一般来说，在大学校园咨询对象最好具备以下几方面条件：

（1）具有一定智力基础。智力是一种综合能力，是人类对客观事物各种认知能力的总和。求助者的智力一般需要在正常范围，因为他们需要能够叙述自己的问题以及其他相关情况，要能理解咨询师的意思，还要有一定的领悟能力等。

（2）内容合适。并非所有与心理有关的问题都可以通过心理咨询获得比较满意的解决。大学生心理咨询的内容是同学们在大学学习生活中出现的各种心理困惑或者心理疾患，以及个人成长过程中涉及的各种问题，包括人格、个性的培养，职业的选择，专业兴趣的培养，人际交往能力的培养，抗挫折能力的培养，学习生活的适应，宿舍关系的调节等。大学生心理咨询能帮助同学们解决心理上的痛苦，例如恋爱失败的痛苦，学习困难的痛苦，生活压力的痛苦，学业不良的痛苦，人际交往失败的痛苦。大学生心理咨询还能帮助同学们解决出现的各种恐惧症、焦虑症、抑郁症等。

（3）人格基本健全。求助者应无严重的人格障碍，因为人格障碍不仅阻碍咨询关系的建立，也会影响咨询的进行。人格的回归问题旷日持久，需要深入的心理治疗才可能奏效。

（4）动机合理。合理动机是指与我们的社会利益相一致的、有利于个体健康发展的动机，它包括高尚的、正确的和在一定时期里有较多积极因素的动机。有无咨询的动机将直接影响到咨询的效果。那些缺乏求助动机的求助者，一般不适宜作心理咨询，因为他们没有改变自己状态的动机，也就很难取得咨询效果。

（5）有一定交流能力。所谓交流，即将自己的想法、意见传达给别人，并让别人充分理解自己的想法与意见。那些能够清楚表达自己的问题、能顺利体会咨询师的话并随之采取行动的学生，才适合作心理咨询。

（6）对咨询有一定信任度。那些相信咨询能解决或缓解自己心理问题的求助者，相信咨询有效、咨询师优秀、咨询理论与方法实用和先进的求助者更可能取得良好的咨询效果。反之，咨询效果则差。

五、心理咨询的任务

心理咨询能够使人将不愉快的经历化作自我成长的契机，能够为人们提供全新的人生经验和体验。对那些心理适应属于正常范围的人来说，咨询所提供的全新环境可以帮助他们认识自己与社会，处理各种关系，以便更好发挥他们的内在潜力。而那些由于心理问题而遇到麻烦的人可以在咨询师的帮助下逐渐改变与外界格格不入的思维、情感和反应方式，并学会与外界相适应的方式。从这个意义上来讲，心理咨询的任务有以下几个方面：

（1）建立新的人际关系。一名真正富有成效的咨询师理应有健全的心理特征，能够全心全意地关心前来咨询的求助者，并且具有丰富的有关人类行为的知识和一套帮助别人的技巧，这就为咨询师与求助者之间建立一种不同以往的新型人际关系创造了条件。

（2）认识内部冲突。促使人们去进行心理咨询的大部分问题，是由于自身的人格特点和处事风格而引起的。不幸的是，人们通常认为他们的问题产生的原因远在他们自身之外。为解决这些问题，咨询师应该帮助对方认识到自身内部的种种冲突，咨询师并不能改变他（或她）的老板、母亲、同学或朋友，解决问题的关键在求助者本人身上。

（3）纠正错误观念。许多前来咨询的人头脑里都存在着不同性质的错误观念，正是这些错误观念导致了各种心理问题的产生。求助者通常确信他们十分清楚自己需要什么和在干什么，而实际上并非如此。咨询帮助人们面对那些以前认为"无法解决"的问题。咨询可以帮助人们坦诚面对沉重的许诺。咨询过程促使一个人不再自我欺骗。

（4）深化求助者的自我认识。咨询可以引导人们去发现真实的自我并相应地生活。当人们真正认识到自己时，也就认识了自己的需要、价值观、态度、动机、长处和短处。一旦认识了自己，他们也就可以随着自己的情况来绘制自己的生命蓝图了，从而使他们有可能尽快成长并获得最大程度的幸福。然而，自我意识本身并不能使人成长和进步。人们不仅要认识自我，而且还要根据这个真实的自我同别人交往，与社会互动。

（5）学会面对现实问题。咨询给人们提供更大的机会。前来咨询的人，其应付现实问题的许多方法是不恰当的，他们不仅躲避现实以减少自己的焦虑，并总想按照自己的愿望摆布现实，而且还经常设法求得周围人的支持以利用他们来逃避现实。

（6）增加心理自由度。咨询为人们提供了给心理更大自由的机会，大多数咨询者至少在一个相当重要的方面缺乏心理自由。

（7）帮助求助者做出新的有效行动。所谓新，是过去未曾尝试过的；所谓有效，指行动给需要带来满足，如友好关系的体验、成就感等。启发、鼓励和支持求助者采取新的有效行动，可以是公开的和直截了当的，包括明确的建议和正确的指导，也可以是含蓄、间接或暗示性的。

六、心理咨询的分类和形式

根据咨询的内容，心理咨询可以分为发展咨询和健康咨询；根据咨询的规模，可分为个体咨询与团体咨询；根据咨询采用的形式，可分为门诊咨询、电话咨询和互联网咨询。

（1）按性质分类，心理咨询可以分为发展心理咨询和健康心理咨询。

① 发展心理咨询。在个人成长的各个阶段，都可能产生困惑和障碍，例如为适应新的生存环境、为选择合适的职业、为个人事业的成功突破个人弱点等，所要进行的就是发展心理咨询。

② 健康心理咨询。当一个精神正常的人，因各类刺激引起焦虑、紧张、恐惧、抑郁等情绪问题，或者因各种挫折引起行为问题，也即发现自己的心理健康遭到破坏时，所进行的心理咨询就是健康心理咨询。

（2）按咨询的规模分类，心理咨询可分为个体咨询和团体咨询。

① 个体咨询。个体咨询的形式，是咨询师与求助者建立一对一的咨询关系。咨询活动与求助者所处的那个社会、集体及家庭无直接关系，在内容上是着重帮助求助者解决个人的心理问题。

② 团体咨询。团体咨询是在团体情境中，向求助者们提供心理帮助和指导。它是通过团体内人际交互作用，促使个体在交往中观察、学习、体验，认识自我、探讨自我。接纳自我，调整和改善与他人的交往，学习新的态度与行为模式，以促进个人的、发展良好的、生活适应的助人过程。

（3）按咨询时程分类，心理咨询可以分为短程、中程和长期心理咨询。

① 短程咨询，指在相对短的时间内（1～3 周以内）完成咨询。资料收集和分析集中在心理问题的关键点上，就事论事地解决求助者的一般心理问题。追求近期疗效，对中、远期疗效不作严格规定，做好这类咨询，要求咨询师的思维要敏捷、果断，语言要准确、明快，有较长期的临床经验。

② 中程心理咨询，指在 1～3 个月内完成咨询。可涉及较严重的心理问题，要求有完整的咨询计划、咨询预后，追求中期以上疗效。

③ 长期心理咨询，指在遇到严重心理问题或神经症性的心理问题时，可采用长期心理咨询，一般用时在 3 个月以上，应使用标准化咨询方法——心理治疗，要求制订详细的咨询计划，追求中期以上疗效，并要求疗效巩固措施。对资历较浅的心理咨询师，除要求有详细的咨询计划外，还要求写出案例分析报告。

（4）按咨询形式分类，心理咨询可以分为门诊、电话和互联网心理咨询。

① 门诊心理咨询。门诊心理咨询现在已经不限定在医院门诊进行，也可在专业心理咨询中心进行。门诊心理咨询是进行面对面咨询，这类咨询的特点是能及时对求助者进行各类检查、诊断，及时发现问题，及时做出妥善处理（如转诊、会诊等）。因此，它是心理咨询中最主要而且最有效的方法。

② 电话心理咨询。电话心理咨询是利用电话给求助者进行支持性咨询，早期多用于心理危机干预，防止心理危机所导致的恶性事件，如自杀、暴力行为等。咨询中心有专用的电话，心理咨询工作人员 24 小时轮流值班，并设有流动的应急小组。现在的电话咨询涵盖面很广，是一种较为方便而又迅速的心理咨询方式，但它也有某些局限性。

③ 互联网心理咨询。互联网心理咨询是心理咨询师通过互联网来帮助求助者。互联网咨询除了可以突破地域限制，还可以凭借行之有效的软件程序，进行心理问题的评估与测量；可以将咨询过程全程记录，便于深入分析求助者的问题以及进行案例讨论。在一个付费咨询体系中，咨询协议的具体化和程序化将使得人们更容易接受。

七、心理咨询的实质

在心理咨询过程中，求助者并不是为学习某种知识和技能，也不是为寻求道德上的教诲，更不是为取得咨询者的安慰与同情。咨询者给予求助者的是一种特殊的帮助，即通过咨询过程中对求助者的尊重、关心、理解和共感、共鸣，逐步使求助者产生新的体验，形成新的价值观念，以新的思维方式和角度思考问题，以新的方式表达思想感情，取得新的行为方式适应环境，并建立和谐的社会关系。

心理咨询人员帮助求助者自己发现问题，将所学的方法和经验应用于现实生活中。要通过咨询，提高求助者自知、自控、自我行动的能力，把咨询中获得的知识、方法、经验运用到日常生活中，实现能力和知识的迁移，提高求助者解决自己问题的能力，使其能举一反三地去解决所遇到的各种心理问题和人生课题，逐渐走向成熟。

因此，助人自助、自我实现是心理咨询的最终目标，心理咨询的实质是"助人自助"。

2. 舍友，谁伤害了你

在大学同一间宿舍，由于各人的性格、禀赋、生活背景及经历等不同而会在思想上产生一定隔阂，这是正常的，也是可以理解的。倘若一个人和所有的同学都合不来，那就需要认真反思了。

玲是我做心理咨询时间最长的一个学生，从大二开始直到大学毕业，长达两年。在走进咨询室之前，她先后匿名给我发送过三次 E—mail。

第一次，她在信件中写到："老师，我没有勇气去找您。我觉得自己变得和别人越来越不一样。我总是不会处理身边的小矛盾，不知道怎样变通，总是出现一些小故障。我总感觉自己像被世界遗弃了一样。"

第二次，她写到："每次都看见您屋子里有人，所以不好意思进去。我发自内心地对待别人，依然没有朋友。我不能向任何人倾诉自己的不满，因为没人喜欢听，他们都认为是我不对。我能和您约个单独见面的时间吗？"

第三次，她又写到："老师，不知您什么时候有时间，如有时间请给我留言，希望这次能和您见上一面。"

我在回复她时总是请她有时间来我的咨询室，但她到了约定时间又以各种理由拒绝我。直到一天中午，她突然给我打电话，说想马上见到我。

从电话中我得知，前天她又听了一遍我给新生的入学教育讲座，思前想后才拨通了我的电话。

初次见面，玲给我的印象她是个内向、羞涩、腼腆的女孩，个子不高，皮肤有点黑，眼神中透露着倔犟，又流露着委屈，还有深深的自卑。一进门，她就坐在我对面的沙发上，手里早攥着一张纸巾，眼泪已经在她眼眶里打转了。

我急忙起身走到她面前，扶住她的肩膀。她也就顺势抓住我的胳膊，并且抽噎着说："老师，我……我快受不了了！"

通过交谈，我了解到，玲和宿舍另外七名女同学现在基本上不交流。用她自己的话讲："不是我不和她们交朋友，而是她们不想和我做朋友。因为自卑，我沉默寡言不怎么爱说话，所以，我不擅长与他人聊天。"

人际关系是我们生活中的一个重要组成部分，甚至有心理学家认为，所有的心理问题实际上都可以说是人际关系方面出现问题导致的。倘若搞不好，将对我们的工作、生活及心理健康造成不良的影响。在大学同一间宿舍，由于各人的性格、禀赋、经历及生活背景等不同而在思想上产生一定的隔阂，这是正常的，也是可以理解的。倘若和所有的同学都合不来，那就需要反思了。所以，我需要首先了解清楚玲和她们宿舍以外其他同学的关系相处如何，以及这种不良人际关系持续了多长时间。

我先安慰她，让她止住眼泪，并向她说明：与宿舍同学处不来的大学生有很多。因为依据近几年高职院校学生的心理档案可以知道，学生人际交往能力"一般"的人数占总人数的65.1％，而"较强"的只占总人数的20.2％。我的做法其实是一种共情，一是拉近我与她之间的距离，二是让她了解这种情况不少，与她相似的人自然也不少。这会使她心里略微舒服一些。

玲慢慢平稳了情绪，"其实，我们刚到一个宿舍时，相处还算好。尤其军训时，我由于特殊原因不能参加军训，就帮同学们看衣服和打水，他们还选我作了宿舍长。"

"那你们的关系是如何演变到今天这样的局面的？"我问。

"我也不知道怎么回事，慢慢地她们都不理我了。"她一脸委屈和茫然，紧接着又说了一句："我恨死她了！都是她挑的头！"

"谁？你恨谁？"我看着她愤愤的语气和表情连忙追问根由。于是，她的话匣子便打开了。雯是玲的老乡，她们起初关系很好，几乎形影不离，无话不谈。玲的母亲送她来学校时告诉宿舍其他同学：玲是个单纯、善良的女孩，在中学当过班干部，人缘很好，但是心脏不太好，不能参加剧烈体育运动，所以也就不能参加军训了。

玲很讨厌母亲的说辞，因为她觉得母亲并不了解她。她原来在中学担任过班里纪律委员，那是因为她妈妈是学校分管学生的领导。她在没当纪律委员之前和同学们相处非常好，学习成绩也还在中上游，就是因为担任班干部后负责登记违规同学名字，得罪了不少同学，其中包括她最要好的朋友，因此，导致人际关系恶化，这使她难过了很久，学习成绩也一落千丈。

"这些事情你妈妈知道吗？"我不能放过任何可能导致她出现今天这种状况的原因。她摇了摇头，接着往下讲。她很不喜欢自己的家庭，因为她爸爸是工厂工人，妈妈是学校领导，可能由于工作的原因，在家里基本上都是母亲说了算，父亲几乎没有发言权。这使得玲看不起爸爸的同时又很可怜爸爸，讨厌妈妈的同时又觉得离不开妈妈。在这种矛盾的心理下，玲渐渐长大。她觉得自己也变得像母亲一样跋扈专横，但她讨厌这样的自己。尤其在家里，她总是欺负妹妹，这使得母亲常常指责她。

上大学之前，母亲告诉她：妈妈再也不能保护你了，你要学会保护自己；要与人为善，和同学好好相处。她说，她也特别希望和宿舍以及同学处好这难得的大学时光，所以她选择了老乡——雯，让她作自己最好的朋友。

雯在家里是独生女，很依赖玲，开始她们相处得很好，但基本上是玲一个人在付出。自从玲告诉雯自己心脏并没有毛病可以参加军训后，雯就渐渐不理她，并且其他人也慢慢都不理她了。所以她最恨的是雯，因为是雯告诉其他人，说她故意逃避军训。

一切因为她当宿舍长这么个"小官"而改变了。军训期间，同学们很累，而她却很清闲，所以她尽量帮助同学们打扫宿舍卫生。可是，军训过后，同宿舍同学几乎习惯了她每天打水、扫地、拖地，没人帮她做任何事。她几次强调值日的事情，但同学们认为她拿着鸡毛当令箭，都不怎么配合她。有一次，该她们宿舍打扫教室，下课了，舍友都走了，就剩她一个人。虽然很生气，但她还是坚持一个人做完了全部的活儿。

就在昨天，她看见七个舍友一起去了小卖部，没有一个人叫她。

"真的是很孤单，是不是？"对于她这样的痛苦我能够体会。

她拼命地点头，然后眼泪又哗哗流个不停，说："老师，只有我一个人，没人理我，我好没用！"

针对这种情况，我和她详细分析了几种可能导致这种局面的因素：一是家庭教育影响；二是她个性的原因；三是同宿舍其他人对她的印象；四是她中学时的经历。于是，我们就第二点和第四点作为主要咨询目标，确立了一周一次的咨询安排，因为被同学疏远后而深感困扰，不是短时间内能够解决的。心理咨询建立在尊重、平等、理解的基础上，关注求助者的内心感受，在咨询中将咨询心理学的理论知识、行为科学及丰富的人生阅历、人生哲学有机融合，从而帮助求助者寻找心理症结，缓解心理焦虑，促进人格成长，最终帮助求助者走出困境。

咨询几次后，玲觉得自己的心态改变了不少。首先，她向同学们承认了不参加军训的错误，以及她当宿舍长以来处理问题的一些不妥之处，也明确表示自己可以不当宿舍长，改选其他更优秀、更合适的同学。其次，她还增进了与其他同学和老乡的人际关系，心情变好了很多。

春节回家，玲向母亲讲述了多年的苦闷和压抑。因为过于激动，和母亲发生了争执。她打电话向我求助，让我做她母亲的工作。从那以后，她的母亲为了她早日快乐起来，也与我多次沟通并征询一些教育孩子的注意事项。

确实，家庭是学生生活的第一环境，父母是孩子的第一任老师。最初对孩子心理健康产生重要影响的是家庭，父母间的不良关系也会对学生心理健康产生极大的不良影响。心理学家的研究表明，许多成年人表现出来的心理问题，大部分能够在其童年生活中找到线索。换句话说，儿童时代受什么不良影响，将成为其成年生活中种种心理问题的隐患。

由此可见，家庭教育对学生心理健康有着重要影响，家庭教育尤其应该引起全社会的重视。

相关知识链接——高校心理咨询的内容

一、高校心理咨询的内容

心理咨询、心理辅导和心理治疗是在高校心理健康教育中经常遇到的三个名词。它们有什么区别与联系，如何正确使用这三个概念是教育者比较关注的问题，同时也是专业人员和研究人员关注的话题。关于心理咨询，我们在前面已经详细论述过，这里具体谈一谈心理辅导和心理治疗。

1. 心理辅导

辅导（guidance），在古汉语里，"辅"是帮助、佐助、辅助的意思，"导"是指引、带领、传导、引导的意思。英语里"guidance"的含义和中文里的"辅导"相近，泛指有关专业人员对当事人的协助与服务。

心理辅导（psychological　guidance）是学校教育者根据学生心理发展的特征与规律，在一种新型的建设性的人际关系中，有关专业人员运用心理学等专业知识技能，设计与组织各种教育性活动，以帮助学生形成良好的心理素质，充分发挥个人潜能，进一步提高心理健康水平的过程，所以大多数情况下心理辅导就是指心理健康教育。

2. 心理治疗

心理治疗在英语中有时被称为"psychotherapy"（心理治疗），有时直接被称为"therapy"（治疗）。

心理治疗(psychotherapy)的含义是指在良好治疗关系的基础上,由经过专业训练的治疗者运用心理学的有关理论和技术,对当事人进行帮助,以消除和缓解当事人较严重的心理问题和障碍,促进其人格向健康协调发展,恢复其心理健康的过程。

3. 心理咨询、心理辅导与心理治疗的区别与联系

对人的心理问题的处理,大致有医学模式和教育模式两种,前者重心理的治疗和重建,后者重心理的预防和发展。按使用这两种模式因素的多少,可区分为心理辅导、心理咨询和心理治疗三个层次和类型。三者都认为这是心理有问题者的一个学习过程,即通过学习来改变其不健康的心理和行为,所以三者都强调双方之间的合作和建立一种民主、平等、和谐的关系,但是三者在目的、手段、对象等方面又各有差异。

心理辅导的对象往往是处在转变或转折时期的普通学生,即心理健康状况相对良好的学生,关注对象的未来。心理干预的重点是预防,根本目标是为防止未来问题的发生提供知识性服务。心理咨询是以遇到心理困惑或有强烈心理冲突与矛盾的正常学生为对象,关注对象的现在。心理干预的重点是发展,根本目标是改善学生个体的心理机能,提高心理健康水平。

心理治疗是以心理健康水平较低或心理机能失调及心理上有障碍的疾患学生为对象,关注对象的过去。心理干预的重点是矫治,根本目标是纠正与治疗学生心理与行为的失常问题,恢复其心理健康。

必须说明的是,上述三个概念都是狭义的,而在实际开展学校心理健康教育的活动中,这三个概念的使用不仅有很大程度的交叉和重叠,而且多数时候都是只在广泛意义上使用某个概念,如心理辅导,也可能包括咨询、辅导和治疗在内。同样,使用心理咨询或心理治疗概念往往也包括其他两个概念。之所以只使用其中某一个概念,可能是由于心理健康教育在对象、任务、内容、方法、手段等方面的侧重点不同而已。而现行的"心理健康教育"一词实际上也包括了上述三者,因为仅使用三者中某一个概念来涵盖学校的心理健康教育是很不全面的。所以,学校使用心理健康教育这一概念不仅是学术上的慎重选择,更是学校教育现实状况和实际需要的反映。

二、高校心理咨询的步骤和阶段

心理咨询是一个过程,包括一连串有序的步骤和阶段。了解和重视每阶段的任务以及重点、难点和注意事项,有助于高校心理咨询工作的顺利开展和效果提升。

1. 信息收集阶段

这个阶段的主要任务是广泛深入地收集与求助者及其问题有关的所有资料,并与求助者建立初步的信任关系,主要步骤和要求有以下两点:

首先,要建立良好和恰当的关系。咨询人员要给求助学生以良好的第一印象,给他们以职业上的信任感,同时要以热情而自然的态度和亲切温和的言行消除初次见面的陌生感,使求助者的紧张情绪得以放松。

其次,通过求助者的自述和询问,了解他们存在的问题和要求,此时要注意了解他们的基本情况、社会文化背景和存在的问题。在这一阶段,咨询人员要注意倾听对方的谈话,不要随意打断,避免过多提问和追问,必要时才加以引导。

2. 分析诊断阶段

这个阶段的主要任务是根据收集到的材料和有关信息，对求助者进行分析和诊断，明确求助者问题的类型、性质、程度等，以便确立目标，选择方法，其要求和注意事项有以下几点：

首先，要弄清求助者是否适宜作心理咨询。来访者是由家人、亲友、单位陪伴而来，而非本人自愿，没有求助的咨询动机；某些人的文化水平极低，缺乏领悟能力；某些人对心理咨询及从业人员不信任等，这些人都不适宜在一般情况下进行心理咨询。

其次，要对求助者的问题及原因、形式、性质等进行分析诊断。求助者的有些问题可能包括有关精神病的症状，这属于精神病学范畴，要注意区别。辅导人员要对当事人的问题进行辨认，并对其严重程度予以评估，特别是对问题的原因进行分析，必要时可结合心理测量等手段进行诊断和分析。

另外，此阶段还要进行信息反馈。咨询人员要把自己对求助者问题的了解和判断反馈给求助者，以求证实和肯定，使求助者作出进一步决定，考虑是否继续进行咨询。反馈要注意尽可能清晰、简短、具体和通俗易懂。

3. 目标确立阶段

这个阶段的主要任务是心理咨询师与求助者双方在心理分析和诊断的基础上，共同协商和制订心理咨询的目标。通过咨询目标引导咨询过程，并对咨询过程进展和效果进行监控评估，督促双方积极投入咨询。确立目标应注意以下几点：

首先，目标是具体的，具体的目标应有一些客观标准，很清晰，可接近，最重要的是可操作、可测试。

其次，目标是现实可行的，要根据求助者的潜力、水平及周围环境来制订。

另外，目标是可以通过心理学的手段来实现的，而非依靠生物学的干预手段。目标应限制在心理品质和行为特征的改变上，不应以生活干预作为咨询的基本目标。

最后，目标应分轻重缓急，应经常检查和评价。

4. 方案探讨阶段

这个阶段的主要任务是根据问题性质及其与环境的联系，求助者自身的条件、资源、能力、经验等，结合既定的咨询目标，设计达到目标的方案。通俗地说，也就是双方共同拟订类似日程表的方案，明确双方在什么时间、做什么事、怎么去做、做完如何等。此阶段应考虑以下问题：

首先是咨询方案应由双方共同协商确定，不能由咨询人员单方面拟订，也不能仅依从求助者来拟订。

其次是有效性、可行性。应首先设想多种可能的方案，然后对这些方案的优劣进行权衡、评估，最后选择一个合适的、有效的、可行的方案。当然，最后选定的方案还应该是经济、简便的。

5. 行动实施阶段

这个阶段的主要任务是根据拟订的方案，采取行动，达到咨询目标。在此阶段，辅导人员应以心理学的方法和技术帮助求助者消除各种心理问题，改变不良心理状态，提高心理健康水平。这一阶段是心理咨询中最关键、最具影响力、最根本的阶段。此阶段应注意以下问题：

首先，咨询人员要介入到求助者的行动过程中，对其遇到的困难、不明白之处予以及时讨论或指导。

其次，保持对行动过程的监控或作必要的调整。

最后，随时注意评估进展情况，并创造一种积极的氛围，保持双方良好的关系。

6. 结束阶段

这个阶段的主要任务是对咨询情况做一个小结，帮助求助者回顾工作的要点，检查目标的实现情况，指出求助者的进步、成绩和需注意的问题，更需注意传达这样的信息：你现在表现得越来越好了等。此阶段要注意处理好关系结束和跟进巩固等问题：

首先是处理好关系。成功的咨询关系在结束时会使求助者感到一些不情愿、焦虑，甚至依恋，因为他担心失去一位最知心的朋友，又要独自面对挑战，因此咨询人员应及时说明今后会仍然关心他的情况，还会有一些跟进辅导（有时称随访），并随时提供一些必要的支持。

其次，为学习迁移和自我依赖做准备。针对求助者的情状，咨询师与求助者要讨论求助者在咨询后一段时间如何自我依赖，运用在咨询中学到的知识和技能处理新问题，将所学应用到以后的生活里，从而扩大咨询效果，促进成长发展。

最后，要帮助求助者愉快自然地结束咨询。

三、高校心理咨询的意义

高校作为培养高素质人才的基地，大学生的心理健康状况对大学生学习能力、思想政治素质的提高以及人生价值的实现等有着至关重要的作用。当今大学生正处于急剧变更的年代，他们面临着环境的适应、人际交往的困惑、经济负担的加重、学业的竞争、能力的挑战和就业的压力等全方位的问题。高度重视大学生心理素质教育，根据大学生的心理发展状态，有针对性地对广大学生提供经常、及时、有效的心理咨询指导与服务，提高大学生适应社会生活的能力，培养大学生良好的个性心理品质，促进大学生心理素质与思想道德素质、科学文化素质和身体素质的协调发展，已经成了当前高校进行心理健康教育的一项重要任务。我国目前大学生的入学年龄一般在 18 岁左右，经过 3～5 年的大学学习，毕业时一般在 22 岁左右。这一时期处于青春期的后期与成年初期，处于不成熟到逐渐成熟并迅速向成人过渡的急剧变化时期，重视大学生心理卫生对大学生的发展有着重要的意义。

1. 全面推进素质教育的需要

高校是培养社会主义事业建设者和接班人的重要阵地，全面推进素质教育是必然的工作目标。心理素质是素质教育的重要组成部分，培养学生良好的心理素质是学校素质教育的重要内容之一。有良好心理素质的人，能通过知、情、意等心理活动对社会、环境、自我进行正确的认识、预测、控制、适应和调节，使人在与社会的相互作用过程中保持平衡，共同发展。良好的人际关系，积极的自我观念，能够正视和接受现实，具有控制、预防和调节情绪的能力在社会中显得尤为重要。加强大学生心理咨询工作对促进大学生德、智、体、美等的全面发展具有其他工作不可替代的作用。

2. 加强和改进高校德育工作的需要

大学生心理健康教育是新形势下高校德育工作的重要组成部分，加强和改进高校的德育工作必须重视大学生心理健康教育，对大学生及时进行心理咨询与辅导。高尚的情操，正确的世界观、人生观和道德观等高层次的精神世界必须以更健全的心理过程和人格构建为基础，一个心理变态和心理过程不正常的人是不可能真正接受人生观和价值观教育的，一个人格扭曲的人也不可能真正保持符合社会规范的行为。同样，高校德育的深入、有效开展也必须建立在学生积极的情感、良好的意志品质、活泼健康的性格等个性心理的基础上。因此，德育工作必须遵循受教对象的心理发育规律和特点，区别思想问题、道德问题与认知问题、心理问题，有的放矢地做好工作。

3. 促进大学生身体、心理发展的需要

现代社会，健康包括身体健康和心理健康。关心大学生的成长，就必须兼顾他们身体、心理两方面的健康成长和发育。一方面，大学生的身体和心理二者之间是相互制约、不可分割的。如果人的心理不健康，这本身就可能罹患了心理疾病，轻者会情绪低落、无聊寂寞，抑郁或者强迫，重者如人格病态、罹患各种精神病；另一方面，大学生心理障碍、心理疾病会影响他们机体生理变化，对其躯体健康可能造成危害，甚而导致罹患各种心身疾病，如高血压、冠心病、糖尿病、溃疡病和癌症。大学生处于长知识、长身体的时期，他们生理、心理迅速发展，剧烈地变化。他们的身体、心理的健全发展需要重视心理卫生与心理健康，及时做好心理咨询的辅导工作。

4. 健全大学生人格发展的需要

大学生成长的过程，不仅是增长知识、发展智能、增强身体健康的过程，而且也是人格形成和发展的过程。大学生人格发展是十分重要的，但是，目前我国应试教育的弊端导致学校、教师和家长，仅重视学生知识的获得和智能的提高，而对优良品质的形成和优良人格的塑造比较忽视。如果忽视大学生人格素质的提高，他们的正当需求得不到解决，将会对社会和他人进行"反抗"，如云南大学马家爵杀死四名大学同窗事件、复旦大学生对舍友投毒事件等。大学生心理健康的高层次标准，其实质是健全人格标准。讲究心理卫生，重视大学生心理健康，及时做好心理咨询服务是大学生人格健全发展的需要，它有助于大学生人格健康、全面、和谐地发展。

5. 完善大学生社会适应能力发展的需要

每一个脱离母体的人都是社会的人，都生活在与人类交往的社会环境中。大学生是未来社会的建设者、参与者，他们不仅需要为社会做贡献的真才实学，更需要有良好的社会适应能力，这不仅是现代健康的标志之一，也是社会对大学生的要求，所以，学校、老师、家长应该关心大学生的社会适应能力的培养、提高。在心理咨询、治疗实践中，大学生心理障碍问题表现是多方面的，如与老师、同学、父母关系，友谊、恋爱挫折，以致罹患恐惧症、焦虑症、抑郁症等心理疾病，均与他们在人际交往中的适应不良有关。社会交往能力、社会适应能力的指导也是心理卫生教育、心理健康与心理咨询教育的重要内容。开展心理卫生、心理健康与心理咨询教育工作，无疑会对提高大学生的社会适应能力有重要作用。

总之，加强高校心理咨询工作的建设，具有与时俱进的伟大战略意义。大学生心理健康教育是大学生身心健康、人格健康、和谐发展、社会适应能力发展的需要，这既是大学生现时学习、工作之必需，也是社会对未来建设者、参与者的素质要求。因此归根结底，高校心理咨询工作的开展关系到学生的成长和成才，关系到振奋中华民族精神、提高全民族素质、社会主义精神文明建设任务是否顺利完成。

3. 尿频，不是绝症

尿频可能有多种原因，比如生理原因：喝水过多，肾脏有病，神经损坏，处于很热的环境中等；还有心理原因：紧张、恐惧等，尤其是紧张，很多人，一紧张就想上厕所。做咨询之前，我必须确定文是生理原因还是心理原因，以及她这个症状持续的时间。

2016年6月14日，文给我发短信："老师，我该怎么办？有一个问题困扰我很长时间了。对任何人我都羞于启齿，但我又特别想得到医治，您能帮帮我吗？"

我立刻给予她回复："如果属于心理问题的范畴，我一定会尽心尽力帮你的！"

第二天早上上课铃响过十分钟后，文悄悄走进我办公室，并且使劲把门关死，还用手又拽了拽以确保不会有人推门进来。

面对她这样的举动，我赶忙起身把她迎坐到沙发上。

文深深吸了口气，接着又叹了口气，说道："老师，我恐怕快要死了！"

"为什么这样说呢？"我感到文问题的严重。

"我总是想上厕所。"文憋得脸通红通红的，半天才又开了口。

"你是说你有尿频现象吧？"我帮她把"尿频"这两个字说出来，顺便看了看我对面的闹钟，时间是早八点十五分。

文使劲点了点头，接着说道："别人一上午都不上厕所，我却每节课后都要上一趟厕所。刚开始来学校时，我还能坚持两节课上一次，可是现在越来越严重，我甚至不能坚持一节课；晚上得起夜五六次。现在，我请假不上课已经一周了，我好害怕。我是不是得了什么绝症？"

"这种症状持续多长时间了？你去医院检查过没有？"尿频可能有多种原因，比如生理原因：喝水过多，肾脏有病，神经坏损，处于很热的环境中等；还有心理原因：紧张、恐惧等，尤其是紧张，很多人一紧张就想上厕所。做咨询之前，我必须确定文是生理原因还是心理原因，以及她这个症状持续的时间。

"快一年了，去年高考前后开始的，我母亲曾经带我去医院做过检查，肾、膀胱甚至妇科我都看过。刚开始说可能是高考紧张引起的，可是一个假期过后还那样。换了家医院说肾虚，后来又说尿路感染，输过好几次液还是这样，尿液检查和血糖检查、膀胱都没问题。同学们都觉得我怪怪的，我不敢对同学们说我这事，我现在一个朋友也没有。我该怎么办？"

从文的叙述可以看出，这个症状带给她的苦恼还是比较大的，已经影响到她的情绪、正常学习、人际交往等方面。于是，我帮她分析可能导致出现这个现象的原因。根据医院的检查，可以排除生理原因，那么很有可能就是心理原因了。文最初出现这个症状是在高考前后，这一点她自己也承认可能是因为高考紧张焦虑的缘故。

高考结束后，按理说文该轻松了，为什么症状却加重了呢？实际上还是心理因素，由于担心自己考试成绩不理想，不能实现自己去外省上大学的愿望，又害怕父母责难她，所以文以自己生理上出现尿频这个症状来博得父母的同情，而这一点就连文自己也意识不到。这就是精神分析大师弗洛伊德所说的无意识在作祟。

无意识是指那些在正常情况下根本不能变为意识的东西，比如，内心深处被压抑而无法意识到的欲望、秘密和恐惧等。原始冲动和本能以及种种欲望，由于社会标准不容许，得不到满足而被压抑到意识之中，但它们并没有被消灭，而会在无意识状态下积极活动。因此，无意识是人们经验的大储存库，由许多遗忘了的欲望组成。弗洛伊德认为无意识具有能动作用，它主动地对人的性格和行为施加压力和影响。

从文的讲述中我还了解到：从小学开始，文的父母一直关注她的学习成绩，所以对她要求非常严格。除非生病，文从来没有真正感觉到父母对她的爱有多深。尽管她一直努力地在学习，可是高三以后还是觉得自己越来越力不从心，于是频繁上厕所的症状也就凸现出来，这也正是弗洛伊德在探究人的精神领域时运用的决定论的原则，认为事出必有因。看来微不足道的事情，如做梦、口误和笔误，都是由大脑中潜在因素导致的，只不过是以某种形式表现出来。

文的高考成绩只能进入这所高职院校，在潜意识中，文对自己是不满意的，她知道父母对自己也不满意，所以她始终没有从紧张焦虑的情绪中解脱出来，尿频的症状自然也得不到改善，问题反而越来越严重，乃至影响到她不能正常学习以及与同学们的正常交往。还有半个月就要期末考试，这又使她再次紧张起来。

文听了我的解释，感到很有道理。于是她接受我给她的一些建议：向舍友倾诉自己的烦恼，培养小范围内的友谊；生活上尽量放松，多做深呼吸；找一些世界名著读一读，以便分散注意力；调节心理，使自己保持良好的心态，并且保持适当的休息和睡眠，这样才能有效控制尿频现象的发生。

文站起身来握着我的手说"谢谢"的时候，我又看了一次闹钟，时间是十点二十分。也就是说，文和我在一起待了两个小时却没有上卫生间。

我及时给予她肯定和鼓励，文带着一脸灿烂的笑容和我道别了。

相关知识链接——心理障碍的划分

一、心理障碍

心理障碍是指一个人由于生理、心理或社会原因而导致的各种异常心理过程、异常人格特征的异常行为方式，是一个人表现为没有能力按照社会认可的适宜方式行动，以致其行为的后果对本人和社会都是不适应的。当心理活动异常的程度达到医学诊断标准，我们就称之为心理障碍。心理障碍强调的是这类心理异常的临床表现或症状，并不把它们当做疾病看待。此外，使用"心理障碍"一词容易被人们所接受，从而减少社会的歧视。

二、心理障碍产生的原因

通常所说的"心理障碍"有一个比较一般的定义，指没有能力按社会认为适宜的方式行动，以致其行为后果对本人或社会是不适宜的。这种"没有能力"可能是器质性损害或功能性损害的结果，或两者兼而有之。具体可概括为以下几个方面：① 心理机能失调指认知情感或者行为机能的损坏；② 该病症给个人造成痛苦；③ 非典型的或者非文化所预期的不是该地区文化行为典型的特点。因此，心理障碍是因为个人及外界因素造成心理状态的某一方面(或几方面)发展的超前、停滞、延迟、退缩或偏离。

三、心理障碍的临床表现

人类精神活动是有机的、协调的、统一的。从接受外界刺激，一直到做出反应，是一系列相互联系不可分割的活动。精神活动包括感觉、知觉、记忆、思维、情绪、注意、意志、智能、人格、意识等，其中任何一方面的变化均可表现为精神活动障碍，即精神活动的各个方面互不协调或精神活动与环境不协调，均可表现为精神异常。最常见的精神活动障碍为焦虑、恐怖、幻觉、妄想、兴奋、抑郁、智力低下、品行障碍及不能适应社会环境等。心理异常的表现可以是严重的，也可以是轻微的。心理异常的表现是多种多样的，目前，一般仍按下述系统对其进行分类。

(1) 严重的心理异常。其主要包括精神分裂症、躁狂抑郁性精神病、偏执性精神病、反应性精神病、病态人格和性变态。

(2) 轻度的心理异常。神经官能症包括神经衰弱、癔病、焦虑症、强迫症、恐惧症、疑病症、抑郁症等。

(3) 心身障碍。躯体疾病伴发的精神障碍包括肝、肺、心、肾、血液等内脏疾病，内分泌疾病，胶原性疾病，代谢营养病，产后精神障碍和周期性精神病；各种心身疾病(如高血压、冠心病、溃疡病、支气管哮喘等)所引起的心理异常。

(4) 大脑疾患和躯体缺陷时的心理异常。其主要包括中毒性精神病、感染性精神病、脑器质性精神病、颅内感染所伴发的精神障碍、颅内肿瘤所伴发的精神障碍、脑血管病伴发的精神障碍、颅脑损伤伴发的精神障碍、癫痫伴发的精神障碍、锥体外系统疾病和脱髓鞘疾病的精神障碍、老年性精神病、精神发育不全以及聋、哑、盲、跛等躯体缺陷引起的心理异常。

(5) 特殊条件下的心理异常。特殊条件下的心理异常包括由某些药物、致幻剂引起的心理异常，特殊环境(如航天、航海、潜水、高山等)下引起的心理异常，催眠状态或某些特殊意识状态下的心理异常等。

四、心理障碍的等级划分

十八九岁到二十一二岁是最容易出现心理障碍的阶段。大学生在此首先要弄清楚什么是精神病，什么是非精神病性心理障碍。对此的判断和分类极为重要，因为这直接关系到对心理问题性质的确诊、治疗方法的选择(分裂症不是心理治疗的适应症，其首选治疗是药物治疗和生活上的关照)。广义的精神病指的是所有的心理问题和障碍，狭义的精神病主要指精神分裂症。改革开放三十多年来，我国的学术思想空前开放和繁荣，心理咨询方兴未艾，取得了蓬勃的发展。心理咨询的范围，除了比较严重的精神障碍外(如分裂症)，其他心理问题和障碍都是可以咨询和治疗的。

就像任何人都会感冒一样，任何人都可能在一生中某个阶段产生一些心理问题，不存在心理永远健康的人。心理问题可划分为四个等级：健康状态、不良状态、心理失调、心理疾病；从严重程度来分，可分为一般心理问题、严重心理问题、心理疾病。心理健康的状态不是固定不变的，而是动态变化的。心理健康与心理不健康不是泾渭分明的对立面，而是一个连续状态。从良好的心理健康状态到严重的心理病态之间有一个广阔的过渡带。

1．健康状态

健康状态表现为心情经常愉快，适应能力强，善于与别人相处，能较好地完成同龄人发展水平应进行的活动，具有调动情绪的能力。心理健康状态与非健康状态的区分标准一直是心理学界讨论的话题，不少国内外心理学学者根据自己研究调查的结果提出了多种评价方法，即本人评价、他人评价和社会功能状况评价。

（1）本人评价，指本人不觉得痛苦，即在一个时间段中（如一周、一月、一季或一年）快乐的感觉大于痛苦的感觉。

（2）他人评价，指他人不感觉到异常，即心理活动与周围环境相协调，不出现与周围环境格格不入的现象。

（3）社会功能评价，指社会功能良好，即能胜任家庭和社会角色，能在一般社会环境下充分发挥自身能力并利用现有条件（或创造条件）实现自我价值。

2．不良状态

不良状态，又称第三状态，是介于健康状态与疾病状态之间的状态。这是正常人群常见的一种亚健康状态，由于个人心理素质（如过于好胜、孤僻、敏感等）、生活事件（如工作压力大、晋升失败、被上司批评、婚恋挫折等）、身体不良状况（如长时间加班劳累、身体疾病等）等因素所引起。它的特点包括以下几方面：

（1）时间短暂。此状态持续时间较短，一般在一周以内能得到缓解。

（2）损害轻微。此状态对其社会功能影响比较小。处于此类状态的人一般都能完成日常工作学习和生活，只是愉快感小于痛苦感，"很累"、"没劲"、"不高兴"、"应付"是他们常说的词汇。

（3）能自己调整。此状态者大部分通过自我调整，如休息、聊天、运动、钓鱼、旅游、娱乐等放松方式能使自己的心理状态得到改善。小部分人若长时间得不到缓解可能会形成一种相对固定的状态，这部分人应该去寻求心理医生的帮助，以尽快得到调整。

3．心理失调

心理失调主要表现为与他人相处略感困难，生活自理有些吃力，缺乏同龄人应有的愉快，如果主动调节或通过专业人员帮助可恢复常态。它的特点包括以下几个方面：

（1）不协调性。其心理活动的外在表现与其生理年龄不相称或反应方式与常人不同。例如，成人表现出幼稚状态（停滞、延迟、退缩等）；儿童出现成人行为（不均衡的超前发展）；对外界刺激的反应方式异常（偏离）等。

（2）针对性。处于此类状态的人往往对障碍对象（如敏感的事、物及环境等）有强烈的心理反应（包括思维及动作行为等），而对非障碍对象可能表现很正常。

（3）损害较大。此状态对其社会功能影响较大。它可能使当事人不能按常人的标准完成某项（或某几项）社会功能，如社交焦虑者（又名社交恐惧）不能完成社交活动；锐器恐怖者不敢使用刀、剪；性心理障碍者难以与异性正常交往。

（4）需求助于心理医生。此状态者大部分不能通过自我调整和非专业人员的帮助而解决根本问题。心理医生的指导是必需的。

4. 心理疾病

心理疾病是由于个人及外界因素引起个体强烈的心理反应(思维、情感、动作行为、意志)并伴有明显的躯体不适感,是大脑功能失调的外在表现。其特点包括以下几个方面:

(1)强烈的心理反应。可出现思维判断上的失误,思维敏捷性的下降,记忆力下降,头脑黏滞感、空白感,强烈自卑感及痛苦感,缺乏精力,情绪低落以致忧郁、紧张、焦虑,行为失常(如重复动作、动作减少、退缩行为等),意志减退等。

(2)明显的躯体不适感。由于中枢控制系统功能失调可引起人体各个系统功能失调,如影响消化系统则可出现食欲不振、腹部胀满、便秘或腹泻(或便秘、腹泻交替)等症状;影响心血管系统则可出现心慌、胸闷、头晕等症状;影响到内分泌系统可出现女性月经周期改变、男性性功能障碍等。

(3)损害大。患者不能或勉强完成其社会功能,缺乏轻松、愉快的体验,痛苦感极为强烈,"哪里都不舒服""活着不如死了好"是他们真实的内心体验。

(4)需心理医生的治疗。此状态之患者一般不能通过自身调整和非心理科专业医生的治疗而康复。心理医生对此类患者的治疗一般采用心理治疗和药物治疗相结合的综合治疗手段。在治疗早期通过情绪调节药物快速调整情绪,中后期结合心理治疗解除心理障碍并通过心理训练达到社会功能的恢复并提高其心理健康水平。

五、心理障碍的判断标准

一般心理问题和严重心理问题的判断标准和依据表 3.1 所示。

表 3.1　一般心理问题和严重心理问题的判断标准和依据

	一般心理问题	严重心理问题
情绪反应强度	由现实生活、工作压力等因素而产生内心冲突,引起的不良情绪反应,有现实意义且带有明显的道德色彩	是较强烈的、对个体威胁较大的现实刺激引起心理障碍,体验着痛苦情绪
情绪体验持续时间	求助者的情绪体验时间不间断地持续 1 个月或者间断地持续 2 个月	情绪体验超过 2 个月,未超过半年,不能自行化解
行为受理智控制程度	不良情绪反应在理智控制下,不失常态,基本维持正常生活、社会交往,但效率下降,没有对社会功能造成影响	遭受的刺激越大,反应越强烈。多数情况下,会短暂失去理智控制,难以解脱,对生活、工作和社会交往有一定程度的影响
泛化程度	情绪反应的内容对象没有泛化	情绪反应的内容对象被泛化

六、如何判断心理疾病与精神病

仅有一方面的心理活动异常还不能肯定就是心理障碍,诊断心理障碍需要符合一定的标准,而且个体感到痛苦或者明显影响其社会交往或职业功能。在严重心理问题之上还需要判断区分严重心理问题和精神病,若是属于精神病范畴需要由具有处方权的心理医生或精神病医生提供专门的治疗，特别是药物治疗。在心理学界与精神病学界有普遍公认的判断病与非病三原则：第一，是否出现了幻觉（如幻听、幻视等）或妄想；第二，自我认知是否出现问题，能否或是否愿意接受心理或精神治疗；第三，情感与认知是否倒错混乱，知、情、意是否统一，社会功能是否受到严重损害（即行为情绪是否已经严重脱离理智控制），重点在于幻觉妄想与情感是否倒错混乱两个方面，对于是否有自我认知的判断应建立在这两个重要判断基础之上。

生活中，如何觉察自己是否出现了心理疾病，可以采取以下方法来检验：

（1）比较。个体自己可以感到不同于以往，如体验到情绪低落、不高兴或压抑，并且感到痛苦，因而需要寻求医生的帮助；或者观察者根据自身的经验观察到患者的行为不同于以往，亦可以认为是异常。

（2）心理活动性质的改变。如果观察到患者的心理活动有明显质的改变，如出现幻觉、妄想、明显的语言紊乱或行为异常，则为心理障碍。

（3）社会适应障碍。人的行为总是与环境协调一致的，如果个体出现了社会适应不良，则反映他的心理活动可能异常。但人的社会适应行为和能力受时间、地点、文化、风俗等因素的影响，故社会适应标准要根据具体情况而定。

（4）统计学标准。统计学标准认为，人们的心理测量结果通常呈正态分布，居中的大部分人属于心理正常范围，两端则都被视为"异常"。因此，确定一个人心理正常与否，要看其偏离正常人心理特征的平均水平程度。也就是说，一种心理活动在同等条件下若为大多数人所具有，则属于正常；若背离了大多数人的一般水平，就是异常。人们已经设计出不同的心理测量技术测定不同的心理特征。根据某一个体的测量结果与正常人群测量结果的比对可以区分出正常、异常和临界状态，如智商低于70定为异常；70～90定为临界状态；90以上为正常。另外，临床用的一些量表也利用类似的原理设计，其结果可以供临床参考。

（5）症状与病因学标准。症状与病因学标准将心理障碍当作躯体疾病来看待。如果一个人身上表现的某种心理现象或行为，可以找到病理解剖或病理生理变化，便认为此人有心理障碍或精神疾病。如药物中毒性心理障碍，可依是否存在某种药物作为判断依据。此时物理、化学检查和心理生理测定等具有重要的意义。

七、心理障碍的预防

以上是对心理障碍的大致划分，在临床上典型的症状不是很多，大多数以成长障碍、生活困境和带有一些症状性的心理问题为多。除了简单的心理问题需要几次治疗外，多数需要长时间的心理治疗。心理现象也很类似"能量守恒"，当一种健康的心理占主导地位的时候，异常心理自然就减轻或消退。每个人都是自己命运和心态的主人，学习一些心理学知识可以起到防微杜渐、防患于未然的作用，具体做法如下：

（1）培养兴趣，积极参加户外活动。

（2）学会交往，处理好人际关系。

（3）增强自信，多将想法付诸行动。

（4）稳定心态，坦然面对困难。

（5）知足常乐，不要追求完美。

（6）加强修养，避免强烈性刺激。

4. 分数，学生心中永远的痛

她一味强调别人靠作弊成绩超过了她，自己由于没作弊成绩落后了，这其实是她害怕面对现实，推卸自己责任的表现。因此，我有必要改变她这种认知上的错误。

2016年1月19日早晨，学校进入期末考试的第二天，上班不过十五分钟，娟一脸苦恼走进我咨询室，"老师，昨天考试的时候，我们班许多同学都偷看了，我却没有，所以考得一塌糊涂。万一这次考试成绩进不了前十名，我……"娟说话的同时低下了头，看得出她非常在乎考试成绩。

为了取得她的信任，我对她表示了同情："在考试时，许多人作弊，而你没有，所以你担心成绩不理想，并且觉得很不公平，是不是？"

"是呀，简直气死我了。尤其我们宿舍有两个女同学，她们就坐在我旁边一直偷看。平时她们根本不学习，但是每次考试都考得不错。说不定她们这次又进前十名了。"

根据我所掌握的材料，2007年之前奖学金只发给考试成绩在排行榜前十名的学生。娟非常在意他人超过自己，她担心自己进不了前十名，进不了前十名就意味着拿不到奖学金。根据心理咨询经验，我知道过分在意他人和过度关注身边的人超过自己，实际上是嫉妒心理较重和害怕面对现实的人。

嫉妒是一种负性情绪，是指自己的才能、名誉、地位或境遇被他人超越，或彼此距离缩短时所产生的一种由羞愧、愤怒、怨恨等组成的情绪体验。它有明显的敌意，甚至会产生攻击诋毁行为，不但危害他人，给人际关系造成极大的障碍，最终还会摧毁自身。地位相似、年龄相仿、经历相近的人之间最容易发生嫉妒。

在我的指导下，她做了嫉妒心理测验，结果显示她属于B型：这种类型具有一般人容易产生的嫉妒心理。无论是谁都有一定程度的嫉妒心，不过，平时不易感受到，也不影响相互交往。但是一旦涉及切身利益，这种类型的嫉妒心理，对女孩子来说是很难克制的。

她一味强调别人靠作弊成绩超过了她，自己由于没作弊成绩落后了，这其实是她害怕面对现实，推卸自己责任的表现。因此，我有必要改变她这种认知上的错误。

我一再对她表示同情，对其他作弊同学表示不满，娟的情绪慢慢稳定下来，我决定对她实施进一步的咨询。

于是，我问她："假如这次考试你的成绩进了前十名，她们偷看的人没有进前十名，你会不会还这么讨厌作弊的同学？"

"当然不会了。"娟略作思考后回答道。

"为什么你进了前十名就不会讨厌他们了呢？"我进一步问她。

"我都进了前十名了，她们偷看不偷看和我有什么关系？反而更加证明了我学习成绩比她们好，她们作弊都不能超过我。"

"你刚才说怕自己进不了前十名，假如在接下来的考试中你也作弊了，最后你进了前十名，那你会有什么感受？"我继续问。

"没什么感受，偷看得来的成绩，又不代表自己真实的水平，没啥了不起。"

"那别人偷看得来的成绩能不能代表他们真实的水平？"

"当然不能啦！"她若有所思。

"假如别人都没有作弊，你也进不了前十名，你会怎么做？"

"当然是奋起直追了，一份汗水一分收获，只要我努力了，一定会有好成绩。"

"那么现在是，他们作弊你没有作弊，你的成绩很可能进不了前十名，你该怎么办呢？"

"老师，我知道我该怎么做了。"尽管时间仓促，但是娟决定好好利用上午的时间准备下午和接下来的几场考试。

娟走的时候，脸上终于有了笑容，我的心里也充满了喜悦。

相关知识链接——心理健康状态的破坏

一、健康

健康是人类永恒的话题，人们对健康概念的认识是随着社会的发展以及人类自身的认识不断深化、不断丰富的。20世纪初英国出版的《简明大不列颠百科全书》中对健康定义："没有疾病和营养不良以及虚弱状态。"这种"无病即健康"的传统健康观念在很长一段时间里一直影响着人们的医疗保健观乃至政府的卫生政策。数百年来，人们对健康的认识还只是关注人的躯体生物学变化，对人的心理活动及社会适应没有涉及。一个人感冒发烧了会去看医生，但一个人心情抑郁、沮丧，或是人际关系紧张、生活百无聊赖，是不会去看医生的。

上世纪40年代初，联合国世界卫生组织（WHO）在成立宪章中明确指出："健康乃是身体上、精神上和社会上的完满状态，不仅是没有疾病和虚弱的现象，而且有完整的生理、心理状态和社会适应能力。"这种认识是现在人们对健康要领的全面总结与更新，健康不再仅是躯体的反映，同时还必须是心理活动正常、社会适应完满的综合体现。

二、心理健康

从由于心理健康的迅猛发展，关于心理健康的概念也是众说纷纭，难以统一。从世界卫生组织（WHO）对健康的定义可以看出，健康应包括生物、心理、社会三个层面。只有当一个人在这三个层面同时都处于完好状态时，才可以说是健康的。相对来说，疾病则是指个体在身体上、心理上或行为上出现的各种障碍或异常。

1946年的第三届国际卫生大会将"心理健康"定义为"在身体、智能及情感上与他人的心理健康不相矛盾的范围内，将个人的心境发展成最佳的状态。"世界心理卫生联合会则将心理健康定义为"身体、智力、情绪十分调和；适应环境；人际关系中彼此谦让；有幸福感；在工作和职业中，能充分发挥自己的能力，过着有效率的生活。"

精神病学家梅尼格尔（K. Menninger）认为，"心理健康的人应能保持稳定的情绪、敏锐的智能、适应社会的行为和愉快的气质。"

英格利希(H. B. English)指出，"心理健康是一种持续的心理状态，当事者在那种状态下能做良好的适应，具有生命的活力，并能充分发展其身心的潜能，这是一种积极的丰富的生活，不仅是免于心理疾病而已。"

我国学者张人骏则将心理健康定义为"健全的认知能力；适度的情感反应；坚强的意志品质；和谐的个性结构；良好的人际关系。"王效道等认为心理健康有如下特征："智力水平处在正常范围内，并能正确反映事物；心理和行为特点与生理年龄基本相符；情绪稳定、积极与情境适应；心理与行为协调一致；社会适应，主要是人际关系的心理适应协调；行为反应适度，不过敏，不迟钝，与刺激情境相应；不背离社会行为规范，在一定程度上能实现个人动机，并使合理要求获得满足；自我意识与自我实际基本相符，'理想我'和'现实我'之间差距不大。"

综上所述，我们把心理健康定义为"个体能够适应当前和发展的环境，具有完善的个性特征。个体的认知、情绪反应、一致行动处于积极状态，并保持正常的调控能力。"

三、心理健康状态

1. 心理健康状态标准

心理健康状态与非心理健康状态的区分标准一直是心理学界讨论的话题，不少国内外心理学学者根据自己研究调查的结果提出了多种心理健康标准。其中，大学生心理健康标准表现在下面几方面：

（1）智力正常。人的智力分为超常、正常和低常三个等级。正常智力水平是人们生活、学习、工作、劳动的最基本的心理条件。

（2）情绪稳定与愉快。情绪稳定与心情愉快是心理健康的重要标志，它表明一个人的中枢神经系统处于相对的平衡状态，意味着机体功能的协调。如果一个人经常愁眉苦脸，灰心绝望，喜怒无常，则是心理不健康的表现。

（3）行为协调统一。一个心理健康的人，其行为受意识支配，思想与行为是统一协调的，并有自我控制能力。如果一个人的行为与思想相互矛盾，注意力不集中，思想混乱，做事杂乱无章，就是心理不健康的表现。

（4）良好的人际关系。人生活在社会中，就要善于与人友好相处，助人为乐，建立良好的人际关系。人的交往活动能反映人的心理健康状态，人与人之间正常的、友好的交往不仅是维持心理健康的必备条件，也是获得心理健康的重要方法。

（5）良好的适应能力。人生活在纷繁复杂、变化多端的大千世界里，一生中会遇到多种环境及变化，因此，一个人应当具有良好的适应能力，无论现实环境有什么样的变化，都将能够适应，这也是心理健康的标志之一。

2. 心理健康状态分析

对心理健康状态的分析，可以从本人评价、他人评价和社会功能状况三方面入手：

（1）本人评价，指本人不觉得痛苦，即在一个时间段中（如一周、一月、一季或一年）快乐的感觉大于痛苦的感觉。

（2）他人评价，指他人不感觉到异常，即心理活动与周围环境相协调，不出现与周围环境格格不入的现象。

（3）社会功能良好，指能胜任家庭和社会角色，能在一般社会环境下充分发挥自身能力，利用现有条件（或创造条件）实现自我价值。

心理健康是一种动态平衡状态，它是在一定范围内不断上下波动的过程，这种动态平衡状态是在主体与环境相互作用过程中发生的。同理，在这两者相互作用过程中，这种动态平衡状态被打破，即心理健康状态的破坏也可能随时发生。

心理健康的主体，也就是心理健康状态的体现者，具有生物、精神和社会属性，是这三种属性的辩证统一体，所以，人在生存环境中，生物、精神、社会性的压力或刺激可以产生"共鸣"。在通常情况下，心理平衡状态的破坏不超过人自身固有的自我平衡能力范围，这时心理健康状态可以不被破坏；一旦超越了自我平衡能力的范围，人的心态就会出现问题甚至紊乱，时间长了则会出现更多的问题。

四、心理健康状态的破坏理论

关于心理健康状态的破坏和被破坏的内在机制，历来有不同的表述。

1. 精神分析学

精神分析学，亦称弗洛伊德主义。弗洛伊德认为，人的心理是由本我、自我和超我三层结构组成的。"本我"是一个无意识的结构，是同肉体相联系的本能和欲望，按"快乐原则"活动；"自我"是一个意识结构，是认识过程，按"现实原则"活动，感受外界影响，满足本能要求；"超我"是一个由社会灌输的伦理观所形成的结构，按"道德（至善）原则"活动，用来制约自我。

精神分析的基本原理在于治疗者的解释能协助病人对自己的心理状态和病情有所领悟和了解，特别是压抑的欲望、隐藏的动机，或者不能接触的情结，通过自知力的获得，了解自己的内心，洞察自己适应困难的反应模式，能进而改善心理行为，及时处理困难的方式，间接接触精神症状，并促进自己的人格成熟。该学派认为，幼年情绪发展中遭受挫折，并由此形成的情结是后来一生各个阶段上出现心理障碍的根本原因；"潜意识"和"意识"或"本我"和"超我"之间的冲突，在"自我"中的表现，或在"自我"中被体验到就是心理障碍的症状。

2. 行为主义心理学

行为主义心理学，是美国现代心理学的主要流派之一，也是对西方心理学影响最大的流派之一，其创始人是美国的心理学家华生。行为主义心理学主张以客观的方法研究人类的行为，从而预测和控制有机体的行为。该理论认为，心理学的研究对象是人和动物的行为，而人和动物的行为都是由刺激—反应的联结构成的。这样心理学通过对行为的研究就可以确定刺激和反应之间的联结规律，以便人们在已知刺激后，能预测将会发生什么样的反应，或者当已知反应后，能够指出有效刺激的性质。所以，该学派认为，环境中的不良因素经由学习过程酿成的不良行为、不良行为倾向、不良反应形式，是破坏心理健康的根本原因。现代行为主义不但重视环境对人的影响，也重视人的行为对环境的反作用，提出 W－S－Ow－R－W′ 的公式。该公式中，W 指环境，S 指环境中的某种刺激，Ow 指具有个体内在经验的主体，R 指对环境中某种刺激的反应，W′ 指受到主体反应影响发生了某种改变的环境。从这个意义上来看，人的心理健康状态的破坏，是人与环境相互作用过程中"学习"

的结果。

3. 存在人本主义心理学

存在人本主义心理学，是因存在主义影响而兴起的一种心理学理论。人本主义于20世纪50年代在美国兴起，60年代开始形成，70~80年代迅速发展，它既反对行为主义把人等同于动物，只研究人的行为，不理解人的内在本性，又批评弗洛伊德只研究神经症和精神病人，不考察正常人心理，因而被称之为心理学的第三种运动。

人本学派强调人的尊严、价值、创造力和自我实现，把人的本性的自我实现归结为潜能的发挥，而潜能是一种类似本能的性质。人本主义最大的贡献是看到了人的心理与人的本质的一致性，主张心理学必须从人的本性出发研究人的心理。存在主义强调人的存在价值，主张人有自行选择其生活目标及生活意义的自由，重视现实世界中个人的主观经验及主张，强调人须负责其自由行动所产生的后果。所谓存在感是人对自身存在的意识和体验。在罗洛·梅看来，存在感是心理健康的重要标志，存在感的缺失容易导致人的无意义感、无价值感。现代人的心理疾病不是由本能压抑所造成，而是失去了自己的存在感，所以心理治疗的过程就是"帮助病人认识和体验他自己的存在"。该学派以人性本善为前提，强调教育的功能、教育的目的——人的目的、人本主义的目的，追根究底就是人的自我实现，是人所能达到的最高度的发展，即帮助人达到他能够达到的最佳状态。在马斯洛看来，人具有一种与生俱来的潜能(它是人类原本具备却忘了使用的能力，也就是存在却未被开发与利用的能力)，发挥人的潜能，超越自我是人的最基本要求，环境具有促使潜能得以实现的作用。他们设定潜能的存在，并认为潜能无论在生理还是心理方面，都有完善发展的趋势。为此，他们认为，心理健康状态的破坏，就是"潜能"的发展受到了阻碍。他们认为并非所有的环境条件都有助于潜能的实现，只有在一种和睦的气氛下，在一种真诚、信任和理解的关系中，潜能才能像得到了充足阳光和水分的植物一样蓬勃而出。

4. 认知疗法

认知疗法，是一组通过改变思维和行为的方法来改变不良认知，达到消除不良情绪和行为的短程的心理治疗方法。由于文化、知识水平及周围环境背景的差异，人们对问题往往有不同的理解和认知。认知一般是指认识活动或认识过程，包括信念和信念体系、思维及想象。

具体来说，"认知"是指一个人对一件事或某对象的认识和看法、对自己的看法、对人的想法、对环境的认识和对事的见解等。例如，同样的一所医院，小孩可能依自己的认识和经验，把它看成是一个"可怕的场所"，不小心就会被打针；一般人会看成是"救死扶伤"之地，可帮其"减轻痛苦"；而有些老年人则可能把医院看成是"进入坟墓之门"。所以，关键不在"医院"客观上是什么，而是被不同的人认知或看成是什么。不同的认知就会滋生不同的情绪，从而影响人的行为反应。因此，"认知疗法"强调，一个人的非适应性或非功能性心理与行为，常常是受不正确的认知而不是适应不良的行为。正如"认知疗法"的主要代表人物贝克(A. T. Beck)所说："适应不良的行为与情绪，都源于适应不良的认知，因此，行为矫正疗法不如认知疗法。"例如，一个人一直"认为"自己表现得不够好，连自己的父母也不喜欢他，因此，做什么事都没有信心，很自卑，心情也很不好。

贝克认为，在人的意识和潜意识临界处，尚存在着模糊状态的意识层面，这种"模糊意识"对人的认知有重要影响，一些错误的认知模式，就是受其影响而形成的，以这种错误的认知模式去评价环境或评价自我，便会出现偏离，从而产生异常的情绪，如抑郁情绪。认知疗法的策略，便在于帮助他重新构建认知结构，重新评价自己，重建对自己的信心，更改认为自己"不好"的认知。认知理论认为人的情绪来自人对所遭遇的事情的信念、评价、解释或哲学观点，而非来自事情本身。情绪和行为受制于认知，认知是人心理活动的决定因素，认知疗法就是通过改变人的认知过程和由这一过程中所产生的观念来纠正人的适应不良的情绪或行为。

5. 孤单，是一个人的狂欢

恋爱并不能拯救我们内心的孤独。只有充实，充实自己的生活，充实自己的思想，我们才能做到即使孤独，也不再害怕！也只有丰满的知识内涵和修养，才是一种别人无法企及的高度，才是真正属于我们的东西，它可以帮助我们摆脱孤独的梦魇。

丽走近心理咨询室的时候，距离她预约的时间已经晚了一个小时，我已收拾停当准备下班回家。但是，她孤独忧郁的眼神挽留了我。

"老师，我还是很犹豫，我怕你嫌我麻烦，所以，我迟到了。"

"谢谢你，你实际上已经很勇敢！你能够克服自己的胆怯站在老师面前，能够面对自己的问题，这一点已经很棒！"

我放下手头的一切，热情地欢迎她入座。"老师不过是多等了你一会儿而已，我希望能够帮到你，这是我的工作职责。老师怎么会嫌你麻烦呢？"打消她的顾虑，与她尽快建立起良好的咨询关系，这是一个非常重要的咨询环节，是开展心理咨询的前提，也是达到理想咨询效果的先决条件。

果然，当我把一杯水递到丽手里的时候，她的话匣子一下子打开了："我一个人吃饭，一个人去教室，一个人逛街，一个人闲着、闷着、宅着。我好孤独呀！老师，我厌了，我倦了，孤单如我，孤独如我，我想恋爱了！"

她，不是第一个对我诉说孤单和孤独的学生，也不是第一个向我表达想恋爱的学生。在我的理解中，孤单，是一个人寻求同伴的需求和理由，而孤独却与每个人的精神世界有关。常常听到人们感慨："孤单，是一个人的狂欢；狂欢，是一群人的孤单。"可见，一个人未必孤独；一群人，未必不孤单。

"我想知道，当你一个人的时候，你的心里除了孤独感还有其他什么感觉？"这时候，我引用了心理咨询技能中"参与技术"的开放式提问，这可能会引发丽的思考，使她不能简单地用一两个字或者一两句话来回答我，从而尽可能地收集她的相关资料信息。

她沉默了。这时候，经验告诉我，千万不能说太多的话打扰她。因为，这时候的她可能正在反复体会我的提问，并且似乎有所领悟。这说明，在很短的时间，我和丽之间已经建立起非常信任的咨询关系，而她在我的提问下，正处于一种积极的自我探索中。

正如我所料，当我静静地看着她，用我的眼睛关注她的时候，她睁大了眼睛，用左手托着下巴，似乎想要表达些什么。我适时地加问了一句："你想想，任何事情其实都有两面性，内心孤独是负面感受，当你一个人的时候，可曾觉察到很多人在一起没有给过你的一些好的感觉？"

丽的眼神渐渐从暗淡转向明亮。沉默了大概有两分钟后，她徐徐道来："每当我一个人的时候，每当我感到孤独的时候，我觉得空气都是静止的，死气沉沉的。我似乎能感觉到我的脉搏和血液都充满了孤独和无助。只有偶尔，极其偶尔的时候，我才会觉得，一个人也没什么，不被别人看穿，不被任何人干扰，想自己的事情，就沉浸在自己的世界，也还好吧？起码是对自己的一种保护。"

"是的，其实一个人也有一个人独处的好，可以冷静地思考、安静地看书、听听音乐等。"关注她的积极面，从而使她拥有积极的价值观，拥有改变自己的内在动力，这一步在咨询的过程中至关重要。

"人终究是孤独的。我们孤单单一个人来到人世，没有与谁相约，没有与谁携手。即使双胞胎、多胞胎，即使同一时间有很多小家伙降生，我们依然首先是一个单独的个体，其次才能说我们拥有兄弟姊妹和同龄的伙伴。"

心理学告诉我们，大学生心理特点之一有开放和闭锁相并存的矛盾。也就是说，大学生一方面渴望敞开心扉与周围人友善相处，以期得到他人的欣赏和接纳；另一方面，大学生又同时把自己的大门紧闭，不允准他人轻易走近。这种矛盾心理处理不当，会引起他们人际和情感的焦渴、焦虑、自卑等负面情绪。"

"老师，那么我们该如何应对大学生活的孤独感呢？"听了我的解释，丽的眼里闪出急切、渴望的光芒。

我认为，首先是接受、承认孤独感存在的现实。意识到孤独是我们成长中的必然现象，承认自己心理的缺失，这看似简单实则需要大的勇气。试想一个人独自在异地求学，远离父母，没有朋友，没有安慰，没有欣赏，也不被认可：独自上课，独自吃饭，独自上街，独自枯坐教室，没有个说话的伴儿，没有个相随的人儿，这样子的生活的确很难。但是，这是事实。每个人生下来就是孤独的，你必须承认孤独就像是我们的老朋友，给它在心底留出一小块天地，任它在你心灵的空间里飘来荡去。

其次，学会在孤独中成长。随着年龄的增长，大学生的心理敏感而脆弱，而孤独恰恰给予我们一个契机来了解真正的自己。有人说，孤独是伟大的开始。的确，当你承认自己与孤独为伴，你就可以不再在乎他人的眼光，不再渴求别人的理解。如此，你才可能深入地看清楚自己的内心，并学着和自己对话，与自己交谈，做自己的朋友。比如，你看一些好书，写一些感想，分析故事中的人物性格和情感活动方式，记日记，学着写诗，学着编故事，在想象中让自己的灵魂飞扬。

亚里士多德说："离群索居者不是野兽，便是神灵。"如果可以选择，没有人甘心愿意作野兽。当你接纳了孤独的现实，并在孤独中学会生存成长，你会慢慢发现你是一个有思想的人，不再是得过且过地混日子，你在思考中发现了自己的优势和长项，不再让别人来左右自己的喜怒哀乐，你在不知不觉中完成了从孩童到成人的飞跃，是一个主宰自己命运的神灵。孤独久了，你还可能把这变成自己的风格，成就更好的自己。一个人，只要内心充实，一样可以活得很精彩。

"在孤独中学会成长，让自己内心变得强大起来，孤独就不再是困扰我们呼吸的绳索，而是一个广阔无际的天地，任由我们潇洒自如地驰骋。不久，你还会发现孤独其实是一种强大的力量，它催发了我们的潜能，让我们开始自信、自立、自主地处理一些问题。不再依赖，不再看人脸色，不再垂头丧气地埋怨。而你，在处理那些问题的过程中，竟然能发光发亮起来。孤独带来的挫折感、沮丧感、狼狈困惑不复存在，我们在孤独中慢慢长大了！"

"谢谢老师，我懂了。恋爱并不能拯救我们内心的孤独，只有充实自己的生活，充实自己的思想，我们才能做到即使孤独，也不再害怕！"

"是的，好孩子。也只有丰满的知识内涵和修养，才是一种别人无法企及的高度，才是真正属于自己的东西，而且可以帮助我们摆脱孤独的梦魇。这样的我们，即使在黑夜，在森林，叹息着，也会保持心底那份纯真的信念并拥有继续前行的勇气和力量。"

看着此时此刻精神振奋的丽，我心里也涌动起一股热潮，我们的大学生领悟能力极高，他们所缺乏的只是关键时刻有经验的过来人的引导。我很庆幸，我们一起努力使她清晰自然地明白，只有勇敢面对、承担、接纳和化解，以及不懈地充实自己，才能使她从容地摆脱孤独感，而后追求生活的满足和喜乐。

相关知识链接——大学生心理特点的分析

大学生正处于从青少年向成人转化的重要时期。这一阶段中，生理、心理都发生着显著的变化，这些变化既有与一般青年的相似性，又有作为大学生这一特殊群体的独特性。

一、认知功能成熟，思维表现出更多的逻辑和理性色彩

认知是指个体对周围事物的看法、想法或观点，表现为知觉、记忆、思维、想象等一系列过程，包含对刺激物的解释、评价、预期等心理内容。认知功能成熟能够使个体正确认识自己，恰当评价他人，客观考察周围环境，积极适应社会生活。

从思维的角度来说，大多数大学生已经进入形式思维阶段，但已不再满足于形式逻辑思维的水平，而是继续向更高一层——辩证思维水平发展。第一，大学生认知结构日益复杂，形式思维能力大大提高，这使得他们可以主要通过概念同化来获得概念，从而大大提高了概念获得的精确性和速度，为大量扩充知识创造了有利条件。第二，他们对问题的思考不限于寻求原因与结果的逻辑关系，而是把由经验决定的合理性判断也引入思考过程中，并把它当作重要的标准。第三，部分大学生已达到辩证逻辑思维水平。辩证逻辑思维能力的发展取决于自我调节能力和目的感的发展。自我调节能力是指个体把现有的心理结构更系统地运用于新知识体系和新的环境中，而目的感是指把生活价值、奋斗目标和职业选择方向有机联系起来。这就是说，大学生的思维已开始转向对现实计划的思考，并使具有创见的洞察力与内心控制力和分析性评价结合起来。

二、自我意识开始成熟，意志力增强

大学时期个体自我意识逐步成熟，主要表现在以下几方面：

第一，独立意识增强。大学生生理发育已基本成熟，社会化程度有了很大提高，心理上产生了强烈的成人感和独立感，希望能够摆脱对成人的依赖，向周围人表现自己的主张和能力，不喜欢旁人的过多干预。

第二，自我认识和评价更加全面和准确。进入大学后，随着独立生活的开始，大学生有了更多的自由活动和交际的空间，参照物和社会比较对象都发生了很大变化，于是他们开始了更深入和丰富的自我探索与发现，在大学这样一个特殊环境里客观地认识自己、评价自己。

第三，自我体验丰富，自我控制水平提高。由于自我意识的发展，大学生自尊心和自信

心增强，他们对他人的言行和态度极为敏感。涉及"我"和与"我"相关的很多事情，都会在大学生的内心引起轩然大波，使他们产生强烈的情绪体验。一方面，积极的情绪体验使他们蓬勃向上，消极的情绪体验使他们低沉、抑郁。另一方面，大学生自我调控的自觉性、主动性、社会性和持久性也在不断增强，能有意识地对自己的心理活动和行为实施控制。自觉性、果断性、自制性、坚韧性等意志品质得到进一步的发展。

三、情绪丰富多彩，交往需求强烈

风华正茂的大学阶段常常也是人生中情绪体验最为丰富的时期。大学生的情绪波动大，起伏不定，情绪转换十分明显，热情激动、抑郁悲观、沉着冷静、躁动不安等情绪交替出现。他们为学习、生活、爱情的成功而欢乐；为考试的失败、生活中的挫折而忧愁苦恼；为真理和友情奋不顾身；为丑陋和阴暗而义愤填膺。在他们身上自尊与自卑可以并存，闭锁与开放可能共存，强烈粗犷与温柔细腻能够同在。大学生情绪的丰富、情感体验的深刻与其生理与性的成熟、自我意识的发展、社会性需要的发展以及面临社会环境的复杂性等密切相关。

人是社会性动物，人与社会的联系是通过一系列人际交往活动来实现的。走出家门，过着集体生活的大学生十分渴望真挚的友谊，渴望情感的沟通与交流，通过人际交往获得友谊是适应新环境的突出需要。对情感交流的渴望，也使很多大学生开始探索爱情，与异性的深入交往丰富了大学生人际交往的经验。

四、人格趋向成熟和完善，职业自我意识逐步确立

人格是具有一定倾向性的心理品质与心理特征的总和。大学阶段是个体人格发展、完善的重要时期，他们的认识水平不断深入，对现实的态度特征渐趋稳定，情感由丰富激荡走向稳定，自我意识由分化、矛盾、冲突走向统一，意志品质逐步形成。人格的成熟与完善，为大学生步入社会做好了必要的心理准备。

职业自我意识是个体自我意识的组成部分，在一个人的职业选择和职业发展中起着重要的驱动作用。大学生的专业学习是对未来职业的知识准备，毕业后直接面临职业选择。大学期间，通过专业课的学习、实习，很多学生慢慢确定了自己的职业兴趣，了解了自身的长处，逐步确立起职业自我意识，为今后职业的发展做好了充分准备。

五、大学生常见心理问题

大学生作为一个特殊群体，在其心理卫生与心理健康问题上有着自己鲜明的特点。他们阅历浅，社会经验不足，独立生活能力不强，对自己缺乏全面的认识，因而很容易受到社会上各种思潮的影响，从而产生各种心理问题，主要包括以下方面。

1. 入学适应问题

从中学步入大学，是大学生人生之旅的一大转折。当大批新生怀着兴奋的心情进入高等学府时，仿佛觉得理想和现实已联成一体。然而，入学后如生活时空的变化、师友同学的更新、学习方式的改变、角色的转换、生活经验的缺乏等主客观因素的变化，会使大学生产生不同程度的应激反应，使他们内心感到焦虑和不安。这种因不适应大学新的生活、学习环境而产生的各种心理问题在那些性格内向、不善与人交往、应变能力较差的学生中表现

更明显。

2. 自我认识问题

由主客观因素造成的种种心理冲突都可能使大学生产生挫折感，如所学专业与本人兴趣不相符，班集体宿舍中人际关系不协调，生活上不适应以及个人的外貌、身高、经济状况、家庭状况不佳等。而不同的同学在遇到挫折后的反应是截然不同的，有的人能容忍挫折而不灰心丧气，有的人遇到轻微的挫折便一蹶不振。当个体不能正确对待挫折时，则可能引起适应不良、情绪紊乱和行为偏差。在校大学生最主要的心理问题是自我效能感低，缺乏自信心，不能正确认识自己的优缺点，容易自卑，难以找到自己的成长坐标，所以有茫然失措、无所适从感，结果使自己陷入苦闷、逆反、自暴自弃的逆境中，这些都是与自我认识有关的心理问题。

3. 学习问题

从紧张忙碌的高中生活迈入丰富多彩的大学生活，很多大学生有一种放马归山、刀枪入库的错误意识。殊不知，学习活动仍然是大学生的主要活动，完成学习任务、实现学习目标、掌握一项专业技能是大学生活的核心内容。学习方式转变为自主学习，没有老师的催赶，是对大学生思想、智力、能力、心理、体能素质等进行的综合考验。于是，学习方法不当、学习目标不清、学习自主性差，自控能力较弱，不能很好地处理课本知识与课外知识、专业知识与能力培养诸方面的关系等，是大学生面临的各种学习问题。

4. 情绪管理问题

大学生随着年龄的增长、眼界的开阔、知识经验的丰富和思维水平的提高，情绪体验也越来越丰富和深刻。但由于他们处在青春期发展的中期，其生理、心理特征也决定了他们的情绪反应具有强烈性和不稳定性，容易出现自卑、焦虑、紧张、抑郁等负面情绪，需要及时给予他们情绪管理的有效措施和对策。

5. 人际交往问题

人际交往是大学生必不可少的行为之一，直接影响着他们的学习与生活、成长与发展。大学生在交往过程中会产生各种问题，其中独生子女产生的问题偏多。他们在家里一贯受宠，离开父母进入宿舍集体生活，常常对人产生成见甚至偏见，给他们的人际交往带来负面影响，从而导致在人际交往中产生自卑、嫉妒或者猜疑心理。

6. 性与恋爱问题

爱情是人生的大课题，根据著名心理学家埃里克森人生八阶段理论，大学生正处于爱的品质培养的关键时期，所以，恋爱和性心理活动是大学生不可回避的一个重要问题。但现实生活中有不少大学生的心理尚未成熟到能够深刻理解恋爱的意义，还不具备正确处理恋爱中的矛盾冲突的能力，尚不能做出正确有效的选择，因而在恋爱问题上存在的心理误区以及由此引发的心理问题比较多。此外，对性知识、性行为的不恰当的认知和理解，也会对部分大学生形成心理压力，从而进一步发展为心理问题。

作为人生历程中的一个关键时期，大学生的一个重要任务就是个体要进行自我心理调整，从而形成稳定的人格系统。在埃里克森眼中，这种心理任务的完成在传统社会里通常比较顺利，因为传统社会具有较高的同质性、稳定性，而在现代社会则不可能顺利，因为现代社会表现出较高的异质性、变迁性。因此，现代大学生想要迅速地确立自我并非易事。在社会转型日益加剧的情况下，有些大学生的价值观念和社会心态出现了某些困惑，其原因主要有两个：一是社会转型期的规范缺失，由于旧的标准或规范有的已经失效，新的标准或规范一时还不完备，而使一些学生心无所依；二是标准多元化导致的多重困境，由于社会的日益开放所带来的多样化和不确定性，从而导致大学生出现困惑感，所以，尽快减少和消除大学生的这种困惑感，增加确定性，是当今社会文化建设和价值体系建设所面临的主要任务。

6. 心理学，并非看相算命

在一般人眼里，心理学确实是一门很神秘的学科。许多人以为心理学学得好的人，一眼就能看出对方在想什么；有的人则把心理学家看成会相面卜卦的人，所以他们在与心理学工作者打交道时，总是戒备心很重。

强走进咨询室是我为他们班建立心理档案后的第二天。他长得非常瘦小精干，眼睛里充满了朝气和活力。

一进门，他语速很快地说："老师，我可没有什么心理问题，我找您纯粹是因为我对心理学的好奇。我是学营销管理专业的，我认为学习心理学对我将来走上工作岗位会有很大帮助。您能告诉我心理学的神秘之处是什么吗？"

在一般人眼里，心理学确实是一门很神秘的学科。许多人以为心理学学得好的人，一眼就能看出对方在想什么；有的人则把心理学家看成会相面卜卦的人，所以他们在与心理学工作者打交道时，总是戒备心很重。

实际上，心理学是研究人的心理现象发生、发展及其变化规律的科学。从学科性质上看，心理学是一门与自然科学和社会科学都有关系的科学。心理学不仅是一门认识世界的科学，也是一门认识、预测和调节人的心理活动与行为的科学，它对于改造客观世界和主观世界都有重要意义。因此研究人的心理发生、发展规律的心理学在社会各个领域中的作用已越来越受到重视。

"心理学研究的对象是什么呢？"强表现出对心理学的极大好奇。

"心理学是研究人的心理现象产生、发展、变化的科学。心理现象是心理学研究对象，心理现象十分复杂，表现形式也多种多样。在心理学中，人们通常从两个方面去研究心理现象：一是心理过程，二是个性心理特性。"

"心理过程是什么？个性心理特性又包括什么内容呢？"强继续问道。

"心理过程是指人的心理活动发生、发展的过程，具体而言，是在客观事物的作用下，在一定的时间内大脑反映客观现实的过程。心理过程包括认识过程、情感过程和意志过程。认识过程是通过感觉、知觉、记忆、思维、想象等形式反映客观事物的特性、联系或关系的过程。人在认识事物的过程中，对待所认识的事物总是持有一定的态度，人对这种态度的体验就是情绪和情感。比如，人的喜怒哀乐、道德感、理智感、美感等都是情绪和情感的具体表现。意志是人自觉地确定目的，并根据目的调节和支配自己的行动，克服困难以实现预定目的的心理过程。意志是人主观能动性的表现。"

事实上，人的认识过程、情感过程、意志过程是人所共有的心理过程，但是，当这些过程具体表现在每个人身上的时候，却有很大的差异。这些个体差异的表现就被称之为个性心理特性，它是在个体身上表现出来的比较稳定的心理特点，包括需要、动机、兴趣以及能力、气质和性格。个性心理的形成有着十分复杂的主客观条件。有时条件相同，由于主观努力的缘故，也会导致不同的个性。如同世界上没有两片完全一样的树叶，每个人的个性心理特性也各有其特点。

"那么心理过程和个性心理特征有联系吗？"强很有打破砂锅问到底的精神。

"心理过程和个性心理特性是密切联系和相互影响的。个性心理特性是通过心理过程形成的。个性心理特性一旦形成后又制约着心理过程的进行和发展，并在心理活动中表现出来。"和强的短暂交流，使我又一次强烈地意识到，大多数学生都是有好奇心和求知欲的，关键是作为校方和教育工作者应该如何满足学生的这些好奇心和求知欲。

相关知识链接——大学生心理障碍的预防和排除

目前，我国处于社会的转型时期，人们生活、工作和学习中的不确定感增加，竞争压力增大，这些影响到人们的心理健康和生活质量。有关资料显示，我国至少有 1.9 亿人在其一生中需要接受专业心理咨询或心理治疗；在我国 3.4 亿青少年中，有各类学习、情绪和行为障碍等心理健康问题的人数高达 3000 万以上。

大学生的心理障碍是互相交错的，每个人身上存在的问题不同，程度也各有差异，因此早期干预是非常有效和必要的。现在的问题是，社会上许多人不愿承认自己或自己的亲人存在心理问题，尤其不愿到医院看心理门诊。其实，心理问题发展到一定程度后，就是精神疾患，及早正确地诊治才能有效地防止其恶性发展。另外，各种心理障碍的成因也较为复杂，既有社会、学校、家庭的因素，也有学生本人的主观原因。因此在预防和排除大学生心理障碍的问题上，只能从几个方面加以说明，以期得到综合治理的整体效果。

一、良好的社会环境是防治基础

要预防和排除大学生的心理障碍，首先要提供良好的社会环境。

第一，实现党风和社会风气的根本好转，清除腐败现象，提倡实事求是的精神，这是预防和消除大学生逆反心理、封闭心理、冷漠心理的社会条件。

第二，净化社会文化，彻底清除封建思想文化的余毒，这是预防和消除大学生心理障碍的重要条件。

第三，树立正确的教育观和人生观，破除"只有上大学才是成才"的片面认识，尊重大学生的人格和个性，不在大学生中人为地划分等级，不轻视和歧视差生，彻底清除智育第一、分数第一、升学第一的陈旧观念，使每个学生都能在温暖、平等的集体中自由愉快地生活、学习和发展，许多心理障碍自然也就不会产生和发展了。

此外，诸如公正地评价大学生的优缺点，正确地对待犯错误的学生，真正树立男女平等的社会观念等，也是很重要的。

二、合理的家庭教育是必要条件

家庭是培养健康情感、良好习惯、优秀品质和高尚道德的第一个基地，对学生的成长影响极大，对学生心理障碍的产生或消除也同样具有重要意义。

第一，家长不能过分溺爱和娇宠孩子，尤其不能以满足孩子的过分要求作为对学习的奖赏，因为许多不良习惯都由此产生，最后发展为心理障碍的。为此，家长应该学一点教育学、心理学常识，目前正在兴起的家长学校是值得大力提倡的，尤其是对于独生子女家庭，更为必要。

第二，家长应该尊重和理解孩子。不少家长认为自己对孩子拥有至高的权力，根本不知道如何去尊重孩子的人格，更谈不上理解孩子。有些封闭、孤独、狭隘、自卑的大学生往往就是这种家庭教育的产物。

第三，家长应正确认识和评价自己的孩子。望子成龙的心情固然可以理解，但一定要从实际出发，对孩子提出的学习目标不可过高，否则，会导致他们产生心理障碍。

三、正确的学校教育是重要因素

大学生的活动大部分在学校中进行，学校教育应该说是预防和消除大学生心理障碍的极其重要的因素。

第一，为了实施"十三五"培养目标，我们认为高校应该为每个学生建立心理档案。建档案的目的就是摸底排查学生心理健康状况，并预防、干预、及时解决学生某些心理障碍。

第二，对大学生平等、尊重、信任、理解应该成为对每个教育工作者的职业要求。大学生有独立的人格和尊严，教育工作者要将他们平等相待，尊重他们，理解他们，并满足其心理上的需要和感情上的渴望。尊重需要是较高层次的需要，大学生对此的要求尤为强烈。而尊重是要建立在信任和理解的基础上的，教师要理解大学生的兴趣、爱好、个性和需要，沟通与学生的感情，排除大学生的心理障碍。

第三，提倡疏导，忌用堵塞，这应该成为我们学校教育的一条重要原则。对大学生严格要求无疑是正确的，但绝不能用关、卡、压的手段来对付他们，更不能随意训斥和惩罚，特别是对已有心理障碍的大学生，堵塞会适得其反。只有通过感情交流、意见沟通、热情帮助、积极引导，才能达到教育的目的，使大学生走上健康发展的道路。

第四，学校应施行正确的心理健康教育，让学生科学地认识和了解自己，把青春期教育和道德教育、法制教育结合起来，是可以收到良好效果的。

四、加强大学生自身的修养是关键

社会、家庭、学校的综合治理可以产生强大的外部力量，但预防和排除大学生的心理障碍还必须通过大学生的内因产生效果，因此加强大学生自身修养才是问题的关键。

第一，帮助大学生树立新的学习目标。每个刚升入高等学府的大学生都有一种新鲜感、自豪感，也都有重新开始好好干一番的潜在愿望，这时教育者一定要及时帮助他们树立新的学习目标，这样他们才不会松懈，才能使他们尽快适应大学多学科的学习要求，适应从少年到青年的过渡。

第二，培养大学生自我教育的能力，学会控制自己的行为和情绪，使他们在学习上应保持适度的紧张，以集中注意力；在行动上要善于自我激励和反省，通过自我暗示、自我克制，克服盲目冲动，把大学生的"独立性""成人感"导向自强、自尊、自控的境界。

第三，教育大学生严格要求自己，形成良好的学习习惯，要学会主动反馈学习情况，如主动回答提问，及时反映疑问，对不懂的、不适应的甚至不满意的问题都要虚心向老师请教和反映，以求得老师的了解和帮助。

第四，帮助大学生掌握适合自己的学习方法。比如总结过去的学习经验和教训，看哪些方面对自己有效；也可以比较自己各科的学习情况，养成善于总结、思考和自我调节的习惯，逐渐形成一套适合自己的有效的学习方法。

第五，培养大学生尽快适应、关心和热爱班集体，团结同学，与大家建立真诚的友谊。温暖的班集体是良好的学习环境，也是大学生健康成长和生活的好园地。

第六，逐渐树立大学生正确的人生观、世界观和幸福观，学会辨别是非、美丑、真伪、善恶，懂得坚持真理，抵制不良影响，按"有理想、有道德、有文化、有纪律"的要求完善自我，增强集体荣誉感。

第七，引导大学生学会倾诉，每当烦恼、苦闷时，要坦诚地向老师倾吐，求得理解和帮助。遇到表扬或批评时，要自警和自省；遇到诱惑时要自控，要使自己保持开朗和愉快的心情。

7. 我是谁，我怎么了

从小到大，我们每一个人几乎都思考过这样一个问题：长大后我想做什么样的人？这实际上是涉及人生目标的教育，可是在成长的过程中我们中国应试教育的弊端慢慢显露出来：从小学到大学我们只有一个具体目标——考大学，其他目标都逐渐被这一个目标所替代，所以一旦上了大学，多数人陷入了生活无目标的尴尬局面。

不知道自己该干什么，没有人生目标，过一天算一天，这种现象在大学生中相当普遍，据有关统计显示，当代大学生有明确人生目标的学生比例不足20%。

美国哈佛大学曾经有一年对即将毕业的天之骄子们进行了一次关于人生目标的调查，结果显示，27%的人没有目标；60%的人目标模糊；10%的人有目标，但没有具体实施计划；只有3%的人目标明确并有具体实施计划。

从小到大，我们每个人几乎都思考过这样一个问题：长大后我想做什么样的人？这实际上是涉及人生目标的教育，可是在成长的过程中我们中国应试教育的弊端慢慢显露出来：从小学到大学我们只有一个具体目标——考大学，其他目标都逐渐被这个目标所替代，所以一旦上了大学，多数人陷入了生活无目标的尴尬局面。

安就是这样一个男孩，班主任说他整天无所事事，既不和同学们打交道，也不和老师有来往，学习不主动，劳动不参加，精神恍恍惚惚的，但又不像有精神疾病。

因为不忍心看到他总是那么懒散、颓废和彷徨，班主任就借带我抬桌子的名义把安叫到了我的咨询室，然后嘱咐他："安，你先和老师坐坐吧，我再找两个学生去。"这是他们老师和我"预谋"好的，虽然强迫别人来咨询有违心理咨询的原则，但是他的班主任是个非常热爱学生、关心学生的好老师，为了了解安的具体问题，我也只好同意如此安排。

为了打开话题，我和安进行了下面的谈话。

"安，你毕业后想干什么？"

"不知道，我没有想过。"

"那么，生活中你有特别感兴趣的事情吗？"

"没有，我觉得什么都没意思。"

"那你现在有最期待的事情吗？"

"没有，我不知道自己有什么期待，我甚至害怕毕业。"

安一问三不知，已经失去了自我选择和决断，他们在无法确定自我或限定自我的情况下，只能处于回避选择和麻痹的状态。

每每面对这样的孩子，我打心眼里替他们着急。近几年为学生建立心理档案和做咨询的经验告诉我，学生并非真的想这样平庸下去，只不过他们的思维受到了一定程度的限制，已经变得不会思考，不知道该如何为自己寻找突破口，更忘了他们曾经的理想和目标。于是，我常常给他们讲述朱利斯·法兰克博士的故事。法兰克博士是位心理学教授，二次大战期间，他在远东地区的俘虏集中营里无法忍受身体和心理上的折磨，想过一死了之。

但是有一天，一个人的出现扭转了他的求生意念。

一位中国老人问他："从这里出去之后，你第一件想做的事情是什么？"这个问题法兰克博士以前没有思考过，死亡已经紧紧地占据在他心头。

老人的问题使他想到他的太太和孩子。突然间，他认为自己必须活下去，有件事情值得他活着回去。有了这个活下去的理由，法兰克博士坚持到了战争胜利。

"安，你知道这个理由是什么吗？"

"有点懂，可是我和他不一样。老师，实际上我很迷茫，有时候我甚至不知道自己是谁，我该干什么？我们班主任对我们挺好的，她像我父母一样希望我听话，别惹是非，要好好学习。可是，学习对我来说没有任何乐趣，人与人打交道不过是在互相利用，上大学无非是混个文凭，有什么意义？所以，我觉得过一天算一天得了。"

"你不认为自己这是缺乏生活目标导致的困惑吗？"我对安作了进一步的解释。

"目标？没有目标有这么可怕吗？"安斜着眼睛不相信地问我。

"是的，目标给了我们生活的目的和意义。有位先哲说过：'没有目标，日子便会结束，像碎片般地消失。'"

"是啊，老师。我觉得不光我一个人，我周围的大部分同学也都这样。我们不清楚自己想做什么，所以干脆什么也不做。"

发展心理学讲人在一生的发展过程中，各个时期有各自不同的发展课题。发展课题就是由一个时期过渡到另一个时期必须完成的学习或者训练。

有关学者认为，人生的发展课题是个体必须学习的问题，它在人一生中的各个时期产生，如果这个课题能得以圆满实现的话，不仅给个人带来幸福，也为下一个课题的成功奠定基础；倘若失败，不仅造成个人不幸，更为以后的课题实现带来困难。

大学阶段最主要的课题之一是自我同一性的确立和防止同一性的扩散。安正是遭遇了同一性扩散的心理问题，在他身上集中表现了同一性的失调，导致他无法认识自己或无法确认自我，而使自己处于一种弥漫、扩散、混乱状态。

经过故事的启迪、案例的列举、寓言和理论的阐述，安明白他的问题并不可怕，关键是认识不够，思维受局限，生活上也缺乏这方面的引导，后来安的一句话给我很大的震撼："老师，太谢谢您了！长久以来我就想改变自己，但是无从下手。经过您的点拨，我知道我该做什么了。您以后要和我们多讲讲与我们生活紧密联系的这些事例，对我们启发太大了！"

时间掌握得很好，安的问题解决了，他的班主任也正好叫来另外两个学生。安走的时候特地高声和我道别："走了啊，老师，有什么需要帮忙的，一定叫我！"

教育的目标究竟是什么？我认为这是一个值得我们每一位教育工作者、父母认真思考的问题。当然，作为教育政策决策者更应该深思。

我们进行教育，应该从根本入手，使人们意识到人灵魂的高贵。什么是灵魂的高贵呢？我认为就是有做人的尊严，有做人的原则，有做人的价值。教育的目标应该是培养健康、善良的生命，活泼、智慧的头脑，丰富、高贵的灵魂，如果这样，我们的教育就真正成功了。

相关知识链接——大学生(青春期)自我意识的发展

一、自我意识

自我意识是作为主体的我对自己身心状态及对自己与客观世界的关系的意识。自我意识是人的意识的重要方面,正是由于人具有自我意识,才能使人对自己的思想和行为进行自我控制和调节,使自己形成完整的个性。

成熟的自我意识至少有下列三方面的特征:一是能够感受到自己的身体特征和生理发展状况;二是能够意识到自己的内在心理活动;三是能够意识到自己在集体乃至社会中的作用和所处的地位。

如果说婴儿期是自我意识发展的第一个飞跃期,那么青少年时期(12~19岁左右)是意识发展的第二个飞跃期,这被称为自我意识发展的突变期。青春期自我意识发展的过程主要是自我概念、自我评价、自我理想的整合和统一的过程。

二、青年期自我意识发展的特点

从青春发育期开始(12岁左右)到青年后期(35岁左右),是自我意识、心理自我迅速发展并走向成熟的时期。青年期自我意识发展的最主要特点在于追求自己内在世界中存在着的本来的、本质的自我,并将注意力集中到发现自我、关心自我的存在上。

1. 青年期自我意识的形成期

青年期是自我意识的形成时期,这一形成要经历分化和整合的过程,这一过程贯穿整个青年期。青年期自我意识的发展,将自我分化为"客体我"和"主体我",对这两个我进行审视和分析,再经过自我接纳和排斥等过程,使两者在新的水平上协调,即达到自我的整合和统一。

2. 青年期自我同一性的追求和确立

自我意识的发展和自我同一性的确立是青年期的重要发展任务。自我同一性是指个体在寻求自我的发展中,对自我的确认和对有关自我发展的一些重大问题,诸如理想、职业、价值观、人生观等的思考和选择。在这一过程中必然要涉及个体的过去、现在和将来这一发展的时间维度。

而自我同一性的确立就意味着个体对自身有充分的了解,能够将自我的过去、现在和将来整合成一个有机的整体,确立了自己的理想与价值观念,并对未来的发展作出了自己的思考。从我国的实际情况来看,由于高考的重压,使中学生无暇思考自我的具体问题,学习和考大学成为这个阶段最主要的生活方式和生活目标。上大学后,学习压力较中学阶段减轻了许多,大学生有了更多的时间和精力参与各种活动,并在活动中探索自我,寻求自我,了解自我。因而,大学阶段成为当代青年确立自我同一性的重要阶段。

埃里克森认为,主体在进入青春期之前的各个阶段发展任务完成得好,如有较强的信任感、自主感、主动感和勤奋感,到青春期实现有意义的同一性的机会就多;反之,就可能出现与自我同一性相反的情况,即同一性的扩散或混乱。

诚然，在这一时期，为寻找自我、发现自我而出现的暂时的同一性分散或角色混乱，多属正常现象。通过角色试验、亲身体验，经过一段时间的自我痛苦探求，可能实现新的、更富创造性的、积极的自我认同。但是，长期遭到同一性的挫折，就会出现持久的、病态的同一性危机。他们无法知道自己究竟是一个什么样的人，想成为什么样的人，不能形成清晰的自我认同感，致使自尊心脆弱、受挫、道德标准受阻、长久找不到发展方向，无法按照自己设计的样式正常生活，有的就会走向消极，甚至出现同一性扩散症候群的特征。

3. 同一性扩散或同一性混乱

有关学者把同一性扩散症候群的特点归纳为以下几点：

（1）同一性意识过剩。陷入"我是什么人""我该怎么办"的忧虑中，被束缚于其中不能自拔而失去自我。

（2）选择回避和麻痹状态。有自我全能感或幻想无限自我的症状，无法确定自我定义，失去了自我概念，失去了自我选择或决断，只能处于回避选择和决断的麻痹状态。

（3）与他人距离失调。无法保持适宜的人际距离，或拒绝与他人交往，或被他人所孤立，或丧失自我而被他人"侵吞"。

（4）时间前景的扩散。这是时间意识障碍的一种，不相信机遇，也不期待对将来的展望，陷入一种无能为力的状态。

（5）勤奋感的扩散。无法集中精力于工作或学习，或发疯似地只埋头于单一的工作。

（6）否定的同一性选择。参加非社会所承认的集团，接受被社会所否定、排斥的生活方式和价值观。

三、青春期自我同一性失败的主要原因探讨

很多临床心理学家认为，青春期自我同一性发展课题的失败，可能预示着日后发展中的各种心理障碍。所以对青少年自我同一性的状态及其形成过程的关心与干预是青少年教育中一项非常重要的任务。威胁自我同一性形成的因素有主、客观两方面的原因：

1. 主观方面

青少年自我意识中的矛盾主要表现为两个方面：主观我和客观我的矛盾；理想我与现实我的矛盾。主观我是个人对自己的认识和评价，客观我是客观而真实的自我存在。二者会处于一种不一致的状态，这种不一致可能是自我膨胀，也可能是过度自卑。教育者要根据不同情况帮助青少年解决这种矛盾，帮助他们认识到这种不一致，分析、反省、解剖他们的自我观念，以便找到不一致的原因，树立正确的自我概念。

理想我是现实我通过努力可以达到的一种境界，现实我是自我的目前状态，理想我与现实我是有一定距离的，如果个体对自我的发展没有做过思索，对未来没有什么希望，只是消极地度过时光，那么自我同一性就会长期处于扩散状态；如果理想和目标过于远大，又可能使个体无法企及而感到失望沮丧，一再产生挫折感和失败感，从而放弃对理想的追求。如果个体的自我理想与社会规范是相背离的，即选择消极同一性，会使青少年无法适应社会而最终阻碍其健康发展。在青少年中经常展开有关人生观和人生理想的讨论，充分了解青少年的思想动态，并不失时机地对青少年进行有关人生理想的教育，帮助他们修正不正确的和不切实际的想法，使每一个青年学生都能具有积极的人生追求，是非常有必

要的。

青少年对自我与社会关系认识上存在偏差：自我同一性还包括一种连带感和归属感，即个体感到自己从属于某一个社会、国家和集团，他接受自己所属社会或集团的价值观念，可以容忍社会的一些不足。他了解社会的期望，并按照一定的社会角色规范去行事，在社会中找到自己的位置并感受到自己的存在对于他人是有意义和有价值的。

如果青少年不能正确认识自我与社会的这种连带关系，或没有获得良好适应社会应具备的知识与技能，就会给他的同一性确立带来困难。这可能表现为过高地期待社会，希望社会能按自己的愿望存在；不能接受正常的社会规范的约束而肆意行事；对现存的某些社会现象无法容忍而采取一些极端的方式加以反抗或彻底逃避。这样的青少年在思想上很偏激，很可能发生人际交往障碍，从而产生逃学、攻击、厌世等问题行为。

关于如何处理好自我与社会的关系，有时在我们的教育中会出现比较片面的情况，我们往往只强调个体对社会的奉献，而忽略了如何帮助青少年去正确认识社会，帮助青少年去适应外部世界，教给他们必要的处世技能。

2. 客观方面

客观方面，主要包括家庭环境、学校教育和社会环境三方面的因素。

（1）家庭环境。青少年的自我同一性是在儿童自觉的基础上形成的。父母是儿童早期认同的对象，青少年自我同一性的形成首先要综合这种早期认同，如果父母的价值观、人生观、生活态度是错误的或混乱的，势必会影响孩子自我同一性的形成。

① 亲子关系。父母与子女之间能够开放地交流，民主的气氛有利于青少年正确认识自我，对有关自我的发展进行思索，自主地选择自我的发展道路。相反，父母对子女过于溺爱或滥用权威，将不利于青少年自我同一性的形成。过于溺爱的父母事事都替子女做出安排，不给孩子进行自我探索的机会；而过于严厉的父母可能会使孩子屈从自己的意愿，这两种情况都不利于青少年自我同一性的建立，有可能使青少年长期处于早期完成状态或扩散状态。

② 父母的期望。埃里克森认为，自我同一性包括一种自信，即有信心使自己成为一个与他人期望相符的人。如果父母期望过高，会给孩子带来心理上的压力，使孩子感觉"我无论如何也无法成为他们所期望的那样的人"，这在客观上剥夺了孩子确立自我同一性的可能。埃里克森指出，如果一个儿童感到他所在的环境剥夺了他在未来发展中获得同一性的可能，这个儿童就会以令人吃惊的方式抵抗社会环境。

③ 还有一种不当期望，即父母的期望不符合孩子成长的要求或者违背孩子的发展愿望。如强迫孩子学钢琴、学绘画，而孩子感到"我不愿意，我不想，这样很痛苦……"，以至对未来失掉梦想，或不再期待未来，这也可能是消极自我同一性选择的家庭教育因素。

（2）学校教育。我们的教育长期以来以"应试"为中心，教师以"大纲"为依据，以"班级授课制"为主要的教学组织形式，面对学生统一要求和讲授，再加上课业负担沉重，学生失去思考的时间，个性发展的空间也非常小。启发式教学在很大程度上只停留在理想中，"为创造力而教"也只是口号，对于教育的本质是什么并没有形成清晰的认识。传授知识，培养能力与塑造人没有做到有机地统一。

新的教育形式下，新的教育举措——减负能否真正带来教育观念和教育方式的转变和优化，我们还需拭目以待。另外，由如何"减负"以及学生"减负"后的心理空间该如何填充也都是教育工作者应该认真思索的问题。

学校中的归属感。学校是青少年人际交往最主要的途径。自我同一性确立的另一个侧面是"一体感"或"连带感"，如果青少年在家庭尤其是在学校集体中找不到这种一体感，他们就会向校外寻找这种归属感，从而选择消极同一性。

（3）社会环境。埃里克森非常强调社会环境对同一性确立的重大影响。如果社会不能为青少年提供一个有利的社会环境，会出现"垮掉的一代"。"60分万岁""打砸抢"是青少年问题，更是社会病态的反应。

① 社会为青少年提供一个值得他们尊重的主流文化。社会文化环境是青少年心理发展的前提与背景，他们的思想意识和价值观念都源于他们所在的背景文化。青少年对环境是非常敏感的，可以说青少年是社会变化的指示器。一个社会的主流文化是积极昂扬，还是消极颓废，在一定程度上决定一代青少年的主导心境。现在对代表着社会最新时尚的青年人有一种时髦的称呼叫"新新人类"，他们代表着一种追求和一种认同，我们可以将他们的这种追求和认同称为青少年的"集体同一性"，从青少年的"集体同一性"中，我们可以推断一个社会的兴奋点；反之，我们也可以说一个社会的兴奋点决定了该社会中青少年的"集体同一性"。

② 社会中应具备良好的成人模型。青少年对自己未来将成为一个什么样的人不是完全凭空臆想的，在他们心中一般会有一个值得效仿的对象。有时他们对心中偶像的向往大大超出了我们想象的程度。追星是一个很好的例子，他们把自己的愿望投射到自己喜爱的明星身上，对他们的各种行为进行模仿。如果社会能为青少年提供一些他们认为值得效仿的成人榜样，就可以借此去引导青少年去学习，使青少年自发努力成为他们所尊崇的对象；相反，如果社会中没有这样有吸引力和说服力的榜样，有的只是被炒作的明星，我们又有什么理由指责青少年去追星呢？

③ 民主的环境和包容的气氛。社会如何期待青少年的成长决定了我们所给予青少年什么样的成长环境和成长气氛。对于下一代，上一代的普遍倾向是不满与逼迫，对于这一点，埃里克森的"心理延缓偿付"的观点对我们或许会有所启示。

埃里克森将大学生时期称为心理延缓偿付期（moratorium）。心理延缓偿付是允许还没有准备好承担义务的人有一段拖延的时期，或者强迫某些人给予自己一些时间。因此，我们所讨论的心理社会合法延缓期，乃是指对成人承担义务的延缓，然而它又不仅是一种延缓，青少年可以利用这一段时间，触及各种人生观、价值观，尝试着从中进行选择，经过多次尝试，反复循环，从而确定自己的人生观、价值观以及将来的职业，最终确立自我同一性。

8. 老师，我得了抑郁症

我理解军的苦闷，随着市场经济的发展和教育改革的深入，部分来自农村的大学生，在面对学习、生活、人际交往、就业等方面，会不同程度地产生一些心理问题。军最初失眠是由于对前途的担忧，这种负面情绪的体验在军一遍遍思虑中得到强化和加深，这样使得军陷入越想越怕、越想越痛苦的恶性循环中，以致从失眠泛化到影响看书、学习等各方面。

军是大二的学生，国庆节过后第二个星期三，他走进咨询室。一进门，我就发现他的神情有些忧郁，十八九岁的小伙子深锁眉头，似乎天塌下来的感觉。他也神情很严肃地问我："老师，我是不是得了抑郁症？"

我问他："你为什么说自己得了抑郁症？"

军说："我最近总觉得没精打采的，情绪也很低落。吃饭不香，睡觉不踏实，尤其是不想学习，一看书就头疼。"

像询问每一位求助者一样，我需要了解他这些症状何时开始出现以及持续了多久。

军诉说道："教师节前后那两天，我开始出现失眠症状，再以后情绪就特别低落，总觉得活着特别没意思。"

"在那之前你有没有出现过这些症状？"

"没有，即使是高考不理想，我也没有这样悲观过。我总觉得只要我肯努力，在学校学有所长，将来一定会找到个好职业的。"

凭经验，我知道军一定是受了什么打击，我问他："能告诉我那两天有什么特殊事情发生吗？"

军侧着头想了想，说道："那几天，我们宿舍有四个男同学在排练街舞的节目，每天练习到很晚才睡觉。我来自农村，不会唱也不会跳，所以我平常最爱看书。我什么书都看，图书馆里各类书籍基本上都借阅过。有一天晚上，宿舍熄灯了，我躺在床上迷迷糊糊的，就听见他们回到宿舍时在说我：书呆子一个，他以为靠学习成绩好就能找好工作？没门！这年月，综合素质全面发展的人才吃香，死读书，读死书的人迟早被社会淘汰。再说了，农村娃没什么关系和后台，哪个单位会要他？

他们以为我早就睡着了，没想到我听到了他们谈话的全部内容。听着听着，我的眼泪就不自觉地流下来。于是，我再也睡不着了，翻来覆去地琢磨这些话。越想越有道理，越想越觉得自己前途一片渺茫。从那以后，只要我躺在床上，就无法入睡，我总是一遍遍地想：我该怎么办？"

我理解军的苦闷，随着市场经济的发展和教育改革的深入，部分来自农村的大学生，在面对学习、生活、人际交往、就业等方面，会不同程度地产生一些心理问题。这些心理问题经常困扰着他们，所以也影响了他们的健康成长。因此，帮助部分农村大学生及时排解心理问题，培养他们的健康心理，应该成为我们教育工作的重要内容。

军最初失眠是由于对前途的担忧，这种负面情绪的体验在军一遍遍思虑中得到强化和加深，这样使得军陷入越想越怕、越想越痛苦的恶性循环中，以致从失眠泛化到影响看书、学习等各方面。

抑郁症到底有什么症状？心理学认为它是由各种原因引起的以抑郁为主要症状的一组心境障碍或情感性障碍，是一组以抑郁心境自我体验为中心的临床症状群或状态。军是不是得了抑郁症呢？在我的指导下，军做了一份抑郁自评量表（SDS），结果显示，军的SDS得分没有达到抑郁的临界值，也就是说军并没有得抑郁症。抑郁的三大主要症状，即情绪低落、思维迟缓和运动抑制，在他身上只有情绪低落的一面。而他之所以难以从同学们的议论中走出来，是因为他过分关注自己作为农村孩子的身份，还有长期自卑的心理冲突没有得到解决，所以他暂时失去了前进目标，生物钟被打乱，生活也就没有了规律。

接下来，我给他讲了台湾长颈鹿文化事业公司的董事长——魏忠香的故事。

一个初中后进班的孩子，一个最差的中专，进了最差的科系，并且成为该科的最后一名。五年的专科，要六年才能勉强毕业。两年兵当完，他决心苦读，立志要改变自己的一生，桌上、墙上、贴满了励志话语。他以同等学力插班，两年后居然考上了台大日间部的法律系！他的经历不过是个小小的证明，只要头上有一片天，就可以染上各样的色彩，一个后进班的学生，一样有机会可以成为台大法律系的毕业生。

军听后，大受鼓舞。我及时安排他回去写一份自身经历、体会以及人生规划，并且要求他第二天交给我。

第二天上午十点，课间操时间，军高兴地走进咨询室说："老师，经过与您的交谈，我感觉一下子豁然开朗了。昨晚自习时我写了一份个人经历和体会，并且深深明白：生命中随时可能出现奇迹，每个人都有一片属于自己的天空，现在或许是有些阴霾，甚至雨落绵绵，但是终有晴空万里的时候。这么长时间了，第一次我一觉睡到天大亮。"

看着军满脸的笑意，我的心也灿然起来。

相关知识链接——抑郁症分析

一、抑郁症

抑郁症是以情绪低落为主要特征的心理疾病，其临床表现，轻型病人外表如常，内心有痛苦体验。稍重的人可表现为情绪低落、焦虑、烦躁、坐立不安；对日常活动丧失兴趣，丧失愉快感，整日愁眉苦脸，忧心忡忡；精力减退，常常感到持续性疲乏；有些患者常常伴有神经官能症症状，如记忆力减退、反应迟缓和失眠多梦等症状。重型抑郁症患者会出现悲观厌世、绝望、幻觉妄想、食欲不振、功能减退，并伴有严重的自杀企图，甚至自杀行为。

社会发展越来越快，生活节奏也变得快了起来，长期生活在这样紧张而又繁忙的氛围下，心情也时常会变得焦躁不安，如果此时大家不注重随时调节自己的心情，就会导致焦虑抑郁症疾病的发生。据世界卫生组织统计，我国抑郁症的患病者约2600万人，17岁以下儿童和青少年之中有3000万人受到情绪障碍和行为问题的困扰，至少10万大学生患有抑郁症。我国抑郁症的发病率达1.5%～3.5%，每年大概有20万人因抑郁症自杀。抑郁症已经成为中国疾病负担的第二大病。抑郁症是常见的心理障碍，在我们的身边很有可能就有抑郁症患者。但由于当前公众对抑郁症防治知识知晓率低，社会上对抑郁症存有偏见，抑郁症患者的就诊及治疗率较低，得到治疗的患者不到 1/3。抑郁症应引起的大家的广泛关注。

二、抑郁症征兆

抑郁症有以下 10 个征兆：

（1）人逢喜事而精神不爽。经常为了一些小事，甚至无端地感到苦闷、愁眉不展。

（2）对以往的爱好，甚至是嗜好，以及日常活动都失去兴趣；整天无精打采。

（3）生活变得懒散，不修边幅，随遇而安，不思进取。

（4）长期失眠，尤其以早醒为特征，持续数周甚至数月。

（5）思维反应变得迟钝，遇事难以决断。

（6）总是感到自卑，经常自责，对过去总是悔恨，对未来失去自信。

（7）善感多疑，总是怀疑自己有大病，虽然不断进行各种检查，但仍难释其疑。

（8）记忆力下降，常丢三落四。

（9）脾气变坏，急躁易怒，注意力难以集中。

（10）经常莫明其妙地感到心慌，惴惴不安。

三、抑郁症比抑郁更加严重

抑郁症越来越严重威胁着人类健康。然而，人们往往容易将抑郁症理解为抑郁，从而放松警惕，导致症状不断加重。因此必须高度重视抑郁症，及时治疗。抑郁是由于人在面对挫折、失败等负面事件时，产生抑郁情绪的一种正常反应。往往表现为心情不好，但是很快就能通过自身的调节走出来。抑郁症是由于人的大脑中的一种叫 5-HT 递质的物质，如果这种神经递质紊乱或缺乏了，就可能导致抑郁症患者往往对生活中的一切丧失了兴趣和基本欲望，是一种精神障碍，会持续两周以上。

抑郁症是一种很容易治疗的疾病，几乎百分之九十的抑郁症患者经过妥当的治疗后，都可以恢复正常、快乐地生活。抑郁症是每个人都可能患得的心理疾病。当你一不小心患上抑郁症时，这并不能说明你心胸狭窄，也不能说明你品质低劣或意志薄弱。其实，抑郁症只是一种普通的心理疾病。中国人心理健康的观念比较淡薄，对健康的认识基本上还停留在生理健康的层次，这种状况应该被逐渐打破。所以，如果你或你的亲人得了抑郁症，千万不要感到见不得人或低人一等。

四、抑郁症与精神分裂是两码事

精神分裂症病人的知觉障碍内容丰富，表现为大量丰富的真性或假性幻觉。最常见的是出现于听觉器官的各种各样听幻觉，即幻听；其次是幻视、幻嗅、幻味和幻触等。病人对自己内容荒谬的幻觉坚信不疑，常受幻觉症状的支配做出越轨的、病态的行为，如幻听命令他跳楼自杀，他就立刻从高层楼上跳下来；幻听命令他去杀人；他也会毫不顾忌地持刀杀人，因此，具有幻觉症状的精神分裂症病人对自身、他人和社会都有很大的危害性，应及时对严重患者采取住院等积极的治疗，以防意外的发生。抑郁症是可以治好的，而精神分裂基本上很难治愈，且会复发。抑郁症也不会发展为精神分裂，你抑郁了，说明不是精神分裂的体质，这其实是一个好的信号，这辈子你想精神分裂都分裂不了。

抑郁让你陷入反思和内省，治愈后你可能会达到比以前更高的层次。所以，如果你抑郁了，不要认为自己是不幸的。塞翁失马，焉知非福。

五、抑郁症与一般的"不高兴"有着本质区别

抑郁症与一般的"不高兴"有着本质区别，它有明显的特征，综合起来有三大主要症状，就是情绪低落、思维迟缓和运动抑制。情绪低落就是高兴不起来，总是忧愁伤感，甚至悲观绝望。《红楼梦》中整天皱眉不展、唉声叹气、动不动就流眼泪的林黛玉就是典型的例子。思维迟缓就是自觉脑子不好使，记不住事，思考问题困难，患者觉得脑子空空的，变笨了。运动抑制就是不爱活动，浑身发懒，走路缓慢，寡言少语等，严重的可能不吃、不动，生活不能自理。

六、抑郁症是可以治好的

这一点非常重要，抑郁症患者常常悲观绝望，甚至企图自杀。其实，这是不理性的想法，如果你抑郁了，就告诉自己，我的情绪"感冒"了，正在发烧，还会打喷嚏，现在很痛苦，但只要吃点药就会好的。如何缓解抑郁症，可以从以下几个方面进行：

（1）多参加户外锻炼。很多抑郁症患者有行动迟缓、邋遢、懒惰的状况，长期如此不仅严重损害身体机能，还会加重消极、负面情绪。晨练可以充分调动人体潜能，活化身体细胞，身体放松了，内心也慢慢就会放松下来，情绪自然就会有一定的缓解。

（2）多外出交际。把自己关在家里，逃避与人接触，是抑郁症患者常见的表现，而这首先是他们所需要改变的地方。抑郁症患者必须强迫自己走出去，多接触朋友，参加社会活动或出去旅游，尽管开始内心会很痛苦，但是只要坚持一段时间后，负面的情绪感受就会被外部环境慢慢消融，他们的自信心就会重燃起来。

（3）阅读书籍。开卷有益，多阅读一些有关心理学、哲学，包括道家、佛学方面的书籍，可以提高我们的智慧，让我们对自身生命有更深刻的认识，超越过去的思想局限。

（4）冥想法。冥想是一种身心灵修习的好行为，现在已被广泛地应用到心理治疗和心灵成长活动中。冥想可以减少紧张、焦虑、抑郁等情绪，有规律地练习冥想会增强意识，有助于抑郁症患者获得启迪。

（5）整理积极感受。抑郁症患者更多时候是沉浸在自己的消极感受中，虽然在他们的认识层面上有时也认为自己的想法或情绪是不合理的，但是自己仍无力摆脱。可以把自己的感受整理在一个笔记本上，在锻炼或者身心状态有所缓解之后再去看它，只去感受不必分析。

（6）及时干预和治疗。一旦出现抑郁症，患者们对于生活就失去了热情，这必然带来一系列健康方面的影响。除了要及时进行专业的治疗以外，也可以在日常生活中多加注意，恢复对生活的热情和良好的心情。只要及时干预和治疗，调整心态，勇敢面对，通过药物控制和改善心智相结合，一定能够走出抑郁的阴霾！

9. 反复洗手，为什么

凯不好意思，过了大概有两分钟，他才说："我太痛苦了！明明知道这样做没道理，这样做不应该，可是，我还是忍不住要一遍遍地这样做。就因为我爱洗手，我们宿舍的人都不愿意和我说话了。"

凯是 2005 级学生，入学两个月后，他走进咨询室。一进门，我就发现他有点怪，因为他不是用手推的门，而是用胳膊肘把门顶开的。我让他坐下来，他使劲摆手，反复说："就站着说，就站着说。"

我也只好站着和他进行交流。我问他："你有什么麻烦事吗？"

凯竟然羞涩起来，好半天，他举起手说："老师，您看我的手脏不脏？"他把手伸开让我看。

"真干净！一点也不脏！"看着他那双白嫩白嫩的手，我由衷地发出了赞叹。

"您看不见这些纹路里藏着脏吗？"凯用左手指着右手的纹线，又用右手指着左手的纹线很认真地问我。

"真的，一点脏也看不见。"我再次向他表明他的手非常白净。

直到这时凯才一屁股坐下来，长叹一声："我也知道手很干净了，但是我无法控制自己，我总觉得还应该多洗两遍，还应该再洗！"

"这是一种强迫行为的表现，你了解这方面的知识吗？"我婉转地问他。

凯不好意思，过了大概有两分钟，他才说道："我太痛苦了！明明知道这样做没道理，这样做不应该，可是，我还是忍不住要一遍遍地这样做。就因为我爱洗手，我们宿舍的人都不愿意和我说话了。"

"这样的话你就很难过、很不舒服，对吧？如果是我遇到类似问题，我也会有这种感觉的。我以前住的卧室距离厨房很远，水开了的话，如果关着厨房的门就会听不见壶哨子响的声音。有一次，半夜一点，我忽然闻到一股烧焦味，我冲进厨房一看火还着着，壶水早已烧干，壶身子已经被烧得面目全非了。从那时起，很长时间我都会反复检查我关火了没有，有时候半夜睡醒还不放心又起身去厨房查看。那段时间，我就是你这样的情况。你能谈一谈你最初反复洗手是如何开始的吗？"我通过同感和自我暴露引导他讲述问题的起因。

凯沉思了一会，他讲到了 2003 年春天的那场令人痛苦难忘的"非典"。"非典"是 2003 年我国局部地区发生的一类由冠状病毒引起的肺部感染病症。它主要通过近距离空气飞沫和密切接触传染的呼吸道传染病，临床主要表现为肺炎，在家庭和医院有显著的聚集现象。

凯的姑姑是医院的一位护士，有一天她给他家送来几张防非典的图画，其中一张是洗手防非典图。图中要求反复洗手，并且用肥皂洗，手心、手背、手指相互交叉共洗六遍。于是，他在妈妈的监督下，每天饭前便后都要洗手六次。起初，凯觉得很好玩，有时候他还会多洗两遍有时候又少洗两遍。每当妈妈发现他少洗了，就会吓唬他：某某人因为不洗手感染上非典不治而亡了。于是，他就严格要求自己认真洗手，以至于非典结束后很长时间他都坚持每次洗手六遍。高三时由于学习紧张，非典的阴影慢慢淡了，他也就没时间洗手那么频繁了。

今年，来到我们学校军训结束后不久，他的一位老乡由于在体检时发现是乙肝携带者，被学校劝退了。听说，老乡就是因为有不良卫生习惯得的肝病。这让他想起了2003年洗手防得病的事，于是，从军训结束后到现在，他每天都在坚持用肥皂洗手，并且洗手的次数越来越频繁，最后发展到别人一坐他的床铺，他就会厌恶人家，立马用消毒液洗床单，也是洗好几遍才肯罢休。

针对他的问题，我与他协商了咨询方案。(1)再确认法，确认强迫症的想法和行为带来的痛苦，确认该病症可以治疗；(2)再归因法，自己对自己说："这不是我，这是强迫症在作祟！"强迫性想法是无意义的，那是脑部错误的信息。(3)采用厌恶治疗的方法。在凯洗手的同时让他告诉自己手洗多了会蜕皮，或者告诉自己这样发展下去会没有朋友，让他觉得是自己洗手行为引起了不愉快的事情发生。(4)暴露不反映法，尝试着去摸脏东西而禁止洗手。学到避免习惯性的强迫行为，而以新的、健康的行为取代。

凯出门时我让他用手拉开门把手，并且告诉他不会生病，回去后也不要洗手。凯照着做了，然后笑着与我告别。

相关知识链接——强迫症心理分析

一、强迫症

强迫症是以强迫观念和强迫动作为主要表现的一种神经症。以有意识的自我强迫与有意识的自我反强迫同时存在为特征，患者明知强迫症状的持续存在毫无意义且不合理，却不能克制地反复出现，愈是企图努力抵制，愈是感到紧张和痛苦。

据报道，一般人口中的患病率为$0.05\%\sim1\%$，占精神科病人总数的$0.1\%\sim2\%$。国内流行病学调查的本症患病率为0.3%。通常于青壮年期起病，性别分布上无显著性差别。在心理咨询服务中，本症比例较高，如广州为8.3%，上海为16.2%。根据流行病学调查来看，本病发病在两性间并无差异(但国内报告称女性略高于男性)，而在儿童强迫症中，男孩患病率为女孩的3倍。

本病通常在青少年发病，城乡的患病率相近。约10%的病人起病于$10\sim15$岁，75%的患者发病于30岁以前。大多数病人起病缓慢，有时诱因亦不明显。病人就诊时往往病程已达数年之久。半数以上病人病情缓慢发展、逐渐加重，约1/4的病人病情有波动，约$11\%\sim14\%$病人能完全缓解，有些病人进入$40\sim50$岁以后，病情有自动缓解倾向。

二、强迫症症状

症状多种多样，既可为某一症状单独出现，也可为数种症状同时存在。在一段时间内症状内容可相对固定，随着时间的推移，症状内容可不断改变。

1. 强迫观念

强迫观念，即某种联想、观念、回忆或疑虑等顽固地反复出现，难以控制。

强迫联想：反复回忆一系列不幸事件会发生，虽明知不可能，却不能克制。

强迫回忆：反复回忆曾经做过的无关紧要的事，虽明知无任何意义，却不能克制。

强迫疑虑：如出门后疑虑门窗是否确实关好，反复数次回去检查；不然则感焦虑不安。

强迫性穷思竭虑：对自然现象或日常生活中的事件进行反复思考，明知毫无意义，却不能克制，如反复思考"房子为什么朝南而不朝北"。

强迫对立思维：两种对立的词句或概念反复在脑中相继出现，而感到苦恼和紧张，如想到"拥护"，立即出现"反对"；说到"好人"时即想到"坏蛋"等。

2. 强迫动作

强迫动作，即反复进行某种行为。

强迫洗涤：反复多次洗手或洗物件等。

强迫检查：如反复检查已锁好的门窗，反复核对已写好的账单、信件或文稿等。

强迫计数：不可控制地数台阶、电线杆等；做一定次数的某个动作，否则感到不安，若漏掉了要重新数起。

强迫仪式、动作：在日常活动之前，先要做一套有一定程序的动作，如睡前按一定程序脱衣鞋并按固定的规律放置，否则感到不安而重新穿好衣鞋，再按程序脱衣鞋。

3. 强迫意向

强迫意向，在某种场合下，患者出现一种明知与当时情况相违背的念头，却不能控制这种意向的出现，十分苦恼。如母亲抱小孩走到河边时，突然产生将小孩扔到河里去的想法，虽未发生相应的行动，但患者却十分紧张、恐惧。

4. 强迫情绪

强迫情绪，主要表现为强迫性恐惧。这种恐惧是怕对自己的情绪会失去控制的恐惧；如害怕自己会发疯，会做出违反法律或社会规范甚至伤天害理的事，而不是像恐惧症患者那样对特殊物体、处境等的恐惧；如害怕自己在某些场合会出现强迫行为而感到恐惧，从而尽量逃避参加这样的场合。

三、强迫症病因分析

强迫症是一种病因比较复杂的心理障碍，许多研究者分别从神经生化、遗传学以及心理学等多种途径探讨这一现象的成因，但是，到目前为止，还没有一个十分有说服力的解释。以下列举几种主要的假设及影响因素。

1. 心理动力学假设

根据心理动力学原理，强迫症是起源于性心理发育的肛门期，即在开始大小便训练的时期。这时，亲子之间，一方面要求对方顺从，另一方面而不想受约束，这种不平等的对立引起了儿童的内心冲突和焦虑不安，从而使得性心理发育停留在这一阶段，成为日后心理行为退化的基础。一旦个体遭遇外部压力，便会重现肛门期的冲突与人格特征。

2. 观察学习假设

根据学习理论，观察是导致焦虑的条件性刺激。由于原初的焦虑—诱发刺激联结（无条件反射），经过观察和思维的激发，而获得了实际的焦虑。这样，事实上，个体就已经习得了一个新的驱力。虽然强迫可以基于不同的途径习得，但是一旦获得，个体便发现借助于强迫观念的一些活动可以帮助减少焦虑。每当发生焦虑的时候，采用强迫的方式，个体的焦虑便得到了缓解，这种结果强化了个人的强迫。并且，因为这种有用的方法，成功地驱除了个体的获得性内驱力（焦虑），因而逐渐地稳定下来，成为习得性行为的一部分。

3．系统家庭假设

这种假设认为，病症表达了系统的破坏，而这个系统存在于人际关系当中，成员之间的互动形成了一定的系统。在这里，个体的行为是由于他人的行动影响所致；反过来，他也会以一种循环的方式去影响他人。这是一种互为因果的关系，没有明确的头和尾，主要依据"彼此吸引"的原则来进行互动。

4．精神分析学说

弗洛伊德认为强迫症是病理的强迫性人格的进一步发展，是由于防御机制不能处理强迫性人格而形成的焦虑，于是产生了强迫性症状。约 2/3 的强迫症病人病前即有强迫性人格或精神衰弱。其主要表现为力图保持自身和环境的严密控制，他们注重细节，做任何事都力求准确、完善，但即使如此也仍有"不完善"、"不安全"和"不确定"的感觉。他们或者表现为循规蹈矩、缺少决断、犹豫不决、依赖顺从；或者表现为固执倔强、墨守成规、宁折不弯及脾气急躁。

5．社会心理因素

社会心理因素是强迫症重要的诱发因素，如由于工作、生活环境的变迁，责任加重，处境困难，担心意外、家庭不和或由于丧失亲人，受到突然的惊吓等。有些正常人偶尔也有强迫观念，不持续，但可在社会因素影响下被强化而持续存在，从而形成强迫症。

四、强迫症的预防

从小注意个性的培养是十分必要的。不要给予过多过于刻板的要求，对于预防强迫症的发生有很大帮助，特别是父母有个性不良者更应注意。预防强迫症可以从以下几个方面进行：

（1）参加集体性活动及文体活动，多从事有兴趣的工作，培养生活中的爱好，以建立新的兴奋点去抑制病态的兴奋点。

（2）采取顺应自然的态度。有强迫思维时不要对抗或用相反的想法去"中和"，要带着"不安"去做应该做的事。有强迫动作时，要理解这是违背自然的过度反应形式，要逐渐减少这类动作反应直到和正常人一样。坚持练习，必然有益。

（3）注意心理卫生，努力学习对付各种压力的积极方法和技巧，增强自信，不回避困难，培养敢于承受艰苦和挫折的心理品质，是预防的关键。

10. 拔掉心灵的杂草

心理学讲，如果个性内向、自卑、孤僻、害怕面对他人、说话时不敢正视他人，那么他有可能属于社交恐惧症的一种——恐人症。恐人症是害怕见人的一种心理障碍，是恐惧症中较为常见的一种形式，在青年学生中尤为多见。

2016—2017学年第一学期期末考试结束后，学生们大都急着回家过年去了。

我登录完学生考试成绩后长舒了一口气。就在这时候，一个女学生推开我的办公室门，坐下来后，她的脸已经通红通红，过分的胆怯和羞涩使她几乎不敢抬头。

这是晶第一次出现在我咨询室时的表情。每次看到这样的女学生，我就知道她所遇到的问题肯定很难以启齿，但她能够自愿走进咨询室，这反映出她强烈的求助愿望。

为了减少她的不安，为了使她对我更信任，我给她倒了杯水，然后问她："你一定遇到了很麻烦的事，能对我说说吗？我一定会替你保密并且想办法帮你的！"

晶咬着下嘴唇，犹豫了片刻才开了口："老师，我没有朋友，一个都没有！"

"一个都没有！"晶特别强调了最后那句话。家人、老师、同学、老乡、二十年我们结识过多少人？一个朋友都没有的女孩，她的内心该是多么孤独寂寞呀！

我对她表达了极深的同情和理解，最重要是要探究她深层次的心理因素。"你一定很难过，能说说怎么回事吗？"我一边点头一边往她跟前挪了挪，"老师愿意做你的朋友，可以吗？"我又加了一句。

晶还是不敢正眼看我的样子，只是迅速朝我一瞥，然后低头看着她的脚尖。

这时候，我想晶的问题已经初露端倪了。心理学讲，如果个性内向、自卑、孤僻、害怕面对他人、说话时不敢正视他人，那么他有可能得了社交恐惧症的一种——恐人症。

恐人症是害怕见人的一种心理障碍，是恐惧症中较为常见的一种形式，在青年学生中尤为多见。

看着晶痛苦难为情的样子，我在脑子里快速搜索应对她问题的方法。

我走到她跟前，用右手轻轻抓住她的左胳膊，眼神柔和地看着她说："抬起头，好吗？你能来找老师，我很高兴又多了一个朋友！"

"真的吗？老师，你肯做我的朋友？"晶有些不相信地抬起头问我。

"当然了，老师愿意做你真挚的朋友！老师愿意听你的故事！老师还特别想让你快乐起来！"我一连用了几个"老师愿意。"

晶的泪水夺眶而出，我很自然地用双手拥住她："没事！没事！只要找出你问题的症结，我们一起想办法，你一定会快乐起来的！"

我的安抚有了一定效果，晶慢慢擦干眼泪抬起头："真的吗？老师，我还能快乐起来？"

我点了点头，示意她讲一讲近期不快乐的原因。于是，晶谈起九月份她来例假的事。那次例假快结束时，她垫的卫生巾很薄，下课后她明显感觉裤子上湿了一片。本来她想等同学们都出去了再起来，但是她又急于上厕所，没办法，只好急匆匆走出教室。

中午她悄悄去教室擦干净自己的凳子，以为神不知鬼不觉。但是到了下午，她忽然听到她旁边的男同学对另外一个男同学神神秘秘地说："有人'见红'了，你知道'见红'是怎么回事吗？"

那一刻，她脑子里"轰"的一声，羞愧又气愤使她不能在教室再待一分钟。从那以后，她就觉得周围同学看她的眼光里充满了鄙视，她特别害怕进教室，更害怕与人打交道；除此之外，她还觉得没有人了解她，包括父母也是喜欢弟弟不喜欢她；所以，别人都急得回家，她宁愿待在宿舍里，能拖一天算一天。

考虑到社交恐惧症是以焦虑、恐惧和自闭为主要特征的综合心理障碍，我提议给她做简单的催眠让她放松一会儿。电脑里放着舒缓的轻音乐，晶跟着我的指导语慢慢闭上了眼睛，在这样的时刻，我让她什么也别想或者什么都可以想。

三十分钟后，晶慢慢睁开了眼睛，没有再低头而是仰着高高的头颅很坚决地告诉我："老师，我想起来了。在小学三年级的时候，我也发生过类似的事情。那时，我是在课堂上尿裤子了。回到家，妈妈狠狠地骂了我一顿，并且指着小我五岁的弟弟说：你看看，弟弟这么小都不尿床、不尿裤，你十岁的人了还尿裤子，你丢不丢人？你害不害臊？"

"所以，你一直恨妈妈，一直自闭；所以，你一直就害怕进教室，怕和同学接触；所以，你都不愿意用眼睛去看他们，对不对？"我直逼她的软肋，这是要叫她学会面对现实。

晶拼命地点头，泪水又溢满了她的眼眶。我再次走到她面前并用双手拥住她的肩膀，告诉她："许多小学生有过上课尿裤子的经历，许多女生也曾有过例假尴尬的时候，老师觉得没什么大不了！这只是小失误，不算错误，更谈不上犯罪！你心里对妈妈的恨，对同学们的抗拒，这是你不快乐的主要原因。有恨的人，当然不会快乐！尝试着去爱人，去接触更多的人和物，才能拔掉你心灵的杂草。"

接下来，我和她商量了咨询目标：① 认知疗法：改变认知，不要太注重他人对自己的议论和评价；② 沟通和接纳法：回家和妈妈多沟通，接纳事实；③ 系统脱敏法：多接触亲人和家属成员，逐渐接触一些所尊敬和信赖的人，最后和自己很惧怕的人交往；④ 积极暗示法：告诉自己谁都会有失误，多表扬自己的优点，多鼓励自己。

晶轻轻打开门走出去，我在心里默默祝福她能很快拥有自己的朋友。

相关知识链接——社交恐惧症分析

一、恐惧症

恐惧症是以恐惧症状为主要临床表现的一种神经症。患者对某些特定的对象或处境产生强烈和不必要的恐惧情绪，而且伴有明显的焦虑及自主神经症状，并主动采取回避的方式来解除这种不安。患者明知恐惧情绪不合理、不必要，但却无法控制，以致影响其正常活动。恐惧的对象可以是单一的或多种的，如动物、广场、闭室、登高或社交活动等。本病以青年期与老年期发病者居多，多见于女性。

二、社交恐惧症

社交恐惧症(social phobia)，又名社交焦虑(social anxiety)、见人恐惧症，是恐惧症中最常见的一种，患病人数约占恐惧症病人的一半左右。社交恐惧症是以焦虑、恐惧和自闭为主要特征的综合心理障碍，主要表现为在社交场合下几乎不可控制地诱发即刻的焦虑发作，并对社交性场景持久地、明显地害怕和回避；具体表现为患者害怕在有人的场合或被人注意的场合出现尴尬、发抖、脸红、出汗或行为笨拙、手足无措，怕引起别人的注意，因此回避诱发焦虑的社交场景，不敢在餐馆与别人对坐吃饭，害怕与人近距离相处，尤其回避与别人谈话。赤面恐怖是较常见的一种，患者只要在公共场合就感到害羞脸红、局促不安，怕成为人们耻笑的对象。有的患者甚至害怕看别人的眼睛，怕跟别人的视线相遇，称为对视恐怖，主要表现为自我封闭，不敢交友，害怕社交；有社交的欲望而得不到满足，由此而产生焦虑、孤独；不敢面对挫折，逃避现实，觉得只有躲在没人的地方才安全。

社交恐惧症的表现形式不仅是面对陌生人手足无措，还表现为不能在公众场合打电话，不能在公众场合和人共饮，不能单独和陌生人见面，不能在有人注视下工作等较为极端的行为。当这种恐惧、焦虑的情绪出现时，还常伴心慌、颤抖、出汗、呼吸困难等症状。据统计，平均每10人中就有1人为社交恐惧症所苦，但就诊者寥寥无几。许多患者因长期处于人际关系障碍及社交能力丧失的情况下而引发了酒瘾、毒瘾或抑郁症等精神疾病。

三、社交恐惧症的分类

社交恐惧症患者总是担心会在别人面前出丑，在参加任何聚会之前，都会感到极度的焦虑。他们会想象自己如何在别人面前出丑。当他们真的和别人在一起的时候，会感到更加不自然，甚至说不出一句话。当聚会结束以后，他们会一遍遍地在脑子里重温刚才的镜头，回顾自己是如何处理每一个细节的，自己应该怎么做才正确。具体表现为以下几种情况：

1. 一般社交恐惧症

如果有人患了一般社交恐惧症，在任何地方、任何情境中，他都会害怕自己成了别人注意的中心。他会发现周围每个人都在看着他，观察他的每个小动作；他害怕被介绍给陌生人，甚至害怕在公共场所进餐、喝饮料；尽可能回避去商场和进餐馆，也从不敢和老师、同学或任何人进行争论。

2. 特殊社交恐惧症

如果有人患了特殊社交恐惧症，他会对某些特殊的情境或场合特别恐惧。比如，害怕当众发言或当众表演。推销员、演员、教师、音乐演奏家等，经常会有特殊社交恐惧症，他们在与别人的一般交往中并没有什么异常，可是当他们需要上台表演，或者当众演讲时，便会感到极度的恐惧，其表现为结结巴巴，甚至愣在当场。

以上两类社交恐惧症都有类似的躯体症状，如口干、出汗、心跳剧烈、想上厕所等。周围的人可能会看到他们的症状有红脸、口吃结巴、轻微颤抖等。有时候，他们可能呼吸急促，手脚冰凉，甚至进入惊恐状态。

社交恐惧症是非常痛苦且严重影响患者生活工作的一种心理障碍。一般人能够轻而易举办到的事，社交恐惧症患者却望而生畏。患者可能会认为自己是个乏味的人，并认为别人也会那样想，于是就变得过于敏感、焦虑和抑郁，从而使得社交恐惧的症状进一步恶化。许多患者通过改变自己的生活，来适应自己的症状。他们（和家人）不得不错过许多有意义的活动，不能去逛商场买东西，不能建立正常的人际交往关系，甚至为了避免和人打交道，他们不得不放弃很好的工作机会。

四、社交恐惧症原因分析

对特殊物体的恐怖可能与父母的教育、环境的影响及亲身经历（如被狗咬过而怕狗）等有关。心理动力学派认为恐怖是被压抑的潜意识冲突的象征作用和置换作用的结果。条件反射和学习理论在该症发生中的作用是较有说服力的解释。

1. 总是走不出过去重复的泥潭

社交恐惧症往往不是突然产生的，而是长期形成的。我们可以发现，这些来访者从小就有一些适应不良的表现，在社交上有一些潜在的问题，这些问题并没有随着年龄的增长而自然解决，却总是一遍遍重复旧有的模式，令来访者十分痛苦。这是怎么回事呢？

我们可以用一个比喻来解答这个问题，比如，人口腔里有了溃疡，总会用舌头一遍遍舔它，即使再疼也总这样做，为什么？就是为了想要修复它。人的成长历程也是一样。有社交问题的来访者之所以一遍遍重复旧有的模式，也是因为他们在想：再这样做一遍可能就会成功吧！可是再这样做一遍往往还是失败。要走出重复的泥潭，需要通过心理咨询，对自己的生活模式有一个比较清晰的领悟，这样才可以使伤疤最终愈合。

2. 总是压抑

有一个比喻，说人的心理好像一座冰山，露在上面的只是一小部分，在水面以下的才是最大的部分。人把一些自己不愿接受的东西压抑到潜意识里，就好像冰山在水面以下的部分一样。那么，压抑的是什么呢？压抑的是一些自己不愿面对，甚至根本意识不到的东西。这些东西被压抑着，在暗中对人的心理起着不可小看的作用，这也就是人们常说的潜意识。认识这些潜意识，它也就不会再以症状的形式来表现。对社交恐惧的来访者来说，了解自己的各个方面，使潜意识的东西浮上意识，社交恐惧也能随之相应地好转。

3. 家庭的影响

父母的教养方式、家庭的结构、兄弟姐妹的相处情况，都对社交恐惧的发生发展造成一定的影响。在家里总是受到批评、得不到爱的孩子，长大了容易不信任别人，以致发生社交问题。

4. 社交恐惧来访者的认知和情绪

以人本主义为基础的精神分析治疗重视情绪，针对情绪做工作，由情绪涉及认知。社交恐惧的来访者往往有比较强烈的自卑感，往往认为自己这也不行，那也不好，总之没什么好的地方，从而感到消沉。但他们又会认为自己在某些方面又比谁都强，非常优秀，别人都不如他。这里面其实是因为自卑，认为自己什么都不行；也因为自卑，就需要自傲来补偿。

五、如何克服社交恐惧症

心理治疗是治疗该病的重要方法，常用的有以下几种：

1. 行为治疗

行为治疗包括系统脱敏疗法、暴露疗法等，为治疗特定恐怖症最重要的方法，其原则包括：一是消除恐惧对象与焦虑恐惧反应之间的条件性联系，二是对抗回避反应。

2. 认知行为治疗

认知行为疗法是治疗恐怖症的首选方法。以往的行为治疗方法更强调可观察到的行为动作，长期疗效不甚满意。认知行为治疗在调整患者行为的同时，强调对患者不合理认知的调整，效果更好。尤其对社交恐怖症患者，其歪曲的信念和信息处理过程使得症状持续存在，纠正这些歪曲的认知模式是治疗中非常关键的内容。

3. 社交技能训练

社交恐怖症的患者常有社交技能缺陷或低估自己的社交技能，因此可以通过一定时间的训练来改善患者的症状，具体包括治疗师的示范作用、社交性强化、暴露的作业练习、自我肯定训练等。

一般的程序是通过逐步递增社交的情境而增加对恐惧的耐受性，从而达到消除社交恐惧反应的效果。首先，要不断地告诉自己，这种恐惧是可以消除的，并正确认识人与人交往的程序，了解与人交往的方法。其次，要查找出使自己产生社交恐惧的事物种类，并试图挖掘心灵深处的根源。然后，在一个假想的空间里，不断地模拟发生社交恐惧症的场景，不断练习重复发生症状的情节，并不断地鼓励自己勇敢面对这种场景，以便从假想中适应这种产生焦虑紧张的环境。最后，采用强迫疗法，小步渐进：先站在车水马龙的大街上；适应后，减少人数，在商场里购物；接着再减少人数，参加一些大规模的聚会；然后参加小聚会，并试图发表你的观点；最后和自己很惧怕的人交往，并时刻给自己奖励。利用这种方法，经常不断地练习，就会使病症有很大的改观。

11. 大学生，请不要做"彩奴"

看着翔痛苦扭曲的脸，我替他感到心痛。大学生，本该刻苦学习、努力奋斗、汲取各方面知识，他却误入歧途，深陷"彩奴"的行列不能自拔。面对彩票中奖、股票飞涨，确实有不少成人都难以抵挡金钱的诱惑，趋之若鹜，何况是思想上和感情上都不成熟的大学生。

2015 年底，我收到一位学生发来的匿名信息："老师，我要完蛋了！！！我用父母辛辛苦苦挣来的钱买了一期又一期的彩票，可是我穷得都快吃不起饭了。我该怎么办？"

大大的三个惊叹号令我触目惊心，更让我意识到这个学生目前心理该有多么脆弱。立刻，我回复他，请他一定来找我坐一坐。十分钟后，一个头发长得过了脖子、脸上脏得好像有一个月没洗过的男孩子踟蹰着进了我办公室。

我下意识地把身子往后缩了缩，因为我闻到了他身上的异味。但是，出于工作原则，我不能歧视我的求助者，便很快往他跟前凑了凑。他可能感觉到了我下意识的举动，马上站起来，说："我还是走吧？"

"不，我非常愿意听你说说你的故事。"我表示了对他的尊重。

他低下头，长叹了一声："老师，我是不是没得救了？"

他叫翔，是我们学院某系大二学生。原来，从大二开始，翔经常在报纸和网络上看到各种中奖新闻，自己也开始去买。由于家庭情况并不富裕，开始买彩票时频率小，花钱少，每个月十元八元的，根本没指望要中奖。但听朋友说家乡有个农民买彩票中了 500 万，从此便激起了他的欲望，心想买得多也许还真能中大奖，能解决家里的困难。

从此他开始研究彩票，每天脑袋想得最多的就是数字组合。每天上课总提不起精神，现在买彩票每天花 10 元左右，最多的一天买了 50 元，每月四分之三的生活费用于买彩票，这样生活费就严重不足了。一个学期下来，没有中过一分钱，身体也因为严重营养不良常常感到头晕恶心。脸也不想洗，头也不想理，他觉得这样下去肯定毁了。

看着翔痛苦扭曲的脸，我替他感到心痛。大学生，本该刻苦学习、努力奋斗、汲取各方面知识，他却误入歧途，深陷"彩奴"的行列不能自拔。面对彩票中奖、股票飞涨，确实有不少成年人都难以抵挡金钱的诱惑，趋之若鹜，何况在思想上和感情上都不成熟的大学生？

为什么大学生也加入到彩民的行列？我认为这实际上是大学生的虚荣心理和攀比心理在作祟。虚荣心是一种被扭曲了的自尊心，是自尊心的过分表现，是一种追求虚表的性格缺陷，是人们为了取得荣誉和引起普遍注意而表现出来的一种不正常的社会情感。

虚荣不完全是心理上的问题，其中也包含着道德上的偏差，是社会责任感和道德素养在心理上的畸形反映。2005 年，据我院学生心理档案反映，道德观念不佳者占总人数20.51%，道德观念一般者占总人数的 43.3%。

虚荣心使人的行为不是首先去服从于社会利益和行为规范，而是获取自己的某种荣誉，为了博得周围人的注意和欣赏，而且为此目的可以不择手段去弄虚作假，当日常行为完全为显示个人的动机所左右时，虚荣心就成了个人的品质问题。

面对我的分析，翔承认他确实有虚荣和攀比心理，尤其看到别的同学买新衣服、MP3或 MP4 以及手提电脑的时候，他就觉得自己太寒酸，总想要是能一夜暴富该多好。

于是，我和翔共同分析虚荣心理和攀比心理可能带来的危害，找出了影响他正常生活的几个消极面：① 精力分散，影响到正常的学习；② 加重家庭的经济负担；③ 养成并助长自己虚荣心及奢侈浪费的生活习惯；④ 消费观念和消费行为走进误区；⑤ 出现情绪障碍等。

同时，我对他说攀比属于正常人心理，因为有比较才会有进步，有目标才会有努力。积极向上的攀比心理益于健康，益于学习和工作，但是攀比心理过重就会导致虚荣心加重，虚荣心理有百害而无一益。

时间在不知不觉中过了两个小时，翔站起来走的时候，把手缩在身后并且告诉我："老师，谢谢您！我回去第一件事是理发洗澡，您看吧，从现在起会有一个崭新的我出现在大家面前的！"

相关知识链接——虚荣心心理分析

一、虚荣心

虚荣心是一种心理状态，无论古今中外，无论男女老少，贫富贵贱者皆有自尊心，若自尊心扭曲后即为虚荣心。虚荣心是一个人追求一种表面上的荣耀、光彩的心理。虚荣心是一种心理缺陷，是一种不良心理反映，对人的危害是极大的。虚荣心是一种扭曲的自尊心，它是自尊心的过分表现，它是一种追求虚表的性格缺陷，它是人们为了取得荣誉和引起普遍的注意而表现出来的一种不正常的社会情感和心理状态。虚荣心表现在行为上，主要是盲目攀比，好大喜功，过分看重别人的评价，自我表现欲太强，有强烈的嫉妒心等。虚荣心严重的人总是将名利作为支配自己的行动力，总是依据他人的评价而生存，一旦他人否定自己，便认为失去了所谓的自尊。

二、临床表现特征

虚荣心是自尊心的过分表现，是为了获得荣誉或引起公众的普遍关注而表现出的一种不正常的社会疾病。

1. 物质生活中的虚荣心理行为

物质虚荣心理行为主要表现为一种病态的攀比行为，总是想着你有我也有，你没有我也要有，就是比你多。更有甚者明明知道自己没有那么多的积蓄，还要打肿脸充胖子，跟别人比吃、比喝、比穿等。有人就是通过这种方式来吸引别人的眼球，以求别人的羡慕和赞赏，来满足自己的虚荣心。

2. 社会生活中的虚荣心理行为

社会生活虚荣心理行为主要表现为一种病态的自我吹捧、说大话、吹牛等一系列过激的手段，有的隐藏自己的缺点，有的张冠李戴，把别人的优点好处统统添加在自己的头上。例如，我们经常听到有人说自己家多有钱，父母多有权势，自己是某某著名大学出来的高材生等，他们通过给现实生活添加一层光环，使自己从中获得极大的满足感。

3. 精神生活中的虚荣心理行为

精神生活虚荣心理行为主要表现为一种病态的妒忌心理。虚荣心与自尊有很大的关系，自尊是在社会活动中得以实现。通过社会比较，个体精神世界中逐步建立起一种自我意识，这种自我意识又下意识地驱动自己与他人进行比较，以获得新的自尊。有虚荣心的人有嫉妒的冲动，否定自己有错误，因而排斥、挖苦、打击、为难比自己强的人。

虚荣心是为了满足自己对荣誉、社会地位的欲望而表现出的不正常的社会情感。有虚荣心的人通常夸大自己的实际能力，采取夸张、欺骗、攀比、嫉妒甚至犯罪的手段来满足自己的虚荣心。

虚荣心强的人生活在极度的自信和极度的自卑里，没有中间地带。"死要面子活受罪"这句老话，很大程度上概括了这种人的心理和行为。

正如有人说，"虚荣心很难说是一种恶行，然而一切恶行都围绕虚荣心而生，都不过是满足虚荣心的手段。"

三、虚荣心的形成原因

从社会层面来讲，社会中存在不同阶层，各阶层所占有的资源比重不同，这使许多人都想进入最高层，但由于种种原因达不到自己的目的，因此个人的自尊就受到伤害，从而通过虚荣心来达到自身的平衡。

爱虚荣的人多半为外向型，冲动型，反复、善变、具有浓烈的感情反应，装腔作势、缺乏真实的情感，待人接物突出自我，浮躁不安。

虚荣心背后掩盖着自卑的心理缺陷，竭力地追求时尚、追求浮华，只是为了掩饰自己的心理缺陷。

四、虚荣心的治疗方法

虚荣心理的表现是多方面的，包括对自己的能力、水平过高估计；处处炫耀自己的特长和成绩，喜欢听表扬，对批评恨之入骨；常在外人面前夸耀自己有权势的亲友；对上级竭尽拍马奉承；不懂装懂，打肿脸充胖子，喜欢班门弄斧；家境贫寒却大手大脚，摆阔气赶时髦；处处争强好胜，自命不凡；对生活中的失误归咎于他人，从不找自身的原因；有了缺点，也寻找各种借口极力掩饰；对别人的才能妒火中烧，说长道短，搬弄是非等。那么，我们该如何对自己的虚荣心进行调整呢？

1. 认识虚荣的危害

虚荣心强的人，在思想上会不自觉地渗入自私、虚伪、欺诈等因素，这与谦虚谨慎、光明磊落、不图虚名等美德是格格不入的。虚荣的人为了表扬才去做好事，对表扬和成功沾沾自喜，甚至不惜弄虚作假。他们对自己的不足想方设法遮掩，不喜欢也不善于取长补短。中学生正处在生理和心理的成熟期，这种虚荣的心态对迫切要求上进且正处于成长之中的中学生是十分有害的。虚荣的人外强中干，不敢袒露自己的心扉，有沉重的心理负担。虚荣在现实中只能满足一时，长期的虚荣会导致非健康情感因素的滋生。

2. 认清虚荣与自尊

随着生理发育，青少年的自尊心也得以发展，并明显增强。随着生理和心理上的成熟，人的社会认识能力与自我意识也逐步提高，开始了个体社会化。随着自尊心的发展，虚荣心才开始介入人的情感领域。虚荣心实际上是一种扭曲的自尊心。自尊心强的人对自己的声誉、威望等比较关心。做了好事，心里高兴是荣誉感的表现；珍惜荣誉、顾全面子是维持自尊心的正常要求。为了表扬去做好事，甚至不惜弄虚作假，这就是虚荣心的表现了。自尊在谦虚、进取、真实的努力中获得。有自尊的人不掩盖缺点，而是取长补短，不会通过有权势的亲友或压低别人来抬高自己；不会不懂装懂，夸夸其谈；也不会把失败和不如意归咎于他人，而是可以进行深刻的批评与自我批评来改进自己。

3. 摆脱从众

从众行为既有积极的一面，也有消极的一面。对社会上的良好风尚，要大力宣传，使人们感到有一种无形的压力，从而引发从众行为。如果社会上的一些歪风邪气、不正之风泛滥，会使一些意志薄弱者随波逐流。虚荣心理可以说正是从众行为的消极作用所带来的恶化和扩展。例如，社会上流行吃喝讲排场，住房讲宽敞，玩乐讲高档。有些在生活上落伍的人为免遭他人讥讽，便不顾自己客观实际，盲目任意奢侈，打肿脸充胖子，弄得劳民伤财，负债累累，这完全是一种自欺欺人的做法。所以我们要本着清醒的头脑，面对现实，实事求是，从自己的实际出发去处理问题，摆脱从众心理的负面效应。

4. 调整需要

需要是生理的和社会的要求在人脑中的反映，是人活动的基本动力。人有对饮食、休息、睡眠、性等维持有机体和延续种族的生理需要；有对交往、劳动、道德、美、认识等社会需要；有对空气、水、服装、书籍等的物质需要；有对认识、创造、交际的精神需要。人的一生就是在不断满足需要中度过的。人不能等同于动物，马克思指出，"饥饿总是饥饿，但是用刀叉吃熟肉来解除的饥饿不同于用手、指甲和牙齿啃生肉来解除的饥饿。"在某种时期或某种条件下，有些需要是合理的，有些需要是非合理的，对一名中学生来说，对正常营养的要求是合理的，而不顾实际摆阔的需要就是不合理的。对干净整洁、符合学生身份的服装需要是合理的，而为了赶时髦，过分关注容貌而浓妆艳抹、穿金戴银的需要就是不合理的。要学会知足常乐，多思所得，以实现自我的心理平衡。

5. 端正价值观与人生观

自我价值的实现不能脱离社会现实的需要，必须把对自身价值的认识建立在社会责任感上，正确理解权力、地位、荣誉的内涵和人格自尊的真实意义。中学阶段，学生开始为追求一定的价值目标而学习，学习成为自觉、主动而持久的活动。但是，随着社会主义市场经济体制的建立，人们的观念发生了新的变化，加上社会上某种消极因素的影响，不少学生过分追求外在的虚华，认为讲排场、摆阔气、大吃大喝、攀比是时髦的象征，否则就会由于跟不上形势而遭讥讽，这都为虚荣心的滋长提供了土壤。只有着眼于现实，把自己的理想与国家、民族的前途结合起来，通过艰苦努力，克服前进道路上的困难和障碍，才有可能实现自己的远大理想和抱负。

要重新建立对荣誉、地位、品味、得失等的认识，每个人都要有自己的地位、荣誉，这是心理所需。每个人都应该好好地维护和保护自己和家人的荣誉与地位，不可强制追求，要与自己所扮演的社会角色一致。要学会面对失败，正确地看待失败和挫折，从失败中总结经验，从挫折中悟出真理，才能建立自尊、自爱、自立、自强、自信的自己。在社会生活中，把握好攀比尺度，可以激励上进心，实现自己的价值。社会比较的尺度与一个人的人生观、价值观和世界观有密不可分的关系，不断完善自己的人格，提高自己的人生观、价值观、世界观，这是克服虚荣心理最好的办法。以那些脚踏实地、不图功名利禄、努力向上的优秀人物为榜样，努力地完善自己的人格。

12. 网恋，虚幻的美丽

我明白芳为什么在乎这场网恋了，当她在现实生活中无法满足爱的需求而且在情感遭受挫折和创伤时，就会将这种需求转移，寻找其他途径补偿。网络的出现恰好迎合了她的这种需求。由于不能接纳自己的满脸青春痘，所以她自卑，她将现实生活中不能实现的愿望寄托在虚幻的网恋中，这是自卑心理的转化行为。

2015年暑假开始的前一天，芳给我发来短信，她说："老师，我是一名大二女生，在阶梯教室听过您的课。我恋爱了，是网恋。您相信网恋吗？"

我回复她："不相信哦！因为，在网上是不可能真正了解一个人的！"

"那么，如果见面后我们感觉都很好呢？"她又问。

"网络是虚拟的，现实是真实的。如果从网络过渡到了现实，你们还能彼此吸引、互相欣赏，这不排除网恋成功的可能。"

"我在山西忻州，他在内蒙古呼和浩特。他让我去找他，我可以去吗？"她接着问。

"对不起！这超出了我职责的范围。但是，我以老师和长者的身份提醒你：这样做的危险很大！"

"放假了，我想出去锻炼锻炼，顺便认识一下我这位网友。"芳坚持着她的想法。

"你父母知道吗？"我问她。

"我不敢告诉他们，怕他们阻拦我。"芳过了四五分钟后才回复我。

"如果你认为自己做得对，怎么还会怕父母阻拦呢？你不怕我阻拦你？"我不能让我的学生去做糊涂事，所以质问她。

"父母不但会阻拦我，而且会把这当做把柄来限制我。可是，我相信您不会。"她回答道。

"你能告诉老师心里话，而没有告诉父母，说明你是信任老师的。希望你三思而后行！"我完全站在为她着想的立场，希望能阻止她的莽撞行为。

"我不甘心，如果我不去试一试，又怎么知道我们的结果呢？"芳还在固执己见。

"如果你去赴约，等待你的若是万劫不复的地狱呢？"我采用了心理情景咨询法，让芳设想可能遭遇的最恶劣情景，而她是主人公。

"好吧，我考虑考虑！"芳在我的劝说下承诺暂时不去内蒙古找网友。

"希望你查查网恋的一些新闻，然后再作决定。"我及时给她布置了一个作业，并且建议她走之前来找我。

没一会儿，芳走进了我的办公室并且回身把门关死。我还没来得及看清楚她的长相，芳已经坐在我对面用手捂着脸哭起来了，我赶忙走上去递给她一张纸巾。好半天，芳止住了抽泣但还是没有抬头，"老师，您不知道，在现实生活中，从来没有哪个男孩子喜欢我。

在网上，我才找到了一个男孩子肯对我好。我怎么能轻易放弃呢？"

"你怎么能确定他会对你好呢？"我盯着她希望她抬起头来。

终于，她抬起了头，眼睛里含着泪水，我看到了一张长满青春痘的脸。

"您看见了吧？老师，我脸上长满了痘痘。谁会喜欢我这样一张脸？"芳又迅速低下了头。

我明白芳为什么在乎这场网恋了。当她在现实生活中无法满足爱的需求而且在情感遭受挫折和创伤时，就会将这种需求转移，寻找其他途径补偿。网络的出现恰好迎合了她的这种需求。由于不能接纳自己的满脸痘痘，所以她自卑，她将现实生活中不能实现的愿望寄托在虚幻的网恋中，这是自卑心理的转化行为。

接下来，我把刚才在网上搜集的一些关于网恋引发的事故给她看，"14 岁艺校女生'网恋悲剧'拍裸照后被逼接客"，"成都再传网恋好哥哥原是大色狼"等。还有一些评论，如"网恋的成功率到底有多少呢？几乎为零。两个人在网络上的交流仅限于语言上的沟通，如果在现实生活中，两个人能宽容对方的生活习惯吗？能容忍对方的缺点毛病吗？这些在网络上是看不出来的。"同时，我建议她去正规医院好好检查一下，少男少女长青春痘很正常，尤其是她这种有点黑的油性皮肤。对于爱美的少女来说，脸上长了许多小痘痘，无疑会成为一块心病，因此精神上背上包袱也属正常。可是，企图寻找网恋来解决情绪问题是不可取的。最后，我建议她保持愉快的情绪，因为我从一本医学书上看到过这样一句话：愉快的心境是治愈青春痘的良方！

芳最后愉快地走出我的咨询室，答应我和网恋彻底地告别。

相关知识链接——网恋心理分析

一、网恋

随着社会的变迁，寻求爱情的成本与所承担的风险越来越高，人们一方面渴望爱情，另一方面又有爱情所带来的不安全感。随着网络的普及，网络与爱情之间产生了某种契合度，人们发现了在虚拟的网络空间可同时满足对爱以及安全感的需求——网恋。网恋，即是指以网络为媒介，借用聊天工具等互相聊天，人们之间互相了解，从而相恋。网恋是虚幻的，看不见，摸不着，不过是望梅止渴，画饼充饥。但是，青春期大学生正处于心猿意马、心不在焉的年龄段。在网络迅速发展的今天，上网聊天成为每个大学生的"必修课"，两个互不相识的人在一个虚幻的世界中，将自己深藏的一面展现给对方，当觉得彼此很投机的时候，便会慢慢喜欢对方，从而形成网恋。网恋和异地恋的区别在于，网恋是完全依附网络，未见过面；而异地恋虽然身隔两地，但是见过面，而且有时候会见面。网恋是现代人的童话，尤其是有浪漫情结的年轻人，谁不对爱情充满了憧憬与渴望？

二、网恋的心理分析

1. 好奇心

一项相关调查指出，超过 40％的大学生相信网恋有成功的可能性，超过 60％的大学生对网恋持中立态度。大学生具有强烈的求知欲望，对任何新奇事物都有好奇心和勇于探索的精神。网恋作为一种新生事物，同样吸引了大学生。

2. 爱的需要

按照马斯洛的需求理论，人的需求从低到高分为五个层次，即生理需求、安全需求、爱与隶属需求、尊重需求和自我实现需求。处于"爱与隶属需求"层次的大学生，更需要别人的接纳、关爱、欣赏和理解。当他们在现实生活中得不到这种需求或是在这方面遭受挫折和创伤时，就会将这种需求转移，寻找其他途径补偿。网络的适时出现恰好迎合了大学生的这种需求。

3. 从众的作用

从人际互动的角度上说，家庭背景、思想观念和兴趣爱好等方面具有较大相似性的同龄人之间，最容易彼此发生人际吸引和人际影响。大学生都是 20 岁左右的年轻人，学习能力强，而且彼此朝夕相处，周围环境特别是同龄群体的影响就会更加显著。看到自己周围的同学网恋，虽然主观上并没有刻意盲从，但网恋却占据了潜意识中的一定空间，一旦有机会，就更容易去尝试。正是这种同龄群体的示范作用，使得尝试网恋的大学生数量在不断增加。

三、大学生如何正确处理网恋问题

互联网的蓬勃发展结束了"从前车马很慢，一辈子只够爱一个人"的爱情状态，如今，只需一部手机，通过网络便可以结识天南海北的异性朋友，你可以从中觅得佳友吗？面对虚拟而扑朔迷离的网络世界，大学生该如何处理网恋问题？

1. 面对现实，分清主次

在调查中有 64.3% 的大学生认为网恋比较虚幻，不值得相信。大学生更应该以学习为重，感情的事情应以不影响学习为前提。如果因感情的事而耽误了学生，那就太不该。

2. 不要为了恋爱而恋爱

大学生活毕竟短暂而简单，且工作没着落，经济不独立，而毕业后可能分不到一起又是必须面对的现实问题，所以，盲目恋爱是空中楼阁，只能带来无尽的烦恼与惆怅。莎士比亚曾说，爱情不是花荫下的甜言，不是桃花源中的蜜语，不是轻绵的眼泪，更不是死硬的强迫，爱情是建立在共同语言的基础上的。我们不要为了摆脱青年人特有的孤独感而恋爱，不要为了害怕别人的嘲笑而恋爱。

3. 认清网络的危害性

专家研究发现，上网时间过长，大脑神经中枢持续处于高度亢奋状态，会引起血压升高，植物神经功能紊乱，体内激素水平失衡，这些将导致生理健康受损，并且影响心理健康。此外，还会引发心血管疾病、胃肠神经官能症、紧张性头疼、焦虑、忧郁等，甚至可能导致死亡。更有甚者，一些犯罪分子利用网络犯罪，通过网上交友及其他方式骗取涉世未深的学生的信任，继而达到骗财、骗色的目的。

4. 正确认识和利用网络

国际互联网是 20 世纪最重大的科技发明之一，它是集报纸、广播、电视于一体的超级新兴媒体，拥有丰富的信息资源和灵活快捷的传播方式。由于网络聊天室里身份的隐蔽性和交往的间接性，大家可以说最真心的话，也可以说最虚假的话，这就是它与现实生活的不一样。人不可能永远生活在幻想之中，而需要面对真实的世界。人是需要和真实的人、真实的自然相交流的，虽然现实生活不完美，但是对于不完美的接收和容忍，才是人逐渐成熟长大的表现。

5. 慎重对待网恋

爱情可能是甘露，给人以幸福与快乐；爱情也可能是苦水，给人以痛苦与烦恼。爱情是一把双刃剑，是一阵龙卷风。网恋增长了爱情中更多不确定的因素，为避免自己在感情上受到欺骗，希望同学们慎重对待网恋。在网聊时，应该注意以下内容：

（1）初次相识就提出约会，对方往往心怀不轨，需要提防。

（2）不要随便把自己的姓名，地址，联系方式等相关资料给对方，否则会影响到个人的人身安全。

（3）什么情况见面合适？需要彼此的感情经过时间的考验，才考虑从网上向现实生活过渡。

（4）见面前要视频或交换图片确定对方样貌，避免因真实误差而对彼此产生不愉快。

（5）见面后双方要以诚相待，过于隐瞒会造成见面后感情难以维持。

（6）网恋忌讳生活在两地，不在同一个城市生活可能阻碍两人关系的进一步发展。

（7）见面时地点不要选择偏僻的场所，不管你对对方的信任程度如何，都要有心理防范，选在公共场所见面更合适。

（8）适当的矜持和谨慎可以保护自己。

13. 请说"不"，拒绝也是一种智慧

梅的连续几个"我"怎么怎么样，说明梅是个非常重视自己内心感受的女孩，这样的女生从心理学的角度讲，在生活上比较追随自己的心声，让自己开心快乐才是重要的，相反，自己觉得不开心不快乐，别人即使觉得再好也没用。

每年的心理健康活动月与平日总是有所不同，我发现在这个月，前来咨询的学生要比平日里多一些，几乎天天有学生来，有时候一天好几个。前来咨询的学生大多都很有礼貌，总是先短信预约。只要有时间，我就会一一回复并及时接待他们。

那天也是如此，刚刚送走一个学生还没一分钟，我就接到了梅的短信："老师，我就在您办公室外边，看到一个同学刚出去，您还有时间吗？我能进去和您聊一聊吗？"

我立即回复她"可以"，于是听到了轻轻的敲门声。

梅看上去是个相当害羞的女孩，长得很秀气，只是眉宇间有一份淡淡的忧伤和哀愁。我欢迎她坐下后，好半天她才开口："老师，我有个问题不知道该怎样解决，所以想问问您。"

我向她说明只要在我能力和职责范围内，我一定尽力。

梅犹豫了一下后说道："老师，同学们都说我是老好人，可是我觉得自己活得太累太虚伪，我不想继续这样下去了，我该怎么办？"

梅的连续几个"我"怎么怎么样，说明梅是个非常重视自己内心感受的女孩，这样的人从心理学的角度讲，在生活上比较追随自己的心声，让自己开心快乐才是重要的，相反，自己觉得不开心不快乐，即使别人觉得再好也没用。

"是啊，我们不是生活在别人的眼光和话语里，那样当然感觉累了。"我对她的话表示理解。

"可她们都那么自私，根本看不出我的不高兴！"梅话语一转，道出了她的心声，她对自己的不满意实际上是对她周围人的不满意。

"她们都怎么自私了？"我问她。

她回答说："比如我们宿舍有个同学，只要我去打水，她就让我帮她，不止一次两次；也不止打水，有时候还让我给她捎饭、捎卫生用品等，我都快烦死了。"

"你嘴里答应得很爽快，心里却感觉到不痛快，是不是？"我再次向她表达了理解。

不好意思拒绝别人，是社交中常见的心理现象。这种特点明显的人被称为"老好人"，可是"老好人"未必真心愿意做这样的"老好人"，梅无疑就是这样的一个女孩。

"就是，每次我答应了她们后都很后悔，可是下次她们提要求的时候我又会答应，所以觉得自己好累好虚伪。"梅进一步说道。

"你怎么不告诉她们你心里真正的想法？"我帮她一起挖掘她不拒绝同学的深层原因。

"我怕，我怕她们说我自私，怕她们以后不理我。"梅委屈地回答，这说明了她特殊的需求和担心。

马斯洛理论把人的需求分成生理需求、安全需求、爱与隶属需求、尊重需求和自我实现需求五类，依次由较低层次到较高层次。大学生在特殊年龄段突出的是爱与隶属需求和尊重需求，爱与隶属需求包括对友谊、爱情以及隶属关系的需求；尊重需求既包括对成就或自我价值的个人感觉，也包括他人对自己的认可与尊重。

梅既渴望有朋辈的友情接纳又渴望被朋辈所尊重，可惜她没有勇气直抒胸臆，别人也就不能了解她真正的内心，所以她不痛快，只能一个人生闷气。

"如果你有怨言，总有一天你会流露出不满，你还是无法与她们建立起良好的人际关系。你说你该怎么做？"心理咨询重在启发求助者挖掘自己的潜力来解决问题，我不断引导梅的思路尽可能让她自己想办法。

"我是不是该坦诚拒绝她们？"梅是个聪明的女孩，她慢慢想清楚了解决问题的具体方法。

于是，我和她一起商讨拒绝他人和帮助他人的事件界定，一起探讨拒绝他人的方式方法。

最后，梅高兴地站起来，我也长长地伸了伸腰。

相关知识链接——不敢说"不"的心理分析

任贤齐曾经演过一部电影《绝世好男人》，片中任贤齐饰演一个兽医，是一个好男人，他把自己的房子让给前女友和其男朋友居住，他帮重色轻友的外甥撒谎后每次都要流泪，他每周一次去听无人照管的老伯的唠叨……

任贤齐在片中的表现就是不敢说"不"，当然最后他突破了心理问题，敢于正确表达自己，最终获得了真爱。

现实生活中，的确有很多人感觉很累，领导交给的任务从来不打马虎眼，要求额外超时加班也毫无怨言。朋友、同事拜托的事，不管是不是分内的事，总是不忍拒绝，很难开口对别人说出半个"不"字。

一、不敢说"不"的原因

不敢说"不"，一是担心，如果我拒绝了别人，别人会生气，会不再喜欢我，会和我发生冲突。这个担心并非全无道理，但是你不知道，不拒绝别人，别人固然高兴了，但你自己却心里不痛快，你心里不痛快对他也会流露不满，你与他也就建立不起良好的关系。况且，除了你不能保护自己的利益之外，他还会轻视你，而人不会对自己轻视的人有真正的喜爱。拒绝是会引起冲突，但是冲突过后，你与他却有可能建立真正的友谊。他会尊重你，从而爱你，假如他是那种不允许你坚持自身利益的人，你也不必与他为友。二是内疚，我不应该拒绝别人。这是一种错误的观念，每个人都有自己的需要，自己的权利，为什么要无条件接受别人的要求呢？有些人会利用你的内疚感控制你，你不按他的要求做，他就会表现伤心、沮丧，还会批评你不关心朋友、不公平等，但你要相信，每个人都应该对他自己负责，你有权决定是否为他的困难承担责任。

二、学会拒绝别人的技术

英国心理学家朱莉娅、贝里曼等人提出了"破唱片技术"，即当别人批评你时，你可以不加反驳，自信而温和地坚持己见，不和别人作复杂的争辩，而只是反复地重复自己的意见和要求，"像播放破损的唱片时总在一个地方一遍遍地重复那样，你要做的事就是以坚定的态度一遍又一遍地重复你的意见。"

- 谢绝法：对不起，谢谢，这样做可能不合适。
- 婉拒法：哦，是这样，可我还没想好，考虑一下再说吧！
- 幽默法：啊，对不起，今天还有事。只好当逃兵了！
- 无言法：运用摆手、微笑、摇头等身体语言表示自己拒绝的态度。
- 借力法：你问问他，他可以作证，我从来干不了这种事。
- 缓冲法：哦，我再与朋友商量一下，你也再想想，过几天再决定吧！

三、学会拒绝别人的方法

实际上，真正的友情不会因为你的一次拒绝就破裂，所以要调整好自己的心态，该拒绝时就拒绝，该说"不"时就说"不"，最好掌握一些拒绝的方法。

- 不要立刻就拒绝：立刻拒绝，会让人觉得你是一个冷漠无情的人，甚至觉得你对他有成见。
- 不要轻易地拒绝：有时候轻易地拒绝别人，会失去许多帮助别人、获得友谊的机会。
- 不要盛怒下拒绝：盛怒之下拒绝别人，容易在语言上伤害别人，让人觉得你一点同情心都没有。
- 不要随便地拒绝：太随便地拒绝，别人会觉得你并不重视他，容易造成反感。
- 不要无情地拒绝：无情地拒绝就是表情冷漠，语气严峻，毫无通融的余地，会令人很难堪，甚至反目成仇。
- 不要傲慢地拒绝：一个盛气凌人、态度傲慢不恭的人，谁也不会喜欢亲近。何况当他有求于你，而你以傲慢的态度拒绝，别人更是不能接受。
- 要婉转地拒绝：真正有不得已的苦衷时，如能委婉地说明，以婉转的态度拒绝，别人还是会感动于你的诚恳。
- 要有笑容地拒绝：拒绝的时候，要能面带微笑，态度要庄重，让别人感受到你对他的尊重、礼貌，就算被你拒绝了，也能欣然接受。
- 要有代替地拒绝："你跟我要求的这一点我帮不上忙，我用另外一个方法来帮助你"，这样一来，他还是会很感谢你的。
- 要有帮助地拒绝：但却在其他方面给他一些帮助，这是一种慈悲而有智能的拒绝。

14. 男人不坏女人不爱，为什么

从静的叙说中，我已经了解，静是一个为情所困的痴情女孩，她死心塌地地爱着一个无望的并不珍惜她的男孩，明明知道他并不爱她，却甘愿为他守候、为他牺牲。她爱得太用力、太过分了。

静是个非常漂亮的女孩，是他们系学生会干部。工作上，她积极认真和负责。有一次他们系里请我给学生举办心理健康教育讲座，是她来和我预约及商定上课教室和时间的。

静给我的印象就像一朵含苞的白色郁金香——纯情纯洁又亭亭玉立。可是有一天这朵郁金香失了光彩，她给我发来一条短信，写道"老师，我遇到了麻烦事。您在办公室吗？您有空吗？我想马上见您，可能要耽误您很长时间！"

我想她一定遇到了大困惑，不然她不会这么着急地要见我。

果然，她一进门就眼泪汪汪了："老师，我该怎么办？我那么爱他，可是……"在慢慢平静下来后，她道出了事情的来龙去脉。

原来，静在高中时就喜欢上了同班同学——栋。栋虽然学习成绩不好，但是长得酷似电影演员周星驰，就是浑身上下那个特殊的"劲儿"也像极了无厘头的"星爷"，这引得同班甚至年级里许多女孩子想结识他，作他的女朋友，静也在其中。

由于曾经和栋坐过同桌，近水楼台先得月，很快他们要好起来。但是，栋像换衣服似地不断与周围的女同学们亲热，这几天送这个女同学回家，过几天送那个女同学回家。

每次静看着镜子里漂亮的脸蛋就觉得不甘心。于是，她增加了与栋的沟通和交流。她苦口婆心地规劝栋要好好学习，甚至主动承担为栋补课的差事，为的也是多接触栋，感化栋进而增进他们的关系。但是栋对她忽冷忽热，高兴时约她看电影，送她回家；不高兴时对她像陌生人一般，有时候甚至还骂她让她滚得远远的。但是，静还是无怨无悔地关心栋、爱着栋，乃至因为栋，她的学习成绩也一落千丈，最后勉强上了大学。

两年了，静在这份爱里痛苦并快乐着，每次想到在家乡已经就业的栋，静还是忍不住要偷偷跑回去看他。这次回去，静没有见到日思夜想的栋，而是听说栋和一个网友已经同居了，这对静无疑是晴天霹雳，原本她想毕业后回去和栋结婚呢！

从静的叙说中，我已经了解，静是一个为情所困的痴情女孩，她死心塌地地爱着一个无望的并不珍惜她的男孩，明明知道他并不爱她，却甘愿为他守候、为他牺牲。她爱得太过分了。

美国心理学家罗宾·诺伍德曾经描述过这种爱得过分的女人有些共同的特点：她们都来自一个不幸的家庭；在童年她们缺乏关爱；没有安全感；她们的内心都很自卑。在生活中我们也常常听说一个女子爱着一个浪子，死都不会放弃的悲惨故事。静生活在一个怎样的家庭呢？

我让她谈谈她的父母，静哭得就更凶了。原来，在静不满周岁的时候，她的父母就因为两地分居离了婚。父亲在外地又结了婚，不管她，母亲因为一个人身在异地也无力管她，所以她和爷爷、奶奶以及叔叔、婶婶生活在一起。从小，看着叔叔家孩子被父母宠着、爱着，静常常一个人悄悄掉眼泪。幼年时她最缺少最渴望的就是有父母疼她爱她，所以，静说："因为没有父母，我总觉得自己不够好、不够可爱，我努力学习为的是让父母觉得我优秀。可是，我太早遇到了栋。我希望我的爱能让栋喜欢、接纳我，但是……"

我从心理学的角度帮静分析，你爱得可能并不是栋这个人，有可能是你父母的化身，你心里真正想的是感动父母来证明你的可爱和魅力。缺少父母的疼爱使你没有安全感，让你以为爱都是痛苦的，实际上你不相信有另外一种美好的爱的存在。因为没有父母爱你，你内心自卑的同时羡慕那些强大的力量，你渴望拥有吸引女孩子的栋就是渴望拥有一种强大力量的表现。

静似懂非懂地点了点头，问我她该怎么办？

接下来，我和静商量着拟定了咨询目标。面对这种情况，静的关键是认知上的改变。首先，不需要用男人来作父母的化身，极力讨好别人不是爱而是屈从；其次，要相信世界上有真爱，心心相印，彼此灵魂相依的爱是存在的；最后，努力完善自我，也许真爱就在身边。

同时，我希望静回去后写一份咨询心得。第三天，静拿着她写好的心得来找我。其中写道："也许离开他，我暂时会有痛苦。但我相信，这种痛苦一定会被我渐渐遗忘，最终我会找到属于自己的真正的幸福。"

这就是咨询的力量，年轻学生有很强的可塑性，关键时候只要得到一个正确的引导，他们都会有一个好前程的。

静告别时握着我的手，看着她那双明亮的眼睛，我仿佛又看到一朵亭亭玉立的白色郁金香。

我不禁欣慰地笑了。

相关知识链接——真爱心理分析

一、真爱

爱情是人类永恒的话题，没有人不渴望爱情。在茫茫人海中，在大部分的时间里，人们多数是在寻找另一半，换句话说，也就是在寻找着"真爱"！那又有谁能够说清楚"真爱"到底是什么呢？

二、真爱的心理分析

心理学大师荣格说，每个男人的灵魂中都有一个女性的成分；每个女人的灵魂中都有一个男性的成分。你灵魂中那个人的样子是固有的，它就是你心中对未来爱人活生生的画像。

心理学家弗洛伊德发现，儿童的心理发展过程中普遍存有一种现象，即在3岁左右开始从与母亲的一体关系中分裂开来，把较大一部分情感投向与父亲的关系上。只不过男孩更爱母亲，而排斥和嫉恨父亲；女孩除爱母亲外，还把爱转向父亲，甚至要与母亲竞争而独占父亲，对母亲的爱又加进了恨的成分。这就是所谓的"俄狄浦斯情结"和"埃勒克特拉情结"，也就是我们常听说的"恋父情结"和"恋母情结"。

恋母情结来源于古希腊神话。传说，底比斯国王拉伊俄斯受到神谕警告：如果他让新生儿长大，他的王位与生命就会发生危险。于是他让猎人把儿子带走并杀死，但猎人动了恻隐之心，只将婴儿丢弃。丢弃的婴儿被一个农民发现并送给其主人养大。多年以后，国王拉伊俄斯去朝圣，路遇一个青年并发生争执，他被青年杀死。这位青年就是俄狄浦斯。俄狄浦斯破解了斯芬克斯之谜，被人民推举为王，并娶了王后即他的母亲伊俄卡斯特。

恋父情结也来源于古希腊神话。传说埃勒克特拉公主因母亲与其情人谋杀了她的父亲，故决心替父报仇，她与兄弟一起杀死了自己的母亲。弗洛伊德借此来说明儿童性心理的特征，认为小女孩对父亲的深情专注，潜意识中有一种取代母亲位置的愿望，特别是到了性器期发现自己没有男性生殖器，故埋怨并嫉妒母亲占有父亲的爱。

一个女孩在成长的过程中，始终无法与父亲实现心理分离，结果与母亲的关系疏远不说，与同龄男性的正常交往乃至婚恋也常常会受到严重影响。这样的女孩总在有意无意寻找父亲式的恋人，但即使找到了，相处也会成为问题，因为恋父的女孩性格大多内向、娇气、任性，而且往往出现性的阻抗。同样，一个男孩在成长的过程中，如果无法实现与母亲的心理分离，会出现恋母情结。

一般人度过一生而不晓得自己的身上有这种感觉。他的意识很小心地避免认知这些感觉，因为这种认知对一般人的打击太大，常会使他不知所措，所以当这些感觉出现时，它们都早已被伪装过了。

过早失去父（母）爱的女（男）孩，常常会将对于父（母）亲的感情转移到现实中某个人物的身上，这个人物便会成为父（母）亲的替代品，但他（她）又不同于父（母）亲。在父（母）亲的光环效应下，他（她）的形象往往更加高大起来，成为无可替代的"情圣"，盘踞在女（男）孩记忆的深处。因为他（她）与特定的时期联系紧密，而那个时期对男（女）孩子来说刻骨铭心，所以无形之中，后来者便始终会让男（女）孩觉得缺少共鸣。在童年期失去双亲中的任何一方，都会严重破坏儿童内心的安全感。不安全感导致的最直接反应是防御心理加重，常常拒绝或者回避一切不确定的因素。

三、如何寻找真爱

"情结"不等于"爱情"，但是懵懂的女（男）孩分不清，所以，青春期里的特殊情感就变成了"沧海水"或者"巫山云"，令之后的感情黯然失色。正如一位心理学家所说，他们并不是真的想固着在单身的状态里，但是爱情似乎打了结，总也理不顺，更不消说婚姻。要想"破茧而出"，只有先解开情结。

首先，要明白"恋父（母）"并非一件见不得人的事情，它只是说明我们在心理上依恋父（母）亲的时间比一般人更长一些、程度比一般人更深一些罢了。要让这种依恋不影响自己的正常生活，我们就必须让自己成长起来，明白家庭之间不同角色的分工和定位，然后，以一个成熟女儿（儿子）的身份来看父母。实际上，家庭之中最基本的关系是夫妻而不是父女（母子），相对于父母而言，我们是配角，不是主角，所以我们必须"心理断乳"，不再像个小女（男）孩那样将父（母）亲当做神话来依附。

其次，要清楚青春期的女孩子"爱"上老师是常有的事，因为身心的发育需要一个"异性崇拜"的对象，而年轻的男老师自然是"近水楼台"。青春期过去之后，大多数人会释怀，继而开始真正的恋爱，但也有人会越来越将这段经历完美化、绝对化，以此来逃避真爱的繁琐。其实，我们始终看不到好风景的原因，正是因为我们不肯前行——放下孩子气的迷恋，我们才能得到爱情。

最后，挣脱了自己吐的"丝"，我们接着要学会的是如何面对生活。爱情和其他任何事物一样，从来都不会是完美的，都有可能经历磕磕碰碰。能够领略爱的美妙的人，首先一定是一个接受不完美、愿意冒险并且能够为爱负责的人。恋爱之前，他（她）会做的第一件事情是解开自己心中的"情结"，然后，让爱做主，引领自己的身心到达。有了这样的认识，我们每一个人都有可能找到自己的真爱。

15. 我爱你，与你无关

年轻的时候，我们喜欢一个人是很自然的事。但因为懵懂无知或率性轻狂，我们渴望与爱人相濡以沫、长相厮守。也正因为年轻，所以又很难达到相濡以沫的境界，最后大多"相忘于江湖"。

珊是我们学校大三的学生，在心理学协会文宣部就职，很快就要大学毕业了。有一天，她来借书，借的是《席慕蓉诗歌集》。

借了书，珊并不着急走，而是把书展开，充满激情地给我朗诵了那首经典名诗——《一棵开花的树》：

"如何让你遇见我/在我最美丽的时刻/为这/我已在佛前求了五百年/求佛让我们结一段尘缘/佛于是把我化做一棵树/长在你必经的路旁/阳光下/慎重地开满了花/朵朵都是我前世的盼望/当你走近/请你细听/那颤抖的叶/是我等待的热情/而当你/终于无视地/走过/在你身后/落了一地的/朋友啊/那不是花瓣/是我凋零的心。"

珊一开始朗诵，我就听出了她的激动。后来，眼泪慢慢溢满她眼眶，她也早已不是朗诵而是背诵了。

我没有阻止她，一直听她背诵完，然后给她递了一张纸巾。

珊接过纸巾擦过眼泪后低着头羞涩地说："老师，我知道自己不对，也知道不应该这样，可我就是不能控制自己。"

我明白，席慕蓉的这首诗描述了一个少女深切期盼与心上人相逢的忧伤，这首诗被许多少女喜欢和吟诵。

我也知道，年轻的时候，我们喜欢一个人是很自然的事，因为懵懂和轻狂，我们渴望与爱人相濡以沫、长相厮守。但是，也正因为年轻，所以又很难达到相濡以沫的境界，最后大多"相忘于江湖"。

泰戈尔诗中说，"世界上最远的距离/不是/生与死的距离/而是/我站在你面前/你不知道我爱你"。我想珊一定是喜欢上某个人了，于是我问她："他是一个怎样的人？你喜欢他多久了？"

"老师，您一定要替我保密！他是咱们学校的一个老师。"珊轻轻说出口后又急切地叮嘱我。

于是，珊讲起了她的故事。早在三年前刚入学，珊就喜欢上了给他们上课的一个老师。在她眼里，虽然他长相普通、个子适中，但是他知识渊博、讲课风趣。每次上他的课，珊就特别兴奋；每次看见他走进教室，她的心跳就莫名加快；每次看到他的眼神，她的脸颊就会泛起绯红；就是每晚睡觉前，她都得在心里跟他道声"晚安"才能安然入睡。

为了给这个老师留个好印象，三年里她刻苦学习，几乎每次考试都名列前茅，年年拿奖学金。即使后来他不再给他们上课了，她仍然喜欢他，偷偷地向别的老师打听他的个人情况。

可是，就要毕业走了，珊知道这个老师早已成家，婚姻也很美满、很幸福，珊也知道这只是她一厢情愿的单相思，但是，她止不住地想他。尤其最近半个月，她算准了他去食堂吃饭的时间，总是站在他去食堂的小路上等他，为的是多看他一眼。

她等待他值班的夜晚，这样她就可以悄悄站在他窗外，想象他在办公室读书、备课的情景。有几次，她甚至想冲进他的办公室哭诉衷肠。但是，年龄的差距和道德的约束使她一忍再忍。每次一想到他，珊就会吟诵席慕蓉的这首诗，一吟诵这首诗就会止不住地泪流满面。

"我是怎么啦？老师，我该怎么办？我能不能去找他？"珊害羞地问我。

我感到了珊内心深处的疼痛和无奈。从心理学的角度分析，无疑珊有明显的恋父情结。珊的父亲是一名高中老师，深得学生们爱戴，可惜在珊上初二时父亲意外心脏猝死。而这个老师和她父亲有很多相似之处，于是她把对父亲的感情转移在老师的身上，而她错以为这是爱情。

马斯洛的需要层次理论认为，爱的需要越是得不到满足，长大后对爱的渴求就会越强烈，在恋爱过程中也就越容易表现出依恋性强而不独立的特点。珊对老师的单相思正是这样一种表现。

面对珊的困惑，我有必要让她搞清楚下列几个问题：

（1）暗恋老师不可怕，可怕的是深陷下去，影响到将来的择偶和婚姻。

（2）每个成年人都会对异性有好感，但是喜欢和爱是有区别的。二者的本质在于占有欲的强或弱，占有欲强说明是爱，占有欲弱说明只是喜欢，而学生喜欢自己敬爱的老师很正常。

（3）珊并不想破坏老师的家庭，只是三年来把这位老师作为偶像来崇拜，作为航标来指示她前进。

（4）珊能够把对老师的感情隐忍三年而不发，说明她心理力量很强，咨询的效果也会更好一些。

珊最后承认，这三年，老师在她的心里是陪伴她成长的一位师友、一个指向灯。不管她心里有喜还是有悲，她都会在日记里向他倾吐。由于有他在灵魂上的相伴，她觉得才有了自己这三年健康快乐的生活。面临毕业的分离，她这只是暂时焦虑，经过对我的倾诉以及我们对问题的分析，她已经明白对这位老师并不是真的爱情了，也没有什么可羞耻的。相反，珊更多的是感谢在大学三年时光里有这样一位优秀的老师在她心中以楷模的形象指引她。

我相信经过这次咨询，珊一定会有一个美好的未来。

相关知识链接——暗恋心理分析

一、什么是暗恋

暗恋其实是一种很普遍的心理现象，是大多数人都经历过的一种心理状态，不论是青年、少年、中年还是老年，但以青少年居多。暗恋通常指一个人对某个心上人的情感依附，它可能表现为一种执着，也可能表现为一种幻想。暗恋通常是一种没有回报的爱，甚至不要求付出。就心理学来说，暗恋指的是个人的亲切感，它是一种间接的、虚幻的、一厢情愿式的情感交流，具有非对等性、非接触性和非互惠性等特点。正是有了这些特点，才构成了暗恋。

著名影星黄晓明的第一首单曲，歌名叫《暗恋》，歌词如下：你的发像月光/不能握在手上/却是一线希望/你脸庞花一样/轻滑过玻璃窗/留下一道感伤/你的世界离我/多遥远我不思量/只为你红尘路上寂寞牵肠/靠近你身旁把痴心隐藏/默默欣赏爱你的人过往/你的眼泪落在风里/使我一生难忘/转眼间多少春秋孤独收场/不曾走入你心房/在梦里把你探望/你会不会依偎在我的胸膛。

二、暗恋的心理分析

暗恋，多是一场情感误会，是"爱情错觉"的产物。"爱情错觉"是指因受对方言谈举止的迷惑，或自身的各种主观体验的影响而错误地主动涉入爱河，或因自以为某个异性对自己有意而产生的爱意绵绵的主观感受。"爱情错觉"导致一厢情愿式的暗恋，有点像"单相思"。青少年心理尚未完全成熟，暗恋现象比较常见，且较多地出现在内向、敏感、富于幻想、自卑感强的人身上。首先是自己爱上了对方，于是也希望得到对方的爱，在这种具有弥散作用的心理支配下，暗恋者就会把对方的亲切和蔼、热情大方当作是爱的表示，并坚信不已，从而陷入暗恋的深渊不能自拔。暗恋者固然会体验到一种深刻的快乐，但更多会体验到情感的痛苦，因为他们无法正常地向自己所钟爱的异性倾诉柔情，更不能感受到对方爱意的温馨。

特别是在青少年时期，人要从自我的迷茫状态中走出来，往往需要通过对某些突出人物的暗恋来确认自我的情感发展与定向。在此当中，亲切感的确立可给青少年带来一种近似童话世界的精神满足；而青少年的自我成长也需要有着同样的精神体验来幻想自己未来的情感生活和婚姻生活。从这层意义上来讲，对昨日星辰的暗恋，可以说是个人自我成长中的一个里程碑。它记录了对当初天涯海角的一段心迹，尽管被暗恋者一无所知。但对于当事人来讲，这是青春无悔的事儿！这便是暗恋所能产生的甜蜜！

三、暗恋的特点

暗恋因人而异，但也有一些规律可查。

1. 暗恋大多以单相思为开端

单相思常是初恋的触发点。我们知道，儿童也常有单相思，但那属于稚恋，并不会引起很严重的心理失调症状。青春期发育的初始阶段，男女少年情窦初开，他们常常选择生活中或影视中的异性杰出人物作为自己仰慕、追求的偶像。在这个阶段，单相思可以说是少有顾忌的，并带有很大的盲目性，也容易产生心理问题。

茨威格在他的名著《一个陌生女人的来信》中便记录了一则悲剧式的单相思故事。故事主人翁、著名小说家 R 接到了一封一个陌生女人的来信，信中陌生女人向他诉说了她 13 岁时就开始的对他的爱情。信是这样写的：我亲爱的，那一天，那一刻，我整个地、永远地爱上你的那一天，那一刻，现在我还记得清清楚楚……从那刻起，从我感到了那柔和的、脉脉含情的目光以后，我就属于你了……你使我整个生活变了样。原先我在学校里学习并不太认真，成绩也是中等，现在突然成了第一名，我读了上千本书……因为我知道，你是喜欢书的……我以近乎顽固的劲头坚持不懈地练起钢琴来……因为我想，你是喜欢音乐的……

这个13岁的女孩因为一个很普通的机会忽然坠入了情网，死心塌地要把自己的一切全部献给作家R。这种感情无疑是很真诚的，但也是非理性的。我们已经从那女子的信中获知，如果引导得好，这种力量能使单相思者的行为发生大变化，如学习成绩不断提高等。从这个意义上说，以为单相思是犯了什么大罪，或一口咬定单相思定然会使人堕落，是不正确的。

2. 暗恋的非理性化

上述故事的剧情是这样发展的：这个女子为了获得爱情，不惜冒充妓女与作家R度过了三个销魂之夜，最终为了这无望而纯洁的爱情自杀了。可直到她死，作家都蒙在鼓里，酿成一出非理性化的悲剧。

暗恋者总是一厢情愿，全然不顾对方的感受，颇像自恋型人格的某些特征。

米切尔的《飘》描述了美丽少女赫思嘉的暗恋。赫思嘉爱上了艾希礼，可她从未向艾希礼主动表示过，而只是迷醉在自己的幻想中，等待艾希礼来向她求婚。从艾希礼的一言一行，她主观地推断艾希礼是爱她的，可事实上这个推断完全错了。赫思嘉的单相思在这错误的推断下愈演愈烈，直至艾希礼即将与韩媚兰结婚，赫思嘉仍想入非非地认为，自己有权把艾希礼抢过来。

暗恋的非理性特征在赫思嘉身上是以进攻性手段来表现的，赫思嘉对艾希礼的追求持续了数年，直至媚兰死去，她才明白艾希礼爱的确是媚兰。待她回头寻找真正属于自己的爱时，已追悔莫及。而由于性格不同，《一个陌生女人的来信》中的那位女子则采取了委曲求全的方法来表现，最后竟采取了自杀的方法来了结暗恋的痛苦，更是大错特错了。这种极端行为正是暗恋的非理性造成的。

3. 暗恋的苦恼来自怯懦与幻想

每个人在恋爱之前总有那么一段单相思的过程，实际上就是在暗恋中挣扎。可大多数人要么直接求爱，要么认识到这种爱的不切实际而转移方向，而暗恋成疾病的人却把自己淹没在苦海里而不能自拔。《飘》中的艾希礼对女方的暗恋几乎毫无察觉，这便是酿成悲剧的真正原因。如果早一点表白的话，好多暗恋者会有猛然清醒的机会，而不至于走上绝路。

暗恋者喜欢沉迷于幻想之中，他们在恋爱中较少采取切实有效的行动。他们的幻想中有夸大对方、贬低自我的倾向，这是不良的思维方式。

四、如何解决暗恋的问题

年轻人一般会为暗恋感到害羞。其实同龄人差不多都有可能正在暗恋。如果你是处在一种淡淡的、甜甜的暗恋中，这是很正常的，并不是一种病。这里需要改变的是生活被暗恋搅得天翻地覆的那种状况。我们最后要达到的目标并不是要你完全断绝暗恋，而是要把暗恋控制在一个适度的范围内。

1. 爱欲分流、外化法

暗恋主要是在初恋期出现。在十六七岁的豆蔻年华，少男少女追求异性的欲望急剧振荡，可此时的少年思想还不成熟，充满稚气。这种情绪与理智的不合拍便自然导致了少年们暗恋的非理性化。荣格认为，一个人的生命能量"力比多"（力比多是一种力量、本能，有时表现为性本能，饥饿时则为营养本能）是不断流动着的。青春期急剧增长的力比多在体内找不到合适的通道，便会淤积于体内某一处泛滥、外流。暗恋便是力比多在体内集中投注于某一个人的形象的结果。很自然，这种爱欲的淤积会导致心理的不平衡。当你越把爱欲投注于一人的时候，这个人的光环就越艳丽灿烂，甚至他或她的缺点也成了魅力所在。如把这种淤积的爱欲分流、外化，从而导致新的心理平衡，暗恋者就能渐渐从暗恋的泥沼中走出来。

如果你已被暗恋折磨得万分痛苦，那么最简捷和安全的选择就是，将心事告诉你的密友或老师。你会发现你的朋友会帮你出谋划策，甚至告诉你他的暗恋故事呢。这样，你会感到自己在情感路上并不寂寞。不管你朋友的谋划对你的"爱情"有没有帮助，能倾吐一下心中所淤积的爱意，把自己的焦虑和忧愁找个人分担，你会感到轻松的。朋友或老师的劝导、安慰会在你的内心自然构起一个新的兴奋点，你的感情也会向这新的兴奋点分流。

2. 暗恋的人应多参加感兴趣的运动

运动能够消耗部分淤积于内心的能量，从而使人意气风发、情绪高昂，获得自信与自尊。

3. 改变错误认知，重构正确认知

这里我们简单介绍一下什么是认知重构法：你对周围人和事件的解释，而不是人和事件本身，会影响你的情绪和你作出的反应——人在烦躁不安的时候，往往坚信事情非常糟糕，结果非常可怕。心理学家认为，这一思维过程是对事情的"恶化"或"灾难化"。这就是大多数人都可能有的非理性思维——当然，这里的非理性只是"不切实际"的意思。现在让我们来认识一下种种非理性思维：

- 指责：没有理由地责备他人。
- 非此即彼型思维：把生活看得要么阳光灿烂，要么漆黑一片。
- 诅咒（消极否定）：对自己、他人及社会过分苛求。
- 情绪化推理：认为自己的情绪状态就是社会现实的反应。
- 我一分钟也受不了（极低的挫折耐受力）：当自己的需求没有得到满足时极容易灰心丧气。
- 仓促下结论：缺乏必要的证据就对人和事下结论。
- 扩大化（强调消极面，使之灾难化）：过分夸大形势的消极面。
- 心理过滤：过分注意某些细节，却忽略同一事件中的其他重要细节。
- 猜测他人的想法：以为自己知道他人的想法、感受和计划。
- 缩小化（忽略积极因素）：不适当地轻视自己的优点或成就。
- 过分概括：使用"从来不""总是"这类词语，把一个人的特点泛化为所有人的特点。
- 完美主义：要求所有人和事都完美无缺，只能使人过多地消耗能量，产生疲劳。
- 归罪于个人：因为一些消极事件而责备自己。

非理性思维的另一种形式是认知阻碍。它的表现形式是常使用"要是……我该怎么办？""我绝不能……""要是……那可糟透了""哎呀不行！"这些想法常被不同的医生或作者冠以不同的名称，包括非理性思维、认知扭曲、疯狂制造者、消极想法等。但有一点是共同的，这些想法都会阻碍你实现自己的目标，也经不起理智的思考。也会让你更紧张、更焦虑，甚至还会引起抑郁、愤怒、内疚以及羞愧等消极情感，让我们更加疲惫。

4. 坚持正确的思维方式

一个人一旦陷入暗恋，就像吃了迷魂药一般，整日恍恍惚惚，行为不再受理性思维的支配，而受制于潜意识中的幻想。而这种幻想又往往与现实相混淆，这便是问题的症结之所在。现在你必须静下心来分析一下自己的思维。你可能会这样想：

· 他（她）太完美了，他（她）的一举一动都像在施魔法似的；我太丑陋了，我的一举一动根本吸引不了他（她）。

· 如果能和他（她）相爱结婚，我便是这世上最幸福的人；如果办不到，我便是这世上最痛苦的人。

· 为了他（她），我愿意赴汤蹈火；为了他（她），我愿做他（她）的奴隶。

我们可以发现，在前一句话的背后还有一层隐意，那就是分号后的话。你常给自己念叨第一句话，并不知蕴藏在心底的第二句话，而第二句话恰恰说明你严重地缺乏自信。现在我们要做的是，把第二句话从暗处提到明处。这是你恢复理智与自信的关键。你应该这样想：

· 他（她）很优秀，对我具有魔法般的吸引力；但我也不错，我要努力赶上他（她）。

· 如果我能和他（她）相爱结婚，我可能是十分幸运的人；如果办不到，我也有可能找到比他（她）更好的人。

· 为了他（她），我愿意尽己所能，但我没必要为他（她）忍受过多的折磨；我是一个独立的人，我不能失去自尊。

16. 敞开心扉，拥抱阳光

娜的字里行间透露出她是一个比较孤僻且非常痛苦的女孩子，没有朋友、不自信、自闭，这些是她的典型特征。这样的女孩子在我们院校起码占到 20%。我经手的案例中大概有一半女孩子有自卑倾向，从而使她们对学习、交友等生活都失去信心。

每日上班，我第一件事就是打开自己的信箱。

这天，我收到一个自称是娜的女孩子的邮件，"老师，这段时间我几乎不能呼吸，心情特别沉闷。人们都有三五个朋友相伴，我却总是形影相吊。我感觉好累好孤独，我真的不知道怎样才能与人友好相处？您能帮帮我吗？"

娜的字里行间透露出她是一个比较孤僻且非常痛苦的女孩子，没有朋友、不自信、自闭，这些是她的典型特征。

我们曾给 2015 级学生做过自我效能感的测试，有 457 人自我效能感低，占新生人数 68.5%；后来我们又给 2016 级学生做同一测试，有 495 人自我效能感低，占新生人数 55.6%。

高职院校内女学生自卑的占多数，我经手的案例中大概有一半女孩子有自卑倾向，从而使她们对学习、交友等生活都失去信心。

立刻，我给她回复了信件，建议她尽快来咨询室。

两天后，我坐在咨询室整理资料，一个怯怯的声音传进我耳际："老师，您好！"

抬起头，我看到一张充满忧伤和无助的脸。

我冲她笑了笑，赶紧欢迎她坐下来。

正如娜的信给我的感觉一样，她是个性格内向、不善言辞的女孩，坐下来后她一句话都不说，而是等我发言。

为了打破沉默的僵局，我问她来自哪里，家里有几口人。

慢慢地，她的话才多了起来。

原来，娜在初中学习成绩还好，各方面表现也不错。但是自从上了重点高中以后，她总是习惯把自己的方方面面和班上其他优秀学生相比，结果竟然觉得自己一无是处，认为自己学习不行、交际不行、思维不行、文体也没有特长等。渐渐地，她发现任何一个人都有比她强的项目，觉得世界是这么不公平。

从此，她就郁郁寡欢，学习没有劲头，更不敢与同学们多来往，班里什么活动也不敢参与，三年后她果真像她预料的那样成为班里考得最差的学生。

来到我们学校后，她本来想拥有一个崭新的开始，起初也热情地联络同学，强迫自己静下心来好好地学习。但是一学期下来，她发现同学们并不是很喜欢她，学习成绩也很一般，她觉得自己活着简直没一点意思了。

我一边仔细听她的陈述，一边在细细思量：作为一个本来学习成绩很不错的学生，她为什么总是与他人作比较？为什么她会有这么深的自责和羞愧？这后面应该隐藏着其他更重要的原因吧。

于是，我进一步地询问："在刚考上重点高中的时候，你心里有些什么想法？有没有哪件事对你影响特别深刻的？"

"不记得了，这和我现在的问题有关联吗？"娜不解地问我。

"应该有，心理上的困惑，只有找到深层次的原因，才有可能改变彻底。就像庄稼人除草，如果只除去表面的草叶没有除掉草的根茎，那么迟早有一天杂草还会卷土重来。"我耐心地向她解释。

娜沉默了一会儿，说道："让我想想。"

我静静地等她，直到她再次开口，"刚考上重点高中，我也想更努力地学习，争取毕业时以优异的成绩考上重点大学。令我难过的是第一次摸底考试，班里 45 个学生我竟然排到了 30 名以后，要知道我在初中从来都是班里前 5 名。尤其让我伤心的是我们班有个男同学，除了在课堂上，我几乎没见他怎么学习，他的考试成绩却是全班第一名。"

提到她们班的这名男同学，我发现娜的脸上飞起了一片红云。我问她："这个同学后来考到了什么学校？你们有联系吗？"

娜摇了摇头，说："我根本没和他说过话，他是那样一个充满自信、阳光、快乐的男孩子，在他面前我太渺小了。后来我听老师说他上了北京一所法学院。"

"三年，你都没和他说过一句话？"对于娜的描述，我觉得她可能隐瞒了些什么。

娜忽然哭了，好半天她抹了把眼泪说道："老师，我对你说实话吧！我给他写过一张小纸条，内容是我想和他做朋友，希望他能在各方面帮助我。可是，他根本不理我，每次走过他身边时，我甚至能感觉到他骨子里对我的蔑视。从那以后，我就更加自卑了。老师，这些和我现在的问题是不是也有关？"

美国心理学家罗特提出控制点的理论，他认为每个人都有自己的归因倾向，个体对自己生活中发生的事情及其结果的控制源有不同解释。对某些人来说，个人生活中多数事情的结果取决于个体在做这些事情时的努力程度，所以他相信自己能够对事情发展轨迹进行控制。这类人的控制点在个人的内部，被称为内控者。另一些人认为个体生活中多数事情的结果是个人不能控制的，是各种外部力量作用的结果。他们相信社会的安排、相信命运和机遇等因素决定了自己的状况，而个人努力无济于事。这类人倾向于放弃对自己生活的责任。控制点在个人的外部，被称为外控者。

"老师，我是外控者，对不对？"娜的脸上竟然有了兴奋。

是的，由于内控者与外控者理解的控制源不同，因而对待事物的态度与行为方式也不同。内控者相信自己能发挥作用，面对可能的失败也不怀疑未来可能会有所改善，对困难情景能付出更大努力，加大投入力量。外控者看不到个人努力与行为结果的积极关系，面对失败与困难，往往推卸责任与客观原因，不去寻找解决问题的方法，而是企图寻求救援或是赌博式的碰运气，他们倾向于无主、被动地面对生活。

显然，我们赞成内控者的生活态度，而对外控者的态度进行批评和指正。

明白了这些，娜的眼神中有了豁然开朗的明亮。

相关知识链接——自卑心理分析

一、什么是自卑

自卑是指自我评价偏低、自愧无能而丧失自信，并常常伴有自怨自艾、悲观失望等消极情绪体验的一种心理倾向，是一种自我意识的消极表现。自卑的人往往不切实际，情不自禁地过分夸大自己的缺陷，甚至毫无根据地臆造出许多弱点，还总爱拿自己的短处比别人的长处；不能冷静地分析自己所受的挫折；不能正确地对待自己的过失；不能认真地思考别人对自己的期望，也不能客观地理解别人对自己的评价，以致觉得自己一无是处，从而失去自信心，对那些稍加努力完全能够完成的任务也轻易放弃。

二、自卑者的特点

个体心理学的创始人、人本主义心理学的先驱、现代自我心理学之父阿德勒说过，自卑感起因于一个人感觉生活中有些方面不完善、有缺陷。自卑感使人努力克服缺陷。现实生活中每个人都会有自卑的感觉，无论高官巨贾，还是市井贫民，概莫能外。阿德勒指出，人正是因为自卑感所以欲求自我超越，才推动了整个人类社会的发展。因此，适度的、合理的自卑也是有一定益处的，但过分自卑则使人惧怕尝试，离成功越来越远。那么，过度的自卑有哪些表现呢？

（1）不喜欢自己，不能悦纳自己。自卑的人总是觉得自己处处不如人，对自己百般挑剔。他们悲观失望，不敢接受任何挑战。

（2）常把自己定格在"我不行"的范围内。自卑的人怀疑自己的目标和能力，确信自己最终会失败。长此下去，使自己的才能越来越受限制，得不到积极发挥，进而陷入恶性循环中不能自拔。

（3）心态和行为消极、灰暗。自卑的人动作迟缓，走路低头或溜着墙根；甚至不敢与人打招呼；不敢当众发言，怕引人注意；不敢正视别人的眼光；说话声音低；表情木然，愁眉苦脸等。

（4）习惯独处，自带"枷锁"。自卑的人敏感多疑，总觉得别人不喜欢自己，别人在说自己坏话，因此不敢与人正常交往，人际关系极差。

三、自卑者的心理分析

自卑感并非一日形成，通常产生于失败的体验之后，尤其是经历过多次失败，自卑者往往就会怀疑自己的能力，会对这种失败耿耿于怀而难以自拔，失去自信，从而把失败归咎于自己的无能。许多曾经有过自卑的人都做过种种努力，试图摆脱自卑的困扰，但是结果往往不尽如人意，有人甚至越陷越深。造成自卑的原因很多，主要有下面几点：

（1）自我评价低，胆怯封闭。有位心理学家说过："一个人认为自己是怎样一个人比他真正是怎样一个人重要。"自卑者不能全面、客观地评价自己。一些人由于深感自己不如别人，于是把自己封闭起来，不参与竞争，不干有风险的事，坚信"安全第一"，越是封闭自己，就越对自己没有信心，形成恶性循环。

（2）过分自尊，隐瞒内心。人们常说的过分自卑有时候以过分的自尊表现出来，尤其当屈从的方式不能减轻其自卑之苦时，就采用好斗方式。有自卑感的人比任何人更注意隐藏自己内心的真实想法，因此当他认为别人可能会发现时，便采用这种好斗的方式阻止别人的了解。人们常发现这种人动辄就会为一件微不足道的事寻找借口滋事。其实，这种矫枉过正的做法，反而暴露出自己真实的内心世界。

（3）内向，性格懦弱。内向者多愁善感，不善于交往，经常用消极悲观的眼光看待事物，所以事事退缩，回避交往。自卑者在做某一件事之前会想别人是不是这样的看法？我这样做会让人笑吗？会不会被认为是出风头？在做了事之后，又想会不会得罪人？如果刚才不这样做就会更好等。总而言之，他们总觉得别人看不起自己。

（4）生理上的原因。

一个人的相貌、身材、体重、肤色等都可能导致自卑感的产生。有些男孩子为自己个子矮小或不够结实而自卑；有些女孩为自己不够白净、没有好身材而苦恼。

（5）家庭条件的原因。家庭的经济状况、父母的职业、家庭背景等也是学生产生自卑的主要原因。

四、驱散自卑阴影，拥抱阳光

通过以上分析，我们了解自卑心理现象的内涵和外延以及产生的主客观原因，那么作为学生如何让自卑从心灵上走开呢？

（1）改变认知，用补偿心理超越自卑。补偿心理是一种心理适应机制。从心理学上看，这种补偿其实就是一种"移位"，即为克服自己生理上的缺陷或心理上的自卑，而发展自己其他方面的优势，赶上或超过他人的一种心理适应机制。正是这一心理机制的作用，自卑感就成了许多成功人士的动力，成了他们超越自我的"涡轮增压"，而"生理缺陷"愈大的人，他们的自卑感也愈强，寻求补偿的愿望就愈大，成就大业的可能性就愈大。

（2）培养坚强的性格。在补偿心理的作用下，自卑感具有使人前进的反弹力。由于自卑，人们会清楚地意识到自己的不足，努力学习别人的长处，弥补自己的不足，从而使其性格受到磨砺，而坚强的性格正是获取成功的心理基础。自卑能促使人走向成功。人道主义者威特·波库指出，在每个人的内心深处都有一种灵性，凭借这一灵性，人们得以完成许多丰功伟业。这种灵性是潜在于每个人内心深处的一股力量，即维持个性，对抗外来侵犯的力量，它就是人的"尊严"和"人格"。人们为了维护自己的尊严和人格，就要求自己克服自卑，战胜自我。强者不是天生的，强者也并非没有软弱的时候，强者之所以成为强者，在于他善于战胜自己的软弱。

（3）用乐观态度面对失败。在自我补偿的过程中，还须正确面对失败。人生之路，一帆风顺者少，曲折坎坷者多，成功是由无数次失败构成的，正如美国通用电气公司创始人沃特所说："通向成功的路即是把你失败的次数增加一倍。"面对挫折和失败，唯有乐观积极的心态，才是正确的选择。做到坚韧不拔，不因挫折而放弃追求；注意调整、降低原先脱离实际的"目标"，及时改变策略；用"局部成功"来激励自己；采用自我心理调适法，提高心理承受能力。

（4）用实际行动建立自信。作为一个现代人，应具有迎接失败的心理准备。世界充满了成功的机遇，也充满了失败的可能，所以要不断提高自我应付挫折与干扰的能力，调整自己，增强社会适应力，坚信"失败乃成功之母"。若每次失败之后都能有所"领悟"，把每一次失败当作成功的前奏，那么就能化消极为积极，变自卑为自信。征服畏惧，战胜自卑，不能夸夸其谈，而必须付诸实践，见于行动。建立自信最快、最有效的方法，就是去做自己害怕的事，直到获得成功。

五、改变自卑的具体方法

恰当的自卑感其实是一种奋发和前进的动力，但过度的自卑危害重重。如何走出自卑？

（1）突出自己。挑前面的位子坐。在各种形式的聚会中，在各种类型的课堂上，后面的座位总是先被人坐满，大部分占据后排座位的人，都希望自己不会"太显眼"。而他们怕受人注目的原因就是缺乏信心，坐在前面能建立信心，因为敢为人先，敢上人前，敢于将自己置于众目睽睽之下，就必须有足够的勇气和胆量。久之，这种行为就成了习惯，自卑也就在潜移默化中变为自信。另外，坐在显眼的位置，就会放大自己在他人视野中的比例，增强反复出现的频率，起到强化自己的作用。试试看，从现在开始就尽量往前坐。虽然坐前面会比较显眼，但要记住，有关成功的一切都是显眼的。

（2）睁大眼睛，正视别人。眼睛是心灵的窗口，一个人的眼神可以折射出性格，透露出情感，传递出微妙的信息。正视别人等于告诉对方：我是诚实的，光明正大的；我非常非常尊重你，喜欢你。因此，正视别人，是积极心态的反映，是自信的象征，更是个人魅力的展示。

（3）昂首挺胸，快步行走。许多心理学家认为，人们行走的姿势、步伐与其心理状态有一定关系。懒散的姿势、缓慢的步伐是情绪低落的表现，是对自己、对工作以及对别人不愉快感受的反映。倘若仔细观察就会发现，身体的动作是心灵活动的结果。那些遭受打击、被排斥的人，走路都拖拖拉拉，缺乏自信。通过改变行走的姿势与速度，有助于心境的调整。步伐轻快敏捷，身姿昂首挺胸，会给人带来明朗的心境，会使自卑逃遁，自信重生。

（4）练习当众发言。面对大庭广众讲话，需要巨大的勇气和胆量，这是培养和锻炼自信的重要途径。在我们周围，有很多思路敏锐、天资颇高的人，却无法发挥他们的长处参与讨论。并不是他们不想参与，而是缺乏信心。在公众场合，沉默寡言的人都认为：我的意见可能没有价值，如果说出来，别人可能会觉得很愚蠢，我最好什么也别说，而且其他人可能都比我懂得多，我并不想让他们知道我是这么无知。这些人常常会对自己许下渺茫的诺言；等下一次再发言，可是他们很清楚自己是无法实现这个诺言的。

当众发言是信心的"维他命"。不论是参加什么性质的会议，都要主动发言。有许多原本木讷或有口吃的人，都是通过练习当众讲话而变得自信起来，如萧伯纳、田中角荣、德谟斯梯尼等。

（5）学会微笑。大部分人都知道笑能给人自信，它是医治信心不足的良药。真正的笑不但能治愈自己的不良情绪，还能马上化解别人的敌对情绪。如果你真诚地向一个人展颜微笑，他就会对你产生好感，这种好感足以使你充满自信。

正如一首诗所说，"微笑是疲倦者的休息，沮丧者的白天，悲伤者的阳光，大自然的最佳营养。"

17. 面对金钱，你受诱惑了吗

面对金钱，我们有多少学生能以平常心看待？有多少人不受其诱惑？随着助学金额度的提高，这样一大笔钱一股脑地发到"金钱观"尚未成熟的大学生手中，"助学金"遭遇消费式滥用难以避免，如今遭遇同伴的眼红乃至要求平分，更是大学生的悲哀。

2007年6月底，财政部、教育部出台《普通本科高校、高等职业学校国家助学金管理暂行办法》的通知，帮助他们顺利完成学业，体现了党和政府对普通本科高校、高等职业学校家庭经济困难学生的关怀。新的国家奖助学金资助政策，从当年9月1日开始施行。在新政策下，更多的学生有机会参与国家奖助学金的评选，并使奖助学金从"助"向"奖"大幅度偏转。

我院办公室接到通知已经是10月，院领导非常重视，紧急开会组织学生处以及各系分管学生的主任加强管理，根据通知精神紧锣密鼓地帮助学生们积极申请助学金。我院坚决执行公开、公平、公正的原则，以确保国家助学金用于资助家庭经济困难的学生。

那几天，全院师生议论最多的话题就是助学金的发放，最终由各班推荐、各系筛选，结合学生处考查学生纪律，教务处考查学生成绩，最后上报助学金（助学金分为3000元、2000元、1000元三档）、国家奖学金（8000元）、国家励志奖学金（5000元）的学生名单。但是，由于省教育厅要求上报名单时间紧凑，学生的贫困信息不能在短时间内一一核查，我们的工作难免有疏漏。

一天中午，我还在食堂吃饭，有个学生给我发来短信："老师，您在学校吗？我必须马上去找您！"我赶紧回到办公室等她。

艳坐到我对面，喘着粗气，由于情绪激动，说话有些语无伦次，眼睛里也泪水涟涟。

老师，我几乎不能呼吸了！这几天，我不敢回宿舍！我怕看见她们，她们猜忌、恐吓的眼神几乎要杀了我！"

我尽量用委婉的语气安抚她，使她慢慢平静。

原来，艳是他们班获得3000元助学金的学生，她们宿舍还有另外一个女生获得2000元的助学金。本来是件非常高兴的事，因为父亲过早去世，为了让她和妹妹上学，母亲已经欠亲戚朋友上万元的债务。她的妹妹在大学获得了5000元的励志奖学金，这样她们姊妹二人就可以帮妈妈减轻很大的经济负担了。

但是，他们班有几个学生扬言，谁拿到助学金就必须给同宿舍同学分三分之二，不然的话就有可能遭到打击报复。和她同宿舍拿到2000元助学金的那个女生虽然心里不甘，但已经承诺把三分之二分给同宿舍没拿到助学金的同学。

艳认为这是国家资助贫困生的助学金，不是大家平分的助学金，她没有理由把三分之二拿出来分给没有获助学金的同学。

"您说，老师，我应不应该分给她们？"艳愤愤不平地问我。

"当然不该分给她们！"我对艳表示了深切的理解和支持。

"可是，我不分给她们，她们会把我怎么样？现在，钱还没到手，她们已经对我不理不睬了。就连我最好的朋友也说：'你拿一部分出来给大家吧，假如国家一分钱也不给你呢？你好歹还落 1000 元呢！'"艳痛苦地看着我。

不得不承认，艳的问题也令我很为难。面对金钱，我们有多少学生能以平常心看待？有多少人不受其诱惑？随着助学金额度的提高，这样一大笔钱一股脑地发到"金钱观"尚未成熟的大学生手中，"助学金"遭遇消费式滥用难以避免，如今遭遇同伴的眼红乃至要求平分，更是大学生的悲哀。

"新的资助政策因为今年刚实行，还存在一些不规范的地方，同学们认识得不够清楚。我会向学院领导及时反映这种情况，相信学校一定会想办法解决。"我知道，这样的安慰对艳无疑只是隔靴搔痒，而我也只是向学生处领导反映，希望能够杜绝学院这种不良现象的发生。

艳走时情绪稍好一些，起码她向我倾诉了她的苦恼，得到了我的理解和支持。

也许不只我们学院有这种现象，希望各高校切实加强管理，认真做好国家助学金的评审和发放工作，在评选操作的过程中，各个院系助学金的比例和评选过程如果能有国家和学校制订相应的制度加以规范，会取得更好的效果；我更希望大学生们能正确认识国家助学金政策的真正用意。

相关知识链接——大学生金钱观分析

一、大学生的金钱观

近年来，随着人们物质生活水平的不断提高，大学生消费水平也在不断提升，消费支出一再攀升，一个月达数千元的学生大有人在。"一月五百贫困户，千儿八百中农户，两三千元才算酷，四千五千真大户！"这个流行于大学校园的顺口溜，是很多大学生金钱观的真实写照。

教育专家指出，大学生过早"富有"和过度奢侈的生活，对他们的成长和未来发展有着极其不利的负面影响，而一些跟风的大学生在"人前显贵"的同时，也难免让其家庭背上了沉重的负担。更有甚者，一年花费 4 万元之多，以一些城市普通工薪阶层月薪仅千余元看，显然会入不敷出。

"老同学聚餐 150 元，请室友吃饭 200 元，买礼品送给女朋友 200 多元，给自己新添一个手机 1500 元……"这是一名大二学生 7 月份额外开销的一笔明细账。从中我们能够发现，饮食、日常用品在学生的每月支出中已不是主要的，所占比例不到一半。许多大学生穿衣要名牌、吃饭要高档；手机、电脑一个都不能少；生日会、老乡会、欢送会、庆祝会，要参加就得付钱。添置衣服、请客喝酒等所谓的交际、应酬费用占了相当一部分；购置电脑、手机、数码相机及旅游等，更是学生消费的"大头儿"。女生的花费在衣服、化妆品方面所占的比重相当大，而男生则侧重于联络朋友、抽烟喝酒等。

二、不良金钱观导致攀比心理严重

在惊叹他们特殊的金钱观的同时，我们清楚地看到大学生之间攀比心理的严重性。一样的生命不一样的生活，有句俗语说："人比人，气死人。"事实上，"人比人"并不要紧，"人比人"而生气的人，往往是因为自身的性格、能力、经济上的不同而产生的心理缺陷，使自己有了自卑心态。生活的差别无处不在，而攀比之心又是如此难以克服，这往往给大学生的快乐打了不少折扣。

理性地分析生活，人们就会发现，生活对每一个人都是公平的、公正的，没有偏袒。人生是一个由起点到终点、短暂而漫长的过程，在这个过程中每个人所拥有和承受的喜怒哀乐、爱恨情仇都是一样的。这既是自然赋予生命的规律，也是生活赋予人生的规律，只不过每个人享用、消受的方式不同，不同的方式演绎出不同的人生。

由于社会分工的不同，人们所处的社会地位客观上存在着各种差别，而物质上的差别则直接打开了人们攀比的空间。攀比心理和行为作为一种客观存在，其本身并无过错，问题在于攀比的指导思想、出发点和内容竟然都是不良金钱观惹的祸。

三、不良金钱观导致心理扭曲

在家庭方面，它撕下了罩在家庭关系上的温情脉脉的面纱，使得某些学生只剩下纯粹的金钱关系，这也加重了某些家庭尤其是低收入家庭的负担。

在社会交往方面，它使学生一切向钱看，唯利是图。它使人们之间除了赤裸裸的利害关系，除了冷酷无情的现金交易，就再没有任何联系了，它把人们之间的高尚情感，淹没在利己主义的冰水之中。它使人把自己也当成了商品。为了获得金钱，不惜把自己的肉体、灵魂、良心、尊严、人格都作为商品来兜售。

它使学生一切向钱看，唯利是图；使学生把金钱看得高于一切，重于一切，不利于学生自身的发展，盲目向"钱"看会丧失自我，也不利于形成健康的生命观和价值观。而这种物质至上、享乐至上的价值观能在校园出现本身就是一种不正常的现象。在大学期间，大学生应以增长知识、提高修养为奋斗目标，把眼光放得长远，不应贪图享乐，玩物丧志。

四、如何克服不良金钱观

首先，不要老拿自己与物质条件好的学生比，也不要不顾自己的实际能力而过高要求自己，凡事要量力而行。

其次，要对自己的理想进行调整，降低期望值，了解自己的弱点，这样对自己的付出能换来什么样的享受就能做到心理平衡了。不能忽视客观条件的影响，要面对现实，通过努力能实现的决不气馁，没有条件的要等待时机，这样遇到挫折也就能保持平衡的心态。

此外，心理调适的最好办法就是做到知足常乐，"知足"便不会有非分之想，"常乐"也就能保持心理平衡了。

18. 淡蓝，不一样的关注

说实话，若是十年前，我对"同志"这个词避之唯恐不及。即使现在，我也不赞成他们的生活方式。可是，我知道世界上有很多这样的人在饱受周围人的冷眼和闲言碎语，我知道他们活着的艰辛和痛楚。如今，我尝试理解这个群体。

那一天很平常，只是接到一个陌生人的短信："老师，您好！您不认识我，我的表妹是您的学生，我知道您是一名心理学老师，知道您在做心理咨询的工作。很想和您聊聊我的故事，我是一名'同志'，有着很复杂的情感经历。很早看心理学方面的书籍，我就知道了自己的性取向。您有时间听听我的故事吗？希望不打扰您！"

这样的真诚，这样的坦率，这样的信任，怎么可能拒绝？

于是，通过短信和QQ，我了解到一个23岁男孩子的成长故事。

三岁，他的母亲气他父亲的好赌不上进，把一锅滚烫的开水泼在他父亲身上，然后一走了之，至今下落不明。他没有享受过妈妈的爱抚和亲热，也不曾感觉父亲如山的宽容和慈爱。

妈妈走后，他便跟着爷爷奶奶长大，一直到上初中。由于父亲所住地距离他的学校比较近，他回到了再婚的父亲家。然而，父亲为了生计常年在外打工。他和继母与妹妹生活在一起，没有热络的感情，没有亲昵的温情，没有贴心暖肺的亲情，他谨小慎微地努力着。然而，现实再次对他显示了残酷，他亲眼看见继母和别的男人在一起……

他不再回家，只是更努力地学习，终于考上了外地的一所大学。他喜欢英语和音乐，参加全国的英语节目主持人大赛，并且获得三千元的奖金和一台手提电脑。为了感谢继母给他一个家，他把奖金如数交给她，同时把电脑作为礼物送给妹妹。

可是，当他再一次回到家，电脑不见了，他在床垫子下面发现了一张卖电脑的收据。还有，为了多领国家低保救助款，继母给他伪造了一张残疾人证书。这一次，他的尊严受到了极大的侮辱。从此，他再也没有回过那个家。

大学毕业前夕，他在澡堂认识了一个大他十五岁的男人。那天，他是第一个进澡堂的人，进去后就在浴池泡澡，并且闭目养神。恍惚间，他知道有人也进了浴池。浴池很大，他感觉那个人像游泳一样朝他游来。更奇怪的是，那个人快到他跟前的时候，慢慢握住他的一只脚，然后手继续从他的脚部游走到他的私处。

他害怕，也吃惊，还有所欢喜。他是那么孤独和忧郁，那个大男人从他的眼睛里读出了他内心的无助和需求，就这样，他们认识然后同居。

我问他，他们在一起时他可曾感觉到快乐和幸福。他点头，他喜欢那个人为他做饭和炒菜，他喜欢他、在乎他，他感谢那个人给他温暖和激情。然而，他们不能公开彼此的关系，这是他们的痛苦，也是他们活着的最大的障碍。

说实话，若是十年前，我对"同志"这个词避之唯恐不及，即使现在，我也不赞成他们的生活方式。可是，我知道世界上有很多这样的人在饱受周围人的冷眼和闲言碎语，我知道他们活着的艰辛和痛楚。如今，我尝试理解这个群体。

他从小缺失柔情似水的母爱，父亲也几乎缺席等于不存在，他的性别认同早在缺失父母的童年就埋藏下异样的种子，更在少年时期缺乏对男性和女性形象的适当认同。早年的家庭影响相当巨大，也许潜意识中他早已告诉自己，男女构建的婚姻是那么不堪一击，男女的结合多是悲剧没有欢喜。没有享受过家庭的幸福，他从哪里感知绕膝父母跟前的愉悦？而他也终将是个弱者，需要比他强大的人来呵护和关爱才能感觉到生存的价值和意义。他也一直在等待那个比他强大而一眼看穿他的人出现，他自以为他等到了。

我无意为他辩护，也无意为他的"同志"叫屈，我只是想让更多的人关注这个群体。无论他们起因为何，他们都是被动地承受着本该不属于他们的痛苦，而社会的舆论和压力，又给予他们更深的伤害。他们的成长，已经充满了种种艰辛，而他们还不被世人所理解和接纳。他们生活在暗夜。可是却渴望光明，渴望被理解、被关怀、被爱。

我希望社会对同性恋者能多一份尊重与宽容，也希望他们自重，在保护自己的同时也学会保护他人。也许这样，他们的生命会有另一番景象吧！

相关知识链接——同性恋心理分析

一、什么是同性恋

同性恋，是一种性取向，是指一个人在性爱、心理、情感上的兴趣，主要对象为同性别的人。无论这样的兴趣是否从外显行为中表露出来，都属人类正常恋爱的类型之一。那些与同性产生爱情或恋慕的人被称为同性恋者。同性恋可见于各种年龄段，但以未婚青少年多见，西方国家比东方国家多见。据统计，同性恋在男性中约占5％，女性中占3％。有些属于双重恋，即与同性和异性都发生性爱。同性恋现象是跨地区、跨文化而普遍存在的现象，存在于各个种族、各个阶级、各个民族和各种宗教信仰的人们当中。

二、同性恋产生的原因

同性恋产生的原因至今尚无肯定的学说，一般认为与以下因素有关：

1. 生理因素

同性恋主要受遗传因素和大脑结构两方面的影响。学者们认为，可能是先天遗传的原因导致一个人从幼儿开始便产生性倒错，形成同性恋倾向。有人发现同性恋者在单卵双生子中远比双卵双生子中多见，而且男同性恋可能是母系遗传的。

2. 内分泌因素

有科学家做的动物实验发现，向怀孕的母鼠子宫里注射激素，确实能够极大地改变其子代的性行为。因此，有人推测是不是类似的情形也同样会发生在人类身上，即通过胎儿期的激素注射改变其性心理及行为。持这种观点的人认为性腺分泌不平衡是导致同性恋的原因。男同性恋者血液和尿液中睾酮较异性恋对照组少，而女同性恋者尿液中睾酮较异性恋对照组多。同时，男同性恋者精子计数较少，畸形精子较多。但我认为，也可能是同性恋的心理和行为引起激素水平的变化。实验结果证明，给男同性恋者补用睾丸激素的结果并不能激起他的异性恋行为，而只是增加了同性恋行为中的性欲强度。

3. 心理因素

如果正常的性心理发展得到不良的家庭或环境影响，成熟的异性恋驱力将被阻滞或者歪曲。家庭的影响在同性恋的发生上是非常明显的。男同性恋者的母亲具有一个显著特点，就是与有同性恋倾向的儿子异乎寻常地亲密。弗洛伊德认为这是引起孩子自恋的原因之一，但我认为是爱的排斥性使他们对母亲过分崇拜，看不上其他女性，特别是同女人交往一旦失败，更加强了对异性的应激性拒绝。懦弱无能的父亲也使儿子无法得到一个适当的行为模范，为了儿子听话，常反对粗鲁莽撞行为，而鼓励更富于女性化的活动。生活在男性比较多的环境中，或者经常与异性玩耍，或者被当作异性对待，可能使儿童发生角色认同错乱，使其性格、生活风格男性化，对异性恐惧和紧张。

4. 经济因素

经济因素在同性恋的发生上可能也有一定作用，特别是在男性，由于经济贫困，无力娶妻或者出于一种逃避责任的潜在倾向，易导致同性恋。

5. 社会因素

首先是精神分析的观点，弗洛伊德认为，儿童期3～5岁是人类性心理发展过程中的关键阶段。弗洛伊德认为，恋母情结引起的移情现象是同性恋的起因；其次是行为主义理论，行为主义特别重视伙伴关系、偶然的机遇以及特殊的经历。在太平洋西南部的马来群岛上的土著居民中，年轻人通过手淫达到快感作为与异性性交的替代是受到鼓励的。对于男性来说，同性恋关系得到社会赞同。在一生的某些时间，几乎每个男性都从事深度的同性恋活动。此类活动在社会上可以公开讨论，被当是像手淫、婚内性交一样正常的事情。北非的斯旺人普遍有男同性恋行为。显要的斯旺男子相互借用对方的儿子，公开谈论他们之间的男性性爱，就像讨论与女性的性爱一样毫无忌讳。已婚和未婚的男子都遵循习俗的要求进行同性恋活动。如果一个斯旺人不同其他男子发生性行为，就会被视为怪人。

6. 性开放程度

明清时候，我国同性恋活动达到一个小小的高潮，这是由政府的禁娼规定导致的。但必须注意，这只是观念、显性和隐性的区别，同性恋倾向并不会因为社会对它持严厉的否定态度而减少，也不会因为社会的宽容而增多。

7. 性别比

失衡的男女性别比也会导致同性恋习俗的出现，并使人们逐渐将其合理化。在西伯利亚东北部的一些部落中，常有一些男子作其他成年男子的妾。

8. 性别歧视

特别是对女性的性别歧视会造成大量的男同性恋者。体质较弱也是男同性恋的成因之一。

9. 自恋倾向

同性恋者喜欢同性的伴侣，因为他比异性伴侣更像自己。

三、如何对待同性恋

1973 年，美国心理协会、精神医学会将同性恋行为从疾病分类系统中删除。同性恋是一种生活方式，《维也纳人权公约》写道：人有选择自己生活方式的权利。2001 年 4 月 20 日，《中国精神障碍分类与诊断标准》第三版出版，在诊断标准中对同性恋的定义并非一定是心理异常。由此，同性恋不再被统划为病态，心理咨询中不再把同性恋看作一种病态心理。因此，对于已有同性恋倾向的成年人，应尊重个人对自己改变的态度，减轻他们因社会文化引起的内心冲突。但是，如果由于同性恋行为导致心理矛盾、焦虑，有了性心理障碍，严重地影响了正常生活，则需要要接受心理治疗。

另外，同性恋容易感染艾滋病。美国最近的调查结果显示，同性恋占艾滋病患者人数的 29% 多，早在 1981 年美国就首次报告在男性同性恋者中发现一种新的性传播疾病——艾滋病，并且证实 73% 的艾滋病病人是同性恋或两重性恋的男性。我国是个传统观念较强的国家，同性恋的比率相对西方国家来说较低，2004 年调查显示同性恋占人口总数的 4%～6%。另外，据中国疾控中心对全国 59 个城市 1.7 万多名男同性恋的初步筛查结果显示，艾滋病感染率高达 4.9%，其中有 5 个城市感染率已经超过 10%。专家疾呼，男同性恋者已成为继吸毒者、暗娼之后的第三个艾滋病传播重点人群。

四、高校里的大学生同性恋者

据中国人民大学性社会学研究所所长潘绥铭介绍，他于 2001 年对全国大学本科生性观念与性行为状况进行了一次随机抽样调查。调查显示，有 6% 左右的大学生在大学期间首次发生了同性之间的性接触。调查中，有同性恋心理倾向和同性接触的男生和女生一样多。

同性恋是一种复杂的社会现象。许多人并不了解这个隐秘的世界，从而导致了误解乃至憎恶都是很正常的。同性恋心理有其自然性，这一点已被越来越多的心理学家所认同。人们常把同性恋看作精神病、性变态、性倒错。同性恋被认为是一种性别身份的倒错或者颠倒。据研究专家总结，对于想要做男人的女人，或者想要做女人的男人，同性恋关系是一种尽量接近正常异性恋的意识上的努力。所以，我们看待同性恋要用一种理智的眼光，不应该有歧视，也不应该因为好奇而去尝试。

五、同性恋的预防

经调查研究，这个特殊群体的生存处境很艰难，遭受着严重的社会歧视。长期以来，处于社会边缘地带的同性恋者，大多生活在恐惧和愧疚之中。专家曾对生活在大中城市、受过良好教育、相对年轻和"活跃"的男同性恋者进行调查，结果显示，同性恋者的心理健康状况十分令人担忧。

而通过针对大学生群体的调查，我们发现。大学生好像对于同性恋更宽容，大多采取理解、不干涉、不歧视的态度。我想这主要是因为这些大学生有高度的自我认同，他们有一个很宽松的成长环境，有自己的思想和个性，再加上受到了良好的教育，所以他们对自己没有太多约束，思想更开放，包容性更强。

我想，对于同性恋，应该在比较长的一段时间内还是得不到普遍认可的，所以我们应该通过了解同性恋，找到根源，对症下药，做好正确的引导，防范于未然。

幼年或早些时候的性经验或社会经验的影响十分重要，同性恋者的预防应自童年开始。当发现他们有些模糊和不自觉的同性恋倾向时，应加强教育和引导。如有特殊家庭背景者应特别注意。对于已经成年的同性恋者，可以用心理治疗的技术帮助其找出原因，树立正确认识，在异性交往方面给予适当指导，以促进其行为的改变。

19. 学会选择，懂得放弃

从心理学的角度来说，喜欢，只是一种对人或事物产生了好感和兴趣的浅层次心理感受；而爱情，却是两情相悦并且愿意无条件付出自己全部而有着厮守终身情感的深层次心理反应。

月是一名大三学生，有一天她给我发来短信："老师，我同时爱上了两个男孩，放弃他们任何一个我都不忍心，我该怎么办？"我和她约好见面时间，她如约而来。

一见面，月就不好意思地笑了，来我这儿咨询的学生微笑的人确实不多见，她让我感觉到很舒服。

月长着一张娃娃脸，有点像日本乒乓球队员福原爱，个子不高，但是她明亮的大眼睛透出一股机灵劲儿。这样的女孩无疑是招人喜欢的，而她同时"爱上"两个人我也很理解。只是，月清楚爱与喜欢之间泾渭分明的界线吗？

落座后，我建议她谈谈自己对这两个男生的感受。

月喜欢的第一个男孩子是她的老乡，他们相识于系里举办的新生联谊会上。联欢会上，他的一首《发如雪》让她听得如痴如醉，他长得高高大大，看上去干净帅气，虽然不是每个人都说他很帅，但是月喜欢他的长相，喜欢他唱歌时脸上那种专注的神情，从此她留心他的一举一动。

寒暑假回家和返校时，月总是找各种理由和他相伴，而且月发现他很会关心女孩子，帮她拿东西，给她买饮料，送她回家等。但是，他并没有向她表白过，也没有主动约过她，总是对她若即若离，而这正是月苦恼的地方。

月喜欢的第二个男孩子是她的同班同学，第一学期他们曾经是同桌。他和第一个男孩子不同的地方是，他长得很普通，个子不高，眼睛小小，但很吸引人。他请月看电影、去晋祠公园、爬崛围山等；他能够让月时时刻刻感觉到他喜欢她、在乎她。在他面前，她可以撒娇，可以使坏，可以很自然地做任何事。

但是，月常常在心里对他们进行比较。和第一个男孩子在一起时，她希望他像第二个男孩子一样给她那种被呵护、被欣赏的感受；和第二个男孩子在一起时，她希望他能像第一个男孩子给她一种去仰慕、去追求的快乐。所以，她同时喜欢他们两个，她有一种被分裂的疼痛。临近毕业，她特别希望确定自己的感情到底倾向于谁。于是，她来找我咨询。

"我该选择他们中的哪一个？"月的困惑就在这里。

说真的，月给我出了个难题。因为，我赞成男女生互相交往，希望他们在大学里建立良好的同学和朋友关系，但我并不赞成他们谈恋爱。原因有三个：一是他们思想并没有完全成熟；二是他们经济不独立；三是他们毕业后的去向不明朗。最重要的是，作为心理咨询师，我没有权力为她作出任何选择。思考片刻后，我对月说："我只能帮你分析，至于下一步该怎么做，还需由你自己来决定。"

从心理学的角度来说，喜欢，只是一种对人或事物产生了好感和兴趣的浅层次心理感受；而爱情，却是两情相悦并且愿意无条件付出自己全部而有着厮守终身情感的深层次心理反映。

月对第一个男生的感受实际上是喜欢，而且是一厢情愿的喜欢。这是因为他的长相和歌声使月产生了好感和兴趣，进而想多与他在一起、多了解他。月对第二个男生的感受也是喜欢，这是被动的喜欢，因为他欣赏她，能给她带来一种自尊的满足。至于爱情，月对二者都没有达到愿意为他们厮守终身的深层次情感。

月听了后再次笑了："是啊，我也没想过要和他们之中的谁厮守终身，我就是觉得大学中不谈一场恋爱挺失败的。既然有人那么令我着迷，既然有人那么欣赏自己，我为什么不能投入地去爱一次呢？工作还没有着落，用爱情填补心灵的空虚不是也很好吗？"

这就是月的真实想法，我想这也是许多大学生的真实想法。曾经有学者对大学生恋爱的成功率有过调查，发现大学生恋爱成功率不到3％。我也认为，他们只是因为需要爱和被爱，所以才恋爱。

学生时代的爱情比较单纯，圈子也比较狭小；毕业之后，爱与不爱已经不再是两个人的问题了，家庭、社会、物质条件、精神寄托等问题处理好了，感情就能够延续，而且能幸福一辈子，否则就会分离，所以成功率是比较低的。

有一首歌唱得很好，"当你同时爱上两个人/怎么相信你能够都认真/一个人的责任已让你够艰辛/两个灵魂会占去你的多少心？"

月的脸色已慢慢凝重。是的，恋爱不是儿戏，奉献是爱情的基本倾向。当你对异性并没有发自内心的、想帮助所爱的人做期待的所有事情，当你觉得被爱只是一种填补空虚的需要，你就不能说你们之间是真正的爱情。

月慢慢站起来，然后又慢慢地笑了："老师，我知道自己该怎么做了！谢谢您！"

是的，月并没有详细地说出她下一步的具体做法，但是，我相信她会对自己的幸福负责的。

相关知识链接——培养健康的恋爱观

一、什么是爱情

爱情是人与人之间吸引最强烈的形式，是指心理成熟到一定程度的个体对异性个体产生浪漫色彩的高级情感。成熟的爱情有下列特点：

（1）爱情是在男人和女人之间产生的，狭义的爱情专指异性恋，将同性恋排除在外。

（2）爱情是在个体心理发展到相对成熟时产生的，幼儿和少儿没有爱情。

（3）爱情是一种高级情感，不是低级情绪。

（4）爱情有其生理基础，包括性爱因素，不是纯粹的精神之恋。

（5）爱情的基本倾向是奉献。衡量一个人对异性有无爱情、强度如何，通过"是否发自内心帮助所爱的人做所期待的所有事情"这个指标来衡量。

二、爱情发展的阶段

社会交换论者把求爱者视为理性主义者，他们选择能给自己带来更多幸福的人做伴侣；而所有导致爱情的因素均可归结为利益和价值。两者既有物质的、经济的因素，也包括社会的、心理的因素。据此理论，爱情发展大致经历以下四个阶段：

（1）取样与评估。互不相识的双方在某一群体中选择愿意交往的对象，所考虑的主要因素是交往的利益与成本及其相互抵消后的盈余。如果受益及盈余超过自己的期待价值，对方便成为追求的目标。

（2）互惠。在此阶段，双方尽可能交换收益，既为对方提供收益，也从对方获益，同时力求降低成本，如一起聊天、互赠礼品、共同讨论感兴趣的问题等，但避免进入对方私密性领域。在交换中，双方互惠，两个人亲密感增强。

（3）承诺。双方认为从对方得到的收益大于从其他异性那里得到的，因此停止与其他异性的交往，双方关系相对固定，开始实行一对一的频繁交往。

（4）制度化。亲密感的加强，双方都觉得离不开对方，又担心对方离开自己，希望通过契约形式将双方的关系制度化，如订婚、办理结婚手续。契约使双方关系具有排他性，彼此忠实。

三、大学生的恋爱特点

步入大学，许多同学都进入了恋爱阶段。大学恋爱已不再是一种现象，而成为一种潮流，就像许多同学说的那样，在大学恋爱是正常，不恋爱才是不正常，因此，大学生恋爱是一个值得关注的热点话题。大学生恋爱，除具有一般青年恋爱的特性外，还具有以下独有的特点：

（1）注重恋爱过程，轻视恋爱结果。恋爱向来被看作是为了寻觅生活伴侣，是婚姻的前奏。但是，当代大学生注重的是恋爱过程本身，至于恋爱的结果已经不太在意。注重恋爱过程，有利于双方相互了解、加深认识，也有利于培养感情、增加心理相容度，同时也反映出大学生不愿落入世俗，着意追求爱的真谛。但是，只注重恋爱过程，强调爱的"现在进行时"，把恋爱与婚姻相分离，不考虑爱的"将来完成时"，未免失之偏颇。"不求天长地久，只求曾经拥有"正是现代大学生恋爱观的真实写照。

一些大学生把恋爱当作一种感情体验，及时行乐，借以寻求刺激，满足精神享受；一些大学生是为了充实课余生活，解除寂寞，填补空虚，把恋爱当作一种消遣。注重恋爱过程，轻视恋爱结果，实质上是只强调爱的权利，而否认了爱的责任。

（2）主观学业第一，客观爱情至上。绝大多数大学生能够正确看待学业与爱情的关系。他们赞成学习是学生的天职，大学阶段应以学习为主，爱情应当服从学业；或者希望学业和爱情双丰收，既渴求学业有成，又向往爱情幸福。但是，上述这些仅是大学生主观思想上的愿望而已，真正在客观上、行为上能够正确处理好学业与爱情关系的大学生却为数不多，更多的是一旦坠入情网就不能自拔，强烈的感情冲击一切，学习受到严重影响。有的大学生整天如痴如醉、想入非非；有的大学生一心一意谈恋爱，成为恋爱"专业户"，成就事业的热情一天天冷却，爱情逐渐成为生活的唯一追求。可见，摆正学业与爱情的关系，是大学生难以控制而又必须正确处理的问题。

（3）恋爱观念开放，传统道德淡化。中国传统文化及伦理道德观虽对大学生影响较深，但国外近些年的"试婚""一人连续多配偶制"等婚姻观逐渐影响到大学生，在爱的激情下，他们不愿再受传统观念的束缚。

（4）失恋态度宽容，承受能力较弱。大学生中"有情人"虽多，但"终成眷属"者少。感情受挫折后出现一段心理阴暗期是正常的，绝大多数大学生通过"找朋友诉说"或"理性思考"，对自己和对方采取了宽容的态度，尊重对方的选择。但仍有一部分学生摆脱不了"情感危机"，有的失去信心，放弃对爱情的追求；有的一蹶不振，沉沦自弃，认为一切都失去了意义，以至于悲观厌世；有的视对方如仇人，肆意诽谤，甚至做出极端行为伤害对方。因失恋而失志、失德者，虽属少数，但影响很大。

（5）不成熟性与不稳定性。当前大学生的恋爱，呈现低年级化，人数呈上升趋势。一年级就开始谈恋爱的已不是个别现象，有的学生甚至一进校就谈恋爱。这些低年级学生，由于社会阅历浅，思想单纯，对于自己的人生目标和需要还没有一个很清楚的概念，在择偶标准上重外表、轻内在；在恋爱方式上重形式、轻内容；在恋爱行为中重过程、轻结果，重享乐、轻责任。这种恋爱问题上的不成熟性，加之他们在就学期间经济上尚未独立，恋爱过程中感情和思想易变，缺乏妥善处理恋爱中情感纠葛的能力，极易造成恋爱的周期性中断，或对恋爱对象的选择漂泊不定，恋爱的成功率很低。

（6）恋爱动机不端正。有些大学生的恋爱动机不是出于爱情本身，而是为了弥补内心的空虚、孤独或随大流，有从众心理，这类学生在择偶时很少把恋爱行为与婚姻结合起来考虑，缺乏责任感。还有极少数的学生为了显示自己的魅力，同时和几位异性同学交往、周旋，搞多角恋爱，甚至和谁都不确定恋爱关系。

不道德的多角恋爱易引起纷争、不幸和灾难，也极易发生冲突，酿造悲剧，最终可能对所有当事人都产生不良后果。

四、培养健康的恋爱心理与行为

爱情这种特殊的人际关系，是人类独有的强烈而美好的一种感情，是一对男女基于一定的客观物质条件和共同的人生理想，在各自心中形成的真挚爱慕，并渴望对方成为自己终身伴侣的一种最强烈的情感。

作为当代的青年大学生，应该从下面几方面努力，培养健康的恋爱心理与行为。

1. 树立正确的恋爱观

（1）提倡志同道合的爱情。在恋人的选择上最重要的条件应该是志同道合，思想品德、事业理想和生活情趣等大体一致，是理想、道德、义务、事业和性爱的有机结合。一般情况下，异性感情的发展是沿着熟人—朋友—好朋友—知己—恋人这条线发展的，当一个异性成为心中任何人都不能代替的角色时，爱情就可能降临。在分享快乐、分担痛苦、共同成长的过程中，爱情就会产生和发展。

（2）摆正爱情与事业的关系。大学生应该把事业放在首位，摆正爱情与事业的关系，不能把宝贵的时间都用于谈情说爱而放松了学习，因为学业是大学生价值感的主要支柱。当把爱情视为生命的唯一时，爱情就是一株温室中的花朵，娇弱美丽却经不起任何的打击。当爱情成为人生唯一的存在价值时，本人就会失去人格的独立。

（3）懂得爱情是一种相互理解，是相互信任，是一份责任和奉献。理解对方，为个人和对方营造一种轻松和快乐的氛围；相互信任是自信的表现，自己都认为不值得被爱，别人当然不会全心全意爱你；责任和奉献则意味着个人道德的修养，它是获得崇高爱情的基础。

2. 发展健康的恋爱行为

（1）恋爱言谈要文雅，讲究语言美。交谈中要诚恳、坦率、自然，不要装腔作势，矫揉造作；不能出言不逊，污言秽语，举止粗鲁；相互了解，不要无休止地盘问对方，使对方自尊心受损，只会使之厌恶，伤害感情。

（2）恋爱行为要大方。一般来说，男女双方初次恋爱，在开始时常感到羞涩与紧张，随着交往的增加会逐渐自然与大方。这个时期要注意行为举止的检点，不要因感情冲动，不要使对方反感，影响感情的正常发展。

（3）亲昵动作要高雅，避免粗俗化。高雅的亲昵动作能带来爱情的愉悦感和积极的心理效应，而粗俗的亲昵动作往往引起情感分离的消极心理效果，也有损自身的形象。

（4）恋爱过程中要平等相待，相敬如宾。不要拿自身的优点去比较对方的不足，以此炫耀、抬高自己，戏弄贬低对方。也不宜想方设法考验对方或摆架子，这些都可能挫伤对方的自尊心，影响双方的感情。

（5）善于控制感情，理智行事。恋爱中引起的性冲动，一方面要注意克制和调节；另一方面要注意转移和升华，多参加各种文娱活动，与恋人多谈谈学习和工作，把恋爱行为限制在社会规范内，要使爱情沿着健康的道路发展。

3. 培养爱的能力与责任

（1）迎接爱的能力，包括施爱的能力和接受爱的能力。一个人心中有了爱，在理智分析之后，要敢于表达、善于表达，这是一种爱的能力。一个人面对别人的施爱，能及时准确地对爱作出判断，并作出接受、谢绝或再观察的选择，这也是一种爱的能力。缺乏这种能力的人，或是匆忙行事，或是无从把握。大学生要具有迎接爱的能力，就应懂得爱是什么，有健康的恋爱价值观，知道自己喜欢什么，需要什么，适合什么。对自己、对他人、对万事保持敏感和热情，主动关心他人，热爱他人。当别人向你表达爱时，能及时准确地对爱的信息作出判断，坦然地作出选择。能承受求爱遭到拒绝或拒绝他人求爱所引起的心理扰乱。

（2）拒绝爱的能力。自己不愿或不值得接受的爱应有勇气加以拒绝。拒绝爱要注意两个方面：一是在并不希望得到的爱情到来时，要果断、勇敢地说"不"，因为爱情来不得半点勉强和将就。如果优柔寡断或屈服于对方的穷追不舍，发展下去对双方都是不利的。二是要掌握恰当的拒绝方式，虽然每个人都有拒绝爱的权力，但是珍重每一份真挚的感情是对他人的尊重，也是一种自重，同时是对一个人道德情操的检验。不顾情面，处理方法简单轻率，甚至恶语相加，结果使对方的感情和自尊心受到伤害，这些做法是不妥当的。

（3）发展爱的能力，培养爱的责任。前苏联著名教育家马卡连柯说："爱的力量只能在人类非性欲的爱情素养中存在。他的非性欲的爱情范围愈广，他的性爱也就愈为高尚。"发展爱的能力，并不是非要具体到对某一异性的爱，可以是更广泛意义上的爱。发展爱的能力，就是要培养无私的品格和奉献精神，要培养善于处理矛盾的能力，有效地化解恋爱和家庭生活中的矛盾纠纷，为恋人负责，为社会负责，才能创造出幸福美满的婚恋。

4. 提高恋爱挫折承受能力

大学生的恋爱受多种因素的制约，因而在追求爱情的过程中遇到各种波折是在所难免的。如果承受能力较强，就能较好地应付挫折，否则就有可能造成不良后果。因此，提高恋爱挫折承受能力对大学生的心理健康是非常重要的。当爱情受挫后，用理智来驾驭感情，分析原因，总结经验教训，寻找解决问题的方法和途径，在新的追求中确认和实现自己的价值，从而提高自己的心理承受能力和思想水平。

20. 白天不懂夜的黑

　　心理学释梦大师们认为，一个人总是做梦被人或动物追赶，在这种时候，追赶你的人或动物就是你自己的一部分，是你的良心或你的价值观，或是你自己的回忆、忧虑和痛苦。追赶者就在你自己的头脑中，你当然不可能藏得让它找不到你，因为你不可能欺骗自己。

　　莹是个长相端正、性格文静的姑娘，我曾经是她的班主任。毕业前夕，莹走进我的咨询室。她看上去很疲惫也很憔悴，似乎有心事，我问她怎么啦？

　　莹很苦恼："烦死了！老做梦，而且是老做同一个梦。"

　　"一个怎样的梦呢？"

　　"就是有人追杀我，我使劲地跑啊跑啊，就是跑不动，然后，急着急着就哭醒了。您说，这是怎么回事？"

　　"老师也有过类似的梦境。我曾经参加过三次高考，第三次才考上大学。十几年过去了，现在只要我一紧张，我还经常会梦到参加高考，上面的题一个也不会。"我笑着回答她，并且解释：人紧张、焦虑时做梦多一些或者梦境恐怖一些都有可能，因为构成梦境的一切内容都是做梦者经历过的事情，梦是对客观现实的反映。

　　"哦。"莹却还是没有笑容，继而说道："老师，我就是担心。我总是害怕这梦会成为现实，这种害怕已经严重影响到我的睡眠。最近一个月的时间我已经梦见过四五次被追杀了。"

　　看着莹痛苦的表情，我终于明白：一定有些什么重要事件在她身上发生过，但是她非常抗拒这个事件的发生。心理学释梦大师们认为，一个人总是做梦被人或动物追赶，在这种时候，追赶你的人或动物就是你自己的一部分，是你的良心或你的价值观，或是你自己的回忆、忧虑、痛苦。追赶者就在你自己的头脑中，你当然不可能藏得让他找不到你，因为你不可能欺自己。

　　"是担心毕业后就业问题吗？"想到她即将毕业，许多毕业生毕业前夕都有过高的焦虑症，我试着问道。

　　莹摇了摇头："我爸爸在银行上班，他有关系已经给我联系好去一家信用社工作了，合同都签了。"

　　"那近几个月有没有令你特别苦恼的事？"我尽可能地引导她找出这个在梦中困扰她的"追赶物"。

　　通过梦的解析，我们可以知道内心中什么在"追赶"自己，然后再具体分析我们该如何做。是服从追赶者，还是战胜它或是说服它？因为这个"追赶物"可能就是我们潜意识中的本能，而本能是不考虑社会规范、伦理道德的一股冲动，常表现为性冲动和攻击冲动，它不可避免地与人的自我相冲突。

莹低下头陷入了沉思。我也在琢磨莹的心理问题究竟是什么。心理咨询很重要的一点是启发求助者寻找自我，莹真正想要解决她的心理问题就必然要面对最真实的自己。

终于，莹从沉思中抬起头，眼睛有些湿润："老师，我想我是失恋了，我很痛苦！"

"你爱他，他不爱你？"我想搞清楚他们的分手原因。

"不是！实际上我很爱他，他对我也非常好。但是，就在上个月，他获悉我父亲给我找好工作单位后，他忽然像变了一个人。"莹咬了一下嘴唇，有些犹豫。

我朝莹点点头，示意她说下去。

"有一天晚自习后，他非要我跟他出去。我们去了一家旅馆，我忽然有些兴奋，但也非常害怕。兴奋是因为以前除了在电影院，我们从来没有单独在一起待过；害怕的是万一他要对我不规矩……"我示意她继续说下去，莹又迟疑了一会儿，说："我们一起坐在床边看电视，边看边聊天，不知不觉我们就拥抱在一起，他的手就伸向我的衣服……这时候，我就开始害怕了，想到爸妈的嘱咐，想到那么多没有结局的爱情故事，我猛地推开他……"

此刻，我完全能够体会莹内心的感受：父母对她要求非常严格，一直以来强烈反对她在大学谈恋爱，更不允许她在大学做出轨的事；而他的男朋友为了拴住她竟然在离校之前强求与她发生性关系。对父母的爱和对男朋友的爱不能两全，这就是她内心最大的痛苦和不安。

那个反反复复出现在她梦中的"追赶物"就是她内心的冲突使然。听到我的解释，莹激动的情绪慢慢有些释怀，但还是不明白下一步自己该怎么办。

我认为大学生同居和提前有"性生活"是一种不负责任的、太关注"自我"，却对真正的"爱情"含义一无所知的盲从行为。我多次向我的学生们谈到大学生"性"的话题，他们应该坦然面对"性"冲动，但不是以身试"性"。作为咨询师，我只能帮莹分析她的心理，提些建设性意见，至于莹到底该怎样解决她的失恋问题，还得她自己拿主意。

又过了三天，莹给我发来短信："老师，谢谢您！经过您的咨询，我和我男朋友进行了一次长谈，我们都很冷静。他向我道歉了，但是由于分隔两地和性格的一些原因，我们还是友好分手了。我也没有再做被追杀的噩梦，谢谢您！"

看完短信，我心里溢满了阳光。

相关知识链接——精神分析理论

一、精神分析理论

精神分析理论属于心理动力学理论，由奥地利精神科医生弗洛伊德于 19 世纪末 20 世纪初创立。精神分析理论是现代心理学的奠基石，它的影响远不局限于临床心理学领域，对于整个心理科学乃至西方人文科学的各个领域均有深远的影响，它的影响可与达尔文的进化论相提并论。

1. 分区观点

分区理论阐述人的精神活动，包括欲望、冲动、思维、幻想、判断、决定、情感等会在不同的意识层次里发生和进行。不同意识层次包括意识、潜意识和无意识三个层次，好像深浅不同的地壳层次而存在，故称之为精神层次，又叫分区观点。意识包括个人在任何时刻觉察到的感觉和体验；无意识是人的心理活动的深层结构，包括个体没有觉察到的需要和动机，虽然它在意识之外，但仍然存在于个人的思想和行动中。潜意识是介于意识与无意识之间的一部分，可以说是二者之间的桥梁，潜意识的作用常常是不允许无意识的本能冲动到达意识中去。把无意识中的东西转入到意识中去是一个主要的治疗任务，通过对梦的解析能够做到这一点。释梦时，梦中的形象就可能代表各种无意识的需要、愿望或冲突。

2. 结构观点

结构观点，也就是弗洛伊德的人格理论。弗洛伊德把人格分为本我、自我和超我。本我就是生物本能愿望，遵循快乐原则而满足基本的生物需要，如果本我受到压抑，就会出现焦虑。自我追随现实原则，它通过现实环境、后天学习获得发展。自我是本我与外界的调节员，决定对本我的各种要求是否允许其满足。而超我代表社会的标准，代表良心和道德的力量。超我抑制本我和自我，一旦超我形成，自我就要同时协调本我和超我以及现实三方面的要求。一个人要保持心理正常，这三者就必须协调好。如果这三者协调不好，本我太强或者超我太强，都容易引发心理疾病，导致心理失常。

3. 动力观点

动力观点强调心理活动驱力是一种心理能量，它出自先天的本能，包括同"自我"保护有关的、有饥渴以及其他与生存有关的生理需要和性爱的驱力，与性欲望和种系的繁衍有关。这个观点把性的能量源泉看成是驱使人寻求各种感官快乐的心理能量。把个体保存、种系的延续两类驱力都叫"生本能"，把攻击、侵略等行为称之为"死本能"。这就是所谓的心理动力。

4. 发展观点

发展观点就是弗洛伊德的心理性欲发展学说。他将人的性心理发展划分为五个阶段：

（1）口欲期：刚生下来的婴儿就懂得吸乳，乳头摩擦口唇黏膜引起快感，叫做口欲期性欲。

（2）肛门期：1岁半以后学会自己大小便，粪块摩擦直肠肛门黏膜产生快感，叫做肛门期性欲。

（3）性蕾欲期：儿童到3岁以后懂得了两性的区别，开始对异性父母眷恋，对同性父母嫉恨，这一阶段叫性蕾欲期，其间充满复杂的矛盾和冲突，儿童会体验到恋父情结和恋母情结，这种感情更具性的意义，不过还只是心理上的性爱而非生理上的性爱。

（4）潜伏期：儿童兴趣转向外部，进入初等教育的时期。

（5）生殖期：只有经过潜伏期到达青春期性腺成熟才有成年的性欲。成年人成熟的性欲以生殖器性交为最高满足形式，以生育繁衍后代为目的，这就进入了生殖期。

弗洛伊德认为，成人的基本组成部分在前三个发展阶段已基本形成，所以儿童的早年环境、早期经历对其成年后的人格形成起着重要的作用，许多成人的变态心理、心理冲突都可追溯到早年创伤性经历和压抑的情结。

5. 释梦理论

弗洛伊德是一个心理决定论者，他认为人类的心理活动有着严格的因果关系，没有一件事是偶然的，梦也不例外，绝不是偶然形成的联想，而是欲望的满足。在睡眠时，"超我"的检查松懈，潜意识中的欲望绕过抵抗，并以伪装的方式，乘机闯入意识而形成梦，可见梦是那些清醒时被压抑到潜意识中的欲望的一种委婉表达。梦是通向潜意识的一条秘密通道，通过对梦的分析可以窥见人的内部心理，探究其潜意识中的欲望和冲突。

二、精神分析理论的防御机制

所谓防御机制是指自我的一种防卫功能，很多时候，超我与本我之间、本我与现实之间，经常会有矛盾和冲突，此时的人就会感到痛苦和焦虑，这时自我可以在不知不觉之中，以某种方式调整双方的关系，使超我的监察可以接受，同时本我的欲望又可以得到某种形式的满足，从而缓和焦虑，消除痛苦。人类在正常和病态情况下都在不自觉地运用防御机制，运用得当，可减轻痛苦，帮助渡过心理难关，防止精神崩溃；运用过度就会表现出焦虑、抑郁等病态心理症状。自我防御机制主要有下列几种：

（1）否认：指有意或无意地拒绝承认那些不愉快的现实以保护自我的心理防御机制。

（2）投射：指个体将自己不能容忍的冲动、欲望转移到他人的身上，以免除自责的痛苦，如一个人性张力过大，做梦时会梦见另一个人与异性在发生性行为，这是自我为了逃避超我的责难，又要满足自我的需要，将自己的欲望投射到别人的身上，从而得到一种解脱的心理机制。

（3）退行：当人受到挫折无法应付时，即放弃已经学会的成熟态度和行为模式，使用以往较幼稚的方式来满足自己的欲望，这叫退行。如某些性变态病人就是如此，成年人遇到性的挫折无法满足时就用幼年性欲的方式来表达非常态的满足，例如在异性面前暴露自己的生殖器等。

（4）隔离：将一些不快的事实或情感分隔于意识之外，以免引起精神上的不愉快，这种机制叫隔离。如女性来月经，很多人都说成"来例假"，人死了叫"仙逝"或"归天"，这样说起来可以避免尴尬或悲哀。

（5）抵消：以象征性的行为来抵消已往发生的痛苦事件，如强迫症病人固定的仪式动作常是用来抵消无意识中的乱伦感情和其他痛苦体验。

（6）转化：指精神上的痛苦、焦虑转化为躯体症状表现出来，从而避开了心理焦虑和痛苦，一些歇斯底里病人的内心焦虑或心理冲突往往以躯体化的症状表现出来，如瘫痪。

（7）补偿：是指个体利用某种方法来弥补其生理或心理上的缺陷，从而掩盖自己的自卑感和不安全感，所谓"失之东隅，收之桑榆"就是这种作用。

（8）合理化：是个体遭受挫折时用利于自己的理由来为自己辩解，将面临的窘境加以文饰，以隐瞒自己的真实动机，从而为自己进行解脱的一种心理防御机制，如狐狸吃不到葡萄就说葡萄是酸的。

（9）升华：指被压抑的不符合社会规范的原始冲动或欲望用符合社会要求的建设性方式表达出来的一种心理防御机制，如用跳舞、绘画、文学等形式来替代性本能冲动的发泄。

（10）幽默：是指以幽默的语言或行为来应付紧张的情境或表达潜意识的欲望。通过幽默来表达攻击性或性欲望，可以不必担心自我或超我的抵制。在人类的幽默中关于性爱、死亡、淘汰、攻击等话题是最受人欢迎的，它们包含着大量的受压抑的思想。

三、精神分析理论的咨询技术

精神分析的几种理论是针对改变一个人的人格或个性的构造而设计的，在这一过程中，病人要努力解决他们自身内部无意识的冲突，并发展更多令人满意的方式来解决他们的问题。精神分析学派旨在协助求助者能够去发现当前行为的潜意识，并且认为其行为是受了过去的因素（潜意识）所支配，这就帮助他们了解过去，以便了解现在，从而解决问题。

1. 自由联想

让人们在一个舒适的环境自由联想，可以借助投射测验，把内心的念头和潜意识中的东西通过投射来了解当事人现在行为的现象，也就是使无意识的心理过程转变为意识的心理过程，了解症状的真实意义，使症状消失，也可以说是"意识化"治疗。

当要求病人作自由联想时，他们意识、无意识里产生的一切有关事情都被咨询师所斟酌。自由联想的内容可能是身体的感觉、情绪、幻想、记忆、近来的大事件等。让病人睡在躺椅上使自由联想更多更流畅，应用自由联想推测出无意识的东西可影响行为，并通过自由表达把潜意识的东西引入到有意义的意识状态中。在可能的时候，咨询师对此作出解析，如果合适，与病人共同参与联想。

2. 投射测验

投射测验是指向求助者提供一些未经组织刺激的情境，让他在不受限制的情境下，自由地表现出他的反应，分析反应的结果，便可推断出他的人格结构。投射法作为一种测验，主要探讨个体隐蔽的行为或潜意识的、深层的态度、冲动与动机。投射技术包括联想法（根据单词、墨迹说出自己的联想）、构造法（根据图画编故事）、表露法（通过绘画、游戏或表演）、完成法（自由补充不完整句子）。

3. 移情

移情是指求助者把对父母或过去生活中重要人物的情感、态度和属性转移到了咨询师身上，并相应地对咨询师作出反应的过程。移情在精神分析理论中是十分重要的，它再现了病人以前生活尤其是儿童时期生活的某种情感，这种情感长期被压抑着无处释放，甚至成了心理问题的一个"情结"。在精神分析中，咨询是以移情的方法体会病人的经历和情感。理解病人的情感，并鼓励他们自由联想而不是直接对病人的情感作出反应。有经验的咨询师善于利用移情现象，采取反移情技巧，就是把自己扮成移情的对象，鼓励求助者发泄自己压抑的情绪，充分表达自己的思想感情和内心活动，咨询师从中进行深入的分析，探求求助者深层的心理。求助者在充分发泄后，心理上会感到放松，再经过咨询师的分析得以领悟后，心理症状会逐渐化解。

4. 阻抗

弗洛伊德将阻抗定义为患者在自由联想中对于使人产生焦虑的记忆与认识的压抑。因此，阻抗的意义在于增强个体的自我防御。弗洛伊德对阻抗的定义强调了潜意识对于个体自由联想活动的能动作用。后来，罗杰斯将阻抗看作个体对于自我暴露及其情绪体验的抵抗，其目的在于不使个体的自我认识与自尊受到威胁。

这些理论表明，人们只有加以积极地认识与控制阻抗，才能达到预期的心理咨询效果。反之，如果对于阻抗不加理会，或处理不当，则心理咨询的进展与效果将会受到阻挠。

21. 走出自卑，寻找自信

菲能做这样的思考，说明她还是有一种积极向上、努力求善的欲望。只是她的认知还有问题，她以为自己永远没法与别人相比，没有能力在各方面令自己满意，无论怎样努力也难以获得成功。所以，重新寻找自信和自尊对她来讲是目前咨询首要解决的问题。

我曾经给选修"心理健康教育与咨询"课程的学生做过一个心灵游戏，游戏的名字叫"我是谁？"。

下课后没几分钟，我坐在办公室写课后笔记，忽然听见一个怯怯的声音："老师，我能进来吗？"

抬起头，我看见一张流露出万般无奈表情的脸和拥有一双非常感伤的小眼睛的女孩。

这就是菲。她的衣服色调暗淡，款式陈旧也很随意，她的目光接触到我的时候立马就躲开了。她说话的声音给我一种感觉，这是个非常内向的女孩。

站起来，我笑着欢迎她坐下。她看了看我很快低下了头并且把椅子又往后挪了挪。为了消除她的紧张和阻抗心理，我笑着问她："是不是有什么不开心的事？"

她继续低着头，咬着嘴唇脸憋得通红，没有回答我的问题。

我耐心地等着她，并且承诺不管她有什么问题，我一定替她保密并且会努力帮助她。

好半晌，她才抬起头说道："老师，刚才您让我们做的那个游戏——'我是谁'，我觉得有句话说得真好，'一个最幸福的人就是知道他是什么样的人，想做什么样的事。'可是，老师，我真的不知道我是谁，我是什么样的人，我该做什么？"

说到这些时，菲的眼睛潮湿了。

我说："这很正常，每一个年轻人都有这样那样的困惑。老师像你这么大的时候，也常常觉得不知道自己是谁，不知道自己该干什么呢！"

"真的吗？老师，您也这样过？"菲睁大了眼睛，把椅子往我跟前挪近了几步。

我点头表示肯定。听了我关于自己青春期迷茫的诉说，菲慢慢打开了话匣子。

菲来自农村，家庭贫困，自幼身体多病，凭着自己的刻苦努力，菲在一个从事金融工作的亲戚建议下上了我们金融学院。本来，她应该充满希望地开始新的学习和生活，可是，入学一段时间后，她开始悲观失望起来。

原来，与周围众多来自城市的同学相比，在许多方面她感到与同学们相差悬殊。比如，城市的同学善于交际，对不同的人说不同的话，而她的交际方式单一简单，与别人很少交往，感到孤独；城市的学生多才多艺，能说会唱，跳舞、打球、电脑等方面都比她强好多，尤其经济上的差距更大。

刚才做心灵游戏时，菲觉得真实的她、理想的她与别人眼中的她太不相同，而且几乎是没法改变的。

面对这样的三个自己，她有一种被分裂的疼痛。她不知道将如何努力改变自己，也不知道改变的代价能否承担得起，更不知道对那些不可改变的，今后能否真正坦然笑纳。

　　这些正是我下节课要讲到的内容，菲能做这样的思考，这说明她还是有一种积极向上，努力求善的欲望。只是她的认知有问题，她认为自己永远没法与别人相比，没有能力在各方面令自己满意，无论怎样努力也难以获得成功。所以，重新寻找自信和自尊对她来讲是目前咨询首要解决的问题。

　　接下来，我为她读了一封信。

　　这是十六岁的琼瑶写给妈妈的绝笔："亲爱的母亲，我抱歉来到了这个世界，不能带给你骄傲，只能带给你烦恼。但是，我却无力改善我自己，我真不知道怎么办才好！但是，母亲，我从混沌无知中来，在我未曾要求生命之前，我就这样糊里糊涂地存在了，今天这个'不够好'的'我'，是由先天、后天的许多因素，加上童年的点点滴滴堆积而成。我无法将这个'我'拆散，重新拼凑，变成一个完美的'我'。因而，我充满挫败感，充满对你的歉意，所以，让这个'不够好'的我，从此消失吧！"

　　这个悲凉的例子也许能说明，如果没有办法把"真实的我""理想的我"和"别人眼中的我"高度统一起来，悲剧的幕布就从此拉开了。反过来，如果能及时正确处理好青春期的这些矛盾，日后成功的把握会增加。

　　面对我进一步的解释，菲明白了，成长就会有痛苦，痛苦是一种感觉，是可以被分析的，被分析后不再把它当作痛苦，就不会那么痛，要对症下药，面对痛苦寻找出路。

相关知识链接——认知领悟疗法

一、什么是认知领悟疗法

　　认知领悟疗法是通过解释使求助者改变认识、得到领悟而使症状得以减轻或消失，从而达到治病目的的一种心理治疗方法。它由中国内地心理治疗专家钟友彬先生首创，是依据心理动力学疗法的原理与中国实情及人们的生活习惯相结合而设计的。心理动力学疗法源于心理分析，故认知领悟疗法又称中国式心理分析，或称钟氏领悟治疗法。

　　认知领悟疗法就是要找出一个人不现实的、不合理的或非理性的、不合逻辑的思维特点，并帮助他建立较为现实的认知问题的思维方法，来消除各种不良的心理障碍。在生活中，有时我们的主观愿望和现实往往不能相符，问题是要善于不断调整自己的愿望，要从实际出发，如果明白这一点，就可以减少不必要的困扰。例如，患了某种疾病后，要学会在感情上容忍和承认自己的不足，参加力所能及的各项活动，并感受其中乐趣，同时不断调整自己的心态，正确对待生死观，成为生活的强者。

　　另外，当遇到一些与自己有较大关系的问题时，可能会产生焦虑、紧张、困惑，这时必须要识别不正确的自动化思维，要了解其认知的错误之处，然后进行检验，这是纠正不良信念的关键所在。要锻炼自己的意志力，要难行能行，难忍能忍；要学会忍，忍是意志力的表现。心理创伤会诱发躯体上、心理上的疾病，关键是要正确对待，及时排遣，所以，正确地认知事物是防止产生心理上、身体上病态的一个重要方面。

二、认知领悟疗法的治疗原理

认知领悟疗法的治疗原理，是把无意识的心理活动变成有意识的，使求治者真正认识到症状的意义，以得到领悟，症状即可消失。这也是心理分析和心理动力学疗法的治疗原理。钟友彬先生认为，中国人至少有以下两方面的生活习惯与传统认识、心理动力学的原理相近：

（1）幼年经历或遭遇对人的个性及日后心理健康有重大影响，即幼年和成年心理特征的连续关系。

（2）可以从成年人的观念、作风和行为中看出他幼年时期受到的影响。例如，一个人一向不知节俭，随意抛弃食物而不觉心疼，就可推想他幼年时期多半没有经历过"锄禾日当午，汗滴禾下土"的艰苦劳动，没有受过苦、挨过饿。成年人的其他观念作风也莫不如此，都可从他的日常行为中，看到幼年时期留下的痕迹，尽管自己不一定能意识到。

综合上述情况，钟先生提出了认知领悟疗法的心理病理学说，即"'病症的根源'在于儿童时代受过的精神创伤，这些创伤引起的恐惧在脑内留下的痕迹，在成年期遇到挫折后就会再现出来影响人的心理，以致必须用儿童的态度，去对待本来不值得恐惧的事物。"由于症状都是幼年时经历的恐惧在成人身上的再现，因此症状的表现必须带有幼稚性，具有不成熟的儿童式的心理表现。

三、认知领悟疗法的治疗方案

认知领悟疗法从始至终强调求治者的主动性，强调"师傅领进门，修行在个人"。每次治疗后，都要求求治者写出自己的体会。还有一种作业是要求求治者暗中调查一下其他成年人对自己恐惧的事物、认为有意义事物的看法，以消除他们某些不正确的观念。认知领悟疗法还强调"要下决心不作儿童心理的奴隶。"这是要求求治者自己有一个消化、吸收的过程，使治疗师的信念变为求治者的信念，这样才能放弃其病态行为，达到治疗目的。

钟先生认为，治疗的目的是要消除求治者的症状，而症状的消除就需要求治者对施治者解释的领悟。求治者的领悟是在施治者引导下达到的，因此疗效的取得不在于揭示了幼年的创伤，而在于求治者对施治者解释的信任，这就是领悟的本质。领悟的内容是施治者灌输给求治者的，当求治者自感以前的想法及行为可笑时，自己也就抛弃了原有的态度、行为，使症状得以消除。因此，治疗的过程不仅是一个施治者与求治者交互作用的过程，也是极需求治者主观努力的过程。

认知领悟疗法的治疗方式主要有以下几种：

（1）治疗方法。采取直接会面交谈的方式。在病人的同意下，可让有关的家属（1人）参加，每次会见的时间为60～90分钟。疗程和间隔时间可固定也可不固定，具体由病人自己定或病人与医生协商决定。间隔时间从几天到几个月不等。每次会见后都要求病人写出对医生解释的意见以及对自己病情的体会，并提出问题。

（2）谈话内容。让病人及家属全面叙述症状产生和发展的历史及其具体表现。尽可能在1小时内说完，同时进行精神检查和必要的躯体检查，以确定诊断。如为适应症，则进行初步的解释，讲明所患疾病是可治的，但病人不是被动地接受治疗，要与心理医生合作。对心理医生的提示、解释，患者要认真考虑，采取主动态度。疗效的好坏，与病人的自我努力有很大的关系。心理医生只起向导的作用，具体的路要靠病人自己去走。

（3）注意了解病人的经历。在掌握了病人病情后的会见中，心理医生要主动询问病人的生活史和容易回忆起的有关经验。对于病人谈到的梦，不要作过多的分析，偶尔可谈及。

（4）和病人一起分析症状的性质。心理医生要注意掌握时机，分析症状的幼稚性和症状不符合成年人逻辑规律的感情或行为，使病人认识到其有些想法近似于儿童的幻想，在健康成年人看来是完全没有意义的，不值得恐惧甚至是可笑的。

（5）深挖病的根源。当病人对上述的解释和分析有了初步认识和体会以后，心理医生向病人进一步解释病的根源在过去，甚至在幼年期。对于强迫症和恐惧症病人，要指出其根源在于幼年期的精神创伤。这些创伤引起的恐惧情绪在脑内留下痕迹，在成年期遇到挫折时会再现出来影响人的心理，以致用儿童的态度对待成年人看来不值得恐怖的事物。对于性变态的病人，要结合回忆儿童时期的性游戏行为，讲明他的表现是用幼年方式来对待成年人的性欲或心理困难，是幼稚和愚蠢可笑的。

（6）正确回答病人的疑问。在治疗过程中，病人可能会提出许多不理解的问题，心理医生可在与病人会见中共同讨论和解答，直到他完全理解，有了新认识为止。这种认识上的提高，应是心理和感情上的转变，而不仅是知识上的丰富。

22. 学生会干部，你图什么

这一次，我没有正面回答他，而是想挖掘他加入学生会背后的真正动机。心理学上讲，动机是推动人从事某种行为的念头，人的行动是受一定思想支配的，要求入学生会，浩总有一定的原因和预期的目的。

2017年11月初的一天，浩一脸沮丧地走进我办公室："老师，我觉得世道真不公平！"说完一屁股坐在我对面椅子上。

"为什么这么说？有什么不顺心的事发生吗？"我对他的问题表示出极大的关注。

浩声情激昂地诉说起来："我在系学生会工作已经一年了，功劳不说，苦劳总有吧？系里有什么活动我都积极参与并且出谋划策，组织同学们配合系领导方方面面的工作。比如，迎接新生、教师节联欢会节目排练、运动会方队的训练、元旦活动、文化艺术节等，我都带头冲到最前方。可是，总是不落好。相反，其他系学生会干部做事不积极不主动，就是在系领导面前混得好，所以优秀、入党等有利可图的事从来是那些在领导面前溜须拍马的人而没有我的份，尤其最近学生入党，各系报送候选人，仍然没有我。老师，您说，这公平吗？"浩满脸委屈地问我。

"的确不公平！"我采用了共情的技术。

"那我干这还有什么意义？"浩更不满了。

"你当初进学生会的时候怎么想？"这一次，我没有正面回答他，而是想挖掘他入学生会背后的真正动机。心理学上讲，动机是推动人从事某种行为的念头，人的行动是受一定思想支配的，要求入学生会，浩总有一定的原因和预期的目的。

他想了想，说道："当初入学生会倒也没想什么，就是想锻炼锻炼自己。"

"那你觉得你锻炼了吗？在哪些方面你得到了提高？哪些方面你还有不足？"我尽量帮助他理清头绪。

浩开始沉思起来，这时有同事来找我，浩似乎感到有些不方便，所以打算走。我忙把同事先支出去，接着我给浩布置了他回去后的心理作业，就是写一写他这一年当学生会干部的心得，最主要找出自己的提高和不足，以及写出自己入党的动机。

第二天，浩拿着他写好的心得来找我，脸上的沮丧淡了很多。

在浩的心得中，有这样一段话：一年前，我多么想入学生会。入了学生会，我就能够在管理、交际、组织等各方面得到提高和锻炼。一年后，我自觉进步不少，但是在工作中，我可能过于强调我个人的力量，而忽略了与组织上和其他合作伙伴的关系。党是个强有力的、团结的、思想先进的组织，而我入党的动机是希望入了党，容易受重用，提拔快，或者大学毕业后可以找个好工作。我这是把入党当作了一种政治资本，把入党当作政治上的靠山。这种动机是极其错误的，错误的动机必定导致错误的行动。其他同学能够很好地处理个人、集体与领导的关系，这是一门学问，我在交际这方面还需要学习。而最主要的是我在锻炼的同时及时发现了自己的不足，我愿努力改之！

看得出，经过认真思考，浩找出了自己问题所在。我及时鼓励他：“对党的深厚感情和对入党的执著追求，体现了你不断完善自我、积极开拓未来的美好愿望。由于这一愿望暂时实现不了而带来的失落感，对你来讲是一个困扰，更是一个考验和锻炼的机会。只有树立了正确的入党动机，才能在工作、学习、挫折面前不动摇，朝既定目标前进。”

接下来，我们协商了他以后努力的方向，分析了他在大学能不能入党的一些主客观因素，并且建议他不妨再学习一下党章，认真体会党的宗旨、目标以及党员标准的含义。

希望浩为了美好愿望的实现，去搏击生命的浪花，去体验奋斗的无限风光！相信浩以后在争取入党的征途上会坚定信念和信心，在生活上更会严格要求自己，努力完善自己！

相关知识链接——动机理论

一、什么是动机

动机是能引起、维持一个人活动，并将该活动导向某一目标，以满足个体某种需要的念头、愿望、理想等。简单而言，动机是为实现一定目的而行动的原因。动机是个体的内在过程，行为是这种内在过程的表现。引起动机的内在条件是需要，引起动机的外在条件是诱因。需要是个体和社会的客观要求在人脑中的反映，是对有机体内部不平衡状态的反应；驱使有机体产生一定行为的外部因素称为诱因。凡是个体趋向诱因而得到满足时，这种诱因称为正诱因；凡是个体因逃离或躲避诱因而得到满足时，这种诱因称为负诱因。

二、动机的功能

动机的功能是指人类动机对活动具有引发、指引和激励的功能。

（1）引发功能：是指动机能激发个体产生某种活动。人类各种各样的活动总是由一定的动机所引起的，没有动机就没有活动。动机是活动的原动力，它对活动起着引发、始动作用。

（2）指引功能：是指动机使个体的活动针对一定的目标或对象。动机像指南针一样指引着活动的方向，它使活动具有一定的方向，朝着预定目标前进。

（3）激励功能：是指活动产生后，动机维持着这种活动指向一定的目标，并调节活动的强度和持续时间。动机对活动具有维持和加强的作用，强化活动以达到目的。

三、动机的分类

人的动机是多种多样的，可以根据不同的标准对它们进行分类。

（1）根据动机的起源可以把动机分为生理性动机和社会性动机。

生理性动机源于生理需要，如饥、渴、性、睡眠、母性等动机。社会性动机又称心理性动机，它源于社会性需要。社会性动机是和人的社会性需要相联系的，它包括两个层次：

① 比较原始的三种驱动力，即好奇心、探索与操作。

② 人类特有的成就动机、学习动机、权利动机和社会交往动机。

（2）根据学习在动机形成和发展中的作用，可以把动机分为原始动机和习得动机。

生而具有，以人的本能为基础的动机称为原始动机，一般生理性的动机都是原始动机。通过学习产生和发展起来的动机，即后天获得的动机属于习得动机。

（3）根据动机的意识水平可分为有意识动机和无意识动机。

能意识到自己行为活动的动机，即能意识到自己活动目的的动机叫有意识动机。没有意识到或没有清楚地意识到的动机叫无意识动机。无意识动机在自我意识没有发展起来的婴幼儿身上存在着，在成人身上也存在着。

（4）根据动机的来源分外在动机和内在动机。

人在外部环境影响下所产生的动机叫外在动机，由个体内在需要引起的动机叫内在动机。

（5）根据动机的性质和社会价值，可以分为高尚动机和低级动机。

高尚动机是符合社会发展规律和人民利益的，它能持久地调动人的积极性，促使人为社会发展做出贡献。例如，助人为乐、克己奉公、为政清廉等都是由高尚动机所驱动的。低级动机是违背社会发展规律与人民利益的，它不利于社会向前发展。例如，假公济私、损人利己、贪污受贿等都是由低级动机所驱使的。

（6）根据动机持续作用的时间，可以分为长远的间接动机和短暂的直接动机。

长远的间接动机持续作用的时间长、比较稳定、影响的范围大。这种动机一般来自对活动意义的深刻认识。例如，一位师范生想成为一名优秀教师，这个动机促使他努力学习、刻苦锻炼。这就是长远的间接动机。短暂的直接动机只对个别具体行动起作用，并且作用的时间短，不稳定，往往受到个人情绪的影响。例如，仅是为了某次考试得高分而努力学习，就是一种短暂的直接动机。

四、动机理论

动机理论是指心理学家对动机概念所作的理论性与系统的解释。用以解释行为动机的本质及其产生机制的理论和学说。早期的动机理论，实质上都是关于人性论的引申。

1. 本能理论

所谓本能，是指有机体生而具有的、程序化的行为模式或行为倾向。美国心理学家詹姆斯提出，人类的行为是在本能的指引下进行的。社会心理学家麦独孤认为，本能是人类一切思想和行为的动力和源泉，个人和民族的性格与意志也都是由本能逐渐发展而形成的。他提出人类有18种本能，如逃避、争斗、好奇、繁殖、乐群等。弗洛伊德也认为本能是人类一切行为的原动力，提出人类最基本的本能是"生的本能"和"死的本能"。

本能说过分强调先天遗传的作用，忽视了人的社会性。目前人们普遍认为，人类行为是遗传与环境交互作用的结果。

2. 驱力—诱因理论

伍德沃斯提出了驱力的概念，即由机体的生理需要所唤起的一种紧张状态，它能激发个体采取行动，恢复体内的平衡。心理学家赫尔是驱力理论的主要支持者，认为驱力是一种动机结构，它能为机体的活动提供动力，促使机体采取行动，以消除需要唤起的紧张状态。

驱力理论强调个体活动的内在动力，却忽略了外在环境对行为的诱发作用。为此，一些心理学家提出诱因的概念。诱因是指能满足个体需要的刺激物，它具有激发或诱使个体活动的作用。赫尔接受了这一概念作为行为的决定因素之一，将诱因加入自己的行为公式，即

$$P = D \times H \times K - I$$

P 表示个体有效行为的潜能，D 表示驱力，H 表示习惯强度，K 表示诱因，I 表示抑制。

3. 归因论(attribution theory)

当人们进行某种活动取得成功或失败时，都有对行为结果的原因进行探究的愿望。这种对导致自己或他人行为结果的原因的知觉和判断，称为归因。最早进行归因研究的心理学家是海德，后来韦纳等人使其更加系统化。

一般说来，把行为成败的原因归结为外部的和不可控的因素，会降低个体的行为动机；而把行为结果归结为内部的、可控的因素，会增强个体的行为动机。在社会心理学上研究人的知觉时，根据归因论可以对"某人为什么会有那样的行为"之类的问题得到合理的解释。温纳认为，动机并非个人的性格，只是介于刺激事件(如工作情境)，与个人处理该事件所表现行为之间的中介作用而已。刺激事件的性质改变，一定会影响到个人处理该事物行为后果的改变，此一行为后果，自然会影响到个人以后对同样刺激事件的动机。

4. 需要动机理论

20 世纪 50 年代以后，人本心理学兴起，马斯洛的动机理论受到心理学界的普遍重视。马斯洛认为，动机产生主要有两个原因：一是需要(need)，二是刺激(stimulation)。所谓需要即个体缺乏某种东西的状态。缺乏是一种心理状态，所缺乏的可能是个体内在的维持生理平衡的物质要素(如水、食物等)，也可能是外界社会环境中的心理因素(如社会赞许、相爱等)。马斯洛以追求自我实现了为人性本质的理念，将人类追求自我实现的动机，分为由低而高、逐级而上的五个层次，各以不同类别的需求而命名，此即马斯洛的需求层次论。马斯洛的动机理论也是重要人格理论之一。

5. 期望价值理论

期望价值理论是动机心理学最有影响的理论之一。该理论认为，个体完成各种任务的动机是由他对这一任务成功可能性的期待及对这一任务所赋予的价值决定的。个体自认为达到目标的可能性越大，从这一目标中获取的激励值就越大，个体完成这一任务的动机也越强。美国心理学家弗洛姆尤其强调期望的作用，认为个体从事某种行为的能力，取决于行为目标的价值以及他对达到该目标可能性的期望。他认为，完成各种任务的动机来自两个关键因素：个人对特定任务成功的期望及人赋予任务成功的价值动机(价值动机)＝目标效价×期望值。可见，成功可能性越大、目标的激励价值越高，个人的正面动机的程度就越高。也就是说，期望和价值之间成正比。学生对某一项任务有较高的期望，对任务价值的估计就越高；相反，如果学生对任务没有什么期望，对任务价值的估计就会降低，完成任务的动机就低。

6. 自我效能论

1982 年社会学习论的创始人班杜拉从社会学习的观点提出自我效能论，用以解释在特殊情境下动机产生的原因。所谓自我效能论(self-efficacy theory)，是指个人在目标追

求中面临一项特殊工作时，对该项特殊工作动机之强弱，将决定于个人对其自我效能（self-efficacy）的评估。班杜拉认为，个体从事某项活动的动机，在很大程度上与个体对自己从事该项活动胜任与否的判断有关。他把这种个体对自己是否能胜任某种任务的判断和知觉称为"自我效能感"。通俗地说，自我效能感就是个体根据以往成败的经验，相信自己对于处理某一方面的任务，具有较高的能力或水平。自我效能感对个体完成挑战性的任务具有重要影响。

自我效能与自信（self-confidence）有关，但二者并不相同。自信指个人对自己所作所为之事具有信心，是指个人处理一般事务时的一种积极态度。自我效能是指根据自己以往经验，对某一特殊工作或事务，经过多次成败的历练后，确认自己对处理该项工作具有高度的效能。因此，某人在面对某项具有挑战性的工作（如参加围棋挑战赛）时，影响他接受与否以及接受后是否全力以赴（动机）有两个因素：一是了解工作的性质（如系比赛则包括对手强弱）；二是根据经验衡量自己的实力，亦即自我效能。自我效能是个人对其某方面工作能力的自我评估，自认在网球方面自我效能高者，未必觉得在游泳方面有何自我效能。

班杜拉的动机自我效能论，比较适用于解释具挑战性行为的动机。曾有学者以戒烟者为对象研究发现，戒烟看似是轻而易举的行为，但能维持长期戒烟行为，却非常困难。戒烟成败的关键因素，完全决定于当事人的自我效能，只有他认为自己有戒烟的能力，他才能达到戒烟的目的。

23. 大学生，请学做社会人

　　在我咨询过的案例中，一年级同学咨询最多的是宿舍矛盾、人际关系。新生入学首先面临的就是生活环境的变化，他们大多第一次住校，生活上的不适应导致他们宿舍里的矛盾在悄悄升级。其次，大一学生有人际方面的困惑，随着我院招生规模的扩大，学生来自全国各地，他们汇集成了一个社会群体，许多同学不知道也不会关心他人，更不在乎别人的感受。

　　又是一个阴雨天，这个夏天雨水很多。

　　打开熟悉的"千千静听"，梁静茹甜甜的声音传进我耳，"宁静的夏天"让我的心情豁然变靓。咨询室充满了醉人的音乐，这能让我快速高兴起来。

　　就在这样的时刻，茜推门进来，一身牛仔服上雨点斑斑，脸和头发都湿漉漉的，我忙把衣架上的毛巾递给她。

　　"老师，我再也不想住那个宿舍了！"茜坐下来，语气中充满了怨恨，眼睛里是雨水还是泪水已无从分辨。

　　凭经验，这是个快人快语、个性外向的女孩，一定是和宿舍里的同学合不来，闹意见了。

　　茜是大一学生，自从去年秋季入学后，和宿舍里的同学们一直相处得不好。用她自己的话说"她们太自私！我打水时帮她们，值日时也帮她们，可是轮着我需要她们的时候，她们不是这个有事就是那个有事，反正就是不帮你。尤其有一个女生，她俨然是我们宿舍的老大，从来没见她打过水。每次看见别人打水她就装出一副可怜相：'老姐不舒服，帮帮忙吧！'最可恨的是，她总在背后说别人的坏话，谁不在就说谁。"

　　今天中午，茜在老乡宿舍待了一会儿，一进门就听见她说茜："她那是自作多情！谁会喜欢她呀？纯粹傻帽、二杆子一个！"茜进去就质问她："你说谁呢？"她反应还挺快："讲笑话呢，怎么啦？"茜真想扇她两个耳光。

　　静静地，我只是一直朝她点头，没有说一句话。

　　茜发了半天牢骚后，语气也就慢慢平稳下来，最后说："老师，你评评理，我怎么能和她们继续相处下去？"

　　从我院近两年的学生心理档案能够看出，高等院校的学生心理适应能力一般。据2005级、2006级心理档案反映，心理适应能力一般的学生人数占65.1%，较强的学生人数占20.2%，很强的只有4人，占0.51%，其余近15%的学生心理适应能力很差。

　　怎么解决茜的问题？我一边回想着这两年的学生档案，一边思考应对方案。心理咨询的重要一点是尊重求助者，任何提问都是为了帮助求助者体会和感悟她本身最关切的问题。茜现在最主要的问题是她不愿意、不想在她的宿舍继续住下去了。

生活处处有矛盾，我们生活的目的是解决矛盾，而不是逃避矛盾。想到这里，我开始有了办法，我引导她思考："在家里，你和父母有过矛盾没有？"答案不言而喻，谁和谁能没有过一点矛盾呢？

"当然啦，长这么大，怎么会没有矛盾？我们很多方面都没法沟通呢！"茜毫不犹豫地回答，声音很高。

"那么，当你和父母有了矛盾，你想过换掉自己的父母吗？"我接着问。

"那倒没有。"茜的语调放低了很多。

"那么现在，假如你不在这个宿舍住，去了别的宿舍，你能保证和别的舍友就没有矛盾吗？"我继续问。

茜并不笨，很快明白了我对她的启发。

"老师，谢谢您！人和人之间都会有矛盾和分歧的，我们不再是小孩子了，彼此应该学会理解、宽容和信任，我知道该怎么做了。"

当天晚上，已经是11点钟了，茜给我发来信息："老师，你知道吗？我在我们宿舍发起了一个自我检讨会议，大家开诚布公，反省了自己的缺点，我们好几个人都流泪了，我们发誓要做三年的好姐妹、好同学。太谢谢您了！"

这样的短信也使我心潮澎湃，激动不已。我们的学生不笨也不坏，关键是缺乏正确有效的方法来引导他们。

我希望有更多的老师愿意作他们灵魂上的引路人，愿意和他们一同健康快乐地成长！

相关知识链接——社会化与大学生人际关系

一、什么是社会化

人与动物的根本区别在于人具有社会性。社会化是个体由自然人成长、发展为社会人的过程。所以，社会化涉及两个方面：社会和个体。从社会视角看，社会化即社会对个体进行教化的过程；从个体视角看，社会化即个体与其他社会成员互动，成为合格的社会成员的过程。也就是说，社会化是指个体在与他人交往过程中，不断学习并掌握知识、技能和社会规范，逐渐形成与社会一致又有自己特色的社会态度、价值观、信念、行为模式及人格特点，成长为符合社会需要的社会成员的过程。

一般来讲，社会化具有鲜明的几大特征：

（1）社会强制性：个体自出生就生活在复杂的社会环境之中，不得不受社会政治、经济、文化等社会关系和人际关系的制约。

（2）个体能动性：个体社会化是通过个体之间的相互作用及主动积极地有选择地实现社会化的结果。

（3）终身持续性：传统观点认为社会化过程到成人期即告结束；而现代观点则主张社会化伴随人的一生，即终生社会化。个体社会化是一个不断发展、贯穿终生的过程。

（4）共性化与个性化的统一：个体社会化是按照一定时期的社会规范、民族风尚、团体要求、职业取向等因素来塑造个体的过程，既是共性化过程，同时也是个性化过程。

二、大学生人际关系的重要性

人际关系是人与人之间在活动过程中直接的心理上的关系或心理上的距离，其特点主要有以下几个方面：

（1）个体性：人际关系中，对方是不是自己喜欢或愿意亲近的人成为主体问题。

（2）直接性：没有直接的接触和交往不会产生人际关系，人际关系一经建立，一定会被人们直接体验到。

（3）情感性：情感活动是人际关系的基础，情感因素是人际关系的主要成分。情感主要分两类：一类是彼此接近和相互吸引的情感，另一类是互相排斥分离的情感。

大学是人际关系走向社会化的一个重要转折时期。踏入大学，就会遇到各方面的人际关系，如师生之间、同学之间、同乡之间以及个人与班级、学校之间的关系等。面对如此众多的人际关系，有的同学因为处理不当整日郁郁寡欢，心情沮丧；有的同学因为人际关系紧张，精神压力很大，导致程度不同的心理病症；有的同学则由于不知如何处理复杂的人际关系经常被苦闷、烦恼的情绪所困扰。

人毕竟在各种各样的圈子里生存，如果把自己包裹得太严，结果是别人伤害不了你，但也亲近不了你。平时不向邻里朋友伸出友好的手，在困难时很可能就没有人伸出手来拉你一把。几个不同的心理学研究得出了几乎相同的结论，对生活的满意程度与钱财、头衔甚至健康关系不大，影响最大的因素是人际关系的和谐。

可见，如何处理好人际关系，对于几年大学生活和未来事业的成就是至关重要的。

三、大学生社会化的内容

社会化是一个贯穿于人生命的始终的过程，大学生在与社会互动的过程中，要逐渐养成独特的个性和人格，并通过社会文化的内化和角色知识的学习，逐渐适应社会生活的过程，在此过程中，社会文化得以积累和延续，社会结构得以维持和发展，人的个性得以健全和完善。

1. 掌握生活知识和劳动技能

从培养生活自理能力开始，继而在学习中掌握知识与技能。当今社会是知识经济时代，科技、教育的水平和社会成员素质已成为社会现代化的基础。大学生肩负祖国建设的重任，学习和掌握现代科技知识、现代化生产技能是他们社会化的重要内容。

2. 树立生活目标

个体是有理想的，社会通过多种途径指导其成员树立正确的生活目标和理想，以达到社会需要的目的。大学生的生活目标确定与否，关系到以后的发展与生存以及创造社会财富，为己为国作贡献。

3. 培养社会角色

社会化的目的是培养合格的社会成员，使每个社会成员都获得适合自己身份、地位的社会角色。每一角色都有其权利义务以及行为规范，大学生社会化的内容之一是使大学生按其角色的要求行事。身份是个体的社会地位及处境地位决定的自我认同；社会角色是个体与其社会地位、身份相一致的行为方式及相应的心理状态。大学生是一种地位身份，大学生角色就是家长、教师和公众对他们行为的要求和期待。

4. 遵守社会行为规范

社会规范是现代社会保持有序发展的重要手段之一。社会通过教育和舆论力量使其成员掌握并形成信念、习惯和传统，以约束个体行为，调解各种社会关系。

四、大学生对人际关系的渴望

处于青年期的大学生，思想活跃，精力充沛，兴趣广泛，人际交往的需要极为强烈。他们力图通过人际交往去认识世界，获得友谊，满足自己物质上和精神上的各种需要。因此，青年期的大学生希望被人接受、理解的心情尤为迫切。在人的一生中，再也没有像青年时期有那种强烈地渴望被理解的愿望。没有任何人会像青年那样处在孤独之中，渴望着被人接近与理解。

然而，大学生对人际关系的追求往往带有较多的理想化色彩，无论是对同龄朋友，还是对师长，往往是以理想色彩看待交往，希望交往不带任何"杂质"，同时他们也常常以理想的标准要求对方，一旦发现对方某些不好的品质就深感失望。其实大家渴望友谊和交往，有着人际交往的迫切需要，但有一些还是不愿意向周围同学说，而是深深埋在心底，长期的积郁，再加上学业的压力，使大学生的人际适应力下降。因此，和其他人群相比，大学生人际关系的挫折感较强，容易由于交往受挫而引发心理障碍。

实际上在大学生的交往过程中都会或多或少地出现这样那样的问题，每个成长中的大学生都希望自己生活在良好的人际关系的氛围中。

五、大学生改善人际关系，促进社会化的几点建议

1. 相互性原则

人际关系的基础是彼此之间的相互重视与支持，任何人都不会无缘无故地接纳他人。喜欢是有前提的，相互性就是前提——我们喜欢那些也喜欢我们的人。人际交往中的接近与疏远、喜欢与不喜欢是相互的。

2. 交换性原则

人际交往是一个社会交换过程，交换的原则是个体期待人际交往对自己是有价值的，也就是在交往过程中得大于失，至少等于失。人际交往是双方根据自己的价值观进行选择的结果。

3. 自我价值保护原则

自我价值是个体对于自身价值的意识和评价。自我价值保护是一种自我支持倾向的心理活动，其目的是防止自我价值受到否定和贬低。由于自我价值是通过他人的评价而确立的，个体对他人评价极其敏感。对肯定自我价值的他人，个体对其认同和接纳，并以肯定与支持来回报；而对否定自我价值的他人予以疏离。

24. 团队精神永远不能丢

敏宿舍内部有矛盾，人际关系不良正适合做团体心理咨询。团体心理咨询与个体心理咨询最大的区别在于求助者对自己问题的认识、解决是在团体中通过成员间的交流，相互作用，相互影响来实现的。

在学校，我有四五个铁杆朋友，因为她们的家距离学校很远，中午我们就在办公室休息。我们的办公室可供休息的不过是一张长沙发和两个小沙发。常常，我们中午并不午睡，而是打打牌消磨时间。心理学协会的孩子们大都知道我中午不接待学生，其他人就不太清楚这一点。

有一天，我们四个人玩得正欢，有个女学生来敲门。

这是敏，我曾经给她们班带过营销心理学的课。敏进来后很坚决、很执着地看着我，她一定要跟我谈一谈她目前遇到的麻烦。

于是，我的伙伴们知趣地离开了办公室。我有些不好意思，收拾了茶几给敏倒了杯水。

敏握着水杯感慨地说："真羡慕你们，老师。我们宿舍的同学要能像你们一样热热闹闹地、开心地在一起玩呀、说呀、笑呀，该多好啊！"

我没想到敏竟然说了这样一句话，原本，我还很自惭，以为玩牌像是被偷窥、做了贼般地不舒服呢。

"怎么？你们宿舍的人不在一起玩吗？那你们休息的时候、周末都做什么？"敏的话引起了我的兴趣。

"这就是我的苦恼！原本，我以为大学生活五彩斑斓。一个宿舍的姐妹们在一起亲亲热热地学习呀、郊游呀、玩呀乐呀。但是，我们宿舍死气沉沉，各忙各的。总共就八个人，竟然还分了三帮五派，昨天晚上有两个女生还差点打起来。"敏的话匣子打开了，"作为舍长，我好害怕她们就这样僵下去，我也害怕她们哪一天真的打起来。老师，您说我该怎样调解她们呢？"

这时，我想起了旁边的团体咨询室。几年来，在我院领导的大力支持下，根据学生们咨询工作的需要，我院心理健康指导中心得以扩建。我们在原来只有一间办公室兼咨询室的情况下，又增添了团体咨询室兼宣泄室、个体咨询室兼测量室两间房。

敏宿舍内部有矛盾，人际关系不良正适合做团体心理咨询。因为团体心理咨询与个体心理咨询最大的区别在于求助者对自己问题的认识、解决是在团体中通过成员间的交流，相互作用，相互影响来实现的。

我给敏简单地介绍后，敏很感兴趣答应下午没课的时候争取把她们宿舍的同学们集中在一起来做团体咨询。

在她们来之前，我为这次咨询准备了两根长 13 米的绳子，这是一个名字叫"变形虫"的心理游戏。游戏的目的是为了让同学们体验沟通的必要性；感悟人际交往理解、合作、认同的重要性；使同学们在体验和分享中学习人际交往技巧，提高人际交往的能力。

下午，敏和她宿舍的同学们来到团体咨询室。我看见她们个个表情很复杂，好奇、兴奋、茫然、不屑一顾，每个人的表情都不一样。我把她们8个人分成两组，每4个人拥有一根绳子，并且把绳子的两头挽上绳圈。

于是，我提出几点游戏的要求：

（1）在合作"变形"的过程中，不允许用语言交流，只能用眼神和动作。

（2）在"变形"过程中，要求绳子充分展开，不可以收缩部分绳子，减短边长，降低难度。

（3）当4个人之间的角色关系确定后，对"变形"要求，可做出规律性的变化。明确1个人可以是一个点，一只手也可以是一个点，1个人也可以代表两个点；两个点可以形成一条线。假如要变出一个正三角形，4个人中只需要三个点，必然出现2人重叠的情况。假如要变出一个六边形，需要4个人每人一个点，2人出两个点，共六个点构成，调整六条边为等长即可。

（4）根据"变形"指令，如正三角形、正四边形、正五边形等，4名参与者通过合作完成，用时最少的组为胜。

在我的指导语引领下，敏和她的同学积极展开了竞赛。由于整个游戏要求参与者不用语言交流，所以一个组要顺利完成"变形"过程，需要产生"领导者"。通过自发产生的"领导者"进行统一管理，才能从无序逐步到有序。在游戏中存在"领导"与"服从"两种角色。学员之间需要有一个协调、服从、合作的过程，我有充分的耐心等待她们"变形"过程的完成。当一个个"变形"成功时，我带头鼓掌给予她们激励。

反反复复，我打乱她们的顺序先后进行了三次4人重组游戏。通过这次活动，敏和同学们普遍反映：通过沟通，我们学会了主动；通过交流，我们学会了真诚；通过合作，我们学会了放弃；通过理解，我们学会了宽容；通过认同，我们学会了赞美；通过思考，我们学会了机智。

我相信，在探索中我们都可以找到默契和信任，在信任中我们都能获得合作和成功。

相关知识链接——团体心理咨询

一、什么是团体

团体是指两个人以上彼此之间有互动关系的组合。如此解释，团体一词实与社会团体同义。按社会团体，一般具有以下四个特征：

（1）团体内各成员间彼此觉知其存在，由于成员间的交感互动而产生隶属感与依赖心。

（2）团体虽集个体而成，但其本身仍为实在体。

（3）团体的维护有赖于团体规范与成员们的共同利益与兴趣。

（4）团体是一种组织，组织有其追求的目标，团体之维系有赖于团体目标与个人目标一致。

二、团体心理咨询

团体心理咨询是相对"一对一"的个体心理咨询而言的。顾名思义，它是一种在团体情境下提供心理帮助与指导的一种咨询形式，即是以团体为对象，由咨询员根据求询者问题的相似性或求询者自发，组成课题小组，运用适当的辅导策略或方法，通过团体成员的互动，共同商讨、训练、引导，解决成员共同的发展或共有的心理问题。

团体的规模因咨询目标的不同而不等，少则 3～5 人，多则十几人，甚至几十人。通过几次或十几次团体聚会、活动，参加成员互相交流，共同讨论大家关心的问题。彼此启发，相互支持，鼓励分享，使成员了解自己的心理，了解他人的心理，以便改善人际关系，增加社会适应性，促进人格成长。实践证明，团体咨询既是一种有效的心理治疗，也是一种有效的教育活动。

三、团体心理咨询的特点

团体心理咨询是在团体情境中提供心理帮助与指导的一种心理咨询形式。它是通过团体内人际交互作用，促使个体在交往中通过观察、学习、体验，认识自我、探讨自我、接纳自我，调整和改善与他人的关系，学习新的态度与行为方式以发展良好的生活适应的助人过程。

团体心理咨询的特点包括以下几点：

（1）团体为个人提供了一面镜子。

（2）成员可以从其他参加者和指导者的反馈中获得益处。

（3）成员接受其他参加者的协助，也给予他人协助。

（4）团体情景鼓励成员作出承诺并用实际行动来改善生活。

（5）团体的结构方式可以使成员得到归属感。

四、团体心理咨询的目标

团体心理咨询的终极目标是自我实现、自我认识和促进自我成长。一般目标可概括为以下六条：

（1）通过自我探索的过程帮助成员认识自己、了解自己、接纳自己，使成员能够对自我有更适当的看法。

（2）通过与其他成员的沟通交流，学习社交技巧和发展人际关系的能力，学会信任他人。

（3）帮助成员培养责任感，敏锐地察觉和关心他人的感受和需要，更善于理解他人。

（4）培养成员的归属感与被接纳感，从而更有安全感，更有信心面对生活中的挑战。

（5）增进成员独立自主、自己解决问题和抉择的能力，探索和发现一些可行而有效的途径来处理生活中一般发展性问题，解决冲突矛盾。

（6）帮助成员澄清个人的价值观，协助他们作出评估，并作出修正和改进。

五、团体心理咨询的功能

团体心理咨询之所以被广泛应用是因为它具有积极的功能，一般而言，团体心理咨询具有如下四大功能：

1. 教育功能

团体咨询的过程被认为是一种通过成员相互作用，来协助他们增进自我了解、自我抉择、自我发展，进而自我实现的一个学习过程。咨询学家本耐特(M. E. Bennett)指出，学生在团体咨询中的学习内容有以下十项：

(1)学习对于真正的问题有所了解，并且能够面对它。

(2)学习分析问题的技术。

(3)学习在问题的研究和解决上能够利用许多资源。

(4)学习对于内心的了解，并改进行为。

(5)学习对于别人的了解，以及与人共处的方法。

(6)学习拟定长期的人生计划。

(7)学习对于当前的目标和长期的目标保持均衡。

(8)学习选择经验的标准。

(9)学习将知识、计划付诸实施。

(10)学习评鉴进步情形及修正目标与计划等。

从本耐特的表述中可以看出，团体咨询十分重视成员的主动学习、自我评估、自我改进，有助于学生自我教育。团体咨询的过程还有助于培养学生的社会性，学习社会规范，适应社会生活的态度与习惯，以及互相尊重、互相了解、少数服从多数和民主作风，促进学生德智体全面发展。

2．发展功能

咨询心理学强调发展的模式，它试图帮助咨询对象得到充分发展，扫除其正常成长过程中的障碍。团体方式的活动，不但可提供成员必要的资料，改进其不成熟的偏差态度与行为，而且能促进其良好的发展与心理成熟，可以培养成员健全的人格及协调的人际关系。应该说，团体咨询最大的功能就在于它有益于正常人的健康发展。

一般认为，正常人的问题没有那些有"问题"的人多。事实上，正常人的问题虽然并不如有"问题"的人严重，但为数较多。特别是在学校里，理想的咨询工作不应该只是关心问题学生的咨询，更要注意对正常学生的引导。团体咨询能给予正常学生以启发和引导，满足他们的基本需要，促进他们自我了解，改善人际关系，学习建立充满信任的人际关系所需要的技巧和方法，养成积极面对问题的态度，对自己充满信任，对生活充满信心，对未来充满希望。

可以说，团体咨询的积极目的在于促进人的发展。

3．预防功能

团体咨询是预防问题的最佳策略。通过团体咨询，成员对自己有更多的了解，懂得了什么是适应行为，什么是不适应行为。团体咨询提供了更多的机会，让成员之间彼此交换意见，互诉心声，研讨以后可能遇到的难题及可行的解决办法，增强处理问题的能力。这可以预防心理问题的发生或减少心理问题发生的概率。同时，团体咨询中，咨询师不仅能发现那些需要个别咨询的人，并及时予以援助，能使所有成员对心理咨询有正确的认识，一旦需要帮助，能够主动求助。这也起到了预防心理问题发生与发展的作用。

4．治疗功能

治疗是减轻或消除已经表现在外的不正常行为。许多心理治疗专家强调人类行为的社会相互作用。在团体方式下，由于治疗的情境比较接近日常生活与现实状况，以此处理情绪困扰与心理偏差行为，易收到效果。

目前在学校心理咨询中，许多团体治疗技术已经得到应用。尽管学校中心理疾病患者人数很少，但情绪不稳、适应不良、有心理困扰的学生却为数不少。这些有心理困扰的学生，经过团体咨询，问题不再恶化，甚至还会减轻，这既可以说是预防，也可以说是治疗。因此，团体咨询的治疗功能是显而易见的。

25. 亲情迷失，谁的责任

从他进一步的叙述中，我渐渐明白峰实际上早在姐姐们相继考上大学的时候就表现出分离焦虑症了，因为没人了解他的苦衷，他也不懂这方面的知识，所以他把一切罪责推到了父亲身上。

那是一个阴雨天，我坐在办公室整理咨询记录，忽然听到一个粗重的大嗓门："老师，我要做咨询。"

这就是我第一次见到峰，他给我的初次印象是：瘦瘦的身子，白净的脸庞，个子大概有一米九，声音粗重有力。

我笑着迎接他，问他有什么心理困惑。

峰似乎欲言又止，用左手从下往上、又从左往右抹了一把脸才回答我："我是个不受父亲喜欢的男孩，我恨我的父亲！我总在想如何让他吃点苦头。"

"为什么这样说呢？你父亲做什么事让你如此恨他？"一个恨父亲的男孩子，心中该有多深的疼痛？

"我父亲在县城政府机关工作，妈妈是农村妇女。从小到大，我没有见父亲对母亲有过笑容。他老不回家，就是回来，除了和我奶奶说说话以外，对我和我两个姐姐也是爱理不理的样子。您说，这样的父亲，有和没有有什么区别？

"为了赢得他的笑容，我和两个姐姐拼命读书，两个姐姐都考到了外省并且毕业后留在了外地。即便这样，父亲也从来没夸过她们，她们都不想回这个家。我因高考成绩不理想进了咱们院校，没有出省，算是为了我母亲留了下来。可是，每次想到我还有那样一个爹，我就生气，就恨！就想报复！"

"你高考成绩不理想和你父亲也有关系吗？"我听出他话里对父亲满腔的怨愤。

"可不是，我在小学、初中学习成绩都非常优秀。上了高中，两个姐姐走了，我感到特别孤单。母亲只知道任劳任怨地劳动，无怨无悔地照顾我和奶奶的饮食起居，在心灵上我却是一只失了群的小鸟。真的，老师，您别笑话我一个大男孩用'小鸟'形容自己。"

"老师理解你的苦衷，怎么会笑话你呢？每个人的成长都不容易，每个人都有令自己伤心的事。"我用共情的方法以便使峰感到亲切。

"我认为我的不幸就是因为父亲的不负责任，如果他和我妈妈没有感情，完全可以离婚，也没必要生下我们姐弟三人。既然生下了我们，为什么又对我们如此陌生和冷淡？"峰的疑惑很深，怎么能解开或者减少他心中的仇恨，我一时半会儿很难有较好的法子。

"能谈谈你奶奶吗？"我准备从他奶奶的故事了解更深刻的背景资料。

"我奶奶？"见我问到他奶奶，峰有些迷惑不解。

是的，他父亲每次回家只和奶奶交流无疑还是一个孝子，而祖辈的影响也可能是他父亲为什么对待他们母子如此冷落的原因。

"我奶奶心地善良，是她一手把我父亲和姑姑带大的。我爸爸才六七岁，爷爷就不在了。奶奶又当爹又当娘吃了不少苦头，我姥姥家和奶奶家住得很近，两家关系处得不错，所以我父母是包办婚姻。这也许就是我父母关系不好的原因，但是孩子是无辜的，凭什么让我们承受这么多的痛苦？"

"是的，这不是你的错！"心理咨询一个很重要的任务是让求助者走出心灵的阴霾，心灵没有阴霾的人生才会快乐。

从他进一步的叙述中，我渐渐明白峰实际上早在姐姐们相继考上大学的时候就表现出分离焦虑症的问题，因为没人了解他的苦衷，他也不懂这方面的知识，所以他把一切罪责推到了父亲身上。

心理学认为，和亲密的抚养者分离时所表现出来的不安情绪和行为，就叫做"分离焦虑症"。它是儿童时期较常见的一种情绪障碍，老年人由于子女常年不在身边也常出现这种情绪障碍，而青年人是不多见的。峰之所以分离焦虑，是因为在心理上他一直没有成熟，所以他才会把问题转化到对父亲的仇恨上。

听了我的分析，峰沉默了一会儿说道："是的，老师。在我们村，由于父亲在机关工作，往家里拿工资，我家的生活条件还算是不错。父亲对奶奶好也说明他本质并不算太坏，就是从姐姐们走了后，我觉得身边没有一个可以说话的人，心里就变得空落落的。由于平常和姐姐们接触多一些，和其他男同学接触少，所以我的性格有些软弱。而我把这一切罪过全推卸到父亲身上，其实他也挺可怜，没有感情的婚姻生活也让他很痛苦，但他并没有像陈世美一样完全抛弃我们母子。"

接下来，我和峰一起讨论他认知的改变策略。最后，峰高兴地说他已经明白今后该怎么看待父母的问题，怎么重新设定人生目标了。

我相信，峰已经在慢慢长大，他以后的人生肯定会逐渐完满的。

相关知识链接——请满足孩子爱的需求

一、爱是什么

人类种种复杂的情感需求，可以总归为对爱的渴望。充满爱的生活是每一个人追求的目标，人人需要爱，人人渴望爱，没有爱的生活是失败的生活，缺乏爱的生活会给人带来问题、烦恼和疾病。什么是爱？一般认为，爱是指人类主动给予的或自觉期待的满足感和幸福感。爱是人的精神所投射的正能量，是指人主动或自觉地以自己或某种方式，珍重、呵护或满足他人无法独立实现的某种人性需求，包括思想意识、精神体验、行为状态、物质需求等。爱的基础是尊重，爱的本质是无条件地给予，而非索取和得到。所以，爱是一种发自于内心的情感，是人对人或人对某个事物的深挚感情。这种感情所持续的过程也就是爱的过程。通常多见于人与人或人与事物之间。爱是认同、喜欢的高度升华，不同层次的爱对应着不同层次的感受或结果。

美国著名的人本主义心理学家马斯洛于1970年提出需要层次论——人类的五种基本需要，即生理需要、安全需要、爱与归属需要、尊重需要和自我实现的需要。其中，前两种需要属于低级需要，后三种需要属于高级需要。爱的需要就是充满爱的生活给人们带来幸福、愉快和健康。

二、父母的爱对孩子成长很重要

爱是人的一种基本需要，爱是健全人格的基础，爱是儿童心理健康发展的阳光和雨露。那些具有不良之爱的人，那些缺乏爱的能力的人，那些对他人充满着怀疑、敌对和不信任的人，感情自私的人，很难和周围的人相处的人，对周围的人感情淡漠的人，有心理疾病和障碍的人等，他们在儿童时期，都患有不同程度"爱的缺乏症"。父母的爱对孩子的心理健康发展是极为重要的。

有研究表明，孩子在1岁前得不到足够的爱，会造成将来的人格问题。心理学家认为，母亲与孩子的关系是依赖性的，这是因为孩子需要母亲的抚养，不仅是生理上的需要，心灵成长更需要母亲的爱。早期严重缺乏爱的儿童，成人后完全不知道他需要别人的爱和他也应给予他人爱。部分缺乏爱的儿童，因为早期没有得到足够的爱，可能在一生中都会受到困扰。随着心理年龄的增长，儿童对爱越来越需要。

儿童需要爱，对8～10岁年龄阶段以前的儿童来说，最重要的问题是被爱。只有得到充分的爱，才能使孩子的心理健康成长起来。需要爱是儿童成长的内在动机，是一种客观的自然规律。父母决不能违反孩子的成长规律，也决不能压制孩子成长的内在动机，否则将适得其反。

三、如何才能让孩子体验到父母的爱

许多父母认为孩子会理解大人，对孩子来说，这是很难的。我们认为必须让孩子更多地体会到父母的爱，而不是让爱更多停留在父母自身的感觉上。让孩子体验到父母的爱，最重要的是父母与孩子之间有和谐、亲密、愉快的情感交流，而且这种交流必须是从孩子来到这个世界上就开始。儿童需要情感交流，如果与父母之间没有良好的情感交流，不良的情感交流也比完全没有情感交流要好得多。如果在父母那里没有良好的情感交流，儿童就会到其他人那里去寻找情感交流。

爱是一种态度，是一种人格倾向，爱也是一种世界观。一个人应该爱自己的亲人、朋友，也应该去爱周围的人，爱社会、爱人类、爱大自然，应该有一种博大的爱。父母对社会和他人的态度将会直接影响孩子对社会和他人的态度。父母爱自己的孩子，可他却不关心、不爱其他的人，对其他的人表现得很自私，甚至残忍。孩子会形成良好爱的态度吗？会有一种良好的人格吗？

四、送给孩子最好的礼物

当然，我们可以送孩子平时最想要却得不到的东西，这个东西可能是个玩具，但也可能是抽象的东西，孩子们说不出来，比如孩子的名字(告诉他他的名字有多重要)、最信任的鼓励(永远对他有信心)、父母的陪伴时间(陪他一起做游戏)、一生受用无穷的好习惯(父母的榜样)、平等尊重的沟通(尊重他的选择、秘密等)、父母的恩爱……其实，我们要给孩子的最好礼物就是快乐的幸福感。幸福不是你送的芭比，不是你给孩子买的动画片，也不是你给他的一柜子的衣服，幸福很简单，但真正的幸福有着深刻的内容，它能培养孩子的精神、与世界融合的感受，将是他一生受用的财富。请你别忘了每天把这份"礼物"送给孩子。幸福的孩子都具有相同的基本特性，包括自信、乐观、有控制世界的感觉。一旦掌握了好的方法，孩子的这种特性能很容易被发掘出来。

（1）让孩子无拘无束。每个孩子都有减压的机会，玩或者学习的时候稍微休息一下，让他们的想象自由驰骋，不受时间限制地去捉萤火虫、堆雪人或者看蜘蛛织网，都能给你的孩子带来生命的惊叹。为什么不放下你手中的活，从被你排得满满的生活里走出来一会，和孩子一起追寻这种快乐？

（2）教孩子关心别人。孩子需要感受到他是集体中有价值的一员，要让他能够通过一些意味深长的方式触及别人的生活。给他更多接触别人的机会，让助人为乐的感受慢慢走进他的心灵。你可以选一些他不想要的玩具送到孤儿院。在超市里，让他选一些家里不需要的商品援助给贫困区。孩子在很小的时候就能学会从帮助别人的过程中获得快乐。即使是两岁的孩子，只要你告诉他，他的视野里就能够注意到这些东西了。

（3）接触自然。和孩子一起在公园里玩、一起骑车，可以让孩子成长得更健康、更苗壮，还能让他拥有更多的欢笑。经常运动能让孩子身心放松，能让孩子有健康的体态，也能让孩子因为自己能完成一些体育运动而获得自豪感。如果你鼓励他去做他喜欢的运动，或许他还能从这项运动中得到更多的乐趣。

（4）发自内心地大笑。给他讲笑话、唱儿歌，告诉他你自己遇到的可笑的事，对你自己、对孩子都有好处。这纯粹是生理上的好处，当你大笑的时候，可以缓解紧张情绪，吸入更多氧气，让你的心灵自由翱翔。

（5）表扬得有技巧。不要只对孩子说"做得真棒！"当孩子有进步或者掌握了一门新技能的时候，你要能指出你观察到的细节，说"你描述的英雄真形象，好像就在我的眼前"或者"我喜欢你这种画树的方法"，这远比一句空洞的赞扬要好得多。同样，不要过分奖赏孩子，这样会使孩子更重视他所得到的奖励，而不是他做了什么。

（6）给孩子吃有营养的东西。如果你的孩子非常任性、暴躁（而不是病了），他可能是饿了。如果还没到吃饭的时间，给孩子找些有营养的东西吃。吃得好能让孩子情绪更稳定，表现得更有礼貌。好的食物有酸奶、新鲜水果、花生、带果酱的全麦面包等。

（7）让艺术走进孩子的心灵。毫无疑问，你一定听说过古典音乐能促进大脑发育的理论，而且接触音乐、舞蹈以及其他任何类型的艺术，都能丰富孩子的内心世界。弹钢琴、听音乐能给孩子一个情绪发泄的出口，这是孩子表达对自己、对世界的感受的一种有创造性的方法。这感觉来自于他对艺术的感受过程，无论是他在学钢琴，还是参加幼儿园的演出，都能让孩子觉得他是优秀的。

（8）对孩子微笑。对孩子微笑能让孩子感到更舒服。这是在用最快的方法对孩子说："我爱你！"在孩子身边的时候，一定要拥抱他。有专家说，拥抱就像一个人的营养，每天给一个人4次拥抱，仅是生存需要；8次拥抱，他能保持好的状态；16次拥抱，他才会成长。而且，你要记住，每次拥抱和微笑对你和孩子都是有好处的。

（9）专心聆听孩子讲话。没有什么比专心听孩子讲话对他更重要了，这是在表示你很关注他。想做一个更好的聆听者吗？不要似听非听，如果孩子和你讲话的时候，你正在对账、在做家务，请你停下来，把注意力转移到孩子身上。无论你在做什么，都不要打断他，让他把话说完或者直接说出他表达的意思，即使这些话你以前已经听过了。

（10）适时地让步。我们都希望自己的孩子是最好的，但有时当孩子做得不是很好，你想纠正或者完善他的时候，却在不经意间破坏了孩子的信心。如果孩子擦过的地板，你再去重新擦，你是在告诉孩子他做得不够好。如果你下一次还想纠正孩子做过的事，请你问自己几个问题：① 这会影响健康和安全吗？② 这件事会从现在开始影响你10年吗？如果答案是不，那就顺其自然吧。当然，让孩子获得生活技能是养育孩子的一部分，但那只是其中的一部分。你和孩子之间的情感交流比关心餐桌上刀叉是不是放在正确的位置上更重要。

（11）教他解决问题。从系鞋带到安全地过马路，孩子掌握每一种技能，就向独立迈上了一个新的台阶。其实知道问题解决了，就能让孩子觉得自己很棒。当孩子遇到障碍，被同伴笑话或者问题让他迷惑不解的时候，你可以通过以下几步帮助他：① 告诉他问题是什么。② 让他描述一下他希望得到的结果。③ 告诉他什么样的步骤能实现这样的结果。④ 判断他是否能通过自己的能力达到目的，或者需要帮助。⑤ 如果他需要帮助，要让他相信自己随时可以得到帮助。

（12）给孩子展现自己的机会。每个孩子都在某个方面有天才般的本领，为什么不让他展现一下呢？他喜欢书吗？你做饭的时候让他读给你听。他对数字很敏感吗？购物的时候，让他帮你挑选价格最合适的商品。当你调动起孩子的积极性，并展现出你对他的表现很满意，你就有开辟了另一条让孩子更自信的小路。

总之，任何事业的成功都无法弥补孩子教育的失败！记住教育孩子的六要诀：

- 经历比名次重要
- 对话比对立重要
- 激励比指责重要
- 成人比成功重要
- 成长比成绩重要
- 榜样比命令重要

永远记住，大人是孩子的复印机，孩子是缩小的大人！让孩子更多地体验到父母的爱吧！

26. 既生我，为何不养我

伟的提问就像"人为什么要活着"一样，虽然简单，但异常难以回答。仅从"社会要前进和发展，就必须要有新生命来推动，如果人类不繁衍后代，世界就没有进化了"来回答他，我认为不足以让他满意，他来咨询也绝不是要咨询这样一个话题。

伟是被班主任介绍来咨询室的。

前几天，他们班主任介绍过他的情况，并且强调伟是个特别难以管教的学生，纪律上自由散漫，学习上不思进取，劳动也不积极，最可恨的是总和班主任当着学生们的面对着干。

我让他们班主任建议伟来这儿咨询一下，但绝对不可以强迫他。

一天中午，我正准备午睡，迷迷糊糊听到一个声音："老师，我能进去吗？"

打开门，我看到了一张桀骜不驯的脸，还有高挑着的眉毛，歪着的脑袋，伟斜靠在我门口对面的墙壁上。的确，他给我的第一印象不怎么样，但我还是笑了："欢迎，请进！"

一进来，伟迫不及待地说："老师，你可不能把我给你说的话告诉我们班主任啊！心理咨询的起码原则，你给我们讲过的。"

我一听就笑了，看来伟听过我"心理健康教育与咨询"课。

我答应他后，问他："你有什么事来咨询？"

"说实话，老师，我并不想做咨询，因为什么对我来说都没用。"面对我的提问，伟的脸色沉了下来。

"你还没有做咨询，怎么知道就没用呢？"凭经验，我知道伟不好对付，但凭直觉，我断定伟是一个缺乏关爱的孩子。

"我当然知道，我们老师找我谈了无数次话了，管用吗？不管用，我还是想干嘛干嘛，我根本不需要他们管我！他们算啥呀？"

"他们？除了你们老师，还包括谁？"我从伟别样的语气中听出了他的生气，而生气的对象很有可能是他提到的"他们"。

伟没有正面回答我的问题，而是反过来问我："老师，你能给我讲讲你们大人为什么要生小孩吗？"

伟的提问就像"人为什么要活着"一样，虽然简单，但异常难以回答。仅从"社会要前进和发展，就必须要有新生命来推动，如果人类不繁衍后代，世界就没有进化了"来回答他，我认为不足于让他满意，他来咨询也绝不是要咨询这样一个话题。

我问他："你问过你父母这个问题没有？"

"他们？他们除了赚钱什么也不懂。"谈到他的父母，伟几乎是鄙视的口吻。

"你父母做什么生意？"我顺着他的话题往下走。

伟的父母从事服装生意已经多年了，伟还有个弟弟。从小，伟与奶奶生活在一起，用他的话来说，只有过年的时候，他才能和奶奶、爸爸和妈妈亲亲热热地吃顿饭，其他时间，他几乎忘了自己还有父母。也正因为这样，伟看到别的小孩在父母跟前撒娇亲热时就常常想哭。在学校，别的同学一捣乱，老师就会说："叫你家长来学校一趟！"家长也就真来了。为了能见爸爸妈妈一面，为了让他的父母能去学校看看他，他没少惹祸，可是他的父母忙于生意从来没去过学校。只有奶奶处处维护他、爱他，可对他的学习等其他方面的发展又无能为力。

伟说着说着，眼泪已经在眼眶里转了好久。都说男儿有泪不轻弹，我却希望伟能哭出来，把心中多年的郁结发泄掉。可怜的伟，可以说在他很幼小的年纪，他就在反复思考下列问题：我的爸爸妈妈爱不爱我？不爱我为什么生下我？爱我为什么不管我？

古人语：兽有舐犊之情，鸟有反哺之恩。父母爱子，纯属天性，可是父母呕心沥血，孩子毫不领情，因而人们惊呼：现在的孩子怎么了？爱之以道，爱之以法，爱才有回报，孩子才会感动，爱才有效果。所以还应该问问天下父母：你是如何爱孩子的？

意大利作家亚米契斯《爱的教育》一书风行全球，脍炙人口。无论哪一章、哪一节，都把"爱"表现得精髓深入，淋漓尽致，大至国家、社会、民族的大我之爱，小至父母、师长、朋友间的小我之爱，处处扣人心弦，感人肺腑，使得全世界各国都公认此书为最富爱心及教育性的读物而争相翻译出版。

用饱含着爱的教育来给予孩子，那么孩子们得到的这种教育才能转化为对爱的理解，自然而然地，他们也一定会明白如何去付出爱。这是多么美好的一种循环啊！

可是，在我们中国，有多少父母只顾一味地挣钱，还打着"一切为了孩子有个好环境"的幌子，而忘记了"爱"的真正内涵和实质。当然，面对伟，我不能过分指责他的父母，我只能说伟还没有长大到足以理解父母的"苦心"。但是，伟发展到今天这种状况，他的父母具有不可推卸的责任，而我们咨询的目的不是要评判谁的罪过，只是找出问题的症结来对症下药。伟的问题是缺失父母的爱导致的哗众取宠的幼稚行为。

伟的智商绝对没问题，他是个相当聪明的男孩子，当意识到自己这么多年错误的处理问题的方式，他决定改善与老师和同学们的关系，并且再三要求我给他的妈妈打个电话。

伟走后，我略加考虑拨通了他妈妈的电话。伟的妈妈听了我关于伟的叙述后也作了深刻检讨，答应以后多给伟打电话，并且承诺尽快来学校看看伟。

几天后，我见到了伟的父母，他们诚恳地向我讨教和孩子沟通的方式方法。伟也高兴地告诉我他准备报考助理会计师。

我知道，伟的天空已经晴朗了。

相关知识链接——隔代教育的利弊

一、什么是隔代教育

隔代教育一般在三代家庭和隔代家庭中进行，我国是世界上为数不多的普遍存在隔代教育的国家。虽然祖辈可以给孩子提供一个良好的生活环境，但从中也存在很多不尽如人意的状况。我们应如何改进隔代教育的诸多弊端，正视隔代教育引发的诸多问题，克服其不足，发挥其优势，这是值得深思的问题。

二、隔代教育产生的原因

在当今中国，"隔代教育"已经逐渐成为家庭教育的主要形式。据调查统计显示，在上海，0～6岁的孩子中有50％～60％由祖辈教育，祖辈承担对孙辈的家庭教育正成为上海家庭教育的特色。孩子年龄越小，与祖辈生活的比率越高。上海市一项对0～3岁婴幼儿抚养方式的调查显示，与祖辈家长生活在一起的婴幼儿家庭共占73％，有祖辈家长参与婴幼儿抚养的共占84.6％。而在北京，有70％左右的孩子接受着隔代教育，广州接受隔代教育的孩子也有总数的一半。城市是这样，农村亦如此。现在，农村青壮年男女大多出外打工，小孩则交给老人照管。据估计，全国有近五成孩子接受着隔代教育，也就是说中国有一半孩子是跟着爷爷奶奶、外公外婆长大的。可见，隔代教育俨然成为中国家庭教育的一大特色，隔代教育的客观存在已成为不可回避的现实。

产生隔代教育也可能是其他的因素所造成的，比如父母离异、父母双亡或者是"入托难"等情况下，教育孩子的责任就全在祖辈身上。

三、隔代教育对孩子的优势

祖辈在长期实践中积累了更多的生活经验。祖辈有丰富的社会阅历和人生感悟，他们普遍认为孩子应在愉快、宽松的环境下学习和生活，这样的想法有利于孩子的自由成长；并且祖辈有充裕的时间陪伴孩子，细致地照顾好孩子的日常起居生活。

隔代教育缓解了老年人的孤独感。老年人常常害怕孤独，儿女都在外忙工作，没有太多的时间陪伴老人，隔代教育刚好缓解了老人的孤独感，使其从孙辈的成长中获得生命力，看到自己生命延续，而且还享受到和孙辈在一起的天伦之乐，对老人保持健康的身体和心态大有裨益。

四、隔代教育对孩子的弊端

北京师范大学儿童心理研究所教授辛淘说："大比例的隔代教育是中国特有的国情。事实证明，隔代教育虽然对孩子存在着一定的优势，但是从整体上看，其负面影响是大于正面影响的。"这主要是因为老人们的价值观念、生活方式、知识结构、教育方式与现代社会或多或少会有差别，而且老人们在生理与心理上必然也带有老年人的特点。因此，隔代教育对幼儿的个性发展难免会有一些负面的影响。

（1）祖辈的溺爱对孩子的影响。祖辈对孩子的溺爱和迁就使孩子产生"自我中心"意识，形成自私、任性的个性。老年人特别疼爱孩子，对隔辈的孙子孙女容易产生迁就、溺爱。特别是当孙辈是独生子女时就更加疼爱，怕出差错对不起儿女，怕儿女责怪，于是样样依着孩子，保护孩子，把孩子放在核心位置，成为家中的"小皇帝"或"小公主"，孩子犯错也不会及时纠正，当父母在批评孩子的错误时还处处祖护孩子，这样使得孩子失去了很多受挫的经验。祖辈还常常满足孩子不合理的欲望，使得孩子一旦遇到困难或者要求得不到满足时，就会生气，大发脾气，长此以往孩子会变得极为自私、胆小、娇气，自我认识、自我控制、自我评价都得不到很好的发展。

（2）过分保护孩子遏制了孩子的独立能力和自信心的发展，增加了孩子的依赖性，容易使孩子变得更加娇气。在祖辈庇护下的孩子，容易出现两个极端：一个极端是胆小怕事、不合群、寡言少语、应变能力差、性格内向；另一个极端则是放纵欲望、专横跋扈、难以管理，在家里是小霸王，到了外面却毫无独立能力，碰到问题，只知道寻找大人的保护，从而造成生活能力低下的结果。

（3）脱节的教育理念对孩子的影响。祖辈的观念相对陈旧，接受新事物的速度较慢，影响孩子的创新个性的形成。由于隔代家长的旧思想存在的年代与孙辈们所处的年代在时间上跨度大，在教育观念上存在很大差异。由于处于不同的时代，社会文化背景不同，各时代的经济状况也不同，他们在对子女教育观念上存在着很大的偏差。隔代家长由于自己不了解一些新生事物，也很难对孩子进行教育，他们希望孩子乖巧、听话、稳当、不出格，而不善于运用科学的方式引导孩子，这样容易泯灭孩子的好奇心、冒险和创新精神。

（4）"封闭式教育"扼杀孩子交往能力的发展，遏制孩子社会化发展。由于孩子与隔代家长长期生活在一起，长期沉浸于老人的生活空间和氛围，耳濡目染模仿的都是老人的言行，容易失去天真、幼稚的本性。一般来说，老一辈的教育观念缺乏严格的科学依据，大多出自祖辈的生活经验，当然不能肯定这些方法对孩子的成长有害，但种种迹象表明，隔代教育中老年人常用的一些"土办法"对孩子的健康成长对存在着一定的负面影响。有的老人害怕孩子在外面玩耍受欺负，索性来个"封闭教育"，这对孩子的发展明显是不利的。研究证明，经常把孩子关在家里，使得孩子见识少，可能导致孩子视野狭小，缺少活力，不敢面对陌生人，不会自己处理事物，由于祖辈照料的周全性，容易产生保护过度，放手不足，造成孩子交往上的依赖性，影响孩子独立性的发展。

五、如何消除隔代教育的弊端

隔代教育的弊端越来越凸显，如何消除，将伤害降到最低？

（1）父母应尽可能陪伴孩子成长，加强亲子教育。孩子的童年只有一次，对孩子童年的教育也同样只有这一次，错过了将永远无法弥补。在孩子成长的过程中，最需要的仍是父母给的亲子之爱。作为父母，哪怕工作再忙，也要争取和孩子在一起，培养与孩子的感情，主动担负起对子女抚养和教育的责任；一味地依赖老人来抚养和教育孩子，把老人当免费保姆，既是对老人的不尊重，也是对孩子的不负责。

（2）全家人统一教育方式，协调好隔代教育。家庭成员在教育孩子时态度的不一致是家庭教育的忌讳，据一项调查发现，当父辈与祖辈因为孩子的事而争吵时，有73%的孩子表示不知道该听谁的。因此，父辈与祖辈在对孩子的教育问题上应该多进行沟通，年轻的家长应利用自己知识面广、接受事物快的优势，尽量将科学的教育方法传授给老一代，形成两代人在教育观念上的统一。父辈和祖辈应该相互配合，形成教育合力，对孩子实施教育，引导孩子健康成长。

（3）隔代家长应多与学校联系。无论是祖辈还是父辈都应多与孩子的学校、幼儿园联系，祖辈更应主动和幼儿园、学校反映孩子在家的状况，共同商量和研究教育方案。在家庭内部，对孩子教育的目标和教育的方式要一致，这就需要经常沟通，形成合力，祖辈更不能完全照搬当年教育子女的方法。老人只有在思想上跟上时代，才会与孙辈有更多的共同语言，坚持爱和教育的结合。

（4）祖辈应尽可能改变、更新观念，改进教育方式。要培养成功的孩子，自己首先要成为成功的家长。要想做一名成功的家长，首先要善于学习。所以，重要的问题是学习，学习家庭教育知识，提高家庭教育水平，是摆在我们广大祖父母、外祖父母和父母们面前的迫切任务。祖辈自身素质的高低，直接影响着对孩子的教育质量。幼儿园、妇联、共青团和关心下一代工作委员会等部门，应义不容辞地承担起这一任务，举办各种形式的祖辈家长学校、老年大学等，把爷爷奶奶、外公外婆们请到学校或送教上门，向他们宣传先进的教育理念，帮助他们解决家庭教育中的问题，指导他们搞好家庭教育。通过家长学校、老年大学等的学习，转变祖辈的教养思想观念，改变陈旧的教育方法，这样才能在家庭教育上趋利避害，把孩子引上成功发展之路。

27. 老师，请爱护您的学生

老师，人类灵魂的工程师，本应是在心灵上给予孩子们最多、最大希望的领路者，却用随随便便一句话毁掉了一个孩子美好的未来。孩子还小，她没有意识到讨厌老师、厌恶学习是对自己青春的惩罚。

琴是个长相恬静文雅的女孩，来自东北，是我们心理学协会干部，平常工作特别积极主动，我交代的事情样样都做得很完美，几乎没出过什么差错。

在毕业临走之前，有一天她忽然扭捏着来找我："老师，一直想和您唠唠嗑，再不抓住时间，恐怕以后都没有机会了。"

真的有点愕然，她能有什么心理问题呢？

"老师，您是不知道，我特别自卑，每次您让我干这干那，我都在心里嘀咕：不行，不行，肯定干不好。"

"可是你都完成得很好啊！"

"那是因为有您的鼓励！否则，我真不行！"琴再次强调她"不行"。

"你看问题有点悲观了！"我笑着批评她。

"我也知道这样不好，可我就是不由得不这样想。"她很苦恼的样子。

"说说你从什么时候起有这种想法的吧！"我提醒她。

"大概从上初中开始。我小学的时候成绩特别好，上了初中自己觉得时间紧了，不愿意参加班干部的竞选，我的班主任就说我：'都说你小学如何优秀，看来是假的吧？'我听了以后非常生气，就开始特别讨厌上她的课。

"尤其有一次考试，我应该得130多分，她却少给我加了40分，害得我都不到100分。我去找她理论，她还说：'改什么改，自己知道自己吃几碗干饭就行了。'从那开始，我讨厌所有的老师，学习兴趣渐渐淡了，干什么都觉得没劲，反正他们不会说你好。再后来，就是自己原来特别自信的事情也总害怕干不好。"

带着这种不良情绪，琴勉强上了我们学校。可能是在一次给新生的讲座上，我提到学生心理问题产生的原因时谈道："问题出在学生，根子可能出在老师和父母身上。"这给了琴很大的心灵触动，所以她入了心理学协会。

面对这样的学生，我总是很心痛。伟大的教育家卢梭说过，教育即生长。从教育就是生长的观点看，教育机构和教育者的使命是什么？就是为生长提供最好的环境。

所谓最好的环境，我认为有两个方面：一个是自由，一个是好老师。用植物的生长作比方，自由就是充足的阳光和水分，教师就是园丁。

老师，人类灵魂的工程师，本应是给予学生心灵上最多、最大希望的领路者，却用随随便便一句话而毁掉了一个孩子美好的未来。孩子还小，她没有意识到讨厌老师、厌恶学习是对自己的惩罚。

这正像钟友彬先生提出的认知领悟疗法的心理病理学说，"'病症的根源'在于儿童时代受过的精神创伤，这些创伤引起的恐惧在脑内留下的痕迹，在成年期遇到挫折后就会再现出来影响人的心理，以致必须用儿童的态度，去对待本来不值得恐惧的事物。"

由于症状都是幼年期经历的恐惧在成人身上的再现，因此症状的表现必然带有幼稚性，具有不成熟的儿童式的心理表现。

琴正是通过不成熟的儿童心理表现来表达对老师的不满，当我的一些讲课内容契合她的心理时，她又表现出对我的接纳而听从我的一切建议，这就是她对我的信任。

建立了这样一层良好的咨询关系，我决定对她实施认知领悟疗法。认知领悟疗法是通过解释使求治者改变认识、得到领悟而使症状得以减轻或消失，从而达到治病目的的一种心理治疗方法。

于是，我们一起讨论下一步她该有哪些改变。最终，我们确定了咨询目标：如何改变认知？如何重建信心？

这对于即将走上工作岗位的琴来说，是目前最要紧的事情。

琴告别的时候，充满信心地对我说："老师，我不会再自卑了，我也不会总在意别人的评论了，我要客观地、理智地评价自己。谢谢您！"

送走了琴，我陷入了长久的沉思：事实上，在学校里，教师是构成学生学习环境最重要的人。

教育的核心问题是要有一批心灵崇高、头脑活跃的学者，通过他们去影响学生。优秀的人才是生长成的，不是训练成的。教育应该为生长提供充足的阳光，如果做不到呢，最低限度是不要挡住阳光。

一个好的学生对于坏的教育可以说的话，就是哲学家狄欧根尼对亚历山大大帝说的那句话："不要挡住我的阳光。"

作为教育工作者，我们该提供学生怎样的教育？

先哲说，教育错了的儿童比未受教育的儿童离智慧更远。这句话，在我耳边一遍遍回响。

相关知识链接——生气是拿别人的错误惩罚自己

一、什么是生气

老人们常常告诫我们："不要生气，生气会变丑。"生气是什么呢？生气是为了别人的过错难过。最近一位美国科学家发现，把人呼出的气体伸入一种液体，平静时液体无明显变化，伤心时则会产生白色沉淀，而生气时液体会变得浑浊不清。在一篇科学报告中曾提到，人生气时的分泌物甚至可以毒死一只老鼠，以此计算出一个人如果生五分钟的气不亚于二公里长跑所消耗的体能。科学家因此得出结论，人很大程度上不是老死的，而是被气死的。

二、生气的危害

经常生气是百病之源，从医学角度来看，生气至少有以下九大害处：

（1）伤脑。生气会破坏大脑兴奋与抑制的节律，加快脑细胞衰老，弱化大脑功能。大量血液涌向大脑，使脑血管的压力增加，这时血液中含有的毒素最多，氧气最少，对脑细胞不亚于毒药，愤怒时的思维混乱就是大脑缺氧的明证。

（2）伤神。生气时由于心情不能平静，难以入睡，致使神志恍惚，无精打采。

（3）伤肤。生气时血液大量涌向面部，这时的血液中氧气少、游离脂肪酸等毒素增多，这些毒素会刺激毛囊，引起毛囊周围程度不等的深部炎症，产生色斑等皮肤问题。经常生闷气会让你颜面憔悴、双眼浮肿、皱纹多生。

（4）伤内分泌。生气搞乱了内分泌系统的控制中枢，使甲状腺分泌的激素过多。甲状腺是身体中参与新陈代谢的重要器官，当你感觉到热血沸腾的时候就是甲状腺受到刺激了，久之会引发甲亢。

（5）伤心。每一次的生气或敌意，都会引发心跳加快，心脏收缩力增强，血压升高，血液变黏稠。大量的血液冲向大脑和面部，会使供应心脏本身的血液减少而造成心肌缺氧，出现心慌、胸闷的异常表现，甚至诱发心绞痛或心肌梗死。

（6）伤肺。情绪冲动时，每分钟流经心脏的血液猛增，对氧气的需求也就增加，肺的工作量骤增。同时由于激素作用于神经系统，使得呼吸急促，甚至出现过度换气的现象，肺泡不停地扩张，没时间收缩，也就得不到应有的放松和休息，从而危害肺的健康。

（7）伤肝。生气时机体会分泌一种叫儿茶酚胺的物质，作用于中枢神经系统，使血糖升高，脂肪分解加强，血液和肝细胞内的游离脂肪酸增加。游离脂肪酸有很强的细胞毒性，它对肝细胞就像美食对身材，少了是需要，多了就是杀手。人处于气、愤愁闷状态时，可致肝气不畅、肝胆不和、肝部疼痛。

（8）伤肾。经常生气的人，可使肾气不畅，易致闭尿或尿失禁。

（9）伤胃。气愤的脑细胞工作紊乱引起交感神经兴奋，并直接作用于心脏和血管上，使胃肠中的血流量减少，蠕动减慢，食欲变差，胃液增加，严重时会引起胃溃疡；同时还会分泌激素欺骗进食中枢，弄得我们吃不下饭，就是常说的"气饱了"。

三、生气是拿别人的错误惩罚自己

德国古典哲学家康德说过，生气，是拿别人的错误来惩罚自己。

这种情绪效应在我们的生活中普遍存在，比如同级之间常因对个人的看法而配合不力，下级常常因为对上级的不满意而"拒绝进步"。人非圣人孰能无过？如果拿他人的不足影响自己的进步，拿别人的错误来惩罚自己是很愚蠢的。

我曾经物理学得不好，就是因为我们物理老师第一节课把我的名字叫错了。细想一下，当时初中生的我，无论文化知识还是为人处世，物理老师都比我要强百倍，而我就因为老师喊错了我的名字，就觉得他不够资格当我的老师，所以就不好好学物理了。这是多么愚蠢的想法！可惜现在认识到这些不是太晚了吗？所以，我希望学生们不要再犯我当年同样的错误。

人生中的很多事是我们无法掌控的，特别是别人的言行。遇到让人觉得滑稽也觉得可气的事很多，如果细算起来，我们自己也会有些言行让别人觉得不舒服。所以对错相抵，也算有趣。真的遇到你控制不了的别人怪异的行为举止，最好的解决方式就是如看戏一般。如果伤害到了自己的内心，说不定还是我们自己不够坚强和稳定。

想想成绩上不去没有努力、工作上不去没有进步、能力上不去浪费光阴，该是多么大的损失？可是这样的事情在我们当中不算少数。如何公平地看待别人？古时候有一个妇人，特别喜欢为一些琐碎的小事生气。她也知道自己这样不好，便去求一位高僧为自己谈禅说道，开阔心胸。妇人问高僧："大师，什么是气。"高僧将手中的茶水倾洒于地。妇人视之良久，顿悟，叩谢而去。何苦要气？气便是别人吐出而自己却接到嘴里的那种东西，吞下便会反胃，不看它时，它便会消散了。

　　愈是有成就的人遇见麻烦时，愈能做到"突然临之而不惊，以无故加之而不怒"。能做到这一点的人，人生也是必胜无疑的。

　　别人的错误和不足绝不是自己不进取的理由，拿别人的错误来惩罚自己是很愚蠢的，许多原本很有才华、很有抱负的人，都是因为这种自视清高或者自命不凡，不能正确处理与他人的关系而使自己郁郁不得志，白白浪费了光阴，影响了自己才华的施展。多看到别人的优点，多从对方的角度思考问题，才能汲取到他人的优点，也才能更好地完善自己。

28. 说出来，发泄掉

在大学校园确实存在这样一群青年，他们自己不学习，还想方设法嘲笑、打击那些爱学习的学生。在高职院校，据学生心理档案反映，学习兴趣低的人数占总人数的 84.4%；学习态度良好的人数才占 29.3%。这是一个值得高校领导和老师认真思考的问题。

明来自农村，是学院心理学协会会员，也是即将毕业的大三学生。

明平时工作积极认真，与大家相处甚好，就是有些内向，不善言辞。

我们进行了两次 QQ 聊天后，他预约说："老师，我再也不想藏着掖着了，我能和您好好聊一聊吗？"

"当然欢迎！"我立即答复他。

我们约好周一下午两点半在我的咨询室见面。准准的，当我室内的挂钟指向下午两点半时，明分秒不差地敲响了我办公室的门。在我的应声中，明重重地推开门走进来。我起身相迎，他笑着搓了搓手，坐在了我对面。

"老师，我太痛苦了！"

"什么事使你如此痛苦呢？"我盯着他，发现他长着一双特别幽深发亮的黑眼睛。

"记得有一次，您给我们上心理学课的时候，您说：'世界上最伟大最无私的爱是父母对孩子的爱。'我就是一个非常幸福的男孩，因为我的父母给予我的爱太多太深了。每次想到他们，我的嗓子眼都堵得慌。"他低下头咽了咽唾沫，接着往下说："就是因为我觉得太欠他们了，所以我努力地学习，发愤图强，想有朝一日把他们从贫困的农村解脱出来。可是，在我周围，我发现我是个怪物。因为我们班男生除了我几乎没人在学习，他们不是上网打游戏，就是约女同学吃饭。"

"哦？"我让他知道我对他的话题非常感兴趣，促使他继续讲下去。

"来到咱们学校后，我打算在这三年里争取学有所成，毕业后找个差不多点的单位好好孝敬父母。可是只要我看书，他们就取笑我。我也真笨，刚来学校时我的计算机知识几乎为零，他们取笑我不会打游戏、不知道'QQ'是什么，就知道死读书。于是我拿着本《计算机基础知识》，在网吧突击学习了一周电脑知识。可是我和他们还是没有什么共同语言，于是，我只好偷偷地学习，然后还不敢告诉他们实情，直到我悄悄考取了会计从业资格证书和助理会计师证书，他们对我刮目相看的同时，我竟然从他们的眼光中读出了鄙视！"明因为气愤和痛苦，声调变得高亢了，脸上的青筋都暴露出来。

我明白明的这些话，在大学校园确实存在这样一群青年，他们自己不学习，还想方设法嘲笑、打击那些爱学习的好学生。据我们学校 2005 级学生心理档案反映，学习兴趣低的人数占总人数 84.4%；学习态度良好的人数才占 29.3%。这是一个值得高校领导和老师认真思考的问题。

"他们太过分了！自己不学习，还不让你学习吗？"我表示了对他极大的支持和对他们宿舍其他同学的不满。

"是呀，我班另外两个男生宿舍，人家也有同学像我一样拿到了这两个证书，他们是那么高兴，我却痛苦极了！"

"你痛苦是因为你身边没人理解和支持你，我很了解你的感受。"站起身，我替他倒了杯水，明接过水后喝了一口，把水杯放在桌子上。

"是的，太痛苦了！他们都觉得我太正、太向上，没人知道我初中不好好学习，高中醒悟得太晚，我已经浪费了太多学习的好时光。"

"不晚！只要你肯努力，你开始努力，永远不算晚。尤其你现在才二十出头。"

"是的，老师。跟您把我心里话吐出来后，我有点明白下一步我该怎么做了。"

接下来，我和明一起分析了他的成长中存在的一些问题，也非常肯定他的积极思想和努力奋斗的精神。我们愉快地结束了这次咨询，双方感觉收获都很大。

明在当晚还给我发过来一条信息："老师，谢谢您！谢谢您用心听我的唠叨，谢谢您解决我的问题！今天和您谈心使我备受鼓舞，使我更加坚定地向目标迈进，我一定会更加努力地去迎接挑战！"

相关知识链接——学会倾诉与倾听

一、什么是倾诉

倾诉就是把你内心的真实感受向另一个人诉说出来，不管是快乐还是忧伤。现代社会，人人有烦恼，人人有压力。有人说过："心系千千结的人，要学会倾诉。"倾诉，就是让内心不快的情绪得以全方位涤荡，一吐为快，它是化解心中苦闷与抑郁的绝佳方式，也是让紧张的心情放松、让不快的情绪消失的最好方式。

每当事业上、学业上遇到不幸时，学会向关爱你的人倾诉；爱情上、生活中遭遇挫折时，学会向你的家人倾诉。倾诉在我们的现实生活中越来越不可或缺。倘若自己有了心结不肯敞开心扉去倾诉，事情则会变得积重难返，难以收拾。

二、什么是倾听

倾听是心理咨询的第一步，是建立良好咨询关系的基础。我的老师曾经告诉我：人人都可能是别人的心理咨询师，只要学会了倾听这门技术。倾听既是表达对求助者的尊重，也是为了了解情况，同时也能使对方在比较宽松和信任的氛围下诉说自己的苦恼。但是，并非人人都能理解倾听的含义，初学咨询的人和没有咨询经历的人大都以为咨询是咨询师"讲"，而不知道最重要的还是"听"，尤其在咨询的初期和中期。倾听不仅是为了明了情况，也是为了建立咨访关系，同时还有助人效果。

倾听是心理咨询师应该具备的首要技能，它不仅是要用耳朵来听来访者的言辞，还需要一个人全身心地去感受对方的谈话过程中表达的言语信息和非言语信息。倾听并不比说话容易，好的心理咨询师必定会很好地倾听来访者的叙述。很多求助者不愿意向咨询师讲述内心的真实想法，主要是因为咨询师没有做到积极地倾听。

三、倾诉的作用

心情不好，找人倾诉一番有多重要？心理学家可以证明：倾诉能帮你保持健康心态。研究人类大脑的美国专家也说："把负面感受说出来，可以减弱恐惧、惊慌等强烈情感时大脑组织的反应，还能激活控制情绪冲动的大脑区域，有助减轻悲伤和愤怒"。但事情未必尽如人意，当你感到痛苦却无人可倾诉，或者根本说不出口时，该怎么办？心理专家给出的答案是：当你陷入烦恼，需要的不是一个好参谋，而是一个好听众。

四、倾听的作用

积极地倾听在心理咨询中有很多重要的作用，它是建立积极咨询关系和进行有效心理咨询的前提条件。

首先，倾听是收集信息的过程，包括求助者的言语信息和非言语信息。这对理解求助者至关重要，忽视求助者表达的信息，就难以真正理解求助者。

其次，倾听能够创造一种安全温暖的气氛，使求助者能够更加开放自己的内心，更加坦率地表达自己真实的想法。

再次，倾听还能够向求助者反馈心理咨询师对求助者的尊重与关注，这会使求助者感到自己的谈话内容在心理咨询师心里很重要。这在一定程度上起到了正性强化作用，大量研究表明，每个人都喜欢和尊重自己谈话的人交流。

最后，倾听为咨询师以后干预、影响求助者建立了互相信任的基础，在求助者心中树立了威信，这也会使求助者的自信心不断增加，使求助者更容易接受咨询师的建议和解释。

五、倾诉与倾听的关系

倾诉是对倾听者的一种信任。面对别人的倾诉，我们要学会倾听，倾听是对倾诉者的一种理解与尊重。现代人应具备一种"仁者爱人"的善良性情，既要学会倾诉，也要学会倾听，这是因为倾听与倾诉可以转化，可以互动，角色的换位随时都会发生。

（1）人作为一个独立的生命个体，面对纷繁复杂的世界，难免会有孤独无助的时候。学习上的困难、工作中的挫折、恋爱的失败、家庭的变故，各种各样的事件都需要你来应对，并作出适当的反应。不同的人会有不同的应对方式，有人会积极寻找倾诉对象，有人会保持沉默。

一味的沉默是危险的。因为所有的应激事件都会使人产生焦虑，如果得不到及时的疏导，这种焦虑就会以一种心理能量的形式在你心里积聚下来，当达到某个临界点的时候就会使你患上抑郁症甚至精神失常，这也是我们需要倾诉的最主要的原因。

是否善于倾诉以及如何倾诉与人的个性心理特征有很大的关系。外向型性格的人开朗大方，一般不会把所有的事情都自己扛着，他们总是能及时找到倾诉对象来舒缓心中的焦虑。内向型性格的人也有自己应对应激事件的方式，或者有二三个知己可以一诉衷肠，或者可以通过写日记甚至自言自语来排解烦恼。

（2）在强调倾诉重要性的同时，我们也不要忘了当有人向你倾诉的时候，你该如何做一个善解人意的忠实听众。心不在焉或者只会"嗯嗯"地点头应付都是不可取的。心理学有一个专业名词叫"共情"，就是说要用自己的心去体验倾诉者的内心世界，从对方的话语中体会其内心的感受、信念和态度，体会其内心的矛盾和痛苦，犹如自己内心的感受一样。如果你能和倾诉者达到"共情"的境界，那你就是一个很好的听众，并且极容易得到朋友的信任。

（3）倾诉和倾听都是一颗心通往另一颗心的一扇门，让我们把这扇门打开，让我们心中的快乐和不快乐都能自由畅流；倾诉和倾听都是一面看得见自己也看得见别人的镜子，让我们常常照镜子，了解自己也了解他人。

学会倾诉吧，为了心理更健康，为了生活更快乐，我们不必把所有的事都憋在心里；学会倾听吧，为了人间的和谐，为了世界的美好，我们都可以作别人的心理咨询师。

29. 请熄灭心头无名之火

电影主人公维尔对童年抢过他饭盒的同学大打出手，在酒吧与和他意见不同的大学生单打独斗，这些场面他是那么熟悉，因为他也曾像维尔这样莽撞野蛮。前两天，他甚至因为下楼梯时旁边的人多看了他两眼，就对人家挥了拳头。当有女孩子对他表示好感时，他像维尔一样伪装、封闭自己。他拒绝任何女孩，以免她们知道他的缺点后抛弃他。

2017年心理健康活动月的电影赏析，我选择了心理大片《心灵捕手》，这部片子的英文名字是《Good willing hunting》，有人把它还翻译成《骄阳似我》。

我喜欢"心灵捕手"这个词。这部影片对于今天的大学生来说，真是值得一看，也值得所有从事教育事业的人来看一看：两位老师，两种角度，一位关心的是学生的成就，可以说是生存；另一位关心的是学生的成人，可以称之为生活或成长。

作为一名心理咨询师，从中我可以看到青年学生可贵的可塑性，看到了心理咨询师人格的魅力，看到了心理咨询给予人震撼的帮助。

影片放映完毕，我接到一个学生的短信："老师，我又一次听了您的电影解析，很受启发。我想和您谈谈我的心理问题，可以吗？"

就这样，勇来到我咨询室。这是一个长得非常漂亮的男孩，白皮肤、大眼睛、高鼻梁，手大脚大，穿着一件到他膝盖的呢子半大衣，衬得他英气逼人。

他几乎给我一种压迫感，这样长相完美的男生，我是在电影中才看到过，他也使我有种错觉，他不是来做心理咨询而是来向我来示威的。

勇坐下来，他从电影的故事情节说到他个人的成长经历。他说，这部电影他看了无数遍，除了学校放映的两次，他自己还专门从网上下载，只要遇到烦心事他就会想到这部电影。因为这个电影彻彻底底打动了他，因为他小时候曾经也一样经受过许多孤独和伤害，只是没人了解。

勇生活在一个小县城，他的爸爸是警察，妈妈在银行上班。爸妈工作忙碌，他跟随姥姥一起生活。勇从小很活跃，是过度活跃。在幼儿园，每个小朋友他都欺负过，包括老师都被他整得哭鼻子、上不成课，为此他先后换过好几家幼儿园。

上了小学，勇还是没怎么改变。上课就常常被老师罚站，妈妈没少训他，爸爸还拿皮带、皮鞋底子抽过他。只有小学四年级时，他的音乐老师夸过他一句话："这孩子，长这么漂亮！嗓门这么大，是个唱歌的料！"回家后他缠着姥姥要学唱歌，姥姥不让，爸妈不愿意。从那以后，家长更加管不住他，别人都不敢和他多说一句话，因为他动不动就发脾气，发脾气后就打人。

电影《心灵捕手》主人公维尔对童年抢过他饭盒的同学大打出手，在酒吧与和他意见不同的大学生要单打独斗，这些场面他是那么熟悉，因为他也曾像维尔这样做过。前两天，他甚至因为下楼梯时旁边的人多看了他两眼，他就对人家挥了拳头。当有女孩子对他表示好感时，他像维尔一样伪装自己、封闭自己，他拒绝她们，以免她们知道自己的缺陷后抛弃自己。他信奉的理由就是与其让人欺负，不如欺负别人；与其让别人先拒绝自己，不如自己先拒绝别人。

我也终于明白勇刚进来时给我的那种逼迫感是什么了，就是他眼睛里冒出来的那种不可一世的霸气。实际上，他的内心很孤单、很痛苦，他特殊的外表成了他对待人生的武器。我也错怪了他，以为他是向我示威。

"老师，我知道自己脾气暴躁，这很伤人。在家里，我破坏了家庭的和谐；在学校，我破坏了同学们的友谊；在宿舍，我破坏了宿舍的团结。我特别想改掉这种冲动、发脾气的臭毛病。您说，我是怎么回事？我能改了吗？怎么改？"说到伤心处，勇的眼睛里竟然湿润了。

于是，我给勇做了下面的解释：引起一个人暴躁产生的因素主要是性情怪僻、注意力涣散和多动症、心境焦虑等。在幼儿时，勇已经表现出一些多动症的特征，又由于多次变换幼儿园、与姥姥生活在一起、和父母的分离等原因使他产生心境焦虑障碍，但是没有被及时发现和矫正，所以养成他性情怪异的个性特征。

注意力涣散多动症的人常常表现出极端的注意力不集中或过度活跃和冲动，这样的话他们承受挫折的能力较差，适应变通能力较弱，就经常发脾气，心情不稳定。性情怪异的人只适应习以为常的事物，每当外界环境有微小的变化，他们就感到不适应和难以接受，躁动不安，反应过激。

面对勇的心理问题，我和他协商后拟定了下面的咨询目标：① 加强对暴躁危害的认识；② 合理调节情绪方向；③ 转移注意力，平息怒火；④ 学会忍让，达观待人；⑤ 学会尊重他人。

勇出门时对我再三表示感谢，我知道勇迟早会改变自己的，因为他有强烈的改变欲望。

相关知识链接——如何改掉暴躁的脾气

一、脾气暴躁

在生活中，有的人性格温和稳重，有的人快乐活泼，有的人迟缓安静，有的人激动急躁。脾气暴躁的就属于激动急躁的人。一个人性格的形成是由多种因素造成的，它与先天遗传的神经类型特点有一定联系，但这不是主要的。随着年龄的增长，人与外部世界的联系越来越多，因此后天的生活环境对人的影响越来越大。特别是家庭成员的人际关系、家庭的生活方式、教育态度对人的性格的形成有重要的影响。成年之后，性格还和自我文化修养、思想意识的锻炼熏陶有密切的关系。

二、脾气暴躁的家庭原因分析

首先，是家人的溺爱。父亲、母亲或爷爷、奶奶过分疼爱孩子，总怕孩子受委屈，为了博取孩子的欢心，有求必应，而不考虑这种要求是否适当，逐渐使儿童滋生了一种以自我为中心的意识。自我为中心的孩子无论做什么事，都是以自己的意志为转移，随心所欲，为所欲为。有时，父母觉得孩子的要求过于无理，本不想答应，但孩子一发脾气，就立刻加以满足，这是一种最糟糕的做法。因为孩子从这样的事情中知道，发脾气是满足愿望和要求的最有效手段，于是就变得更容易发脾气了，造成了恶性循环。

其次，是家庭教育缺乏一贯性和一致性。今天禁止的事，明天便鼓励去做，父亲认为是好事，母亲说坏；爷爷同意的事情，奶奶偏要阻拦，这样就会增加孩子的受挫感，从而导致烦躁和暴躁。

再次，是父母对孩子要求过分严格。孩子稍有过错或没有按要求去做或做得不好，父母就严加训斥甚至把孩子狠狠地揍一顿。这种做法会造成两种不良结果：其一，使孩子感到不满和压抑，这种不满和压抑会在以后的某种场合中表现出来；其二，父母的举动为孩子提供了一个效仿的榜样，一旦环境适当，孩子也会表现出同样的暴躁和攻击性行为。

除此以外，疾病与生理条件也是引发坏脾气的原因之一。神经衰弱的儿童特别容易兴奋、发脾气；处于疾病和疲劳状态中的孩子也常常有烦躁不安、易于发火的表现。

二、如何改掉暴躁的脾气

良好的性格有助于我们与更多的人友好相处，不良的性格不仅使我们失去宝贵的友谊，发展下去，对一个人以后的学习、与他人交往、找工作等都会造成很大的障碍。不良的性格一旦形成之后，要改变它是比较困难的，成年之后更是如此。因此，我们要及时矫正不良性格，改掉暴躁的脾气。

（1）对暴躁易怒的危害性要有足够的认识。在生活中我们常常看到，有些人因为一些不足挂齿的小事而发怒，做出不该做的事，事后常常后悔不已。所以发脾气并不能使问题得到解决，反而会增加新的矛盾。

（2）增强理智感，学会克制自己的怒气。增强理智感，可以使我们遇事多思考，多想想别人，多想想事情的结果，认真对待，慎重处理。一旦发觉自己出现了冲动的征兆时，及时克制，加强自制力。

（3）学习一些帮助自己克制暴躁脾气的好方法。在家或在课桌上贴上"息怒""制怒"一类的警言，时刻提醒自己要冷静。俄国文学家屠格涅夫，曾劝告那些易于爆发激情的人，"最好在发言之前把舌头在嘴里转上几圈"，通过时间缓冲，帮助自己的头脑冷静下来。在快要发脾气时，嘴里默念"镇静、镇静，三思、三思"之类的话。这些方法都有助于控制情绪，增强大脑的理智思维。用一个小本子专门记载每一次发脾气的原因和经过，通过记录和回忆，在思想上进行分析梳理，定会发现有很多脾气发得毫无价值，会感到很羞愧，以后怒气发作的次数就会减少很多。

（4）转移注意力。当发觉自己的情感激动起来时，为了避免立即爆发，可以有意识地转移话题或做点儿别的事情来分散自己的注意力，把思想感情转移到其他活动上，使紧张的情绪松弛下来。比如迅速离开现场，去干别的事情，找人谈谈心、散散步，或者干脆到操场上猛跑几圈，这样可将因盛怒激发出来的能量释放出来，心情就会平静下来。

（5）灵活。很多事情是可以有多种处理办法的，遇事要灵活行事，不要那么僵硬，有时可以退让一下，给对方改变主意和态度的机会，选择方法要考虑事情的效果。

（6）换个角度考虑问题，体谅他人感受。做人应当有一点儿"雅量"，即容人之量，要"待人宽、责己严"，不要动辄指责怪罪别人。因区区小事而对同学发脾气，是极不礼貌的行为。你发了火，泄了气，痛快了，可这种痛快是建立在别人的痛苦之上，如果把你调个位置，有人对你大发脾气，你会怎么想？所以，一个时时想着别人、处处体谅别人的人，即使自己心中不快，也不会迁怒于人，更不会把自己的不愉快强加给别人。

（7）聆听音乐可以调节情绪。如果你的情绪容易兴奋、激动，建议你平时有时间多听听节奏缓慢、旋律轻柔、音调优雅轻松的音乐，对安定情绪、改掉暴躁的脾气也是有帮助的。

30. 女孩，别冲动

如果一个人的心理问题持续存在，甚至出现睡眠、饮食、情绪等方面的障碍，并对自己的生活、学习和工作带来很大影响，这就更需要心理咨询与治疗了。

每年我院心理健康活动月，我们都会开展一系列心理健康教育活动，其中包括心理电影赏析、心理咨询讲座、呵护心灵的签名以及心理漫画展和心灵故事征文等活动。

萍在 2015 年心理健康活动月开幕那天晚上给我发短信："老师，我又听了您的一次讲话，上次是在新生入学教育时。无论如何我得见您一次，否则我可能会做傻事。"面对这样的短信，我总是及时回复，并约好了见面时间。

第二天一早，萍如约走进我的咨询室。她是个相当漂亮、个头大概在一米六五左右的女孩。一进门，她就急切地对我说："老师，我知道，总有一天我会找您做咨询的。所以，新生入学教育时我就专门记下了您的手机号。"

我忙给她安排就座，并且欢迎她来做咨询中。萍是一个和宿舍同学闹得不可开交的女孩。在头一天的短信预约中，她说："老师，宿舍的人都排挤我，我找不下其他能去的宿舍。和她们在一起太令我痛苦了，我都不想在这儿念书了。"

我也落座后，萍抬起她那双水汪汪的大眼睛："老师，您知道吗？每次不高兴，我都想拿着我们宿舍那把墩布把她们一个个打遍。"

"用墩布？"我注意到萍说"墩布"这两个字时她是咬着牙狠狠地说的。

"是的，我和她们的矛盾就是从墩布开始的。"

于是，萍开始诉说事情由来。萍生活在一个比较安逸的家庭，爸爸在公安局，妈妈待业在家不上班，专门照顾她和弟弟上学。所以，萍说她上大学之前从来没有用过墩布，即使她以前在学校打扫卫生，也只是扫扫地而已。

由于她父亲有车，每周五下午她就被爸爸接回榆次的家，周日下午又被送回学校。每次回学校时，她就给同宿舍的同学们带回许多好吃的东西。起初，她们两个人一组轮流打扫宿舍卫生，她扫地，另一个女孩负责墩地。后来宿舍长提出每天一个人就可以收拾完宿舍卫生，于是她犯了愁。第一次该她墩地时，她死活不去涮墩布，说不会。宿舍同学没人相信二十岁的人了没拿过墩布，所以大家不依不饶，非要让她独自墩一次地不可。她在大家强烈的目光注视下拿起了墩布，来到卫生间水龙头跟前。拧开水，她胡乱涮着墩布，想起在家里妈妈的疼爱、爸爸的呵护，眼泪不停地流了下来。她越想越生气，最后竟然扔下墩布跑到大街上，一个人漫无目的地走了一下午。晚上回到宿舍没有一个人主动和她打招呼，她又沮丧又难过。从那以后，她一看见墩布就生气，就想打人。

"这种情绪有多长时间了？"我终于能插进一句话来。在心理咨询过程中，搞清楚求助者问题持续时间的长短有助于判断求助者心理问题的严重程度。

"从国庆节来了后到现在有两个月了吧？"萍侧着头想了想，"我现在不能看书，不能好好睡觉，整天想的就是要用墩布揍她们。"如果一个人的心理问题持续存在，甚至出现睡眠、饮食、情绪等方面的障碍，并对自己的生活、学习和工作带来很大影响，这就更需要心理咨询与治疗了。

"你以前出现过和同学们闹意见的事情没有？"看着萍这么漂亮的脸蛋和高挑的身材，我很想探究她内心深处想打人的思想究竟从哪里来的。

"以前，我在我班特吃香。男孩子们尤其喜欢我，只要有人欺负我，就有男生为我出头露面、打抱不平。一次，有个女同学骂我不是省油的灯，我就叫了我的一个铁哥们扇了她耳光。后来她不服气又找人想我，我也就找人揍了他们，其中有一个人还被我叫的人打得住了医院，缝了针。"

"这些事，你的家人知道吗？"我问她。

"当然知道了，药费还是我爸爸去医院结算的。从小到大，只要我受了委屈都是我爸爸帮我摆平的。我弟弟现在也在公安局工作，他特别像我爸，只要让他知道谁欺负我了，他也会替我收拾人家的。"

"那你还没有把你在这儿受的委屈告诉你爸爸和你弟弟对不对？"我刨根问底。

"没有，我不敢告诉他们了。"萍低下头，接着叹了口气。

"为什么不敢了呢？"我又问。

"这样不太好吧？我觉得自己都这么大了，一有事就打打杀杀，影响太不好了。"她直了直腰回答我。

"是的，你没有把学校宿舍内的矛盾告诉你家人是正确的。因为你也知道他们解决问题的方式你并不喜欢，但你忍不住又想依靠武力来解决，是这样吗？"我帮她分析她的心理问题产生的原因。

"是呀，老师。你怎么知道得这么清楚？"萍对我的话感到很惊讶。

"不，不是我知道得清楚，而是你诉说得太明白了。"

接下来，我结合她的问题给她讲解了精神分析理论的一些观点。在精神分析理论中，弗洛伊德大师把每个人的人格分为本我、自我、超我三个部分。本我追随快乐原则，使萍习惯了用武力来解决她遇到的一切问题从而获得满足感；但是随着年龄的增长，超我要求萍追随道德的原则，做事要合乎良心和道德力量；自我追随现实原则，是本我和超我的中间桥梁、调节者。一个人要保持心理正常，要生活得平稳、顺利和有效，就必须依靠这三种力量维持平衡，否则就可能导致心理的失常。萍现在就出现了心理失常现象。

于是，我和萍一起分析她情绪波动的原因，并确立了咨询目标和下次咨询时间。

人的情绪是以认识为前提的。认识正确，要求合理，容易实现，有助于保持饱满的热情、情绪的稳定、心情的舒畅；反之，认识偏激以至错误，或者好高骛远，想入非非，需求过分，就会与现实发生矛盾，产生偏激情绪，心浮气躁，忘乎所以，很容易做出平时做不出来的行为。

一周后，萍如约而至。她说自己已经尝试着平息激动的情绪，心情平淡了许多，但和宿舍人关系还是很僵，用她自己的话来说，"我根本不搭理她们了，因为我不屑与她们为伍，她们不配做我的朋友。"

看来她的反思仍然只停留在她自己的角度上，她还是没有学会站在他人的立场上来分析问题，她仍然视其他同学为敌。如何改变萍这种认知上的错误呢？

我一时半会儿也很为难，但是很快我就想到了对策。我问萍："如果你将来遇到你的另一半，他在家里什么活也不会干，而且一生气他就动武，你会怎么做？"

萍偏着头，想了想，笑了："不会这么巧吧？我什么也不会，他什么也不会。我发脾气，他就动手。太可怕了，我们怎么过日子呀？"

问题到这儿非常明白了，萍凝想了片刻，突然站起来兴奋地对我说："谢谢您，老师，我知道我该怎么做了。"

第二天，我收到了萍的短信："老师，我和宿舍的同学们都和好了。通过这件事，我结识了您，也明白了很多道理，这是一笔财富，您不仅是我的老师，更是我的朋友！"

我笑了，帮助身边的学生快乐成长是我最大的快乐！

相关知识链接——如何调控情绪

一、情绪和情感

情绪和情感是人的心理活动的一个重要方面。广义的情绪包括情感，是人对客观事物的态度体验，是人对客观事物是否符合自己的需要而产生的主观态度的体验。客观世界的某些刺激并不能全都引发人的情绪，只有与人的需要有直接或间接联系的事物，才使人产生情绪体验。通常，那种能满足人的某种需要的对象，会引起人肯定的情绪体验（如满意、愉快、喜悦等）。反之，那种妨碍或干扰人的某种需要得到满足的对象，则会引起否定的情绪体验（如不满意、痛苦、忧愁、恐惧、愤怒等）。

情绪和情感是同一心理现象的两个不同的方面。情绪指的是感情反映的过程，具有情景性和易变性，并伴有明显的生理变化和外部行为的表现。情感常用来描述具有深刻、稳定的社会意义的感情，与情绪相比它更为深刻，具有稳定性和持久性。情感需要通过情绪来表现，离开了情绪，情感也就无从表达了。情感也能制约情绪的表现方式

二、情绪情感的生理变化和外部表现

情绪和情感是以需要为中介的一种心理活动。情绪和情感是主体的一种主观感受或内心的体验。情绪和情感会引起一定的生理上的变化，情绪和情感有其外部表现的形式，即表情。

1. 情绪情感的生理变化

随着情绪、情感的发生，有机体会在呼吸系统、循环系统、消化系统和腺体活动等方面发生一系列的生理变化。情绪和情感与人的健康密切相关，比如生气或受惊吓时，呼吸短促并加速，心跳和脉搏加快，血压升高，血糖增加；突然震惊还会暂时中断呼吸。在非常紧张的状态下，如大怒，由于肾上腺分泌的增加，还会引起血糖、血压的升高和肌肉紧张度的增高，胃肠蠕动加快，使机体处于应激状态。而处于焦虑、抑郁时，则会出现消化腺活动下降等。

2. 情绪情感的外部表现

情绪、情感的外部表现通过表情来实现。表情动作简称表情，它是情绪在有机体上的

外显表现，或者指有机体通过自己身体的外显行为来表达感情。人类的表情是复杂而细腻的，它可表达种种心理内容，还可以表达语言不能表达或不便表达的心理状态。表情动作可以分为面部表情、姿态表情和言语表情。

面部表情是指面部的表情动作。眼、眉、嘴、鼻等的变化最能表现一个人的情绪。例如，高兴时两眼闪光，嘴角后伸，上唇提起；愁苦时眉头紧缩，眼睑、双颊和双唇下垂。

姿态表情又叫动作表情，是指情绪在身体姿态、四肢活动方面的表现。例如，高兴时手舞足蹈、捧腹大笑，悲恸时捶胸顿足，惧怕时手足无措，骄傲时趾高气扬等。

言语表情是指情绪在音调、节奏和言语速度方面的表现。悲哀时音调低且差别很小，言语速度慢，节奏变化小；喜乐时音调高且差别很大，言语速度快，节奏变化大；愤怒时声音高、尖而且伴有颤抖。

三、情绪、情感的功能

情绪与情感是心理过程中非常重要的一对概念，而情绪与情感功能的辨析也很重要。

（1）适应功能。情绪与情感是个体在环境中生存以及谋求发展的重要手段，当个体面对新环境或者危险环境时，情绪与情感可以帮助个体更好的寻求心理安全和发展。例如，学生为了获得老师的奖励或者赞赏而努力学习；人在落水时大声呼救，都体现了这一功能。

（2）信号功能。情绪与情感是个体的心理过程，可以在个体交流、交往过程中传递信息，将自己的要求、愿望、态度等传递给对方，达到个体间的沟通作用。而这种功能更多的是通过表情传达的，如点头微笑表示赞赏愉悦，摇头皱眉表示反对。因此，情绪与情感的信号功能是指个体能以体验的方式表达出自己对周围事物的认识和态度，并对他人施加影响。

（3）感染功能。个体之间情绪与情感可以相互传递或者感受，个体的情绪与情感可以感染别人，使别人产生强烈的内心体验，形成与之相应的情感，这是人和动物显著区别。我们日常生活中所说的产生"共鸣""感同身受"都属于感染功能的体现。

（4）调节功能。调节功能在有的考试中也叫做组织功能，这一点要加以注意。调节功能是指个体面对困难或者无法接受的心理状态时，通过对心理活动的检测和调整，是自身心理感受达到适应的状态。这里的调整组织分为积极情绪和消极情绪两种，其中积极的心理情绪对个体行为及其结果有促进作用，而消极的情绪与情感则有阻碍作用。例如，在做事情失败时，积极的情绪与情感会客观看待；消极的则会悲观，获得习得性无助。

（5）动力功能。情绪与情感的动力功能是指情绪与情感能够驱使个体进行某种活动，也能够阻止或干扰正在进行的活动。积极的情绪可使人精神振奋、想象丰富、思维敏捷、富有信心，消极的情绪则使人感到学习枯燥无味、想象贫乏、思维迟钝、心灰意懒。

四、如何调控情绪

在生活中，我们绝大多数时候都在有意无意中受着情绪的控制。它既能使人精神焕发、充满激情、思维敏捷、干劲倍增，又能使人萎靡不振、情绪低落、思路阻塞、消极怠惰。心理学家把人的情绪分为积极情绪与消极情绪两大类，积极情绪对人有正向的、积极的作用；消极情绪则对人有负向的、消极的作用。对于积极情绪，要尽力发展；对于消极情绪，则要严格控制。

（1）理智调控，冷静处理。人是有理性的高级动物，情绪的强度、表达都可以在人的控制下来实现。遇到问题，我们要学会理智地分析、判断，三思而后行，调控自己的情绪。

（2）适当宣泄，寻求咨询。心理问题产生后，如果不及时解决，被一再压抑，时间长了，心理问题会泛化、变质，它也可能转化为心理疾病。我们可以防微杜渐，遇到情绪问题及时找朋友、找老师倾诉、哭泣或者进行一场剧烈的活动等，这样把情绪合理地宣泄掉，身心就会轻松许多；或者找专业老师进行咨询，更能很快去掉消极情绪，走出低谷。

（3）心理放松，轻装前行。静坐冥想、欣赏音乐、肌肉放松等都可以使我们的心灵安静和沉淀。我们的心理需要休息，休息就是放松，读小说、听音乐、看电影、喝杯水、看个笑话都不失为放松的好方法。大家要认识到，放松是生活的必需，就像足够的睡眠有益于身心一样。心理放松，是为了轻装前行走更远、更好的路。

有人说，情绪是思维的催化剂，思维能力可以通过情绪的调节而显示出更高的效应，人也会因此显得更聪明、更能干。

愿我们每一个人都拥有一个良好的情绪状态，健康快乐地成长与生活。

31. 就业，不得不说的尴尬

职场新人走进职场，需要的不仅是年轻人的激情，也需要沉稳的思考。遇到迷茫，更多的是要思考如何解决问题，问问自己究竟喜欢什么，能做什么，想做什么，而不是逃避。

新学期开始，我院大三学生也到了求职的最后冲刺阶段。为了帮助同学们尽快找到合适的用人单位，我院聘请老师为学生做就业前的辅导，招生就业办公室举行了一场又一场的招聘会。

即便如此，学生们还是对就业有各种各样的迷茫和困惑。

晨是我院会计系学生，在面试的前一天，他来到咨询室："老师，我真的好矛盾、好痛苦！"

晨来自晋南小县城，能够来到省城读大学，父母对他寄托了很大的希望，都希望他将来能在太原找份好工作，出人头地。可是在大城市竞争力比较激烈，晨想回县城去发展，但离开太原又觉得不甘心。

"就要毕业了，内心真的是烦躁不安，我周围的许多同学也都像我这样，非常痛苦。社会上对高学历盲目追求，我们似乎一点竞争的实力都没有。老师，您说我们怎么办？"

"那你有没有分析过自己，你清楚自己想做什么？能做什么吗？"看着他满面愁容的样子，我想首先应该帮助他理清思路。

"三年来，我一直在考虑自己该何去何从，尽管也拿到了一些证书，但还是感觉学到的东西很少。我不知道自己想做什么，我也不知道自己究竟能做什么！"晨痛苦地回答。

这就是晨的首要问题，最让他头疼的就是他不清楚自己能做什么，想做什么，这样的问题使他一天比一天更迷茫，一天比一天更困惑，最终造成他今天的痛苦。

根据相关部门统计，2007 年高校毕业生人数达到 795 万人，比 2016 年增加 19 万人。来自"英才网"针对 2017 届毕业生的调查显示，认为"就业形势不好，就业压力大"的人数比例高达 67％，还有 29％的学生认为"就业形势严峻，就业非常困难"，仅有 4％的学生认为"就业形势较好，就业压力不大"。在所有参与调查的学生群体中，没有一人认为"就业形势一片大好"，其中大学生职业迷茫人数比例甚至达到了 90％。

我的咨询经验也告诉我们，大部分学生在毕业前夕存在"没有感觉""找不到方向"的心理问题。他们往往缺乏考虑自身性格与职业的匹配度怎么样、兴趣爱好与职业的匹配度如何、自身特长与职业的匹配度怎么样、所选职业的发展趋势又如何等。

"你的职业目标和职业理想是什么呢？"我向晨再次发问，目的是启发他深深思索，面对今天求职困难的局面，他该作出怎样的选择。

"职业目标？职业理想？我根本不懂这些，我只知道有个好工作，拿份好工资就可以了！但是……"从晨的回答我们可以看出学生们理解和了解的职业知识少得可怜。

"有个好工作，拿份好工资"这当然是每个毕业生的"美好理想"。但是，在市场竞争激烈、人们频繁跳槽的就业现状下，这样的"美好理想"太难实现了。

"你也认为这几乎不可能，是不是？"在这儿，我运用了内容反映技术，我把晨没有说完的话替他说出来，是为了使他更明了他的思想。

我要让晨用一个新的、更全面的角度来重新思索他的困惑、他的环境以及他自己，这样可以加深他对自身的行为、思想和情感的了解，使他产生领悟，提高认识，促进他的变化。

然后，我用提问把晨的问题细化："为什么你们觉得就业难，除了社会大环境的影响，我认为你们欠缺正确的职业意识。你的问题反映出你们常犯的几个错误，即职业迷茫、职业目标混乱、缺乏职业理想、对职场了解不够。"

"80后"的职场新人，走进职场，需要的不仅是年轻的激情，也需要沉稳的思考。遇到迷茫，更多的是要思考如何解决问题，问问自己究竟喜欢什么，能做什么，想做什么，而不是逃避问题。

晨能够带着疑问走进心理咨询室，这说明他有积极向上的求索需要。

经过我的举例、摆事实的讲解，晨深有感触："如果我们在大一就开始为就业做准备，如果我们早早清楚自己的职业规划、职业目标、职业理想，那么我们今天的生活肯定会有大的不同。老师，您一定要多给我们讲讲这方面的知识，尽管距离毕业的时间还剩短短半年，我有信心摆正我的思路，重新思索就业去向。谢谢您！"

在此，我也希望我们大学招生就业部门密切关注学生需求，把对大学生的职业规划指导提高到应有的地位，不仅可能改变大学生的一生，而且也是高等教育人性化的体现。

相关知识链接——如何做好职业生涯规划

一、什么是职业生涯规划

职业生涯规划(career planning)也叫"职业规划"，在学术界人们也喜欢叫"生涯规划"，在有些地区，也叫作"人生规划"，其实表达的都是同样的内容。职业生涯规划也叫职业生涯设计，是指个人与组织相结合，在对一个人职业生涯的主客观条件进行测定、分析、总结的基础上，对自己的兴趣、爱好、能力、特点进行综合分析与权衡，结合时代特点，根据自己的职业倾向，确定其最佳的职业奋斗目标，并为实现这一目标作出行之有效的安排。

职业生涯规划指的是一个人对其一生中所承担职务的历程的预期和计划，这个计划包括一个人的学习与成长目标以及对一项职业和组织的生产性贡献和成就期望。个体的职业生涯规划并不是一个单纯的概念，它和个体所处的家庭以及社会存在密切的关系，并且要根据实际条件具体安排。因为未来的不确定性，职业生涯规划也需要确立适当的变通性。虽然是规划，也不是一成不变的，同时职业规划也是个体的人生规划的主体部分。

职业规划就是对职业生涯乃至人生进行持续、系统的、计划的过程。简而言之，职业生涯规划就是你打算选择什么样的行业、什么样的职业、什么样的组织，想达到什么样的成就，想过一种什么样的生活，如何通过你的学习与工作达到你的目标等。一个完整的职业规划由职业定位、目标设定和通道设计三个要素构成。

二、大学生职业生涯规划状况

通过对大学生进行求职准备情况的调查研究，以及对刚工作不久的毕业生进行回访调查，发现学生在求职准备方面呈现出几个明显倾向：

第一，在职业能力的自我评估上，许多大学生存在高估或低估的倾向。

第二，在职业信息的了解上，大学生们过于关注职业是否符合自身需要，却忽略了职业要求与自身素质的匹配程度。

第三，在职业准备的投入上，大多数学生比较被动。

三、职业生涯规划的意义

科学合理的职业生涯规划是每个人的必要工作，也是每个人职业生涯发展过程中的必然要求。职业生涯规划意义远大，主要有以下几个方面：

（1）通过职业生涯规划，可以分析自我，以既有的成就为基础，确立人生方向，提供奋斗的策略。

（2）通过职业生涯规划，可以重新安排自己的职业生涯，突破生活的格线，塑造清新充实的自我。

（3）通过职业生涯规划，个人可以准确评价个人特点和强项，在职业竞争中发挥个人优势。

（4）通过职业生涯规划可以评估个人目标和现状的差距，提供了前进的动力。

（5）通过职业生涯规划可以准确定位职业方向。

（6）通过职业生涯规划重新认识自身的价值并使其增值。

（7）通过自我评估，知道自己的优缺点，然后通过反思和学习，不断完善自己，使个人价值增值。

（8）通过职业生涯规划，全面了解自己，增强职业竞争力，发现新的职业机遇。

职业生涯规划通常建立在个体的人生规划上，因此，做好职业生涯规划将个人生活、事业与家庭联系起来，让生活充实而有条理。

四、职业生涯规划最重要的目的

职业生涯设计的目的绝不只是协助个人按照自己资历条件找一份工作，达到和实现个人目标，更重要的是帮助个人真正了解自己，为自己订下事业大计，筹划未来，拟订一生的方向，进一步详细估量内、外环境的优势和限制，在"衡外情，量己力"的情形下设计出各自合理且可行的职业生涯发展方向。其中最重要的两个目的是：

（1）找到适合自己的工作。找工作最重要的就是要人岗匹配，适合自己。每个工作都有长处和短处，每个人都有优势和劣势。分析、定位是职业生涯规划的首要环节，它决定着个人职业生涯的方向，也决定着职业生涯规划的成败。求职之前先要进行职业生涯规划，进行职业生涯规划之前先要进行准确的自我定位。先要弄清自己想要干什么。能干什么，自己的兴趣、才能、学识适合干什么，可以通过可靠的量表工具的测量，评估职业倾向、能力倾向和职业价值观，这是职业生涯规划的基础，职业规划就是根据测评结果的各项指标，以及自身的学历、经历、能力，了解一个人的内在、外在优势，并且把这些优势整合在一起，作为职场上打拼的核心竞争力。然后，由咨询师根据南北市场、行行业业的职位，进行分析，找到人岗匹配的匹配点，也叫职位切入点。

（2）为了通过规划求得职业发展，制订出今后各个阶段的发展平台，并且拿出攻占各个平台的计划和措施，然后由咨询师对切入点的所在的市场状况、行业前景、职位要求、入行条件、培训考证、工作业务、薪酬提升、行业英语等运作进行详细的指导，如要上每个平台，需要多长时间、补充哪些知识、增加哪些人脉等，而自己则沿着主干道去充电，几年后成为业内的精英，从而使自己的薪水和职位得到升华。

五、职业生涯规划的步骤

面试时候主考官常常会问这样一个问题：如果你获得这个职位，你将如何开展工作？这就是你必须回答的一个简单的职业生涯规划内容。面对日益激烈的职场竞争，每个人都不得不面对这样的问题：我未来的路在哪？如何找到我满意的工作？所以每个人其实都在心里想过自己的职业规划，也许这只是一个很模糊的意识。只要通过问自己以下几个问题，职业生涯规划过程就明确了。

（1）What are you?（你是谁?）首先问自己，你是什么样的人？这是自我分析过程。分析的内容包括个人的兴趣爱好、性格倾向、身体状况、教育背景、专长、过往经历和思维能力。这样对自己有个全面的了解。

（2）What do you want?（你想要什么?）这是目标展望过程，包括职业目标、收入目标、学习目标、名望期望和成就感。特别要注意的是学习目标，只有不断确立学习目标，才能不被激烈的竞争淘汰，才能不断超越自我，登上更高的职业高峰。

（3）What can you do?（你能做什么?）自己专业技能何在？最好能学以致用，发挥自己的专长，在学习过程中积累自己的专业相关知识技能。同时，个人工作经历也是一个重要的经验积累，以此判断你能够做什么。

（4）What can you support?（什么是你的职业支撑点?）你具有哪些职业竞争能力？你有哪些资源和社会关系？个人、家庭、学校、社会的种种关系，也许都能影响你的职业选择。

（5）What do you fit the most?（什么是最适合你的?）行业和职位众多，哪个才是适合你的呢？待遇、名望、成就感和工作压力及劳累程度都不一样，看个人的选择了。选择最好的并不是合适的，选择合适的才是最好的。这就要根据前四个问题再回答这个问题。

（6）What you can choose in the end?（你能够选择什么?）通过前面的过程，你就能够做出一个简单的职业生涯规划了。机会偏爱有准备的人。你做好了你的职业生涯规划，为未来的职业做出了准备，当然比没有做准备的人机会更多。

六、职业生涯规划的原则

面对发展迅速的信息社会，仅制订一个长远的规划显得不太实际，因而，有必要根据自身实际及社会发展趋势，把理想目标分解成若干可操作的小目标，灵活规划自我。做职业生涯规划时，还要把目光投向未来。研究清楚本人的工作，十年后会怎么样？自己的职业在未来社会需要中，是增加还是减少；自己在未来的社会中的竞争优势，随着年龄的增加是不断加强还是逐渐削弱？在自己适合从事的职业中，哪些是社会发展迫切需要的等。

（1）择己所爱。从事一项你所喜欢的工作，工作本身就能给你一种满足感，你的职业生涯也会从此变得妙趣横生。兴趣是最好的老师，是成功之母。调查表明，兴趣与成功概率有着明显的正相关性。在设计自己的职业生涯时，务必注意考虑自己的特点，珍惜自己的兴趣，择己所爱，选择自己所喜欢的职业。

（2）择己所长。任何职业都要求从业者掌握一定的技能，具备一定的能力条件。而一个人一生中不能将所有技能都全部掌握，所以你必须在进行职业选择时择己所长，从而有利于发挥自己的优势。运用比较优势原理充分分析别人与自己，尽量选择冲突较少的优势行业。

（3）择世所需。社会的需求不断演化着，旧的需求不断消失，新的需求不断产生，新的职业也不断产生，所以在设计你自己的职业生涯时，一定要分析社会需求，择世所需。最重要的是，目光要长远，能够准确预测未来行业或者职业发展方向，再作出选择，不仅是有社会需求，并且这个需求要长久。

（4）择己所利。职业是个人谋生的手段，其目的在于追求个人幸福，所以你在择业时，首先考虑的是自己的预期收益——个人幸福最大化。明智的选择是在由收入、社会地位、成就感和工作付出等变量组成的函数中找出一个最大值。这就是选择职业生涯中的收益最大化原则。

大学生的职业生涯规划最终还是要大学生自身去解决的，也只有大学生自己才可以解决自己的问题。

32. 珍惜生命，热爱生活

自我暴露又叫自我揭示，是指咨询人员提出自己的情感、思想、经验与来访者分享。十多年咨询经验告诉我，要想在短时间内取得学生的信任，最好的办法是暴露自我的一些缺憾和弱点。

2017年9月6日中午两点十七分，还不到下午上班时间，我忽然接到这样一条信息："老师，您肯定不认识我，我只是在阶梯教室听过您讲课。今年，我大三了，真的好想好想死，真的有太多太多的苦闷，我不知道活着还有什么意义。"

接到这样的信息，我敏锐地感觉到这是一个女孩子，而且她可能正在死亡的边缘挣扎着，尽快地找到她，尽可能地安抚她不让她做出什么傻事来。

立刻，我小心询问她目前所处的具体位置。

"我在滨河公园。老师，翻遍所有亲戚和朋友的电话，我发现没有一个我能联系的人，我不想活了！真的真的想一下子跳进水里，再也不用醒来！"

她的信息又一次传送过来，我仿佛看见一个无助、彷徨的弱女子，我的心不由自主地紧张、焦急起来，强烈的责任感使我拨响了她的电话。

好半天，对方才开始接听。但是，电话里哭泣的声音使我听不见她说的任何一个字。我只能一遍一遍地强调："别怕，别怕，老师陪着你！"

大概哭了有三四分钟，她终于停下来："老师，我该怎么办？我还有没有救？"

"肯定有救！你先回学校来吧！每个人都会有不痛快的时候，每个人都想逃避生活上所遇到的烦心事，老师也曾经以为生活没有什么意义，也曾经想过放弃生命！你要相信，老师能挺过来，你也能！回来吧，我等着你！"

在这里，我又一次运用了自我暴露的心理咨询技术。自我暴露又叫自我揭示，是指咨询人员提出自己的情感、思想、经验与来访者分享。因为几年咨询经验告诉我，要想在短时间内取得学生的信任，最好的办法是暴露自我的一些缺憾和弱点。

某心理学家说，一个人要想和他人建立亲近关系乃至亲密关系，恐怕是非要冒险开放或者说暴露自我不可的。的确，最知心的朋友就是知道我们秘密最多的朋友，而且，学生们喜欢平易近人的老师，自我暴露缺陷使他们觉得心理咨询师和他们一样都属于平常人，都有过或多或少的困惑。

果然，这招很奏效，她说："老师，您也有过我这么失败的时候吗？你也曾经想到过死？"

"是的，老师希望你马上回学校！我等着你！"我想最重要的还是要先让她离开滨河公园，尽快回到学校。

"好吧，老师，我大概一小时后回去。您一定要等我！"听着她电话里悲伤的语气少了许多，听到她接受了我的建议肯离开滨河公园，我紧张焦虑的情绪减了半。

一个小时后，刚刚送走了预约学生，一个眼睛还红肿着的女孩站在我面前，这就是芸。芸长相很普通，小鼻子小眼睛，个子大概在一米六左右，一进门她的泪水又来了，我赶紧递去一张纸巾。

通过近一个小时的交流和沟通，我了解到造成芸出现今天情绪失控的因素主要有五点：① 家庭不幸：父母都是农民，并且母亲瘫痪，父亲有病；② 社会因素：暑假里，经常接济她家的两个姑父出事故，一个因尿毒症去世，另一个在施工现场摔死；③ 宿舍矛盾：同宿舍的一女同学经常对其冷嘲热讽；④ 爱情失败：曾经喜欢自己的男孩子移情别恋；⑤ 个性有缺陷：看问题消极悲观。由于这五大因素的影响，芸觉得自己根本承受不了以后生活的打击，尤其担心如果父母哪一天离开自己，那就是世界末日的降临，与其将来痛苦，不如早早一死了之。这学期来校后，芸发现自己的学习成绩退后了(从第一名落后到第七名)，而常常欺负她的女同学从第八名前进到了第二名，自己喜欢的男生偏偏看上了她讨厌的女生，所以觉得生活了无情趣，于是很冲动地跑到滨河公园。

针对芸的问题，我和她协商主要咨询目标：① 改变不良认知，看问题要积极乐观；② 发扬勤奋好学的优点，提高自信心；③ 建立和谐的人际关系。

尽管还有很多不愉快，芸同意接受一周一次的咨询时间安排。

考虑到芸自杀倾向的严重性，我建议她随时和我保持联系，并且把她的情况告知了她的班主任，要求班主任和她宿舍的另外一名学生密切关注芸的一举一动。

三次咨询后，芸在认知上确实有了很大的进步，老师和同学普遍反映芸的精神面貌渐好。她自己也承认心情轻松、学习有了新动力，还常常和同学老乡在一起运动健身，不再有自杀念头了。

相关知识链接——高校危机干预解析

一、什么是危机干预

危机(crisis)是指人类个体或群体无法利用现有资源和惯常应对机制加以处理的事件和遭遇。危机往往是突发的，出乎人们的预期。如果不能得到很快控制和及时缓解，危机就会导致人们在认知、情感和行为上出现功能失调以及社会的混乱。

危机干预，属广义的心理治疗范畴，它借用简单心理治疗的手段，帮助当事人处理迫在眉睫的问题，使其恢复心理平衡，安全渡过危机。这是一种通过调动处于危机之中的个体自身潜能来重新建立或恢复危机爆发前的心理平衡状态的心理咨询和治疗技术。目前危机干预已经日益成为临床心理服务的一个重要分支。

二、高校危机干预的对象

心理危机干预是近年来社会和高校普遍关注的一个主题，目前，高校都建有大学生心理干预机制。

高校内，心理失衡状态是指学生运用通常方式不能应对目前所遇到的情形时，出现的严重心理危机。心理危机干预是指采取紧急应对的方法帮助学生尽快恢复心理平衡，安全度过危机。心理危机干预的任务是要帮助当事人提高应付能力，恢复心理平衡，获得成长和发展。

一般而言，危机干预的对象主要分为四类，即患有严重抑郁症、精神分裂症等易出现自伤行为的精神障碍者；因心理障碍或突发事件导致产生自伤企图或行为者；因心理障碍而表现出明显的攻击性行为，有暴力倾向或伤害他人倾向者；其他经由学校心理危机鉴定与干预专家组认为有必要进行心理危机干预者。

近几年，大学生的抑郁情绪及抑郁症是高校心理危机干预关注的重点对象。有报告指出，抑郁症患者的自杀率是一般人的 8 倍。有的抑郁患者不但自杀，在自杀前还会杀死自己的亲人，究其原因是担心自己死后亲人痛苦，索性共赴黄泉。在抑郁情绪的支配下，他们极度绝望，对生活及治疗都丧失了信心；有的甚至出现自责、自罪的妄想，认为自己犯了滔天大罪，从而采取极端手段。

据不完全统计，2006 年发生自杀案件的中国大学超过 100 所。每年的 9 月 10 日是世界"预防自杀日"。由重庆医科大学所做的重庆市首份大学生自杀心理调查报告显示，大学生每年自杀人数呈上升趋势，同时年龄呈现低龄化。每 100 名大学生当中有 13 人曾有自杀意念。在自杀的大学生群体中，有 60％的人自杀前出现了抑郁症状，20％的人已经是抑郁症患者。

其实在生活中，人们离自杀并不遥远，有过自杀念头的人更不在少数，而根据世界卫生组织提供的自杀数据显示，中国是唯一一个女性自杀比率超过男性的国家。发达国家男性自杀率至少是女性的 3 倍，而我国的女性自杀率却比男性高出 26％。

大学生经过国家多年培养而轻易终止生命是令人惋惜的，特别是独生子女走上绝路给家庭带来的伤害更是难以弥补的。

三、高校心理危机干预的原则

高校内，心理危机干预由分管学生工作的学校领导总负责，学生处主要领导负责统一指挥协调，心理健康指导中心和学生辅导员及学校有关工作人员参与，院（系）与有关职能部门分工负责，联动配合。危机干预的原则主要有以下几个方面：

（1）生命第一的原则。发现危机情况，立即采取保护措施，最大限度地保护学生的人身安全。

（2）亲属参与的原则。实施心理危机干预时，以最快的速度通知学生家长或亲属。

（3）全程监护的原则。实施危机干预过程中，安排专人对干预对象全程监护。

（4）分工协作的原则。实施危机干预过程中，相关部门要协调配合，履行职责，积极主动地开展工作。

四、高校心理危机干预的程序

无论个体遇到什么样的危机，危机干预都可以遵循一定的步骤，使用直接和有效的干预方法来处理。

（1）问题的发现。各院系要建立起通畅的学生心理危机信息反馈机制，做到在第一时间内掌握学生心理危机动态，对有心理障碍的同学，大家应予以理解、关心和帮助，并及时向辅导员老师反馈情况。对有行为异常或近期情绪、行为变化较大的学生，院系心理健康指导委员组应给予及时的心理指导，并做好咨询记录，对问题严重的学生需转介到校心理健康指导中心，由心理健康指导中心请相关专家对学生进行预诊和危机风险评估，提出危机干预措施和初步的治疗建议。

（2）讯息报告。发现危机情况，应立即向辅导员报告，辅导员在采取必要措施并迅速赶往现场的同时向所在院（系）分管领导报告，院（系）分管领导立即向学校职能部门的主管领导报告，职能部门主管领导视危机严重程度酌情向学校分管领导及时汇报。

（3）即时监护。院（系）、学校有关职能部门立即派专人对危机学生进行 24 小时监护，保护学生的生命安全。

（4）通知家长。在实施监护的同时，院（系）应以最快的速度通知家长来校，如果家长确实无法尽快赶到学校，在家长以传真、电话等方式的授权下，对学生采取治疗措施。在紧急情况下，可采取直接送至专业卫生机构进行治疗等相应处理措施。对没有监护能力或不配合学校的家长，院（系）应对学生强制采取治疗措施或派人将学生遣送回家，并视情况为其办理休学或退学手续。

（5）进行阻控。对于有可能造成危机扩大或激化的人、物、情境等，进行必要的消除或隔绝。对于学校可调控的可能引发其他学生心理危机的刺激物，院（系）应协助有关部门及时阻断。

（6）实施治疗。需住院治疗的，必须将学生送至专业卫生机构治疗；对可以在校坚持学习但需辅以药物治疗的学生，院（系）应与其家长商定监护措施；对不能坚持在校学习的，按照学校学籍管理有关规定办理相关手续，由家长监护并离校治疗。

（7）应急救助。得知学生有自伤或伤害他人倾向时，相关人员应立即赶赴现场采取救助措施，紧急情况下应先拨打 110、120 等紧急电话求助。

（8）事故处理。当学生自伤或伤害他人事故发生后，学生工作主管部门负责现场的指挥协调；保卫处负责保护现场，配合有关单位对当事人实施生命救护，协助有关部门对事故进行调查取证，配合院（系）对学生进行安全监护；校医院负责对当事人实施紧急救治，或配合相关人员护送至就近医院救治；心理健康指导中心负责制订心理救助方案，实施心理救助，稳定当事人情绪。

（9）成因分析。事故处理结束后，心理健康指导中心负责事件的成因分析，对事前征兆、事发状态、事中干预、事后疏导等情况认真梳理；尤其对那些行之有效、操作性强的手段和措施认真总结，以备今后参考。

另外，危机干预工作应该始终将检查评估贯穿于干预的所有过程中。危机评估主要内容包括：① 评估危机的严重程度；② 评估求助者目前的情绪状态；③ 评估替代解决方法、应付机制、支持系统和其他资源；④ 自杀危险性评估。

五、危机干预的方法与技术

危机干预主要应用的方法和技术有以下几种：

1. 沟通技术

危机干预首先要借助沟通技术迅速建立良好关系，建立和保持医患双方的良好沟通和相互信任，才有机会让干预技术得以执行和贯彻，以取得干预的最佳效果。良好的医患沟通和合作关系，有利于当事者改善人际关系、保持心理稳定、恢复自信和减少对生活的绝望感。危机干预工作人员应该注意消除干扰以免影响双方沟通；交流语言、态度和举止一致表达出体贴和关注，避免双重和矛盾的信息；避免给予过多的保证，甚至超出个人的能力范围；多用通俗易懂的言语交流，避免应用专业性难懂的语言；利用可能的机会改善病人的自我觉察。

2. 心理支持技术

这类技术的主要目标是尽可能地给予求助者以心理支持，使当事者的情绪得以稳定，而不是急于纠正认知错误或行为。应用暗示、保证、疏泄、环境改变、药物、短期住院等方法予以患者心理支持，同时，要注意在干预过程中不应带有教育的目的。教育应是在危机解除后和康复过程中才是工作重点。

3. 干预技术

干预技术又称解决问题的技术，以帮助患者学习解决的问题技巧和应对方式为目标。帮助患者采取以下步骤进行思考和行动：① 明确存在的问题和困难；② 提出各种可供选择的方案；③ 罗列并澄清各种方案的利弊和可行性；④ 选择最可取的方案；⑤ 确定方案实施的具体步骤；⑥ 执行方案；⑦ 检查方案的执行结果。

干预的方法有电话危机干预、面谈危机干预及社区性危机干预等多种方式。干预技巧既有共性之处，也各有侧重。电话危机干预比较方便、及时且经济、保密性强。但难度较大，因为互不见面，声音是获得信息、施行干预的唯一途径。治疗者的任务应迅速从音调、语气及简洁应答中判断求助者的心理状态，基本干预策略是先稳住对方的情绪，导其倾诉，晓之以理。面谈危机干预的基本方法为倾听、评价及干预。干预措施包括调整认知、改善应对技巧、松弛训练、充实生活内容、扩大交往及建立支持系统。

大学生不仅是家庭的希望，也是祖国的未来。关心他们的健康成长，是包括家庭和学校在内的全社会共同的责任。但愿家长不仅要关心孩子的学习和生活，也要帮助他们提高心理健康水平，学校则需要强化心理危机干预，以教育引导大学生珍爱自己的生命。

下篇　心理札记

> 　　你若想获得爱，你则需要了解爱。一无所知的人也就一无所爱，什么都不做的人也就什么也不懂。什么都不懂的人是没有价值的。懂得事理的人才懂得爱、观察和发现……
>
> 　　对事物本质了解得越多，也就越钟爱……
>
> 　　　　　　　　　　　　　　　　　　——帕拉塞萨斯

1. 遇着了应该感恩，错过了学会释怀

命运有时候真的很会捉弄人，最美好的东西一定要用最深痛的巨创来换取吗？我想对年轻的她们说：遇着了应该感恩，错过了学会释怀。

前来咨询的女生很坚决："老师，我爱他，真的很爱，哪怕他有家庭！我不在乎！因为我们相遇了！"

相遇，正如电影《卡萨布兰卡》中一句经典台词："世界上有那么多的城镇，城镇中有那么多的酒馆，她却只走进了我的酒馆。"

相遇，不偏不倚，恰似上天刻意的安排。然而，不是所有的相遇都有一个完美的结局，人世间有许多相遇徒留遗憾。遗憾的，只是相遇而已。影片中，里克和伊尔莎的阴差阳错不外乎如此。然而，理智的里克选择了释怀。最终，他放弃和成全他人的胸怀也令人深深地敬服。

其实，每个人心中都有一座花窖，优雅地开花已经足够。但是，贪欲之心使人不满足，有时候还可能使人犯罪！只是，有些人的罪行在众目睽睽之下被审判，而有些人的罪行只是在午夜梦回的时候受到个人良心的拷问。

每次接待因感情问题而求助的女生，我的心都会很疼很疼。爱的路上，我们遇上一个人，如果你爱他多一点，那么，你也许终会失去他。然后，你遇上另一个人，如果他爱你多一点，那么你也可能会离开他。直到有一天，你遇到一个人，你们彼此相爱。你才终于明白，所有的寻觅，也有一个过程。从前在天涯，而今在咫尺。只是，年轻的我们是很难看得如此通透的。

年轻的时候，我也像她们一样渴望一份真感情，和爱人牵手的刹那终于明白，以前的感情纠葛和缠绕都是成长的一个过程，有些人再喜欢也不是你的，如果真爱，再也没有什么比"天长地久"这个词能更好地表达爱和幸福了。

但是，年轻人不会理解，他们其实爱上的并不是谁，他们只是爱上了一个虚拟的神话。"有时候，苦苦不能放下的，不是一个人，而是一段时光。"

美国著名精神分析理论家艾里克森的人格发展任务强调，成年早期（18～25 岁）的主要发展任务是培养爱的品质，具体包括两点：一是获得亲密感，避免孤独感；二是成熟的自我意识的发展及人生观与价值观的确立和定位。年轻人往往忽略第二个发展任务，只死死盯着第一个虚幻的美梦不放。可是，爱与伤害之间的距离是那样近，近得让年轻的她们难以把握爱与被爱的界限；她们还不懂，我们爱自己是要胜过爱爱情的。

忽然想到澳大利亚当代作家考林·麦卡洛的《荆棘鸟》，该作品以女主人公梅吉和神父拉尔夫的爱情纠葛为主线，描写了克利里一家三代人的故事，时间跨度长达半个多世纪。相识的时候，小梅吉才 9 岁，而拉尔夫 28 岁。身为教士（后来成为主教）的拉尔夫不止一次地对梅吉说："我爱你，永远爱你！但是，仅此而已，没有婚姻，没有家庭，你能忍受吗？"

梅吉什么也不说，但在她的内心早已把拉尔夫当作了她的上帝，她的一切！

这样的爱情就像传说中的那只鸟儿。它一生只歌唱一次，那歌声比世上所有一切生灵的歌声都更加优美、动听。从离开巢窝的那一刻起，它就在寻找着荆棘树，直到如愿以偿，才歇息下来。然后，它把自己的身体扎进最长、最尖的荆棘上，在那荒蛮的枝条之间放开歌喉。鸟儿胸前带着荆棘，它遵循着一个不可改变的法则。它被不知其名的东西刺穿身体，被驱赶着，歌唱着死去。在那荆棘刺进胸膛的一瞬间，它没有意识到死之将临，而只是唱着、唱着，直到生命耗尽，再也唱不出一个音符。

梅吉爱拉尔夫，就像传说中的荆棘鸟，把自己的身体扎进最长、最尖的荆棘上。为了那昙花一现的爱情，梅吉付出了一生，偷出来的爱情和儿子最终被上帝无情地收回，留给世人无尽的悲叹。

生活中的某些姑娘就像梅吉，当她们把"荆棘"刺进胸膛时，她们是知道的，然而，却依然要这么做，依然把"荆棘"刺进胸膛。

命运有时候真的很会捉弄人，最美好的东西一定要用最深痛的巨创来换取吗？

我想对年轻的她们说：遇着了应该感恩，错过了学会释怀。

亲爱的女孩，救救自己！

在奔赴向前的旅途中
你可曾努力想循一种声音
在汹涌如潮的人群中
你可想探一双手握紧

我曾经如是，但我
听到尼采的大声呵斥：
你想从我这里得到温暖吗
请不要靠我太近
我是一团烈焰
会灼伤你的双手和双眼

于是，我学会了起身
学会了告别
学会了断舍离
学会了独立和坚韧

我还真的，学会了
转身，及时转身
即使眼里满含热泪
这可能是羞愧
也是释怀的泪水
这时候，我喜悦地听到

尼采在我身后大声地昭告：

请不要做自己的心囚

人啊，你当自救

读者评语：

1楼 评论时间：2016－05－05 11:20:36

一位心理老师的札记，坚持写下去吧。

2楼 评论时间：2016－05－05 11:44:24

老师，我感觉我已经在心里为另一半画了一个轮廓，最近两个人，一个人很好，和他在一起也很舒服，但他不是我喜欢的类型，便开始疏远他；而第二个差不多是喜欢的类型，和他在一起玩了一天，感觉我们连交流都困难，但还是更喜欢他，这种心理危险吗？是说只留第二个吧？关于爱情真的是我们现在最关心的最忧愁的，想知道将来会和怎样的人走在一起，会从事怎样的工作，会在哪里生根发芽……甚至有时候都感觉读书没意思，是读书让我们有了这么多不确定感，世上真的有那个对的人吗？可茫茫人海，我去哪找呀？

3楼 评论时间：2016－05－05 12:58:03

有些时候，有些事情，明明知道不可以，可偏偏忍不住地去想。成熟就意味着要把持自己，冷静地看待周围的一切，我在努力……

4楼 评论时间：2016－05－05 13:02:02

老师，你写得很好，文字很美，但内容更值得我们去体会。把自己放到正确的位置，做正确的事，有时做了自己不该做的，留给自己的只是无尽的痛苦。别爱不该爱的人，别伤不该伤的心。

5楼 评论时间：2016－05－05 13:02:23

支持！谢谢老师！看到你所说的忍耐和期待，我似乎明白了，有些伤是完全不必要经历的痛，不可以沉迷在不属于自己的那份所谓的"真爱"神话里。老师，对吗？

6楼 评论时间：2016－05－05 14:08:55

过程或许美丽，但结局注定悲凉，只愿爱着的都是值得的！只是，情感路上太过复杂，悲伤或许难以避免，可至少不要有任何的遗憾。

7楼 评论时间：2016－05－05 15:02:46

这对于处于敏感期的我们来说确实是一个指导，爱是一种渴望拥有又不敢触摸的美丽，我不会制造它，我只会期待。

8楼 评论时间：2016－05－06 10:11:23

看后，很感触！！时间有时候真的会打破美好的幻想……谢谢老师！

9楼 评论时间：2016－05－06 12:40:44

老师，我现在就处在这样的感情中。决定几次离开，可是还是舍不得。现在知道了，老师，该放手时就应该试着放开。对谁都比较好，那样也不会有什么结果。

10楼 评论时间：2016－05－07 20:29:20

聪明的人懂得适时放手，既是给别人机会，也是给自己机会！

11楼 评论时间：2016－05－11 18:11:49

"变"是爱情的长叹。爱情不是生活中的全部，它应该是生活中最动听的伴奏，唯有生活的主旋律与之和谐地融合才能更好地走下去！老师听您讲课是一种美妙的享受。看您的文章受益良多。

12 楼 评论时间：2016 - 05 - 12 16:27:59

这样的人永远不懂得真正的爱情是什么……

13 楼 评论时间：2016 - 05 - 17 10:21:02

是啊！年轻的我们，爱了，也不过是同自己爱着，仅此而已！那个被爱的只是我们的想象，仅此而已！爱，是那么的自然！不爱，也是那么的自然！

14 楼 评论时间：2016 - 05 - 16 10:28:09

我觉得老师说的很对，真正看明白了，反而爱上了生活。所谓小隐隐于林，大隐隐于市就是这个道理吧！还有就是觉得，老师读过的书好多啊！多看看您的日志，确实能学到很多。

15 楼 评论时间：2016 - 05 - 18 13:18:06

老师，我觉得每个人心中应该都会有那么一个人存在，会影响着我们的生活。看了老师写的，感受到生活还是要继续走的，要学会自救。

2. 雨季里，请以晴日的幻想度日

生命不也如一场雨吗？你曾无知地在其间雀跃，你曾痴迷地在其间沉吟——但更多的时候，你得忍受那些寒冷和潮湿，那些无奈与寂寥，并且以晴日的幻想度日。

我的文件夹中收藏了许多优美的文章，有好友写的，有学生写的；当然，最不缺乏的是名家手笔，比如张晓风的《雨荷》。《雨荷》是我非常喜欢的一篇小散文，尤其是雨天时，那些字常常萦绕于心。

有一次，雨中走过荷池，一塘的绿云绵延，独有一朵半开的红莲挺然其间。

我一时为之惊愕驻足，那样似开不开，欲语不语，将红未红，待香未香的一株红莲！

漫天的雨纷然而又广漠，广不可及的灰色中竟有这样一株红莲！像一堆即将燃起的火，像一罐立刻要倾泼的颜色！我立在池畔，虽不欲捞月，也几成失足。

生命不也如一场雨吗？你曾无知地在其间雀跃，你曾痴迷地在其间沉吟——但更多的时候，你得忍受那些寒冷和潮湿，那些无奈与寂寥，并且以晴日的幻想度日。

可是看那株莲花，在雨中怎样地唯我而又忘我！当没有阳光的时候，它自己便是阳光；当没有欢乐的时候，它自己便是欢乐！一株莲花里有那么完美自足的世界。

一池的绿，一池无声的歌，在乡间不惹眼的路边——岂只有哲学书中才有真理？岂只有研究院中才有答案？一笔简单的雨荷可绘出多少形象之外的美善，一片亭亭青叶支撑了多少世纪的傲骨！

在那绿叶的映衬下，荷花有的舒展怒放，粉红的花瓣，金黄的花蕊，仿佛在畅怀大笑；有的花苞初绽，像在启口说话；有的含苞待放，犹如羞涩的姑娘低头不语。

清晨，晶莹透明的露水在荷叶上晃动，一阵风吹来，荷叶上的露珠像断了线的珍珠一样往下流。

倘有荷在池，倘有荷在心，则长长的雨季何患？

以往，我也曾多次阅读，每每只是惊诧于张晓风细腻的笔触。这一次，却忽然被这段话击中，瞬间明晰："生命不也如一场雨吗？你曾无知地在其间雀跃，你曾痴迷地在其间沉吟——但更多的时候，你得忍受那些寒冷和潮湿，那些无奈与寂寥，并且以晴日的幻想度日。"

是啊，"看那株莲花，在雨中怎样地唯我而又忘我！当没有阳光的时候，它自己便是阳光；当没有欢乐的时候，它自己便是欢乐！一株莲花里有那么完美自足的世界。"

我常常也有许多的幻想，幻想着幸福的许多样子，但生活更多的时候是长长的雨季，我常常是幻想着雨季来临时有一把伞撑在我的头顶，为我遮风挡雨，带着雨丝的浪漫与诗意……其实我们需要的，是"以晴日的幻想度日"的积极的心态！

生活中，一个好的心态，可以使人乐观豁达；一个好的心态，可以使人战胜面临的苦难；一个好的心态，可以使人淡泊名利，过上真正快乐的生活。一位哲人说过，"你的心态就是你的主人。"在现实生活中，我们不能控制自己的遭遇，却可以控制自己的心态；我们不能改变别人，却可以改变自己。其实，人与人之间并无太大的区别，真正的区别在于心态。所以，一个人成功与否，主要取决于他的心态。

以晴日的幻想度日，请天天微笑。

是不是每天都应该微笑
看看墙壁上挂历的那张画报
每天细数日历的容颜
不曾因为时光被撕裂就等待衰老
那些温馨的瞬间
不会因为翻过，一天天被忘掉

今天的阳光还不曾照耀
请别让皱纹挂上眉梢
也许午后会更加温暖
那就是太阳暗中露出的微笑

黄昏时分，也别模仿静悄悄
哼一首歌吧，乐呵呵地一同畅想
皎洁的月光正把甜蜜的约会酝酿
不该对黎明失望懊恼
一时的黑暗
不是毫无光明的代表

就算星星闭上了闪烁的双眼
那也是默默在期待
把烦恼抛弃在云霄
张开每天清晨的双臂
朝着空气也要微微一笑

读者评语：

1 楼 评论时间：2017 - 05 - 07 12:20:39
有幻想也是美丽的……
2 楼 评论时间：2017 - 05 - 07 14:40:16
有幻想，说明我们还活着。
3 楼 评论时间：2017 - 05 - 08 10:20:18
谢谢老师！微笑是一项最好的保健运动，有益于身体健康，延缓衰老。微笑对于每个人而言，都是非常重要的，微笑既温暖自己，又感染他人。天天要微笑！
4 楼 评论时间：2017 - 05 - 08 14:20:38
老师写得很好！遇到什么样事情都应该有一个好的心态，保持微笑。

3. 春暖花开，爱让我们有了力量

有西方心理学家做过实验，人的各种情绪的能量级别不同。其中，愤怒、生气、不满、抱怨、仇恨等都处于低能量级别，只有爱的能量级别最高。

那个令我疼痛的、美丽优雅的女孩，终于要和爱她、疼惜她的男子结为秦晋之好；那个最困扰我的案例，总算拨开云雾见月明了，我的心里无限欢喜。

之所以有今天，一是得益于她自己强烈想改变和完善自己的心理需求；二是得益于我在春节期间施于她的最后三次心理治疗。在这三次治疗中，我运用了最新的精神分析的技巧：① 寻找最初的心理创伤，寻找成长中的心理疤痕；② 叙述当时情景和经过，尤其重要的是说出受到创伤时的情绪和内心体验；③ 把潜意识中压抑的那些本能和欲望意识化，更清楚地看到早年幼小和渺小的自己在应对创伤时的无助点和回避点。

尤其在第三次治疗中，她痛快淋漓的哭泣更是一场二十多年来压抑后的酣畅淋漓的心理宣泄。

这使我更清楚地明白，当我们真正发现和找回当年的自己，这并不是再次揭伤疤，而是诚实勇敢地面对创伤。回避永远不可能解决问题，反而会使相连部分的境况越来越糟糕。只有真实地面对自身的疼痛症状，并且说得出来哪里受伤、如何受伤，我们才能对症下药，使症状永远消失。

她叫兰，初次印象，人如其名，如空谷幽兰，浑身上下散发着青春女子的幽香，只是多了一丝丝忧伤。经过长达两年的咨询，我在兰的身上，渐渐看到了一种强大无比的能量，一种爱的能量，一种追求幸福的渴望，这种渴望和能量来自于她自身的小宇宙。多年来，兰困惑于父母对自己的忽略，从没有感受过父母的爱抚和拥抱，从没有觉知幸福家庭的样貌。但她内心一直渴望着亲人的呵护和温暖，直到毕业后也不懂如何与异性相处，问题才慢慢曝露出来。在此之前，兰忽略了爱的力量的存在，而是一味地抱怨和仇恨，一味地看到自己的可怜和无助，不知道哪里才是解放自我的出口。

精神分析理论更多地强调潜意识本能对我们行为的约束和控制。只有找到潜意识中啃噬你快乐的微粒虫豸，你才可能更清楚地看到一直以来你在乎的和你强求的，竟然是那些你自己无力改变却真正渴望的东西。

精神分析理论强调外求不如内求，发现自我，就是在寻求一种让我们更好成长的生命能量。有西方心理学家做过实验，人的各种情绪的能量级别不同，其中，愤怒、生气、不满、抱怨、仇恨等都处于低能量级别，只有爱的能量级别最高。尽管看上去我们愤怒生气的时候，歇斯底里地叫喊，声音很大，但心里是脆弱不堪一击的；可是，当我们学会爱人爱己，我们的轻声细语和温情暖语才是最有力量的。因为，只有爱，我们才会变得坚强无比。只有当你尝试去拥抱、去拥有这种爱的能量，你才会不由自主地继续亲近和接近人世间的诸多美好。爱，正像细水长流，静水流深，非常微妙而又神奇。

我希望，我的学生都能在年轻的时候掌握这种本事，学会爱，爱自己，爱亲人，爱所该爱的一切美好事物。只有心中有了爱的正能量的人，才可能少走弯路和迷路；只有心中有了爱的正能量的人，才可能在遭遇挫折和不幸的时候，始终相信前方的路会柳暗花明，春暖花开。

清明前后，除了应景的纷纷雨束
还有那七八级的西北风呼啸狂舞
大街小巷重现厚厚的冬装
人们竖起了衣领，藏起来了笑脸
无暇顾及悄悄萌生的美丽春图

冬日的肆虐淫威还没足够宣泄吗
冬日的坏脾气
还没改掉嫉妒春光、春花娇艳的本色吗
南方饲养的张牙舞爪的流感 H7N9
这个不怀好意的家伙
往北，往西，往东地
不甘示弱

倒春寒啊，这始料不及的严寒
你的阴谋诡计难以得全
去年种下的种子
早已破土发了芽
花心、花蕊、花床将依次呈现
你怎么能浇灭
这首春暖花开美丽的歌

还有那山头郊野
还有那小区园林
青青黄黄
你看，你看
步步春意
时时快乐

读者评语：
1楼 评论时间：2015-02-24 13:30:03
爱真的很美！
2楼 评论时间：2015-02-24 14:14:11

爱让我们有了力量，恨可能也让我们有了力量，但最终恨却让我们都受伤，学会爱是我们这一生都要上的课吧。

3 楼 评论时间：2015 - 02 - 24 21:49:32

是啊，要"学会爱，爱自己，爱亲人，爱所该爱的一切美好事物。只有心中有了爱的正能量的人，才可能少走弯路和迷路；只有心中有了爱的正能量的人，才可能在遭遇挫折和不幸的时候，始终相信柳暗花明"的圆满的温暖时刻的到来。老师说得太好了，人活在爱中是幸福的，活在恨中不仅让别人痛苦，自己也很累，很痛苦⋯⋯

4 楼 评论时间：2015 - 02 - 25 11:23:13

老师说的在理，恨会让我们受伤，学会爱，是我们的必生的功课！

4. 孤独时，愿送你一个握手

人生路漫漫，如果有一段路实在没人陪你热闹同行，你要对踽踽独行的自己说：走过这段就好，前方有更好的风景和更好的人等着你。

"老师，我一个人吃饭，一个人去教室，一个人逛街，一个人闲着、闷着、宅着。我厌了，我倦了，孤单如我，孤独如我，我想恋爱了！"

丽不是第一个向我诉说孤单和孤独的学生，也不是第一个向我表示想恋爱的学生。

以我的理解，孤单是一个人寻求同伴的需要和理由，而孤独感已经成为一个人生存的空气，即使血液流动的声音也充满孤独和无助，这样的体会对于年轻人来说，是可怕的，是沉重而黑暗的。

只是我很怀疑，恋爱真的能够解决一个人的孤独感？我以为，孤独只是一种心态和处境，一种和朋友、恋人、爱情都没有什么关系的心态和处境。要想得到改变和改善，需要向自己的内心深处寻求帮助，而不是寻找一个所谓的爱人。

恋爱并不能拯救我们内心的孤独。只有充实，充实自己的生活内容，充实自己的思想，我们才能做到：即使孤独，也不再害怕！也只有丰满的知识内涵和修养，才是一种别人无法企及和到达的深度及高度，才是真正属于我们的，而且可以帮助我们摆脱孤独的梦魇。内心充实的人，即使在黑夜，在森林，也会保存心底的那份真的信念和褒有继续前行的勇气和力量。

我该如何精准地陈述，心平气和地劝说，才能使我的学生清晰自然地明白，只有勇敢面对和承担，不懈地坚持培养和挖掘自己的正能量，才能从容地摆脱孤独感，而后得到生活的满足和喜悦呢？

我这些天一直在思索：大学生普遍存在孤独感，他们应该如何面对孤独？

我很想说：人终究是孤独的。因为我们孤单单一个人来到人世，没有和谁相约，没有与谁携手。即使双胞胎、多胞胎，即使同一时间有很多小家伙降生，我们依然首先是一个单独的个体；其次才能说我们拥有兄弟姊妹手足和同年龄的伙伴。

小时候，兴许是因为生活简单、心性单纯、需求不多，孤独感不太明显。在孩子的世界里，即使与人闹了意见，有了隔阂也会很快忘掉，三五日后孤独情绪便烟消云散。然而，随着年龄的增长，随着自我意识的觉醒，生活也似乎变得比较复杂，每个人心里开始有了属于自己的小秘密。仅因为自己和别人不一样，比如身高、体重、家庭、学习成绩或者个人兴趣、爱好等，就可能觉得自己与人不同，遭人嫌弃，从而有被人疏远或被人厌恶的不良心态，也就慢慢觉得孤独如影随形。

初高中阶段，学生的孤独感在个别孩子身上表现鲜明，只是因为要考大学、学习任务过重，所以孤独感被暂时遮蔽或压抑。因此，许多高中生的孤独感还不明显。

进入大学后则不一样，很多学生孤独感越来越明显。有资料显示，我国八成大学生明显有孤独感。原因何在？

心理学告诉我们，大学生心理矛盾之一是开放和闭锁相并存的矛盾。也就是说，大学生一方面渴望放开自己，敞开心扉与周围人友善相处，以期得到他人的欣赏和接纳；另一方面，又把心中的大门紧闭，不允准他人轻易接触并靠近。如果这种矛盾心理处理不当，势必引起他们人际和情感的焦渴、焦虑、自卑等负面情绪。

如何应对大学生活的孤独感？我以为，首先是接受、承认孤独感存在的现实。意识到孤独是我们成长中的必然现象，承认自己心理的缺失，这看似简单实则需要很大勇气。试想一个人独在异地求学，远离父母，没有朋友的陪伴和安慰，没有人欣赏和被认可，独自上课、独自吃饭、独自上街，独自坐在教室，这样子的生活似乎的确很难。但是，这是事实。每个人生下来就是孤独的，你必须承认孤独就像是我们的老朋友，给它在心底留出一小块天地，任它在你心灵的空间走来走去，飘来荡去。

其次，学会在孤独中成长。随着年龄的增长，大学生的心理敏感而脆弱，而孤独恰恰给予我们一个契机来了解真正的自己。有人说，孤独是伟大的开始。的确，当你承认自己与孤独为伴，你就可以不再在乎他人的眼光，不再渴求别人的理解，你才可能深入地看清楚自己的内心，并学着和自己说话与自己交谈，作自己的朋友。比如，看一些好书，写一些读后感，分析故事中的人物性格和情感活动方式；用写日记的方式，学着写诗，学着编故事，在想象中让自己的灵魂飞扬。

最后，不要过分依赖友谊和爱情，或者花很多心思去猜度身边的人对你是否真心。体会孤单是成长的必修课，谁都要经历。人生路漫漫，如果有一段路实在没人陪你热闹同行，你要对踽踽独行的自己说：走过这段就好，前方有更好的风景和更好的人等着你。

泰戈尔说，孤独是一群人的狂欢，狂欢是一个人的孤独。其实，真正的孤独是一种真实的自我，实实在在地做着自己，想自己所想，做自己所做，也许内心忧郁并不空虚，是一种自我和本我的狂欢；而空虚的人，才害怕孤独，一刻也静不下来，只得在与人的交往和狂欢中忘却自己，麻痹自己，使自己没有时间和机会去感受和体会内心的空虚，一旦安静下来，顿时空虚无比，倍感孤独。

当你接纳了孤独的现实，并在孤独中学会生存与成长，你会慢慢发现你是一个有思想的人，不再"做一天和尚撞一天钟"稀里糊涂、得过且过地混日子。在思考中你会慢慢发现自己的优势和长项，不再让别人来左右你的喜怒哀乐，在不知不觉中完成了孩童到成人的一个飞跃，你已是主宰自己命运的神灵。

在孤独中学会成长，让自己内心强大起来，孤独就不再是困扰我们呼吸的绳索，而是一个广阔无际的天地，任由我们潇洒自如地驰骋。不久，你还会发现孤独其实是一种强大的力量，它催发了我们的潜能，让我们开始自信、自立、自主地处理一些问题。不再依赖，不再垂头丧气地一味抱怨。而你，在处理孤独问题的过程中，竟然能发光发亮起来，孤独带来的挫折感、沮丧感、狼狈困惑却不复存在，在孤独中你慢慢长大了！

孤独时，老师愿送你一个握手。

你来

携一颗热烈的赤子之心

揣一怀父母的殷殷希望
捧一串青春的多彩梦幻

我
以师者的身份
想要给你知识的翅翼
给你心灵的慰安和力量

我
以长者的资格
想要给你过来人的训诫
给你当头棒喝的醒心剂

跨越你我之间
二十多个岁长的年轮
我想给你

以萤光之火
燃你烈焰滔天
以星星之亮
明你朗朗晴空

更想
以朋友的名义
送你一个握手

读者评语：

1楼 评论时间：2017 - 09 - 20 10:05:50

你用真情传播着智慧的火种，在辛苦间架起一座又一座的桥梁！无私的蜡烛是你最好的写照，桃李满天下是你最高的荣誉。你如百合，展开如一朵花，凝聚成一枚果；你像星辰，远望是一盏灯，近看似一团火！

2楼 评论时间：2017 - 09 - 20 11:25:50

老师的诗歌写得真好，虽只是短短几行，但却充满诗意，把您对学生的感情表达得淋漓尽致，让远道而来的新同学有如见家人之亲切，有种暖暖的感觉。

3楼 评论时间：2017 - 09 - 20 11:58:35

恩，老师，你就是一座让我们走上阳光大道的灯塔，心理健康太重要了。

4楼 评论时间：2017 - 09 - 20 12:58:1

老师昨天听了您的讲课，感触很深，原来心理学是那么一回事，我很敬佩您，为了自己喜爱的职业可以不顾一切……

5 楼 评论时间：2010 - 09 - 20 13:50:32

老师，祝您中秋节快乐！

6 楼 评论时间：2010 - 09 - 20 16:10:2

不怕你笑话，每看你一篇日记就想叫你一声老师，可惜我们差距太大，不配做你的学生，只能在这儿默默向你学习！

7 楼 评论时间：2017 - 09 - 21 15:26:41

细品老师佳作，一种久违的师生情谊涌入心头，让我想起了我那个年代无私如母的老师，

"以萤光之火/燃你烈焰滔天/以星星之亮/明你朗朗晴空……"

在这个物质充盈的时代，有如此冰清玉洁、无私奉献的师者，可敬！

8 楼 评论时间：2017 - 09 - 21 15:58:37

孤独伴我行，但它却不是我生活的全部，谨记老师的教诲。

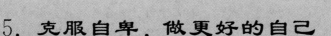

5. 克服自卑，做更好的自己

别人给你的糖，甜过一阵就涩了；委屈时靠的肩膀，等眼泪流完后就离开了；面前朝你伸来的手，绕过这个峭壁就没空牵你了。当有一天，你发现自己炒的菜最香，自己种的果最甜，自己抹掉眼泪才是成长，自己翻过山峦才算到过天空，你就会知道，幸福需要经营，你想要的人生，只能自己给自己。

她发来短信："老师，我一无所长，学习不行，长相不美，身材不好，我好自卑啊！"

自卑感其实很多人都有，它是一种对自己不满意的情绪。自卑心理学之父阿德勒说过，每个人都有自卑感，这并不是一种疾病，而是刺激人们变得更好的力量。只有当自卑感越来越严重，甚至变成压垮自己的最后一根稻草时，它才是一种病。

自卑的人有两种，一种是自谦，"谦尊自卑者，仁贤之所事也。"这样的人无需刻意批判，他自己清楚差在哪里，并懂得如何改良。另一种人是轻视自己，"我没用，我一无是处"，这样的人往往过分低估自己的能力，觉得自己各方面都不如人。从辩证唯物主义的观点出发，适当的自卑会促使一个人去努力改善自我并力求上进，而过度的自卑则成为一种性格缺陷，同时还伴有一些特殊的情绪体验，如害羞、不安、内疚、忧郁、失望等。

自卑过度，该怎么办？我给大家讲个故事：有这样一个小男孩，童年的他因自卑而苦恼，缺乏快乐感。他自己觉得有很多自卑的理由，比如，他自小体弱多病，四岁才学会走路；天生患有佝偻病，长得又矮又丑；五岁的时候，他又患上了致命的肺炎，医生、家人都以为他要死了，但是最终他奇迹般地康复了。就是这次生病，加上他三岁弟弟的死亡使他萌生了要当一名医生的愿望，他开始用当医生的生活目标去克服自卑和死亡的恐惧。小学阶段，他成绩平平；入了中学，由于数学不好而被老师视为差等生，并建议他的父亲让他去当一名制鞋工人。当然，他的父亲拒绝这样做，但这事也刺激了他敏感的心，促使他努力学习，在数学上有了很大进步。偶然的一个机会，他竟然解决了一道连老师也感到头疼的数学题，成了班上的优等生。一而再、再而三的小成绩，慢慢增强了他的自信心。

这个小男孩的故事启示我们，每个人潜力无限，能力并非天生注定，只要肯去尝试和努力挖掘，每个人都有成功和飞跃的机会。他，就是奥地利精神病学家阿尔弗雷德·阿德勒的成长故事。

更有趣的是，当他第一眼看到俄国留学生罗莎，她的美貌和才学并没有吓到身材佝偻的他，相反，聪明的他给她讲了个小故事：每个人在出生的时候上帝和他都有一番谈话，他出生前，上帝就曾经问过他："给你一个健康英俊的体魄，再给你一个丑陋无知的妻子，你愿意吗？"他说："把丑陋留给我吧，把才貌和美德赐给我的妻子。"于是，由于他克服自卑敢于追求，他也就拥有了一份美丽的爱情和幸福的婚姻。

我也曾经是个相当自卑的女孩。十岁的时候，我从农村到了城市，因为不会说普通话，我自卑；因为上面有四个姐姐，家境贫困，我常穿着姐姐们替退或者打着补丁的衣服，我自卑；因为不会和城里孩子一样唱歌跳舞，我自卑；更有甚者，少年期因为自己个子矮小、长相普通、身体发胖而极度自卑；甚至不敢和比自己优秀的男女生说话；高考两度落榜，更使我自卑，即使后来上了大学，因为比同班同学年龄偏大两三岁，我也自卑。所以，记忆中，我是个语言木讷、不善言谈、不敢和周围人扎堆的女孩子。有时候，一大群同学聚在一起，我也永远是听众，不曾主动表达过什么。就在大三上学期，学校通知我们下学期要去贫困县——五台县——支教半年，我才惊觉，一个不敢登上讲台讲话，一个不能发表自己观点和意见的人是不可能成为一名合格人民教师的。巧的是，那时候，学校要组织一年一度的演讲比赛。在那以前，我从来不敢奢望自己有朝一日能够在众目睽睽下参加演讲大赛。可是，不去尝试，就意味着我永远不知道自己在这方面的真实水平。我想给自己一个改变的机会，给自己一次尝试的机会。

下定决心后，我去报名参赛，并用心写出一篇演讲稿——《走出误区，发奋自强》。在文学社杨老师修改并认可后，我悄悄去无人的教学楼顶大声把讲演稿念出来，一遍又一遍，直到把讲演稿吃透并努力加上一些表情和肢体语言。但又担心临时怯场，我在最好的朋友面前试着想象面对千人的大礼堂演讲。最终的比赛结果既在意料之外，也在情理之中，我惊喜地取得了全校第二名的好成绩。演讲的成功给了我足够信心和力量。以后，我在五台县东雷镇团城中学教书半年，返校后在班级会议上发言，就业后站上三尺讲台，我就好像再也没有心怵过，再没有胆怯过。

靠山山会倒，靠人人会老，靠谁都不如靠自己，自己才是自己的唯一。遇到困难时，不要轻易去求人，别人帮得了一时，帮不了一世。求人不如求己，靠自己才能拯救自己。没有不劳而获的成功，没有轻易得来的幸福，要想收获果实，必先播下种子，自己动手，改天换地。

我们的教育推崇精英，貌似要把每个人都教成英雄，这容易导致过高的目标定位，其实本末倒置。首先，应该培养自己成为有基本能力的人，而后才是脱颖而出的精英。建议每个人从兴趣出发，先培养一样技能或特长，然后再工作或创业，技能或特长会带给你意想不到的成就感和自信心！

前些时候，我作为参赛评委出席学校迎建党九十五周年举办的"党在我心"演讲比赛，我的心里无限激动和喜悦。这么多年走来，我能够克服重重自卑，我为自己感到无比的高兴和荣光。因为，我一直在进步，我无愧于自己的努力和成长。

别人给你的糖，甜过一阵就涩了；委屈时靠的肩膀，等眼泪流完后就离开了，面前朝你伸来的手，绕过这个峭壁就没空牵你了。当有一天，你发现自己炒的菜最香，自己种的果最甜，自己抹掉眼泪才是成长，自己翻过山峦才算到过天空，你就会知道，幸福需要经营，你想要的人生，只能自己给自己。

自卑者，若凡事都肯脚踏实地去做，不驰于空想，不骛于虚声，惟以求真。以此态度求学，则真理可明；以此态度做事，则功业可就。在这个世界上，一切问题其实都不是问题。只要你把握一个良好的心态，并懂得如何奋斗、如何挖掘你的潜能和才华，自卑感就不是问题；只要你愿意尝试改变，自卑感就可以慢慢被克服。而且，我相信，能够克服自卑感的，一定是那些勤奋聪明的劳动者；懒惰的人，永远无法摆脱自卑的梦魇。

加油，亲爱的孩子！靠自己，才能遮风挡雨；靠自己，才能人生崛起。只有靠自己，才能挺直腰杆，说话硬气。只有靠自己，才能鼓足勇气，不失骨气！愿你做一个勤勉、努力、不断上进和永不放弃希望的自己。

只要你愿意，自卑感不是问题，一切都不是问题。

愿你做更好的自己！

> 想想看，这是多么不容易
> 要准备多久
> 要经历多少黑暗的时日
> 你才能站在
> 灯火辉煌的舞台上
> 台上台下，幕前幕后
> 那么多双眼睛
> 那么多盏明灯
> 还有那么多
> 那么多，伸出来的双手
>
> 是鼓励，是温暖
> 绵长久远
> 从昨天
> 到今天
> 你挺起身来
> 忘掉了所有伤痛
> 不足和遗憾

读者评语：

1 楼 评论时间：2018-05-31 10:11:45

正困惑着呢，赶上了一剂良药。

2 楼 评论时间：2018-05-31 12:10:54

勤劳聪明就能克服自卑。

3 楼 评论时间：2018-05-31 13:04:22

最后一句经典，"只要你愿意，自卑感不是问题。"

4 楼 评论时间：2018-05-31 17:31:03

呵呵，是的，每个人的潜力都是无穷的，只要努力……

5 楼 评论时间：2018-05-31 20:27:31

老师也曾经那么自卑，真是无法想象。读了你的故事，我终于明白一个人的心态和努力有多么重大的意义。

6 楼 评论时间：2018-06-03 13:11:17

懒惰的人永远无法摆脱自卑的梦魇，自信是在不断取得成就的基础上建立起来的，我会做一个勤奋刻苦的人，乐观面对一切。

6. 尘世中相遇，相约好走一程

所谓的缘分，不过是在合适的地点，遇到了一个合适的人；当合适的人还没有出现，或者此生永远也不会出现的时候，就让我们和仓央嘉措一样，从那一刻、那一天、那一年、那一世开始，相信爱情，守望爱情，珍惜爱情。只要相遇，只要相约好走一程，只要曾经拥有。

她失恋了，始终不能理解："恋爱两年，怎么说分就分了？"

翻看我大学时代的日记本，蓦然读到扉页上的一句短诗：尘世中相遇，不问是劫是缘，相约好走一程。

内心忖度，写下那句诗行，想必是遇到了什么人，或者并非有其人存在，只是年少时悸动的心在期许和等待什么，或者是寂寞和孤独时候的无望祈求和愿景；又或者，像仓央嘉措的喟叹："那一日，我闭目在经殿的香雾中，蓦然听见你诵经的真言；那一月，我摇动所有的经筒，不为超度，只为触摸你的指尖；那一年，磕长头匍匐在山路，不为觐见，只为贴着你的温暖；那一世，转山转水转佛塔，不为修来世，只为途中与你相见。"

在仓央嘉措看来，世间所有的一切，都比不上爱情与家人的陪伴与守望。于是，在布达拉宫冷清的日子里，这位被誉为世间最美的情郎用自己曼妙的笔与玲珑的心将世间的爱情描绘得凄美动人。所谓的缘分，不过是在合适的地点，遇到了一个合适的人；当合适的人还没有出现的时候，或者此生永远也不会出现的时候，就让我们和仓央嘉措一样，从那一刻、那一天、那一年、那一世开始，相信爱情，守望爱情，珍惜爱情。只要相遇，只要相约好走一程，只要曾经拥有。

由此想到英国作家劳伦斯妻子的回忆录——《不是我，是风》。年轻的劳伦斯遇到了已婚女人弗里达，他们不顾世俗、力排非议结合在一起。书中真实地把一个"天才作家"的作品和他的生活放在一起，打开劳伦斯夫妇在灵魂与世界逃亡中的神秘历程。与年龄大于自己而且已婚的弗里达结合，可以说是劳伦斯具体生命哲学的现实体现。他说，一个不接受传统与固定文化的人，置身于世界本身就是冒险，男人与女人的相遇与结合更是冒险。弗里达也说："我和劳伦斯在当时似乎已超越了人类幸福的尺度。""我找到了我需要的一切，我仿佛觉得自己可以像小溪里的鳟鱼、阳光下的雏菊一样蓬勃兴旺。他慷慨地奉献他自己：'我是你的，把我的一切统统拿去吧。'而我，也毫不犹豫地索取和奉献。"然而，这样幸福的时光并不长久。

年轻的时候，曾以为是风，吹开了心扉，以为是风拂过了身躯，以为是风带来春天，带来明媚的阳光，带来心上人的温暖和快乐；同样，以为是风，又给我们冬日的凄冷和离别萧索的痛击。其实不然，不是风的缘故。

《六祖坛经·行由品第一》记载了这样一个佛家经典：惠能大师在五祖弘忍大师处得到衣钵时，为了悟道的修行而来到南海。当时因为广州法性寺有位印宗禅师正在开讲《涅槃经》，于是惠能大师决定在法性寺停留数日，以便听闻法师讲经。这天，寺前因为法师讲经而竖起了幡旗。由于印宗禅师远近驰名，因此大批的人从各地涌入。其中有两位和尚见到广场中飘扬的幡旗，便开始议论起来。其中一人说："是幡动"，另一个人则说："不，是风动"，结果两人就此争论不休，而引来了人潮驻足围观。这时惠能大师也赶到，他一看便开口说道："不是幡动，也不是风动，是你们二位心在动。"正在争论的两人，听到惠能大师的话后即刻恍然大悟。

年轻的时候，期盼一场惊天动地的相遇，这就是心动。即使短暂，却相信只要拥有过就会幸福和满足。那个人是谁，其实并不重要，重要的是曾经与另一个灵魂的相融和欢聚。

可是，玲珑年少的心如何能够预知未来，那些给予过我们快乐的人，也会在后来某个猝不及防的时刻，给予我们最深的伤害和疼痛。

如果遭遇背叛，遭遇离别，几人能轻松承受那劫难？不希望永久，就意味着随时随地都要面对离别。离开我们爱的人，离开爱我们的人；离开爱情，同时离开青春，离开岁月。

孔子曰：四十不惑。可我年过四十，却有了很多疑虑和担忧。常常俯首告求，愿所有的相遇，都成为一份难得的善缘和喜缘，不要成为遗憾和劫难。与亲爱的父母兄弟姊妹结缘，与相濡以沫的爱人结缘，与乖巧可爱的子女结缘，与陪伴我们长大的朋友们结缘，与我们每天共事的同志结缘，与每一个相遇的生命结缘。内心笃定，只要我们怀着一颗善待他人的心，善缘和喜缘会无处不在。

可是，人性难以把握，美好的愿望往往遭遇现实冷酷无情的打击。比如最近，我曾答应给予某朋友以帮助，在不违背原则的情况下，也尽了最大的努力，可惜事与愿违，最终决定权不在自己手里，所以泡汤了。其实，事前也曾经分析胜算比例，也曾想到困难重重，也曾给自己和对方打过预防针：我会尽力，但不一定能够成功。可是，我忘了，人性以得欲为欢。他人的欲望是要看到满意的结果，我的欲望或许是得到他人的感谢和颂扬。没有成功，就意味着失败。他人的欲望没有实现，我的欲望也没有得到满足。两两不能相讫，反而结仇。原来，相遇并不都是善缘和喜缘，更多时候会遭遇仇怨和伤害。残忍的人，选择伤害别人；善良的人，选择伤害自己。所以，不要轻易许诺，允诺必践约；更不要狂妄到无知，忘记人性的多面和复杂；更不可随风而行随心所欲，那是要付出惨痛代价的。感谢相遇，不论结局是喜是悲，如此而已。

我们生活在这个世上，每天都会遇到众多烦琐的事，有的人痛苦不堪，有的人怨声载道。其实世事皆由心生，若无心你则不会感到什么了，心不动天下万物皆静止；心一动，则无物不动。

感谢相遇，不问结局是喜是悲，相约好走一程！

是什么拍打青春的门楣
一次又一次
有时，静柔和缓
轻携着温馨、温暖与甜蜜
有时，激动惨烈
烙刻下伤害、苦痛与伤痕

長大以後

我們漸漸明白

不是幡動

更不是風動

是心動

读者评语：

1 楼 评论时间：2016 - 08 - 28 16:05:53

"尘世中相遇，不问是劫是缘，相约好走一程。"老师，我也这样想过，却写不出你这样的句子。

2 楼 评论时间：2016 - 08 - 28 17:25:43

但曾拥有，便是幸福吧！

3 楼 评论时间：2016 - 09 - 20 11:58:35

一切皆心动，要修心要练心……看来心理学会帮助我们很多呀！

4 楼 评论时间：2016 - 09 - 25 15.33.27

老师写得很棒！很佩服你！

7. 我请求，你我将仇恨安放

猫是有时限的。如果我们明白某物件与自己的时限所在，我们必定会宠溺他。如果对时间有足够的把握性，也许我们会对彼此更为郑重。知道有一个结尾等着我们，对生命的珍惜和高贵，对光明的向往和追索，对人间温情的珍爱和疼惜也许才会坚定许多吧。

关于天灾人祸，没有哪部电影和电视能超乎这几日日本国的灾情，里氏9.0级的强地震引发了海啸、核泄漏、火灾、火山爆发、山崩地裂等自然灾害。

有一些场面始终如梦魇，在黑浪滚滚的裹挟下，难以数计的船只、汽车、房屋就像一个个纸板玩具漂浮在一片汪洋中。电力不足，工厂停产，公共交通瘫痪，道路堵塞严重，数不清的人在街道上步行，多处高速公路地面开裂，铁路全部停运，多家机场也被关闭。铁轨悬空，列车被冲断成几节，储油罐连环爆炸，停车场被烧毁，战斗机全军覆没，多处大楼相继失火，某县城瞬间被夷为平地，多处城镇停水停气，还有2万多人失踪，数千人死亡。

每一个场景都触目惊心，每一个场景都惊天动地，这一切完全超乎了人类的想象。瞬间被海水淹没，瞬间被火舌吞噬，如此惨烈和惊心动魄的局面，我不希望悲剧一次次重演。我是中国人，虽然我没有经历过三四十年代血雨腥风的苦日子，但历史书使我有一种狭隘的爱国情结：尽量不买日货，不说日语，甚至不读日本文学书籍。起初听说日本地震，我也是不喜不忧，无关自己，我小小的"爱国情结"似乎坚决而持久。但是，随着电视新闻网络的报道，我的无关痛痒不知不觉消弭殆尽，代之而来的是深深的恐惧。

新世纪伊始，世界末日的预言似乎已愈演愈烈，毁灭和死亡之说铺天盖地。雪灾、地震、火山喷发像叫嚣不停的乌鸦盘旋在苍穹。先是印尼地震引发海啸，汶川8.0级地震，然后是海地7.3级地震，智利8.8级强震，冰岛火山喷发，巴基斯坦洪灾肆虐，新西兰地震，日本的9级地震，云南盈江地震，甘肃省舟曲发生特大泥石流灾害，青海省玉树7.1级地震。

人生就是一个向着死亡的存在，谁都会有那么一天的到来。哪怕像川端康成、海明威、三毛等，他们死于自己理智而从容的决定，我也绝不反对，至多惋惜。少年时候的不得志，使我偶尔想过死亡。但"父母在，不言老"的古训使我不能割舍这段人间至高至深的亲情。随着年岁渐长，三口之家的幸福使我越发不舍得匆匆离开人世。

不喜欢安妮宝贝，但是记住了她在《猫》中的一段话："猫是有时限的。如果我们明白某物件与自己的时限所在，我们必定会宠溺他。如果对时间有足够的把握性，也许我们会对彼此更为郑重。知道有一个结尾等着我们，对生命的珍惜和高贵，对光明的向往和追索，对人间温情的珍爱和疼惜也许才会坚定许多吧。"

虽然，人一出生就意味着终究要消亡。但是，我也不希望任何人死于战争、死于天灾人祸等恐怖事件，即使地球人类过多，即使人心再坏。

所以，我请求，请求你我将仇恨妥当安放。

这世间
没有那么多完美
邻里会成仇
父子会反目
兄弟会阋墙
姊妹会分裂
夫妻会弃离
朋友会绝交

地震
海啸
火灾
核污染
天崩地裂
满目疮痍
无法制止
心中小我的幸灾乐祸
洋洋盈耳的
还有
美其名曰
爱国情结的
不断诅咒

可是啊
我们同住地球村
凡是触动他的
岂能不连着你

撼动地球轴的
有你
必有我
人类已发出一个共同的声音
我们被拴在同一条船上

所以
我请求
请求你我

将仇恨

妥当地

安放

读者评语：

1 楼 评论时间：2011 - 03 - 16 10:16:2

珍惜存在过的每一天，至少活着就是最美的。

2 楼 评论时间：2011 - 03 - 16 10:47:30

看了会哭，都是生命，没有国界，没有皮肤颜色……

3 楼 评论时间：2011 - 03 - 16 10:55:04

珍爱生命与生活的每一天。每天早上睁开眼看到自己和太阳同在是一种幸福。

4 楼 评论时间：2011 - 03 - 16 11:15:20

因为反省，所以深刻；因为憧憬，所以希望。

5 楼 评论时间：2011 - 03 - 16 14:35:21

在天灾面前，我们显得太渺小了，人类真应该好好反思一下了，我们能做的只有珍惜拥有，把握现在！珍惜每一天，每一分感情！

6 楼 评论时间：2011 - 03 - 16 15:06:26

日本给中国带来的痛，我们不曾忘记，但在灾难面前我们真的希望做到为生者祈福，望死者安息。因为在灾难面前我们没有笑别人的资格。

7 楼 评论时间：2011 - 03 - 17 20:55:40

放下仇恨，作个爱国的人。努力过好每一天！

8. 不知生，焉知死

雨中的日子总是湿的，不知道是雨还是自己总是弄湿这流光。等待阳光吧，除了等待之外，怎么发愁都是无用的。

——三毛

她的来信，其实是她自制的一张卡片，大小如 A4 纸般，一张淡蓝色的硬面彩纸，黑色的碳素笔密密麻麻写满了她的心声；她的来信连同她送我的一本毕淑敏老师的书，既令我感动又令我难过。

毕老师的书我已拜读并收归书架，而那张卡片却在我的床头悄悄躺了两个月。之所以放在床头，想必还是想看第二遍、第三遍的。但是，每每拿起，我总是选择放下。只因为，她的来信使我不忍卒读。

应该说她是一个富有才气的小女生，她写的日志、诗歌等文章，我的学生和朋友都很欣赏，争相转载然后向我讨要她的联系方式。而我坚守的工作原则并不允许我向任何人透露她的个人信息，除非她同意。

朋友们喜欢她的文章，用她们的话说：尽管你是老师，她是你的学生，但是，我们认为她的东西有嚼头，不像你的，像白开水一样，只是说话而已。这多少对我是一种打击，但也是一种鞭策。

我羡慕嫉妒她的才情。同时，我也欣慰，因为，她可是我的学生。然而，我也心痛于她的深陷泥沼（她的某些我不能接受的想法）不能自拔。

总记得她说过的那些话，"总想死；死亡就是解脱，蝴蝶总来过这世界；我真的想死。"总记得她喜欢唱的那首《泪人》："黑从天空往下沉/城市打开最沉默的灯/忙碌的那扇旋转门/恋人进出的离分/心装下爱的灵魂/梦却追着流浪的脚跟/有多少的不闻不问/是最痛心的拷问/回忆把我装扮成了一个泪人/像沉没在海底的灵魂/相思的念头孤单的身份/曾经两个人也叫我们/拥抱寂寞哭化成了一个泪人/用泪水填平我的伤痕/拿最毒的针绣记忆花纹/不让自己遗忘爱过就/别恨……黑从天空往下沉……"

看她写的东西，我常常会泪盈于睫。关注她，已渐渐成为我的习惯。也许因为我知道她的某些不为人知的、不如人意的境况和遭遇，也许因为她对我的信任和尊敬。

因为她，我找出了自己大学期间的几本日志。原来，年少的时候，我也曾有过她暗夜中手足并爬的悲凉；象牙塔里，我也曾像她一样困惑迷茫不知所措，我也曾像她总是莫名地习惯诉苦陈哀。然而，我很少想到死。想到我俩的诸多相似之处，唯有一点我是幸运的，就是我有一个幸福的大家庭。我的爸妈和四个姐姐都很疼我，都很爱我。而她，自小失去母亲，父亲再娶，她跟爷爷奶奶长大。用她的话来讲，妈妈，这该是一个多么温暖的词，我却不知道我的妈妈是谁，她在哪里。

想到她关于死亡的诸多说法，我就会心痛。而我，最不愿意听到和看到的就是年轻的她关于死亡的说辞和想象。不知生，焉知死？不惧死，何不好好活？

我宁愿相信，她的心底未必有那么大的痛苦和无奈；我宁愿相信，她不过在用文字消耗她青春萌动期那些多余的激情和能量。

我始终记得三毛说："雨中的日子总是湿的，不知道是雨还是自己总是弄湿这流光。等待阳光吧，除了等待之外，怎么发愁都是无用的。"

于是，我们之间有了多次长聊。她曾发来一条短信，"我好像突然明白了，成长是一个必经的过程，美好的生活只是个结果。如果我从没在过程中坚持过什么，是不会有收获的。我现在就好像是还没有成为三毛的二毛，我不该一直执着于是否能成就三毛那样的辉煌，我应该做的是坚持着二毛的坚持。"

是的，孩子。我们都曾经是尚未成为三毛的二毛。获取帮助，你就会活下去。你会被疗愈，即使你现在不相信，只要知道它是真的就好了。在失去某些人之后感到痛苦是正常的。这证明我们活着，但是我们并没有停止生活，我们必须变得更坚强，同时保持我们内心对于未来美好生活的期许。

好孩子，若你看到这些文字，请你相信：老师希望你快乐！并希望你向前向上追索的那份激情永在！而且，无论何时何地，你要知道有一双眼睛始终关注你的成长！

好孩子，愿你某天被治愈，愿你重新找到爱和幸福的希望！

多希望，有那样的一天

走上那样的一条小路

路边全是高高大大的白杨

从春夏到秋冬

你和他的每一步都踩着阳光

笑容，始终绽放在你们的脸庞

从葱绿到枯黄

从丰盈到干瘪

所有的经历都是收获

所有的遗憾都会得到补偿

一路上，你们微笑着细语

生命即使接近枯萎

绚烂仍在恣意延长

读者评语：

1 楼 评论时间：2018 - 03 - 03 17：00：41

我曾上过您的课。快考研了，冲动地想从英语跨到心理，不知怎样，不敢相信自己。

2 楼 评论时间：2018 - 03 - 03 19：35：44

老师的素言很美，美的足以倾倒，我愿相信，她会顺着您的指引潺潺而入……找到美好！

3 楼 评论时间：2018 - 03 - 05 10：41：48

你是我遇到过最平易近人的老师，最懂我们心声的老师，你不经意间的一句话也许就会使我们豁然开朗，老师，愿你幸福快乐！

4 楼 评论时间：2018 - 03 - 05 15:41:55

令人感动的文字，令人羡慕的师生情谊！

5 楼 评论时间：2018 - 03 - 09 09:32:42

很仰慕那个富有才情的她，我常常会被别人的文字打动。生活中有太多的无可奈何，不会一切都能尽如人意，希望那个她能够早日走出阴影，去享受一下久违的阳光，一定能豁然开朗的。

9. 欢乐有时生死一瞬，活着就有希望

有时候，我多么希望能有一双睿智的眼睛能够看穿我，能够明白了解我的一切，包括所有的斑斓和荒芜。那双眼眸能够穿透我的最为本质的灵魂，直抵我心灵深处那个真实的自己，她的话语能解决我所有的迷惑，或是对我的所作所为能有一针见血的评价。

——三毛《雨雪不再来》

常有学生问我："人为什么活着？"

人生为何？好孩子，老师也曾像你一样疑惑，老师也曾经是在暗夜里奔波劳碌之人。而且，老师也深愧自己的浅陋和粗疏，也曾期盼有智者以点石成金的本领给我醒觉的能量，来助我一臂之力。

"生存还是灭亡，这是一个问题。"这个问题，常常令我想起台湾女作家三毛。还记得第一次读她的书，是《稻草人手记》。从此，记住了一个穿红衣披长发的美丽女子；从此，恋上了这个美丽女子所有的文字。她，本名陈平，原名陈懋平，笔名三毛。

以后，从她的书里慢慢明白，《雨季不再来》是每一个跌倒过、迷失过、苦痛过的少年维特；《梦里花落知多少》表达了她对逝去亲人的无比思念和感伤；《哭泣的骆驼》和《撒哈拉的故事》让我们看到了一对沙漠神仙眷侣的快乐城堡和生死盟约；《送你一匹马》是一个大礼物，教我们学会做人、读书和生活……再以后，即使知道她已离世，而且选择的是让父母和读者极不愿意接受的自绝于世，依然爱她如初。

后来上大学学心理学，看到更多关于她成长的故事，我斗胆不敬地猜想：其实，每个人都不完美，每个人的心理都可能存有残疾和渴望被救赎，即使令年轻的我们着迷的三毛。她说："有时候，我多么希望能有一双睿智的眼睛能够看穿我，能够明白了解我的一切，包括所有的斑斓和荒芜。那双眼眸能够穿透我的最为本质的灵魂，直抵我心灵深处那个真实的自己，她的话语能解决我所有的迷惑，或是对我的所作所为能有一针见血的评价。"童年时当众被数学老师在脸上点了墨汁的她，用整个青春去寻觅一个人迹罕至的爱的天堂；去依靠一个给她无限娇宠和自由的丈夫。

可是，幸福的生活仅仅只有六年，大海无情地夺走了荷西的性命，也夺去了三毛对人世的所有爱恋和眷顾。城堡坍塌，快乐只成追忆，孤独的灵魂再也无所归依，生和死已经没有什么不同。当心中没有爱的根柱，即使一个人再怎样生活，也有可能在瞬间产生无能为力和绝望。

由此，再有学生问我"人为什么活着"时，我就会反问他（她）：好孩子，人世间，你可有喜欢的？可有你热爱的？某些事、某些物、某些人，你可有深爱不能割舍的？你可有梦想？如果有，哪怕有一样。你就该知道，人要活着。为了那些你爱或爱你的，你该努力地活着，幸福地活着。让自己更好，更配得上你的爱人和心爱之物；只要你活着，你就是你爱或爱你

的人的天堂。

爱，是一种神奇的力量。很多时候，爱却无法用言语来表达。但是，我们可以用心去感受、去培养、去磨炼。某些人、某些物、某些景致，我们爱恋的力量注定他们和我们有了千丝万缕的联系。这联系，正如王阳明所说："你未看此花时，此花与汝同归于寂；你来看此花时，则此花颜色一时明白起来。"爱上某一朵花的缘分也是好的，只要我们心不死，必有未来。

很多时候，想要放弃。但是，只要具备爱的力量，我们就会强大起来。爱，使我们不能轻易放弃！史铁生说："死是一件无需着急的事，怎样耽搁都不会错过的事情。为什么不活下去试一试呢？"我欣赏史铁生这样的人生观。

我不相信人有前生和来世，但我相信，冥冥中应该有一种力量在陪伴我们。而且，我相信那就是爱的力量！这爱，有亲子之爱、有兄妹之爱、有友朋之爱、还有陌生人之爱！可以了吗？我的孩子，爱有很多种，愿你拥有的越多越好。

生命不过如此，欢乐有时，生死一瞬！我很庆幸，曾经的疑虑变成如今的坚定！"我唯一锲而不舍，愿意以自己的生命去努力的，只不过是保守我个人的心怀意念，在我有生之日，做一个真诚的人，不放弃对生活的热爱和执着，在有限的时空里，过无限广大的日子。"

真心希望前进中的年轻人，愿你们无论在任何条件下，都能心怀希望和梦想，去迎接美好的生活。

如果骄傲没被现实大海冷冷拍下
又怎会懂得要多努力，才走得到远方
如果梦想不曾坠落悬崖，千钧一发
又怎会晓得执着的人，拥有隐形的翅膀
把眼泪装在心上，会开出勇敢的花
可以在疲惫的时光
闭上眼睛闻到一种芬芳
就像好好睡了一夜直到天亮
又能边走着边哼着歌，用轻快的步伐
沮丧时总会明显感到孤独的重量
多渴望懂得的人给些温暖借个肩膀
很高兴一路上，我们的默契那么长

穿过风，又绕个弯
心还连着，像往常一样
最初的梦想，紧握在手上
最想要去的地方，怎么能在半路就返航
最初的梦想，绝对会到达
实现了真的渴望，才能够算到过了天堂

——范玮琪《最初的梦想》

读者评语：

1 楼 评论时间：2015－01－04 23：13：59

坚强的女子，万水千山走遍。

2 楼 评论时间：2015－01－05 12：42：52

"当心中没有爱的根柱，即使一个人再怎样热爱生命和生活，也有可能在瞬间对生活绝望和无能为力。"这句话说得太对了……

3 楼 评论时间：2015－01－05 16：12：58

说的对，爱是支撑我们生活最重要的支柱。

4 楼 评论时间：2015－01－05 21：17：30

怎么说呢，相比较死亡，衰老更需要勇气去接受吧。不过老了有一个好处，那就是证明你还活着。

5 楼 评论时间：2015－01－06 20：41：05

欢乐有时，悲伤有时。默然，相爱，寂静，欢喜。

6 楼 评论时间：2015－01－07 08：46：58

我有点想学心理学了。老师写出了我一直没写出来的东西。

7 楼 评论时间：2015－12－29 10：02：28

人生，应该是为自己图一份平和的心境，修炼一生泰然处之的心态，完成自己喜欢且想做的事情吧！

8 楼 评论时间：2015－12－29 10：10：08

老师您说的很对，即使有些东西明知道得不到，可是为了能缩短和梦想的距离，也要让自己变的优秀，这样下一个机会来临时，才不会再错过。

9 楼 评论时间：2015－12－29 19：01：51

我想，我们这个年龄，可能都有这样的想法，刚进入社会，我们会感觉到很大冲击力，会感觉到很多东西接受不了，慢慢地我们会适应这个社会，到那个时候，我们就会坚定自己的信心了！天冷了，老师您一定注意保暖，在帮助别人的同时，我希望您能事事顺心，身体健康！

10 楼 评论时间：2015－12－29 21：24：43

老师就像我的航灯，每当我感觉生活苦闷时，看到老师写的东西总能感到慰藉。

11 楼 评论时间：2015－02－22 16：56：48

工作的缘故，我最近接触到两例有心理问题的残疾人，我隐隐觉得他们的家长对孩子心理问题的形成有着不可推卸的责任。我在做孩子心理工作的同时，也做了几次家长的工作。当时他们都有所醒悟，但是要想彻底解决他们的问题，我感觉到自己有些力不从心。期望得到老师的指导！

10. 爱的终极，给你一个拥抱

人类之间最好的身体接触方式就是拥抱，因为它很简单又明确地表达着人与人之间最真的关爱。拥抱也会帮助人消除沮丧，消除疲劳，增强勇气，注入活力。尤其是那种互相投入的拥抱，这是肢体语言的魅力，在众多肢体语言中拥抱最为温暖。

毕业班学生大多已离校，留下来的主要是参加6月9号专升本的学子们。按照预约，她要在离校前找我做最后一次咨询。

在西单女孩《那就是爱》的音乐声中，我静静地等待她的到来，如同等待一个多年的老朋友。当她半羞半怯地进来，我们会心一笑。与她之间，总有一种不言而喻的明白和透彻。

三年来，她改变了很多。外貌上，她从军训后的黑巧出落为肤色白皙的婷婷美女，惠子似的日本头，很柔顺地轻抚她的脸颊。精神上，她一次比一次坚定自己的理想和未来。

这一次，与以往不同。从她的表情上，我看不出任何难过或者不良情绪。好像她只是来看一看，来坐一坐，道个别，没有旁的明显用意。大约有半分钟的时间，我们彼此悄声不说话，只是微笑，是那种非常坦荡和高兴的笑容。

真的是最后的一次面谈了吗？她的心里有何感想？我呢？对她有怎样的期许和不舍？

三年来，每当她失意或困惑不安的时候，总是来找我。有时候，我给她一些貌似合理的建议；有时候，她幽幽地说，我静静地听。而她，一般不会耽误我太多的时间，叙述完她的心情，讲一讲她的困惑，说一说她的苦恼，和我交流一些对人生对周围环境的看法，然后就是感谢我的陪伴，最后一定还会祝福我。

从她的眼神，我能明白一个意志坚定的女子并不允许她做事情有任何拖泥带水的犹疑。

她来自外省，如果专升本失败的话，她就要回到家乡听从父母的安排，就业和结婚。而在她的内心，藏着一个大大的秘密和希望。一定要继续上学，专升本，然后考研，和心爱的人在同一个城市一起寻找幸福，她要和他并肩作战，一起播种，一起收获。

有时候我想，如果一个女子，心里始终有个爱人存在，她应该就是幸福的吧？有个人可以让我们去牵挂，只是牵挂，那也是一种继续前进的力量吧？

她心中牵念的那个男孩子，在别的省份上大学。她一直不肯停歇地努力着，是想给他们的感情一份执着和坚定，也是给自己一份不变的坚守吧？

在我心里，她一直是个非常优秀的女子，只是高考发挥失常才选择了我们这所高职院校。我相信，只要她一如既往地努力，幸福一定在不久的远方等着她。

是该说再见了吗？看见她起身，看见她要离开，我也站起来。她却微笑而害羞地提议："老师，我可不可以拥抱你？"

我的心也告诉我，是该有所不同啊，从此可能就是天涯。我们都站起身来，彼此微笑着慢慢靠近。我们师生二人是那样自然地拥抱，我轻拍着她的背部和肩膀，她松弛有度地搂抱着我的腰，一直不停地轻声说道："谢谢，谢谢，谢谢老师！"

我知道，此时此刻我们的肢体语言会比世界上任何真实的语言表达的信息更多，也更容易让人感动。心理学的研究也早已告诉我，拥抱和触摸有利于心理健康。那些经常被接触和拥抱的人心理素质要比缺乏这些的人健康得多。人类之间最好的身体接触方式就是拥抱，因为它很简单又明确地表达着人与人之间最真的关爱。拥抱也会帮助人消除沮丧，消除疲劳，增强勇气，注入活力。尤其是那种互相投入的拥抱。这是肢体语言的魅力，在众多肢体语言中，拥抱最为温暖。

这是幸福的一刻，这拥抱也给了我无比的信任和无穷的继续前进的力量！

在最需要的时候轻轻拍着你的肩膀
谁在最快乐的时候愿意和你分享
日子那么长
我在你身旁
见证你成长让我感到充满力量
谁能忘记过去一路走来陪你受的伤
谁能预料未来茫茫漫长你在何方
笑容在脸上
我和你一样
大声唱 为自己鼓掌
我和你一样
一样的坚强
一样的全力以赴追逐我的梦想
哪怕会受伤 哪怕有风浪
风雨之后才会有迷人的芬芳
我和你一样
一样的善良
一样为需要的人打造一个天堂
歌声是翅膀 唱出了希望
所有的付出只因爱的力量
我和你一样
一样的坚强
一样的全力以赴追逐我的梦想

——李宇春《和你一样》

读者评语：

1楼 评论时间：2017－06－01 12:36:14

老师，其实我也欠您一个拥抱，要不是您，可能我没有今天的快乐，没有今天的性格！谢谢您！

2 楼 评论时间：2017 - 06 - 01 13:14:50

每次看您写的日志，总是有泪水流下，只是，我没有她那样的勇气……

3 楼 评论时间：2017 - 06 - 01 14:15:13

心中有个爱人、有个牵挂或许是幸福的，有个努力奋斗的劲。老师我也想见您……

4 楼 评论时间：2017 - 06 - 01 16:14:44

这篇日志是那样地催人上进，老师，很喜欢拜读您的文章，甚至我都能想到日志里的那个拥抱的样子是一个饱含真情真意的祝福！

5 楼 评论时间：2017 - 06 - 02 11:08:53

拥抱能给人减压，增进彼此之间的感情，不是还有人提倡拥抱陌生人吗？中国人太不爱拥抱了，希望咱们中国人多拥抱，每次亲人见面也应该拥抱，比如，我们和父母拥抱的机缘确实不多了！

6 楼 评论时间：2017 - 06 - 02 20:24:14

老师，我很坚定我的爱情，我的他在遥远的英国，我坚定地、执着地相信着我们的爱情，并为之默默奋斗着，老师，我也需要您的拥抱！

7 楼 评论时间：2017 - 06 - 03 18:32:53

拥抱让人温暖，拥抱让人感动！

8 楼 评论时间：2017 - 06 - 03 21:22:03

老师我觉得你真的跟我所认为的心理老师不一样，我好像有点相信这世界上还是有点人情味的，我也好想面对面与老师诉说我的委屈，可我的思想又让我觉得不可以跟陌生人接触，那样也许会伤害我，可我又真的好想……

9 楼 评论时间：2017 - 06 - 04 09:54:49

要学会和文中的女孩一样，心里有目标，考上专升本！

11. 因为慈悲，所以冷酷

常言道，爱之深，苛之切。但现实生活中往往是"爱之深，纵之宽，"真正能做到"苛之切"的少之又少，作为老师的我，我愿意成为这个"罪人"。

每次开学，学生们最关心的问题大概是自己各门功课的得分情况，去教务处网站查询后，不合格的、没成绩的同学想必是最着急了。因为，开学第二周周末就要组织补考。作为老师，不管多么仔细，算分、登分都难免有纰漏，我也就轻易原谅了某些学生的漏写名字，或是没写清楚班级、学号，甚至没来得及上交作业的学生。

六年了，我的选修课没有给过任何一个学生不及格的分数，即使某些学生卷面不合格或是误了上交作业时间，只要后来改过修正，我也给他们及时补登学分。在我看来，选修课与其他课程不同，既然是选修，应该是出自学生本人意愿，选择自己感兴趣的课程来上。

上课时，我一向奉行"来者不拒，去者不追"的原则。想来听课的，不是我的学生也可以；不想来听课的，我绝不强求。我希望我的学生养成自律自制的好习惯。心理课，学生们学多学少都是次要，只要学以致用就好。历年来，心理学的考试非常简单，从开始的搜集身边案例到学会自我剖析，尤其是引导他们从心理学角度分析自我成长、寻找生命中的重要他人等，只要写在 A4 纸上，能够表达清楚思想，字数、体裁基本也不限。

一向以为自己深得学生喜欢，一向以为这是一种幸福，但某些学生的所作所为着实令我难过，内心有一种难以形容的痛楚。

每学期，总有学生的作业雷同，在我的督促下，又重新补交了一份。最使我不能原谅的是某些学生的自以为是以及振振有词："老师，我没时间，我忘了！""老师，我常和您聊天，您应该了解我，您就发发慈悲给我个及格分吧！""老师，我不是经常和您交流吗，这还比不了一张纸上写下的内容？"只因为和我私下有交流、聊过天就可以不写作业？只因为老师慈悲，就可以蔑视学分规则？动动嘴皮子，什么也不做，就想得到你想要的东西？设想一下，假如你将来走上工作岗位，你自以为和上级领导关系很近，你每天都去汇报工作，年底所有职工要上交一份工作总结，你是不是可以对领导说：领导啊，我天天汇报，您了解我，您知道我，我不用写了吧？

常言道，爱之深，苛之切。但现实生活中往往是"爱之深，纵之宽"，真正能做到"苛之切"的少之又少，作为老师的我，我愿意成为这个"罪人"。

在你不开心的时候，老师可以陪伴你；在你失意的时候，老师可以鼓励你；在你经济上遇到困难的时候，老师可以给你少许的资助；甚至，在你无家可归的时候，老师可以暂时收留你，给你一碗饭吃。

但是，对不起，没有交过作业的学生一定没有成绩。

不成规矩，难成方圆。这也许残酷，但因为慈悲。或许，只有经过如此这般，你才能慢慢学会，世间有一些基本规则，永远不要试图冒犯，更不可轻易碰触。

像那潮

循环往复

对你们的爱

不曾片刻远离

倔强的生命

生长于石缝间

对你们的爱

不曾稍稍犹疑

读者评语：

1 楼 评论时间：2013 - 03 - 09 11:14:12

支持，好老师，字里行间充满对学生的真切关爱！

2 楼 评论时间：2013 - 03 - 09 11:20:45

你把他们当大人看，其实他们还都是孩子，不经历些事不会成熟，更不能了解你的良苦用心。不必纠结，谁也不能把事做得十全十美，只要不违背自己的初衷就行。

3 楼 评论时间：2011 - 03 - 09 11:37:3

其实孩子们都也不小了，虽然有的表面会抱怨，但他们心里知道谁真的为自己好。

4 楼 评论时间：2013 - 03 - 09 11:49:28

这也许残酷，但我不能放纵。

5 楼 评论时间：2013 - 03 - 09 12:43:35

感谢老师对每位学生的良苦用心，其实大家都能理解你、相信在新的学期我们能在各方面共同进步。

6 楼 评论时间：2013 - 03 - 09 12:52:52

老师，我还是一个您未接触过的一个大一的学生，看着您发表的日记。想法有很多很多，不知道该和您咋说，我想以后有很多和您交心的机会，读了您的日记，我也知道上您的课应该有什么样的准备。好老师也是要有原则的！

7 楼 评论时间：2013 - 03 - 09 13:30:57

什么事都是建立在互相理解互相尊重的基础上，老师对我们好，我们更应该尊重老师……

8 楼 评论时间：201303 - 09 13:39:34

老师，您是位好老师。……我相信我理解您，他们也一样……

9 楼 评论时间：2013 - 03 - 11 10:27:54

老师，挺你，做得不错，这种做法正是对学生的大爱。故意放纵只会害了他们，将来他们步入社会是会吃亏的，我相信大家会支持您，理解您的。

10 楼 评论时间：2013 - 03 - 12 07:27:11

老师很伟大的；我是你一个学生的家长，谢谢你老师！

12. 只要……就……

　　幸福像人体基因一样是可以遗传的，孩子的幸福虽然不是完全建立在父母是否幸福的基础上，但父母的婚姻状况、行为方式会潜移默化地给下一代以深刻影响。

　　我常想起她，如今的她生活得可好？

　　当我做着自己喜欢的工作，我是欢喜而忧伤的。欢喜，是因为我觉得自己有用武之地；忧伤，是因为我对某些求助者也无能为力。尤其对她，我仍然心存愧疚。

　　我曾无数次想起她。但是，一直没有静下心来，也一直没有组织好语言，不知道如何写她的故事。这个寒假，有时间，有机会自修了朱建军老师的《意象对话心理咨询技术》。这让我再次想起她，如果早一点我懂得这门技术，也许我就可能会帮到她。

　　今天，我想写写她的故事。希望某些人看到，尤其是为人父母者看到，希望他们在做出一些重大抉择之前多多少少顾及孩子的感受，起码向孩子交代清楚责任归属问题。

　　今年她该 26 岁了吧，可我觉得她的心理年龄始终停留在 5 岁，不再有生长。5 岁的时候，她的父母离异。她很崇拜爸爸，她心里想：一定是我不够乖，不够好，爸爸才不要妈妈也不要我了。于是，她变得小心翼翼，变得乖巧听话。她在心里一遍遍地重复：只要我乖，我的爸爸一定会回来的，一定会……上帝好像听见了她的心声，她上了小学一年级后，每次考试都是班里的第一名。她的爸爸在和她的妈妈离婚一年半后被亲戚朋友劝和又回家了，她心里高兴啊，一次次告诉自己：一定要乖，只要听话，爸爸妈妈就不会再分开。

　　然而，复合后的父母没坚持一年还是再次离异。她不懂，不明白爸爸为什么要走，她不清楚成人世界里的复杂情感，她认定是自己做得不够好，不够乖。

　　后来，她一直很刻苦地学习，顺利地升入当地重点高中，最后又考取了外省的一所重点大学，并且毕业后顺利就业。可是，她对身边的异性不感兴趣。谁也没想到她会喜欢一个比她小两岁的复员军人，他们邂逅在返乡火车上。更意外的是，他们交往后只要闹意见有分歧，她的男朋友就会用绳索把她捆绑起来，罚她不许吃饭、不许见朋友，甚至罚她不许上床睡觉、虐打她。她的朋友从她胳膊和脸上的瘀伤看出了她的不幸，纷纷叫她离开他。她不肯，还总是说：没事，只要我乖，只要我听话，他还是对我很好的。

　　她的母亲也慢慢知晓了女儿的遭遇，恳求我救救她。我们曾在 QQ 上聊过，她使用最多的连词是"只要……，就……"。她说：只要我乖，我男朋友就不会再虐待我；只要我乖，我的领导就不会再给我穿小鞋；只要我乖，我的同事朋友就不会再小瞧我；只要我乖，我的爸爸妈妈还是有希望在一起的。

　　这实在令我难过，而她并不想改变她的境况。于是，我们断了联系。

　　正如托尔斯泰所说，幸福的家庭是相似的，不幸的家庭各有各的不同。她的不幸根植于 5 岁时父母离异的认知，这错误的认知伴随了她二十年不曾有丝毫改变。

　　我以为幸福像人体基因一样是可以遗传的，孩子的幸福虽然不是完全建立在父母是否幸福的基础上，但父母的婚姻状况行为方式会潜移默化地给下一代以深刻影响。

　　希望所有的父母在与孩子相处的过程中，谨言慎行！

　　若是再有父母追问，为什么自己的孩子成了现在这个样子？我请您照照镜子，这就是我的回答。

那个困扰我的案例
我还没有回答

一个 24 岁的大学生
待业两年游戏在家
50 岁的单亲妈妈
眼泪滂沱鼻涕成河——
但，束手无策毫无办法
唯一的儿子
不高兴的时候——
还会动手打她
追究原因
儿子归责：不能出门
谁让我脸上长满疙瘩

在我前面不远处
一个四五岁的小男孩——
在草丛边玩耍
忽然，我听到他——
一惊一乍：
妈妈，爸爸
快来看，有只蚂蚱
赶上前的爸爸——
摩拳擦掌高声指挥：
儿子，踩死它！
跑上前的妈妈——
兴奋地鼓励：
踩死它，儿子
你最勇敢啦

紧锁眉头的我
忽然悲哀地惊醒：
哪里来的花季少女被毁容

哪里来的肇事者还要持刀行凶
哪里来的富二代飙车猖狂
哪里来的官二代杀人嚣张
你去问问
孩子身边的爸爸和妈妈
这，就是我的回答

读者评语：

1楼 评论时间：2017-02-28 16:45:46

不幸的家庭对子女是有一定的影响，但更多的幸福需要我们自己去创造。不是吗？真心的希望老师可以打开她的心结，让她变得坚强去找回属于自己的幸福！

2楼 评论时间：2017-02-28 16:58:29

人生中总会有很多个结，大部分并不是我们的错，纠结的只是遗憾和不安。大概我天性自私，而她天性善良，所以才变成现在这样。真心祝福她，一切都好。

3楼 评论时间：2017-02-28 17:15:19

这样的女孩子，既心疼她，又可怜她，也觉得她好傻。因为，不是只要你做得好，别人就会认同你；相反，这样别人反而更会肆无忌惮地伤害她。哎！希望她幸福……

4楼 评论时间：2017-02-28 18:03:04

老师虽然我对人生没太多了解，但是我一直相信人是需要不断成长，需要思想的成熟！

这样别人不会伤害到自己，心里的停滞或许是她一直以一个特定的她认为对的思维去思考，就一直这样，这不是善良！不知道我说的对不？

5楼 评论时间：2017-03-09 09:42:07

不幸深深伤害了这个女孩的心，走出痛苦必定需要一个过程，但是我们并不能久久地沉浸在其中，无法自拔。要知道明天是美好的，是属于我们每个人的。愿她获得思想和心灵的重生。

6楼 评论时间：2017-03-09 11:19:08

她有点偏激……很多人都会有这样的偏执，不能说是与生俱来，但却会在不经意间伴随并影响她的一生……祝愿她身边的人都能听到她那颗柔软纯净的心吧，并好好珍惜她。

13. 借一双慧眼，发现生活中的美

生活中处处充满感动，关键是我们是否拥有一双发现美的眼睛。一部电影，亦能让我们思考很多、学会很多。愿世上每一个人都拥有一颗美丽的心灵，去找寻自己生命的轨迹，并为之奋斗！

那天在新生的选修课上，我和同学们一起观看了心理影片——《美丽心灵》。故事主人公是在博弈论和微分几何学领域潜心研究以致获得诺贝尔经济学奖的数学家约翰·福布斯·纳什。1928年，纳什出生于美国西弗吉尼亚州，1950年，20岁出头的他已经获得美国普林斯顿高等研究院的博士学位，他在博士论文中提出了一个重要概念，也就是后来被称为"纳什均衡"的博弈理论。

影片讲述的是约翰·纳什在进入普林斯顿大学后，由于压力过大，出现了精神分裂的症状：以为自己成为了一名密探，为美国政府进行着机密任务。但其实这一切都是假象，甚至连室友都是他自己的幻觉，他分不清现实和幻象，这令他的学术研究受到了严重的影响。但是，天无绝人之路，约翰·纳什有深爱着他的妻子艾丽莎。他的妻子不仅没有因此离他而去，还无微不至地照顾和鼓舞他，陪他度过最艰难的时刻。同时，约翰·纳什也凭借着自己的毅力，逐渐康复，并仍致力于学术研究，从不懈怠。终于，在1994年，他凭借自己出色的学术成就，获得了诺贝尔奖，也获得了世人的肯定。

在影片的开头，不善于交际的约翰·纳什被人认为是神经病。他的行为十分古怪，讲话又过于直接，以至于没有人能够理解他的想法。但是这并没有阻碍他朝着自己的目标前进，他认为当时大学里研究的内容毫无意义。他不希望被课本所局限，他要突破假设，建立他的博弈论。即使别人对他冷嘲热讽，他都能不受干扰，随时沉迷在自己的数学中，小小的事物也能令他联想到数学，一个酒杯、一条领带他都不会放过。而当得知其他人都已经发表了属于自己的博士论文后，他虽然感到了压力，但是也没有因此退缩，反而以此激励着自己。他努力不懈，继续研究，终于，他发表的博弈论推翻了150年来牢不可破的经济理论，得到了教授的赞赏，为此，他进入了梦想中的惠勒研究所工作。纳什的那份坚持与努力正是我们每个人都不可或缺的。

本影片最大的主题就是爱！是纳什对工作的爱，更是妻子对他那份矢志不渝的爱！当纳什患了精神分裂症，严重地影响到了他的工作和生活的时候，他的妻子仍然不离不弃陪在他的身边。要知道，当时纳什根本分不清现实和幻象，行为十分奇怪甚至危险，他更有可能淹死自己的亲生骨肉甚至是害死自己的妻子。但是，他的妻子是伟大的，她陪着他走过人生最艰难的一段日子。在他孤立无援被禁闭治疗的时候，是她，给他的信任与扶持，包容与忍耐，鼓励与引导。她教他认识到自己的普通，教他融入社会，教他平和与妥协，教他享受人生。她告诉他不要放弃，不要回到医院里与他的幻觉作伴，她没有能力告诉他，他将会有一天成就大业，她只教他如何一天一天地过下去。

当白发苍苍、步态蹒跚的纳什走上领奖台，他掏出口袋里的手绢，象征性地擦了擦嘴角，那是对他无比亲爱的爱人最崇高的感谢。这手绢是他们第一次约会共同出席一个酒会的时候，她为不拘小节的他别在上衣口袋里的。这种爱与奉献，实在令人感动！

故事结束于纳什对妻子的深情告白："我一直以来都坚信数字，不管是方程还是逻辑都引导我们去思考。但是在如此追求了一生后，我问自己：'逻辑到底是什么？谁决定原因？'我的探索让我从形而下到形而上，到最后得了妄想症，就这样来回走了一趟。在事业上我有了重大突破，在生命中我也找到了最重要的人。只有在这种神秘的爱情方程中，才能找到逻辑或原由。今晚我能站在这儿全是你的功劳，你是我成功的因素，也是唯一的因素。谢谢你！"

不记得这是第几次了，总是会流泪，总是被感动，感动于故事中的真人、真事、真性情。纳什原本是幸运和完美的，作为学生的艾丽莎仰慕他的才华和他组建了幸福的家庭。然而，他又是最不幸的，就在他事业如日中天的时候，他罹患了精神分裂症。严重的幻觉，有三个人物反反复复出现在他的精神世界，左右他的思想和意志。艾丽莎，她拥有一颗金子般美丽的心灵，在他罹患精神病的三十多年，她始终不离不弃，用她的博大关爱之心呵护和陪伴着纳什，使他即使有病但仍然能够坚持学习和研究，最终走出疾病的阴霾。

感动于这份伟大的爱情，因为这样的感情在现实生活中的确难能可贵。是怎样的胸怀和气魄？是怎样的意志和耐心？是怎样的坚持和不舍？这份感情激荡人心，使得我们不得不小心翼翼地转过头来审视自己身边的感情。浮躁的年代，谁会执守一个精神发狂的爱人和由此带来的生活灾难？无关痛痒的分道扬镳和耐不住寂寞的红杏出墙，丑陋的人性，在混乱的精神世界里显露无遗。什么是美丽心灵？艾丽莎给出了最美、最好的答案。

美丽的心灵让我们感动！但愿世间相爱的人都能执子之手，相携到老。

生活中处处充满感动，关键是我们是否拥有一双发现美的眼睛。一部电影，亦能让我们思考很多、学会很多。愿世上每一个人都拥有一颗美丽的心灵，去找寻自己生命的美好，并为之奋斗！

我歌颂每一朵野花每一滴雨露
我歌颂每一段情怀每一个脚步
我歌颂每一次微笑每一尊沉默
我歌颂每一个细节每一束画图
都大声地歌颂吧
在每个艰辛之后
让喜悦的细雨滋润每一缕思绪
让雀跃的快乐弥漫每一栋旧屋

如果你正迷茫变得无助
如果你正无措而变得孤独
那么请站起来
在绿草坪上在高山之巅

在丛林空隙在花开之处
和我一起歌颂
敞开胸怀
袒露那些埋藏内心的无力
洞穿视觉的迷雾

歌颂，是成功者的习惯
歌颂，是奋斗者的音符
每次从高峰走向低谷
每次从崎岖走向通途
请千万要记住
歌颂，也是自我的鼓舞

读者评语：

1 楼 评论时间：2016 - 12 - 13 17:24:29

发现不同的人在看待同一件事物时的角度确实不同。看完以后，我的重点是沉溺于纳什的孤独、寂寞最终导致患病的悲伤情绪中，那样流出的眼泪也是孤苦的。可是您却将重点放在了她妻子的博爱和宽广而深厚的情怀上。还有就是，您看我的日志就是对我最大的鼓励。这个世界被欣赏的概率很多，可是只有伯乐的欣赏是千里马需要的。

2 楼 评论时间：2016 - 12 - 13 18:32:31

真爱，这个世界上难得有啊！爱情……何时有啊？呵呵……

3 楼 评论时间：2016 - 12 - 13 21:51:56

爱，也许足以承受一切……但它需要多么的清透和彻底……我很喜欢老师写的文字，简洁而直面。

4 楼 评论时间：2016 - 12 - 14 09:29:15

我没看过那部电影，所以不对它作评价！至于人们对爱的理解，我觉得情重的人爱多，更像人！而情寡的人爱少，更像动物！当然无论人还是动物，在社会的大环境中都是弱肉强食！各人自有造化！

5 楼 评论时间：2016 - 12 - 15 15:46:59

生活中每时每刻都有着感动，但需要我们善于发现！

6 楼 评论时间：2016 - 12 - 23 08:56:39

心灵美为大美！很喜欢老师讲的。

14. 爱自己，是一生的课题

"爱自己"是世界上最重要的课题之一。如果我们爱自己，自然也会爱别人。爱自己是一个人得以生存和发展下去的唯一力量。

她失恋了，意志消沉不能自拔，"人生好没意思，如果不是为了父母，我可能早死了多少回了！"

作为心理老师，我给她不一样的解读：

第一，我赞她心中尚有一善念，念及父母的养育之恩。

第二，我纠正她，爱情不该占据全部生活。

第三，我替她惋惜，不该因为失恋就要放弃自己的人生。

第四，我想唤醒她内心深处沉睡的爱，尽管她说她明白爱的真谛。

失恋，对于任何男女来说都是一杯浓烈的苦酒，都会在他（她）的灵魂深处烙上深深的伤痕。有时，这种不可言说的心理隐痛会一直伴随在他（她）整个生命的旅程中。人毕竟是一个情感动物，而爱情又是那么令人心醉神迷，因而，当这种纯厚、圣洁的情感幻灭之时所给人带来的灵魂深处的骚动，当然也是痛苦而激越的。失恋的痛苦，需要外界的帮助，但更重要的是提高自己心理承受力，增强心理的适应性，学会自我心理调节，从而达到新的心理平衡。

我手头有很多女孩子咨询的案例，大多因为感情。失恋后往往不知所措，觉得天塌了、地陷了，甚至寻死觅活。尤其是那些不注意保护自己、付出一切不给自己留一点退路的女生，她们往往爱得深，伤得才重。更有女生，以为是自己付出的不够多，才使对方嫌弃自己。其实，通过努力换回的爱会使人生疑。这种爱会使人痛苦地感到：我之所以被人爱是因为我使对方快乐，而不是出于我自己的意愿——归根结底我不是被人爱，而是被人需要而已。人们往往把这种如痴如醉的强烈奉献当作是强烈爱情的证据，而实际上这只不过表明了他们先前是多么孤单、寂寞、无聊而已。

"我那么爱他！我陪他打游戏，甚至饿着肚子；我陪他打球，甚至放弃自己的休息时间；我自己不吃饭没什么，但我怕他不吃饭伤身体，所以，天天给他打早饭……他为什么还要甩了我？"

孩子，月满则亏，水满则溢，爱一个人也一样，不能毫无原则地去付出，爱得太卑微，反而使对方不懂得珍惜。女人的幸福不能交给男人，一定要自己去争取，就算再喜欢对方，也要留三分清醒。总之，女人若是用力过猛地去爱，最终疼的还是自己。

我以为，女孩子不管恋不恋爱，首先要学会爱自己。"爱自己"是世界上最重要的课题之一。如果我们爱自己，自然也会爱别人。爱自己是一个人得以生存和发展下去的唯一力量。爱自己并不是爱一个理想化了的自己，而是爱构成自己的所有方面——自己的优点和缺点，自己的长处和短处，自己的梦想以及自身的一切矛盾。爱自己是即使我们觉得自己很讨厌、很笨或者很难看，我也依然爱自己。爱自己的能力不是与生俱来的，大多数人由于很少在家庭或学校中得到无条件的爱，因此成年以后也很难发现，其实我们真正需要的是，对自己的关注和爱。

试想，一个不爱自己的人怎么可能全心全意地爱父母、爱朋友、爱生活？一个不爱自己的人，也不可能真正地负起他（她）的任一项社会责任。

你要先做到喜欢自己，爱自己，掌握自己的人生，然后才可能去信赖他人，进而去为他人贡献。这样，才能建立爱的关系。必须强调的是，爱并非"被动坠入"。自立以后，你必须主动去贡献，去付出，用一味信赖、一味给予的利他态度对待对方，然后才会产生爱，建立不可分割的"我们的幸福"。爱，最终是由两个人共同完成的课题。

三毛说：我很容易杀死那个叫"三毛"的女人，手中的一支笔就可以立刻送她归西。所以，三毛最后用一双丝袜把自己挂在医院的盥洗室。为什么？因为三毛一生都没有学会爱自己！她爱的是沙漠、是流浪，她习惯在陌生的环境下展现自己，在熟悉热闹的人群她一直孤独，尽管她写了很多感动读者的书籍，但是，她把真实的自己早已完全封闭，在她还是少女的时候，在荷西沉睡大海后，她更是忘记了自己生的责任。

爱自己是爱的能力的根本。只有当内心的自尊和自信、自我价值感逐渐强大的时候，爱才可能像原来的小溪，淙淙流淌最后归至大海。只有爱自己，才会真心实意地为父母、为家庭、为以后的人生做认真规划，然后去努力完善自己！

单纯地爱一个人，单纯地喜欢一个人，无可厚非，不管对方爱不爱自己，在青春年少的时候，有一个人可以放在心底温柔地想象，也是美好的。然而，这不可能是我们生活的全部，一定要为了这份爱做些什么？做什么呢？当然不是折腾自己，寻死觅活、上天入地、不眠不休不吃不睡，短暂两三日可以，三五个月的忧伤也未尝不可，千万别走火入魔，以伤害自己来博取他人的同情和眼泪，这样下去只能换来不屑和唾弃。尤其是，明明知道对方早已不爱，还声嘶力竭要坚持无谓的付出，最后把自己折腾到学业无成、精神颓靡、神经分兮更加不值！一定要跳将出来，转移视线，寻求更有利于自己成长的空间，不是刚刚结束一场旧痛，立马投入另一场新伤。

爱自己还需要忍耐，等待你爱的人自然而然地来爱你、接纳你。年轻的时候，我们以为遇到的那个人符合自己所有的期待和想象，其实在人生的长河里我们还可能爱上很多人，是匆匆过客还是执手终身需要一份机缘巧合。只有在对的时间遇到对的人才会真正幸福！不会忍耐、耐不住寂寞的人，就像装在玻璃瓶中的跳蚤，在密封的环境下无力地一次次跳跃挣扎，等到盖子重新打开的时候，已经失去了跳出更高的高度去逃生的体力。

爱自己还包括尊重自己，没有尊严的爱就像别人脚底下的石子，可以被任意踢来踢去，丝毫不会被在意。爱他并不是丧失尊严一味地满足对方的无理要求，爱他也并不是没有自我地言听计从，爱他不是可怜兮兮的死乞白赖，爱他是和他一起努力一起长大一起优秀！倘若一份爱意没有使你有任何的长进而是使你更加颓废，那么果断地放弃这份感情才是明智之举。

爱自己，是一生的重要课题！爱自己，应该成为你的本能。但是，有时候它会沉睡，必须经过后天的唤醒和学习，爱自己的能力才会强大！

愿你找到一种前行的力，好好爱自己！

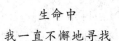

生命中
我一直不懈地寻找

每当我厌倦黑暗
每当我疲于奔劳
你会出现
像航船上的桅杆
似夜雾中的明灯
如十字岔路口的签标

在经历深深浅浅
的人世悲欢中
你是苦酒
也是甜蜜
你是失落
也是得意
你是结束
也是开始

渴望看到
深深赞美
你啊
这令我超拔的力

读者评语：

1 楼 评论时间：2017－04－07 11:12:32

很深刻，先学会爱自己！

2 楼 评论时间：2017－04－07 15:23:46

真爱也许是宽容、忍让和无限的疼惜，觉得那个人可怜、可亲又可敬，牵手后就不想再放开，哪怕一分一秒都想在一起。即使不在一起的时候，也很放心，知道他就在原地等着、爱着、想着你！

3 楼 评论时间：2017－07－08 16:48:51

其实，一千个人就有一千种爱情。

4 楼 评论时间：2017－05－24 10:39:48

老师，多写写这些美丽的文字，我喜欢。

5 楼 评论时间：2017－05－25 11:14:02

有一种力，是内在的动机，推着我们，是外在的吸引力，牵着我们，是别人的支持力，帮助鼓励着我们。生活难，没有它们我想我可能会寸步难行，让这些力来得更猛烈点吧……

6楼 评论时间：2017－10－26 01:04:33

我在看到您的时候，我才明白，有的时候，并不只是那些所谓的大人物的人生才有意义。小人物也可以有自己的辉煌。所以，您给了我这样一种力。

15. 有一种感觉，如影随形

人生完整和缺憾并存。也许，缺憾的时候比完整的时候还要多。但是，有一样东西，你始终拥有，那就是你的感觉，如果你是一个正常人的话。感觉，用心理学术语讲就是人脑对周围客观事物个别属性的认识，而这些认识却是我们全部心理现象的基础，这些认识会影响你的心情，左右你的心态，决定你的意志。这样的话，感觉几乎成为我们的全部。

回到爱人的根据地过年，于我是一种爱的妥协和退让。尽管，他的父母都已仙逝多年，回去不过和他弟弟一家团圆。但于他，与弟弟团圆却是过年最大的期待了，这份简单我总是不忍拂逆，而是选择顺从。

乡下人过年，没有城里人烟花礼炮的喧闹，没有城里人大鱼大肉的美餐，也没有城里到处张灯结彩的喜气，有几个鞭炮响，有晚会看，有饺子和自家调制的小菜吃，然后可以睡到自然醒，可以和他那些堂兄弟们日日聚首，无论打牌、搓麻、聊天，即使呼吸农村的新鲜空气，都是一种心灵上的放松和随意，而这些是平日工作中体会不到的休闲和自在，我私底下称之为"休养生息"；而爱人，我想于他是"回归和充电"吧，毕竟这里是他生长的家园。

闲暇之余，我用一周时间拜读了武汉医学博士施琪嘉教授的心理学著作《有一种感觉》，学习到许多医学和精神分析理论的知识，并且深深认同：有一种感觉很幸福，它却是你痛苦的来源；有一种感觉很美丽，它却使你觉得自己很丑陋；有一种感觉你很想忘记，它却无时无刻不在伴随你；有一种感觉你总想对人诉说，它却一直深埋在你的心里；有一种感觉你觉得很轻，它在你心中却越来越重；有一种感觉你试图不在乎，它却让你从男孩成为男人，让女孩成为女人。

人生完整和缺憾并存。也许，缺憾的时候比完整的时候还要多。但是，有一样东西，你始终拥有，那就是你的感觉，如果你是一个正常人的话。感觉，用心理学术语讲就是人脑对周围客观事物个别属性的认识，而这些认识却是我们全部心理现象的基础，这些认识会影响你的心情，左右你的心态，决定你的意志。这样的话，感觉几乎成为我们的全部。

人生不可能十全十美，有家庭、有健康、有职业、有朋友，这样已经算是很完整了。但是，看似的完整，也许潜伏着许多不完整的因子：家庭是不是幸福？健康是不是长久？职业是不是体面和喜欢？朋友是不是贴心贴肺的真和善等。

当人生遭遇不完整，我们会有怎样的感觉？波澜不惊，几人能够做到？

施教授是一名资深心理治疗师，他从精神和病理的角度诠释了我们司空见惯的人与事、喜怒与哀愁，悲欢与离合。他的分析既来自于多年潜修，又来自于他敏锐心细的个性魅力。这些细致入微的分析，好像《传奇》中的歌词：只是因为在人群中多看了你一眼，再也没能忘掉你容颜。

其实，生活中有很多事与人，对我们来讲不会是过眼云烟，总有些东西会留下，留在我们的内心深处，留在我们自己都没有察觉的角落。某一时刻，那些不经意的一瞥，那些海市蜃楼般的梦幻会在适当的时机掀起我们思想中的狂风巨澜。

方寸间，一闪念，我们可以历数沧海桑田。什么都有可能，心的力量有多大，人生的舞台就有多大。愿我们强大的心，准许有些事情的发生，接受某些事情的不如意，这样，在儿孙绕膝的时候，我们或许会笑着说：我的人生真的很完整！

有一种感觉，很美很美，那就是活着，活在此时此刻。个体心理学创始人阿德勒说过，人生最大的谎言是不活在此时此刻。人生享受现在，享受你的工作、生活和学习，甚至享受休闲和无所事事！享受此时此刻，只要你愿意，从任何事情当中你都能找到对你有利的一面，这样去享受生活就足够，这样去享受，阳光就已经照亮了你的心空！

有一种感觉，如影随形。愿你时时能感觉它，愿你时时能够触摸到它。愿你热爱你的人生，永远活在此时此刻，恰如心理学家阿德勒所说，人生就是在每一个瞬间不断旋转起舞的连续刹那，只要跳好此时此刻的舞就已足够。

如此，这应该就是幸福的吧！

世界上有千千万万的门
门里有万万千千的窗
为什么，你独
走进我这道门
为什么，你偏
靠近我这扇窗

窗口，还有
那么多迷人眼的景啊
为什么，你只
吻我这朵花儿的香

你从不强求我给你更多
亲爱的，最好的礼物
你却已经送我
看那孩子，正在田野放歌
看那夏日，烂漫明快如昨

为了与我手挽手
你曾走下几百万级台阶
这么多年，我已慢慢学会
一字一句把爱写进诗行
一步一个脚印把人生歌唱

纵然，他们将爱忽略

有人信仰金钱的高贵

纵然，他们嘲笑着泼爱以污秽

有人宁愿坐在宝马车里流泪

纵然，你也因自己的不足而惭愧

或因自己的不美而忏悔

我却，依然愿意

紧紧跟随

曳着你的衣袖

踩着你的足印

我从没有迟疑

从没有后悔

读者评语：

1 楼 评论时间：2014 - 02 - 16 16:24:02

平淡是最好的幸福，不需要多华丽，简简单单就好……

2 楼 评论时间：2014 - 02 - 18 19:49:07

昨晚跟朋友聊天，大家都说活得没意思，像我们这么大年纪，才刚刚跨入人生大门，大家已经对生活失望了。八零后的我们有时感觉就是悲惨的一代。但看你的文字，真的很舒服，能让人瞬间冷静下来。

3 楼 评论时间：2014 - 03 - 01 21:09:16

回自己的家过年，就一个词：自在！

4 楼 评论时间：2014 - 05 - 21 10：02:26

让事情变得简单，人变得善良……

5 楼 评论时间：2014 - 06 - 05 18:29:51

我觉得，如果有一天，我嫁为人妇，我也一定会这样。我一定对他也有着这样浓浓的爱和深深的关怀。

6 楼 评论时间：2014 - 06 - 01 12:16:28

我也想在将来为人妻子的时候，能有这样闲适和美好的心境阐述爱情里的酸与甜。浪漫地许下相扶到老、从一而终的唯美心愿。祝福您！

16. 生活中的"小确幸"，让日子更快乐

上午本来在家，忽然接到单位的开会电话，急急忙忙打车走。一路上，司机师傅循环在听刀郎的《谢谢你》：假如人生能够留下/可以延续的记忆/我一定选择感激/如果在我临终之前/还能发出声音，我一定会说一句谢谢你/如果生命之重可以/用我双手托起/你定是我生命的精灵/如果爱能让我们/永远在一起/我一定对它说/谢谢你/你搂着我的伤痛/抱着我受伤的心/在迷乱尘世中/从来未曾说放弃/你牵着我的手/走进无边的风雨/不管前路崎岖/你从来坚定/谢谢你/让我可以在平凡世界/发现我自己/不管是否有阳光照耀/我依然美丽/你让我明白爱你/就是爱我自己/你让我学会珍惜/生活里的点点滴滴……

听着听着，嘴角渐渐上扬起来，觉得自己是如此幸福：没有课的时候就可以在家；没有私家车，可以随时打的；而且，对于生活中的快乐我是如此敏感，对于生活中的不公平，我却忽略不见；资质平庸、平凡如我，却拥有世间最好的父母、姐妹、朋友和老师，还有一个不算太差的爱人和可爱的孩子，还有那么多乐学善学的好学生。

谢谢你！发现自己！珍惜生活中的点点滴滴！我想这就是要学会快乐生活的要义和重点吧！

曾经在发廊看到一个词汇——小确幸，回家后查阅了相关资料，知道发明这个词汇的是懂得生活哲学和心理卫生的智者日本作家村上春树。

村上的散文《兰格汉斯岛的午后》中有一篇叫《小确幸》的短文，村上说他自己选购内裤，把洗涤过的洁净内裤卷好然后整齐地放在抽屉中，就是一种微小而真确的幸福。他说就是为了这样的小确幸而活着。

生活中"微小但确切的幸福"，哪些是"小确幸"，很多事物都可以，只是你有用心去体会，你就会发现生活中的小确幸。

小确幸，让我们的生活更快乐，快乐其实很简单！

早霞中醒来
听幽兰操袅袅的空音心曲
捧一本最喜爱的书籍
快乐，其实很简单

阳光下，跳跃的身姿
菜市场里，热闹喧哗
午餐，用心准备
快乐，其实很简单

厨房里
轻轻滑过指缝的洗碗水
还有，惬意的午睡
快乐，其实很简单

最是
朋友间窝心暖肺的倾谈
梦里你孩子般的笑脸
快乐，其实很简单

读者评语：

1 楼 评论时间：2010 - 03 - 12 13:17:43

呵呵，小确幸，听起来就感觉好幸福，读起来嘴上也会有微笑的！

2 楼 评论时间：2010 - 03 - 12 13:39:17

读后，微笑，微微笑，微微一笑。

3 楼 评论时间：2010 - 03 - 12 14:10:42

从老师点滴的字里行间感觉到老师的内心的确很乐观，从小事情间就能感受到幸福和快乐，

这是一种境界，不是任何人都能做到的！

4 楼 评论时间：2010 - 02 - 01 21:53:16

可是，这需要物质基础的支持。又有多少人能这样简单而奢侈地快乐？

5 楼 评论时间：2010 - 02 - 01 23:09:04

好羡慕，这也是我的追求，简单但是幸福。

6 楼 评论时间：2010 - 03 - 01 20:37:14

恐怕在幸福来临之前，为之奋斗的也很多啊！之所以快乐，只因为先前苦过。吃得苦中苦，方为人上人！

17. 撑一截心灵的阳台，不必刻意忘记

做心理咨询工作，常常有痴情的女孩也有已婚的少妇问我类似的问题，"老师，我忘不掉他，尽管知道他已经不爱我了。可是，怎么办，我该怎样才能忘记他？"

旧爱难忘，尤其女性。日本的私家侦探社提供一项服务——寻找初恋情人。客户中90％都是女性，可见女人对旧情人的牵挂远远超过男人。女人为什么会牵挂着旧情人？为什么愿意给他们打电话？

"因为，他说过他爱我呀！他还说，只有我能给他带来快乐！他还说，我随时可以给他打电话；他还说……"

其实，每个人心里都明白，过去的一切永远不会再回来了。

过分拘泥于过去，实质上是在毁掉现在的生活。为什么要忘记呢？刻意地忘记一个人，出发点本身就有困难，不如转移注意力，做点其他有意义的事情，不去忘记反而会慢慢忘记。

佛说：每个人所见所遇到的都早有安排，一切都是缘。缘起缘灭，缘聚缘散，一切都是天意。佛还说：人有三缘，一是给你水和食物的人；二是救你出绝境困难的人；三是将你埋葬、给你体面和尊严的人。前二缘，是你的修缘过程，第三缘才是你最终的归宿。

人一生中，可能会遇到各种情缘，有些缘浅有些缘深，情缘深浅早已前定，悄然逝去的年轮就是最好的说明。千年今日，今日千年，过去未来，我们都无法触及；那么，何必回望过去，何必遥想未来呢？所以，不必刻意去忘记经历过的什么，不必追悔得到过的又失去！岁月无痕，双手合十地接受它，让它留存在心灵的某个角落，相信一切经历都是生命中的必需！关于情事，不必刻意忘记！

其实，也根本无需忘记！回忆如果只能带给自己更多的悲伤和痛苦而不是喜乐和安慰，又何必回忆？该遗忘的总会被遗忘，回忆的太久往往会受伤更深！而且，忘不掉那个人并不是真的忘不掉，而是担心，担心那个人不记得自己，不记得青春岁月里曾经为爱一起燃烧过的日子，不知道自己是否还有一天会被那个人偶然想起。

这才是忘不掉他的背后，这才是谜底！所以，不必刻意忘记！这样的话，彼此在心底还可以做朋友、做知己或者单纯地偶尔留一份念想。如果刻意忘记，哪里还会有"相逢一笑泯恩仇"的诗情画意？

不必刻意忘记！但可以，撑一截心灵的阳台！

撑一截心灵的阳台
迎接阳光和雨露，微尘和昆虫
将一切过往粉碎成垃圾
堆砌腐烂成泥土

从原野移栽上长刺的藤蔓
还有最喜欢的花草
也从别人那里讨来些种子
浇水施肥催生片片绿意

无意移栽一段春天
用芬芳去谱写时光的曲子
承荷一段勤劳和自然的歌颂
只是，静静等待
真的只是，静静等待
蜜蜂或者蝴蝶
来找寻自在的空间

默默收拾起落蕊
秋的落叶，冬的枯枝
在某个周末的早晨一并掩埋
期待它们重新化作泥土
肥沃你的阳台
肥沃你春夏的梦

读者评语：

1楼 评论时间：2016－01－11 11:36:34

时间可以教我们忘记的。

2楼 评论时间：2016－01－11 12:01:02

祝愿我们都能得到幸福，而不是一味沉溺于不可能的世界里，弄得自己很糟糕。

3楼 评论时间：2016－01－11 14:17:18

很深刻！真体会！真要让孩子们马上理解，恐怕还很难，真要理解，恐怕不是纸上得来，只能靠生命的历程轨迹去诠释。

4楼 评论时间：2016－01－11 14:22:55

过早地明白了，岂不过早地失去了体验人生酸甜苦辣的机会？真那样的话，不也是一种遗憾吗？所以，由它来，由它去，多了不多，少了不少。得失之间，迷悟之间，就是一个简单的心态，去慢慢味位吧！！

5楼 评论时间：2016－01－15 18:36:57

一些事情，只有经历了才懂得，忘记很难，时间掩盖，或许可以，或者接着又开始另一段感情，可以使痛苦减轻，可真正的心痛才开始……

18. 青春仓促，爱情却徐徐可期

大学生谈恋爱是无可厚非的，不论是从其生理因素还是从社会因素来看，都是很正常的。那种把大学生谈恋爱现象视为"洪水猛兽"的态度是不可取的，同时也是违背人性的。从现今的趋势来看，很多人也都认识到这一点，对大学生谈恋爱已经能以一种平和、正常的心态来对待，然而，仅这样还是不够，毕竟大学生的内心状态还不完全成熟，很不稳定，社会阅历少，对爱情看法也比较单纯，很容易出现一种心理上的巨大变动，处理不好就会影响生活，甚至影响自己一生，造成无可弥补的恶果。

常常有学生前来咨询："大学生该不该谈恋爱？""校园爱情，值不值得全心付出？"

想起张爱玲小说《花凋》中的经典对白："你问我爱你值不值得，其实你应该知道，爱就是不问值得不值得。"

随着时代的发展和人们观念的改变，对大学生谈恋爱问题其实早有比较一致的、合理的看法，那就是大学生谈恋爱是正常的社会现象，它符合大学生生理的发展，也符合大学生作为社会人的特征。

第一，它符合大学生生理发展的特点。大学生年龄主要分布在18～22岁，生理已趋成熟，性意识已经完全形成，对异性产生好感、爱慕，渴望"爱"与"被爱"。

第二，它符合大学生的情感发展和需要。很多大学生，尤其是低年纪的大学生，由于他们中绝大多数是初次较长时间离开父母、家庭，离开自己已经习惯的生活圈子，在经历了开始的激动与兴奋后，他们会逐渐地发现周围不再有父母的呵护，不再有好友的关心，有的只是陌生的环境和陌生的人。于是，我们的情感世界出现了"饥荒"，孤独、空虚随之产生，感情没有寄托，接下来也就自然地会在大学生活中寻找感情的交流和满足，这时，"爱情"对于这些渴望情感寄托的大学生来说是无法拒绝的。

第三，它符合大学生社会化的需求。人的一生，实际上就是一个社会化的过程。人是社会的基本构成单位，同时也是社会的主体，而婚姻与家庭也是社会化过程的基本方式。大学生谈恋爱，大多数的目的是为了婚姻与家庭。家庭应该说是人在社会化过程中的最小的、也是最普通的社会化场所，人们通过婚姻与家庭达到社会化的目的。

大学阶段也是一个自我形成、强烈要求社会化的时期。大学生除了通过学习书本知识来进行有意或无意的社会化，也通过自己的行为与周围的人或物发生关系，以达到社会化的效果，因此，大学生谈恋爱符合他们社会化的要求。

可见大学生谈恋爱是无可厚非的，不论是从其生理因素还是从社会因素来看，都是很正常的。那种把大学生谈恋爱现象视为"洪水猛兽"的态度是不可取的，同时也是违背人性的。从现今的趋势来看，很多人也都认识到这一点，对大学生谈恋爱已经能以一种平和，正常的心态来对待，然而，仅这样还是不够，毕竟大学生的内心状态还不完全成熟，很不稳定，社会阅历少，对爱情看法也比较单纯，很容易出现一种心理上的巨大变动，处理不好就会影响生活，甚至影响自己一生，造成无可弥补的恶果。因此，在理解大学生谈恋爱的同时，还必须进行引导，使其向有利于大学生生活、学习，利于大学生身心健康的方向发展。

他和她相识于新生老乡见面会上，彼此属于眼前一亮的感觉。恰如白朗宁写给伊丽莎白·白朗宁的情诗："他望了她一眼，她对他回眸一笑，生命突然苏醒。"

在他眼中，她寡言少语、文静害羞，像一湖澄澈清净的水，他想沉进去把自己深埋；在她眼中，他语言流畅、个性张扬，是全场的焦点，集万千宠爱于一身的光芒绕环着他，她想自己若是站在他身边，她不过是他身上的一粒灰尘，微不足道甚至不会被人发现，只是她一下子就喜欢上了他，而且深深地喜欢着。

生命中有了爱，他们变得精神焕发、谦卑、有生机，新的希望也就油然而生，仿佛有千百件事情等着他们去完成。他们很少联络对方，却忙忙碌碌于班级活动、社团体验、考证等事情。只是偶尔，他们会从老乡的嘴里听到对方一些消息。这些消息已经足够让他们了解，有事做才能不乱于心，不困于情；不畏将来，不念过往。有事做，何尝不是一种幸福的常态。他们都内心笃定和坚持，总有一天，他们会相爱；总有一天，他和她会携手走在同一条山路。

大学毕业前夕，老乡们又聚在一起。他更加成熟和稳重，当着所有老乡的面说他喜欢在座中的一个女孩。他爱她的方式就是不打扰她，即将毕业，他想告诉她自己等了她三年，希望她明白他的心。

美丽的爱情，此刻开了花。她像一个优雅的公主，缓缓站起来，甜蜜还有羞涩的笑意绽放在她光洁的脸庞。她向他迎上去，一双大手紧紧地握住一双小手，老乡会上响起了经久不息的掌声和呼喊声，此起彼伏的是"在一起"以及他们二人美丽的名字。

这世界，太多的喧哗和嘈杂，太多的热闹和肤浅，有谁会相信真爱的存在？有谁会努力营造和等待一份完美呢？

相识、相知、相爱，让浪漫的爱坚贞不渝、地老天荒，这是很多人都有的梦想。研究表明，激情和浪漫的爱会随着时间而冷却，而共同的理想、共同的兴趣、共同的价值观以及宽容和习惯等因素对维持彼此感情的重要性会与日俱增。

张爱玲还说："于千万人中遇见你想遇见的人，于千万年之中，时间的荒野里，没有早一步，也没有晚一步，刚巧赶上了……"在最美丽的时刻遇到自己相爱的人，在自己有能力、有精力并且有勇气承担责任的时候遇见自己相爱的人，然后携手一生，这是多么完美的爱情？这才应该是我们所追求的吧！

他们的故事让我感动。没有痴缠，没有过早地沉迷，没有惊天动地和轰轰烈烈的狂喜，而是顺理成章，水到渠成，像两条终于汇合的小溪。

一条小溪

潜行在河道苦苦寻觅

哪里是心灵的憩园

哪里有温柔的佳地

某一时刻

另一条小溪路过

彼此奏出了和谐的歌曲

多么奇妙
穿越了千年万年
跨过了千山万水
为的竟是某一瞬间的汇合

原来
只要是相同的质地和颜色
命运就可能悄悄将它们牵连
所有的脉络都开始清晰
所有的路程都不再艰涩

读者评语：

1 楼 评论时间：2017－12－01 11:32:21

我总在等待，却遗漏了营造。

2 楼 时间：2017－12－01 12:09:04

如果等待的结果是幸福的开始，我愿意去踏入……只愿匆忙拥进的人，带着一颗明亮的心……

3 楼 时间：2017－12－01 15:01:21

从王老师的日志中，我明白了一点：爱，需要沉淀……谢谢老师！

4 楼 评论时间：2017－12－03 08:56:11

精神之爱吧，我个人认为是爱的最高境界，令人神往，令人折服。

5 楼 评论时间：2017－12－15 15:59:49

让爱自然产生，一切都将是美好的～其实我们不需去感动，接受和学会享受就行了。

6 楼 评论时间：2017－12－02 16:48:39

爱不是用来证明的，真正地爱过就好！我也相信他们的传奇！

7 楼 评论时间：2017－12－02 16:52:41

相遇的缘分已属奇迹，相知、相守只好说是传奇。很令人羡慕的幸福。

8 楼 评论时间：2017－12－02 20:26:42

勾勒出幸福的守护。

9 楼 评论时间：2010－12－02 21:32:23

这首诗是好诗！如果诗中的事儿真实，那就更好啦！果真如此，确实让人羡慕之极！这样美的诗，这样童话般的爱情，居然是真的！

10 楼 评论时间 2017－12－05 08:45:46

感情真好，水到渠成。

19. 赶走空虚，慢慢长大

在特殊的社会、教育和生活背景下，终身学习理念得以产生，它具有终身性、全民性、广泛性等热点。终身教育和终身学习提出后，各国普遍重视并积极实践。终身学习启示我们树立终身教育思想，学生学会学习，更重要的是培养其养成主动、不断探索、自我更新、学以致用和优化知识的良好习惯。

广播站的学生们准备了一期主题为"警醒空虚占据你心灵"的节目，孩子们拿着稿子来找我商讨更适合的广播形式。我看过后觉得这些孩子们很有思想和见地，他们积极乐观而且热心地希望身边更多的同学从空虚和寂寞中走出来，他们希望更多的同学能够努力打拼一片真正属于自己蓝天。这份热情一直在感染我，也让我有机会在这里谈谈空虚的危害以及如何赶走空虚。

空虚在心理学上是一种消极的心态，是指百无聊赖、闲散寂寞的消极心态，即人们常说的"没劲"，是心理不充实的表现。当人们长期生活在空虚状态中，不满足本身的需求，遭到长期打压，就会产生抑郁病、忧郁症、孤独症等病态。

俄国车尔尼雪夫斯基说："生活只有在平淡无味的人看来才是空虚而平淡无味的。"这实际上反映了一种生活认知态度，你的心态什么样，生活在你眼里就什么样。

心埋空虚是不思追求、无所事事或不愿做事造成的。因为不思追求，失去了人生的奋斗目标，就不会有奋斗的乐趣和成功的欢愉。因为无所事事或不愿做事，就会感到生活无聊、心灵空乏虚无、寂寞难忍。于是，为了摆脱这种心理上的饥饿，就有可能因寻求刺激而去抽烟、喝酒、赌博、闹事甚至走上犯罪的道路。

空虚的产生并非偶然，要么是物质条件优越，无需为生活烦恼和忙碌，习惯并满足于享受，看不到也不愿看到人生的真实意义，没有也不想有积极的生活目的；要么是心比天高，对人们通常向往的目标不屑追求，而自己向往的目标又无法达到而不去追求，结果是无所追求，心灵虚无空荡，精神无从着落。

空虚与慵懒不同。慵懒是心理上的懒散，是惰性使然，慵懒虽然是诱发空虚的条件，是不思追求、无所事事的温床，但慵懒未必一定导致空虚，因为慵懒的人心理上也可能很"充实"——喜欢懒散生活、满足懒散现状，尽管这种"充实"是消极的，对常人来讲是难以理解的，但慵懒的人并不会感到心理空虚。当然，慵懒的人如果逐渐感到无聊、寂寞、万事不称心并向往通过消极的新鲜刺激来排遣此种心情，以消磨时光，就会演变成空虚的人。

鲁迅先生说，倘没有看出可走的路，最要紧的是不要去惊醒他。这一点是我最不能理解和接纳先生的地方，我宁愿相信先生在使用反语。所以，我以为年轻人最要紧的是需要被唤醒，唤醒才是一个人可能改变和接受教育的开始。

我也宁愿相信那些空虚的学生其实介于清醒和懵懂之间，他们的"沉睡"也只是暂时的麻醉，他们需要更多强有力的鼓励和鼓舞。

要对抗空虚就要看清空虚的本质。空虚就是不存在，如果能转移注意力做些"实质"的活动，如逛街就认真挑选衣物、聚会时就专心与人谈话，都可有效排解空虚感。至于常感到空虚的人，很可能是活得不踏实。有些人在生活中怀有不切实际的期望或目标，自己总是在生活中追寻些什么，而没有落实到现实生活本身，不免常有虚幻感。要挥别空虚感就要建立"务实不务虚"的生活态度，能"活在当下"的人，心中是不会有这么一个黑洞的。

如何走出空虚？我认为，首先是激发动机。动机是激发个体朝着一定目标活动，并维持这种活动的一种内在的心理过程或内部动力。缺乏追求动机的个体容易得过且过，无所事事，"做一天和尚撞一天钟"。可想而知，没有动机追求的人就好像行尸走肉一般。其次，确定目标。没有目标的人生是可怕的，就好像大海航行没有指南针一样。一个有目标的人和别人不同的地方就在于他身处纷扰杂乱之中，不至于迷失。他可以操纵自己，而不被别人和环境所左右。只有一个人确实了解了自己想要过什么生活和所要追求的目标是什么之后，才会觉得生命充实而有意义。再次，培养兴趣。兴趣是由爱好而产生的一种愉快情绪，是一种具有浓厚情感的志趣活动。当一个人兴趣广泛时，他会感觉到一种无形的动力；只有当我们对某件事情或某项活动产生愉快体验时就会很投入，而且印象深刻。兴趣就能起到这样推波助澜的功效，它使我们集中精力去获得知识，并进而影响到我们做其他事情的心情。最后，不忘学习。学习贯穿于人的一生，是持续的过程，我们所常说的"活到老学到老"或者"学无止境"。在特殊的社会、教育和生活背景下，终身学习理念得以产生，它具有终身性、全民性、广泛性等热点。终身教育和终身学习被提出后，各国普遍重视并积极实践。终身学习启示我们树立终身教育思想，学生学会学习，更重要的是养成主动、不断探索、自我更新、学以致用和优化知识的良好习惯。无论自己身处何种状态，都不要放弃和忘记学习，人最可怕的就是不思进取，只有学习，你才会前进，才会不堕落，才会觉得人生有意义。

愿你赶走空虚，脚踏实地，慢慢长大！

有时候
故意很傻地抬头望天空
不看变幻莫测的云彩
也不要做个童年的姿态
只想看晚霞的有始有终
只想看玉兰黄菊的花开
在暗夜中的不同

有时候
爬山偏要停留在险峰
不是因为古寺传来的晚钟
只因为想问一问疾驰的寒流
何处重开冰冻
何处荒野的翠柏

何处山脊的苍松

有时候
刻意淌泪行走在人群中
渐渐遗忘了苦行僧的伤痛
不需要善意的安慰
总会有脚步相同
来的方向各异
满面的汗水
一样的匆匆

读者评语：

1楼 评论时间：2018－04－19 11:46:02

写得入情入理，研究分析透彻。

2楼 评论时间：2018－04－19 22:26:43

不忘学习，严重同意以上的建议。

昨天下午乘公交车回家。每逢周末，这条路都会被挤得水泄不通。在耳边不停传来不耐烦的喇叭声，这名五十出头的公交车的司机师傅却悠闲地哼着小曲，缓慢前行，客气地与上下车的乘客打招呼。我想，对他而言，生活应该是充实的。因为热情，因为热爱。他的情绪感染了我，让我不自觉地开心起来，或许对于正处在空虚中的人们，帮助他们的一个方法就是用自己的爱和热情去感染他、温暖他。我想老师一定在乐此不疲地做着这件事情呢吧。

3楼 评论时间：2018－04－21 11:04:47

先生的哲思总是让我们难以一下子理解。他说的惊醒，正是在警告我们不可迫不及待去赶醒他。看先生一定要结合当时的中国与民族的心态，他正是要告诉我们中国之崛起绝非是一朝一夕，先生的弃医从文正是在鞭策着每一个中国人去清醒。中华民族的唤醒正是需要他自己去觉醒。老师的引导很棒，很及时。

4楼 评论时间：2018－4－26 01:29:05

醒了，却无路可走，这是一段痛苦而漫长的过程。所幸，我走过了。

5楼 评论时间：2018－4－26 09:21:48

经历痛苦未尝不是好事情，成长的道路并非一帆风顺；只要醒来，总有路在眼前。

6楼 评论时间：2018－4－27 11:13:09

老师写出了当下很多年轻人共性的问题，我们要学会赶走空虚，慢慢长大。

7楼 评论时间：2018－4－29 16:17:46

有时候，成长可能就是要走一点弯路，爬山偏要停留在险峰。

8楼 评论时间：2018－5－21 14:19:23

赞！"总会有脚步相同，来的方向各异，满面的汗水，一样的匆匆……"

20. 抛却犹疑，别丢掉努力

人生充满抉择的机会，每个人命运的不同其实就是选择的不同。世界是不完美的，你不可能样样俱全，有失去就有得到。从小到大，我们要面临无数次的选择，你今天的生活就是你前些年选择的结果。

"老师，我是个缺乏主见的男孩，'犹疑'似乎是我人生的代名词。无论做什么，我都要问自己好多遍：做还是不做？有些事情因为不做失去了大好的机会；有些事情又因为做了反而画蛇添足。我该怎么办？"

犹疑，大意是犹豫、迟疑不果断，指做事或决断时面临多重选择而迟迟无法下判断，等同于"犹疑不决"或者"犹豫不决"，做事情没主见、不果断。这是一种不良思维导致的行为错拍，患有此症状的人多数原因在于思考过多但却抓不住重点。若要想解决问题，找出此病症的根源是很有必要的。

该生回忆，小学五年级，班里换了新老师。第一次考试有附加题，老师说：想做就做，不想做就不要做。他做了，但做错了。卷子发下来后，老师又说：对于附加题，有些同学不会做偏要做，还做错，不如把时间用在前面那些简单习题的检查上。

从那以后，他就特别循规蹈矩，只有确定万无一失的事情才敢放手去做。遇到需要自己拿主意的时候，他就犹豫不决。不仅学习，做任何事情都要反复思考、不断揣摩，但又总是不得要领，犹犹豫豫中稀里糊涂过了这么多年。

又是一个在基础教育阶段就被耽误的学生。小学阶段，孩子的心其实像一块白板，他们渴望在上面浓彩重墨地抒写，但对人生充满很多未知和迷惑，需要长辈和老师正确有效的积极引导。根据自己切身体会，我发现小学生顶撞父母的逆反心理已经显山露水，他们可以不听父母或其他长辈的言谈，却往往把老师奉若神灵，对老师又敬又怕。这么小的一件事情，对孩子的心灵却造成了不可磨灭的阴影。当然，从心理学的角度分析，犹疑不决的孩子多是对自己缺乏信心，遇事情不敢抉择，害怕失败，患得患失。

人们常讲，理论和实践要相结合，这样才有真知灼见，才能学以致用。庆幸的是，该生意识到自己的问题所在。主动求助、求治的孩子是有希望的孩子，这是颠扑不破的真理，而且我一直相信，大学生处于悟性较高的年龄段，只要稍加点拨，他们改变不良习性的作为很快会得到实效。

于是，我和他分享了电脑名人王安博士的一个小故事：王安六岁时，有一天外出玩耍，路经一棵大树时，忽然有一样东西掉落在他头上。他伸手一摸，原来是个鸟巢，从里面滚落出一只嗷嗷待哺的小麻雀。王安决定带回去喂养，走到门口，他忽然想起妈妈不允许他养小动物。他只好轻轻地把麻雀放在大门外，急步走进屋内，请求妈妈允许。妈妈破例答应了儿子的请求。王安兴奋地跑出门外，不料麻雀不见了，只见一只黑猫正在意犹未尽地擦拭着嘴巴。王安当断不断造成悔恨，为此伤心了好久。从这件事，王安得到了一个影响他一生的教训：只要是自己认准了能做（且不违法犯罪、不伤害无辜）的事，不必依赖他人，不可优柔寡断，必须马上付诸行动。

人生充满抉择的机会，每个人命运的不同其实就是选择的不同。世界是不完美的，你不可能样样俱全，有失去就有得到，从小到大，我们要面临无数次的选择，你今天的生活就是你前些年选择的结果。

遇到事情的时候要冷静去分析，如果你面临不同的选择，那就要仔细去分析各自的优劣，经过权衡之后，找出各自优势的点以及在你心中所占的分量，这样有助于你进行正确的选择，以免给自己留下遗憾。

首先，人生一定要善于把握机会。大千世界，机会很多，如果你不善于把握，机会一旦错过，就很难再有了。要对自己负责，要自我成长，人格要完善，然后做出改变，不断自我改善，发挥自己的潜能。

其次，要调整好自己的心态，积极地去应对各种活动与场合，参与不同的竞争，保持积极的心态。做事情不可能百分之百成功，但如果不去尝试，永远也不会成功，也不会知道成功的喜悦。一定要付诸行动，一旦发现自己的决定对自己的生活有所改变、对自己的事业有所帮助、对自己的家庭和社会带来好处和改善，那么你一定要坚持下去，然后在坚强的意志下，身心合一，采取有效行动；当然，在行动的过程中，难免会遇到或多或少的烦恼，但你一定要坚强面对，要坚定信念，努力向阳光的世界奋勇前进。

你一定要尽量让自己的生活丰富多彩，多参加课外活动，多出去接触人和事，不要死气沉沉。如果你只是安于现状，没有提升自己的想法，不懂得如何交际，那么跟行尸走肉有什么区别？所以，你要拿出勇气去让自己改变，然后循序渐进，面对机会要果断决策，不要犹犹豫豫，这样你才能向你想要的方向改变，美好的生活在等着你，加油吧！

人生要始终坚信"千里之行，始于足下，"所有的改变都是自己慢慢积累的。要想改变自己的性格的确很难，但请不要放弃，要下定决心，努力进取，一切好的愿望都要从改变开始。同样好的开始，需要你做出很多改变，然后才会出现另一个你，一个令你满意的自己。想要满意的自己，那就请付出行动吧。

我亲爱的学生，握有你自己的权利，选择正确的方式、方法为自己的未来好好努力拼搏几年，只要相信自己所做的事情是正确有益的，那就勇敢地前行，不要犹豫和彷徨。永远不要让别人左右你的命运，作自己命运的主宰，不断地激励和鼓舞自己，每个人的潜能都无限广大，学会选择，抛去犹疑，抓住机会，你的世界就会是一个崭新的世界，所有的日子也会与往日不同。

祝福你，我的学生；祝福你，我亲爱的孩子！别犹疑，更别丢掉努力！

什么都可以丢掉

别丢掉生活的热忱

什么都可以丢掉

别丢掉爱你的家人

什么都可以丢掉

别丢掉向上求索的精神

生命的痛苦

往往存在于

我们和自己的恶魔作斗争

每个人都可能历尽酸辛

一个人

即使只有一个人

也要坚信

坚信那明亮的月

坚信那耀眼的光

都是在为你而歌吟

读者评语：

1 楼 评论时间：2016－11－16 12:53:34

老师，我也一样做什么事老是犹豫不决拿不定主意。

2 楼 评论时间：2016－11－16 13:14:58

我也有这个毛病，但我会克服的！

3 楼 评论时间：2016－11－16 14:31:22

犹豫就是我最大的缺点，我正在寻找改变的方法，您说的这些让我很受益。

4 楼 评论时间：2016－11－17 09:10:05

犹豫是因为主意不坚定，主意不坚定是因为对事物没认识清楚，是对事物的整体把握程度不够。犹豫是个共性问题，而不是个体问题，不要夸大个人弱点。

5 楼 评论时间：2016－11－18 20:09:42

好久没有看老师写的文章了，每次看老师文章都是一种享受，受益匪浅。想想我也是这样的人，很多时候无法做选择，迷茫……

6 楼 评论时间：2016－11－26 23:14:20

其实最近我也有些困惑。我突然极度地否认自己。觉得我的为人处世不够好，觉得比我有能力的人太多了，突然觉得自己一共也没好好看过几本书，突然不知道什么是诗歌，不明白看一部小说最重要的是要学会什么，不懂得人活着最应该坚持的是什么……

好像这么多年，所有所有我困惑的东西，全都又回来了。我有了一种坚持过后的崩溃感。

7 楼 评论时间：2016－12－15 16:12:14

错并不可怕，可怕的是连犯错的勇气都没有。循序渐进，有则改之无则加勉也就是了。

8 楼 评论时间：2012－605－11 21:40:12

嗯，即使一个人，也得好好生活。生活真的很美好……

9 楼 评论时间：2016－05－11 22:47:32

嗯，哪怕一个人！就是一个人，也要坚持自己的信仰！

21. 先定心 后做事

《大学》有曰："知止而后有定；定而后能静；静而后能安；安而后能虑；虑而后能得。"这段话本身的意思是：知道应该达到的目标或境界，才能够使自己志向坚定；志向坚定，才能够镇静不躁；镇静不躁，才能够心安理得；心安理得，才能够思虑周详；思虑周详，才能够有所收获。

"老师，我想参加明年的专升本。可是，考不上怎么办？"

"真的好迷茫，老师，我到底该不该参加专升本的考试呢？"

"老师，我已经准备参加明年专升本考试了，我该制订一个怎样的学习计划呢？"

"老师，我已经报了山大的辅导班，明年三月份才开课。听说专升本很难的，我一方面感觉时间很多，另一方面又很着急，什么都不会呢。我不是一个很踏实的人，在学习上总是静不下心，思想总是开小差。唉，怎么办呢？"

"我可以在教室坐一下午，可是书上的东西学到的却很少。脑子里好像根本学不进东西！"

学生有这样的疑惑，我替他们高兴，起码他们开始有想法了。这样的学生有理想、有追求，似乎也有目标、有方向，但是，他们缺乏定力，缺乏韧性，缺乏坚守的信念、他们难以突破自我束缚。我要告诉他们学习态度，"先收心，再定性"；更要提醒他们，根据专业课程，制订合理的学习计划，选择适合自己的学习方法。"

《大学》有曰："知止而后有定；定而后能静；静而后能安；安而后能虑；虑而后能得。"这段话本身的意思是：知道应该达到的目标或境界，才能够使自己志向坚定；志向坚定，才能够镇静不躁；镇静不躁，才能够心安理得；心安理得，才能够思虑周详；思虑周详，才能够有所收获。

《大学》第一句"大学之道，在明明德，在亲民，在止于至善。"向我们介绍了学习行为的真谛、应有的动机和基本的态度，我们明白了这些，就应该从此"知止"，就是要坚守这些原则，然后才能"定"。"定"包括将自己的心定下来、将要学习的内容定下来、将未来的学习计划定下来。心一旦能够定下来，心里杂念就少了，一心一意地安于思考，深思熟虑必有得。

物有本末，事有终始。知所先后，则近道矣。还没有进入学习状态，还没有付出一点点辛苦，就开始缴械投降：我不行、我不踏实、我心不静、我看不进去书、我脑子不够用等，这种学习态度首先就是错误的。这一个个"不能"已经像一座座高山，层层叠叠，重重地堆压在他们的胸口，他们的心就像被羁押的囚犯一样没有一点自由，何谈再努力呢？

《倚天屠龙记》里张三丰教育徒弟，"修道以修身为大，然修身必先正心诚意。"意诚心正，则外欲皆除。"然后讲立基之本。"先正心，"意诚心正，则外欲皆除。"说得多好，没有正心，意则不诚；意不诚，无数欲望就困惑着你的心，何来立基呢？

做任何事都有一定的困难，定了心的人把困难踩在脚底作垫脚石，没有定心的人把困难横亘在脚底作前进路上的绊脚石。海伦·凯勒起初对自己又聋又哑又瞎的"三残"生活不能接受，所以脾气火爆。当她的老师安妮·沙利文女士来到她身边，她的心便像一池静静的湖水，定心了，养性了，然后努力，所以成为影响美国乃至全世界的聋哑女性和残障者的女教育家。司马迁在狱中遭宫刑，如果没有先定心的坚忍和毅力，如何愤而作《史记》？

从犹豫到坚定，我们不知道要经过多少斗争，很多时光也就在这犹豫的斗争中溜走了，消逝了，待到发现时光的无情，悔之又晚矣。不如趁早出发，一步一个脚印地在前进，那么距离目的地就不远了。

古今中外，多少成功人士在未达成功之时所受的苦难非常人能比，但因为他们能正心诚意，所以最终卓有成就。

希望所有大学生在追求事业或学业的路途上都能像这些楷模，先定心、后做事，脚踏实地走好每一天每一步！

走吧，亲爱的
别再留恋港湾温暖
是船，就该去搏击风浪
就该去捕鱼撒网
不要顾虑岸会寂寞
不要担心岸会伤感
你要知道
每时每刻的海水拍浪
那就是河床在向你倾诉和呼唤

怎么，亲爱的
还没准备好出发吗？
春天已经悄悄来临
是该播种的季节
不要让我对你失望和失落
更不要让我看到你逃避的怯懦

亲爱的，难道
非要让我点燃蜡烛
点燃蜡烛，双手合十
可不是为了祈求光亮和幸福
点燃蜡烛
是要来一场隆重的祭奠
点燃蜡烛
是要在一场仪式中告别过往
点燃蜡烛

是为了让你

在犹豫中看到出发的坚定和坚强

读者评语：

1 楼 评论时间：2016 - 08 - 08 08:18:04

嗯，很富有哲理的文章。

2 楼 评论时间：2016 - 08 - 09 20:50:17

不是吧老师？这简直就是我的写照么，呵呵……真好的文章啊！

3 楼 评论时间：2016 - 08 - 09 21:17:05

还没有开始做，就先给自己个下马威，告诉自己"不行"，那就肯定不行。做什么事之前只要有了目标，不管多么困难，努力就行了！看过这篇文章的校友们、朋友们，加油！

4 楼 评论时间：2016 - 08 - 10 19:01:18

如文中所说，只要做，就必须去做.想也是一种总结。

5 楼 评论时间：2016 - 09 - 10 10:14:54

呵呵，看过之后豁然开朗了，谢谢老师。

6 楼 评论时间：2016 - 09 - 13 13:35:24

出发吧，去搏击风浪，去扬帆起航！

22. 别急，请走在自己的时区

其实，人类亦如花草树木。每一个生灵都有他独特的风貌。有人少年老道，也有人大器晚成。对于那些目前尚未有什么成就的孩子，对于那些还在跋涉艰难人生的青年，对目前尚且落后的自己，我们能不能也多一颗包容和忍耐之心？

"老师，我很清楚我的未来，即使再努力，我也不会在大城市找到我的栖身之地。为什么我还要改变自己？就是我真的改变了，我周围的人和事都不改变，我的改变有何意义？"

心理咨询的实质是"助人自助"。自然而然，我常常建议求助者试着从改变自己开始。很多孩子悟性很高，一次两次就能轻松领悟改变自己的要义。然而，还是有一些求助者不甚明白为什么要改变自己。

社会是一个大环境，而个体是大环境中的一分子。马丁·路德说过，"一个国家的繁荣，不取决于它的国库之殷实，不取决于它的城堡之坚固，也不取决于它的公共设施之华丽；而在于它的公民的文明素养，即在于人们所受的教育，人们的远见卓识和品格的高下。这才是真正的利害所在、真正的利益所在。"

试想，每个人的个性、品格都得到了完善，每个人的文明素养都得到了提高，每个人给予社会创造的价值都得到了充分体现，这个社会何愁不前进？国家何愁不发展？

在伦敦闻名世界的威斯敏斯特大教堂地下室的墓碑林中，有一块名扬世界的墓碑。在这块墓碑上，刻着这样的一段话："当我年轻的时候，我的想象力从没有受到过限制，我梦想改变这个世界。当我成熟以后，我发现我不能改变这个世界，我将目光缩短了些，决定只改变我的国家。当我进入暮年后，我发现我不能改变我的国家，我的最后愿望仅仅是改变一下我的家庭。但是，这也不可能。当我躺在床上，行将就木时，我突然意识到：如果一开始我仅仅去改变我自己，然后作为一个榜样，我可能改变我的家庭；在家人的帮助和鼓励下，我可能为国家做一些事情。然后谁知道呢？我甚至可能改变这个世界。"

据说，许多世界政要和名人看到这块碑文时都感慨不已。有人说这是一篇人生的教义，有人说这是灵魂的一种自省。真的，要想撬起世界，它的最佳支点不是地球，不是一个国家、一个民族，也不是别人，而只能是自己。

要想改变世界，你必须从改变自己开始；要想撬起地球，你必须把支点选在自己的心灵上。

一个人的力量也许微不足道，假若千千万万的人能够觉醒，前赴后继地改良自己，那么这个人拥有的家庭，他所在的小团体，他服务的社会都会在不知不觉中被改变。这样的话，一个人的改变意义何其大！

也许，你现在还看不到自己改变的意义，但三五年后，你也许会讶异于自己的成长。每个人都是一朵小花，花儿各色各样，有的开放早，有的则晚些，但我们要有足够的耐心去等待每一朵花儿自由地绽放。我们都要期待一朵朵花儿的盛开,在这期待中,我们的心已经得到恒久的平静,因为,每一朵花都扎根在希望的田野上。

忽然想到,今年春天我在自家阳台培植的两株辣椒苗。已经到了八月,小区别人家的辣椒早已硕果累累,我的小苗却不急不躁,不紧不慢,只是开花,没有结果。进入九月,我们早已不对辣椒树抱任何希望,只当一盆绿植来看待。国庆期间我们出去玩耍了几日,再回到家,蓦地发现,小小两株辣椒苗竟然弯着腰、低着头,身上长出了二三十个四五厘米长的小辣椒,而且,还有满树满身的辣椒花接近凋谢,小小的、绿绿的、尖尖的辣椒头已然清晰可见。这是怎样奇异的现象?

教育学说,教育是30%的教育、70%的期待。我们做父母、做长辈的,对孩子是不是有点太急于求成?我们自己呢,是不是过早地否定了自己?在我抱怨辣椒苗不结果子的时候,我有没有意识到我的辣椒树也许因为栽种得晚,或者在阳台不像在原野和菜地,没有吸收足够的大自然气息,而生长缓慢?

"人生只要努力,啥时候也不迟。"可是,我们总没有耐心等待,我们总汲汲于眼前的成功,我们总习惯看到春花夏果,却往往忽略有些花儿开放在秋冬季,有些果子成熟在最寒冷的季节。

其实,人类亦如花草树木。每一个生灵都有他独特的风貌。有人少年老道,也有人大器晚成。对于那些目前尚未有什么成就的孩子,对于那些还在跋涉艰难人生的青年,对目前尚且落后的自己,我们能不能也多一颗包容和忍耐之心?

我们应该坚信,只要行动,就有收获;只要坚持,就有奇迹。是花,就注定要开放。有了这样的信念,我们将永远走在阳光下,行走在温暖里,行走在快乐中。

改变不急,请走在自己的时区!

在时间上,纽约走在加州前面3个小时

但加州并没有变慢

有人22岁就毕业了

但等了5年才找到好工作

有人25岁就当上了CEO

却在50岁去世了

也有人直到50岁才当上CEO

最后活到90岁

有人依然单身

而别人却早已结婚

奥巴马55岁退任总统

而川普却是70岁才开始上任

世上每个人都有自己的发展时区

身边有些人看似走在你的前面

也有人看似走在你后面

但其实每个人在自己的时区有自己的步程

不用嫉妒或嘲笑他们

他们都在自己的时区，你在你的

所以，别放松

你没有落后

你没有领先

在命运为你安排的属于你自己的时区里，一切都非常准时

好，别忘了危机与奋斗

难，别忘了梦想与坚持

忙，别忘了读书与锻炼

人生，就是一场长跑

读者评语：

1 楼 评论时间：2017 - 05 - 30 11:34:08

是啊！唯有改变自己！没有谁可以为你而改变……

2 楼 评论时间：2017 - 05 - 30 12:07:58

是的，改变不了别人我们可以改变自己。

3 楼 评论时间：2017 - 06 - 01 12:14:19

当我躺在床上，行将就木时，我突然意识到，如果一开始我仅去改变我自己，然后作为一个榜样，我可能改变我的家庭；在家人的帮助和鼓励下，我可能为国家做一些事情。然后谁知道呢？我甚至可能改变这个世界。

4 楼 评论时间：2017 - 06 - 01 13:34:25

走在自己的时区，等待自己开花结果那一日的到来……

5 楼 评论时间：2017 - 06 - 01 16:31:57

迟开的花儿更香，迟结的果子更甜！

23. 你只负责精彩，老天自有安排

有一天，当你已经学会不再在意别人的诋毁、嘲笑和辱骂的时候；当你可以忍受孤身一人的寂寥并且不再感觉到无限可悲的时候，你就长大了，你也就明白了：成长的过程中，必定会对这个世界有所失望的时候。不过，没关系，成长的路上，也会有令人难过的时候，你接受并习惯就好，没什么大不了。

"你只负责精彩，老天自有安排。"无论什么时候都不能放弃自己，都要有自己的精气神。真正的幸福，是自己给的。

看到这段话的时候，我心里豁然一亮。

那个困扰我好久的案例，总算可以有个比较满意的终结和答案了。

他是一名大三的学生。这个假期，他没有回家，而是选择在另一所高校学习专升本的课程。但是，学习的过程是枯燥的，还有来自其他同学、朋友的不理解，甚至他的父母也猜疑他不回家有什么不良用心，多次催促他回家。

他在前来咨询的时候，流露出无限的感伤和无奈。他说："我感觉好累好辛苦。这时候，我多么希望能得到亲人、朋友的一句问候或一句安慰呀，哪怕一个鼓励的眼神呢，也足够温暖我孤单的行程了。可是，没有，什么都没有！"

这样的孩子是令人心疼的。他们有目标、有理想，但是缺乏强大的心理支撑，缺乏足够的社会支持。说白了，他们缺爱，而爱是他们前行的最大力量。

这时候，我总想为他们做点什么；这时候，我希望做他们的同盟和伙伴；这时候，我想轻轻地告诉他们，你只负责精彩，老天自有安排！

然后，我还给他背诵了一首我特别喜欢的泰戈尔的小诗："让我不要祈祷在险恶中得到庇护/但祈祷能无畏地面对它们/让我不祈求我的痛苦会停止/但求我的心能征服它/让我在生命的战场上不盼望同盟/而使用我自己的力量/让我不在忧虑的恐怖中渴望被救/但希望用坚忍来获得我的自由/允准我/我虽是一个弱者/只在我成功中感觉到你的仁慈/但让我在失败中找到你的手紧握。"

人生之路是崎岖而坎坷的，在这条路上，每个人都会遭遇这样那样的困难、挫折、痛苦、打击甚至绝望，而在险恶中去乞求别人的庇护，换不来困难和痛苦的消失，把希望寄予别人的帮助也是渺茫的，只能靠自己勇敢地去面对，积极地去寻求解决的办法，在痛苦的历练中得以重生，从而变得坚强、独立。况且，用自己的力量征服痛苦的过程原本就是一种快乐。当你走过泥潭，回首那段苦难岁月的时候，你会有种胜利者的喜悦和骄傲。

成功是令人向往的，但通向成功的道路绝非简单、平坦和喜乐，更多的时候充满孤单、无助和痛苦。

有一天，当你已经学会不再在意别人的诋毁、嘲笑和辱骂的时候；当你可以忍受孤身一人的寂寥并且不再感觉到无限可悲的时候，你就长大了，你也就明白了：成长的过程中，必定会对这个世界有所失望的时候。不过，没关系，成长的路上，也会有令人难过的时候，你接受并习惯就好，没什么大不了。

记住，孩子，独自行走并不可怕，我们都是孤单地来，孤单地去。成功的道路上，你需要的是坚持目标，坚守理想，并持之以恒地努力奋斗。

记住，孩子，你只负责精彩，上帝自有安排！

它，可能是棵枯根

也可能是截断木

不知沉寂过多少时日

竟然长成了

一道名贵的食物

我不说，你一定吃过

这不可多得的

人体清道夫

谁说腐朽就该弃置不顾

若，安放它在合适处

假以恰当的温度和湿度

它就可能化腐朽为神奇

成长为你

想不到的宝物

读者评语：

1 楼 评论时间：2015 - 07 - 28 16：58：38

人生真的没有如果，如果让我重新上大学我一定会和他的选择一样。

2 楼 评论时间：2015 - 07 - 28 17：33：11

题目不错。

3 楼 评论时间：2015 - 07 - 28 23：31：40

很感谢您由始至终对我们的关心，很感恩！

4 楼 评论时间：2015 - 07 - 29 08：20：53

一个人也很好。

5 楼 评论时间：2015 - 07 - 29 10：35：50

真好！"你只负责精彩，老天自有安排！"老师，给您赞一个。

6 楼 评论时间：2015 - 12 - 15 20：58：21

写的越发精准，凡事有一个"持"的态度就会"渡"。这些年，看着你走着、写着。走得稳，写的勤，真好！

24. 请一笑而过，远离垃圾人

　　生活中，我们可能会遇到一些垃圾人，他们到处横冲直撞。在他们身上，永远背负许多负面垃圾，比如沮丧、愤怒、忌妒、仇恨、算计、傲慢与偏见、贪心不满足等等。这些负面垃圾越积越多，他们需要发泄和倾倒。不幸的是，我们会不期然遭遇这些垃圾人，他们的垃圾就有可能泼溅到我们身上。

　　这两天我心里一直不能平静。自看到北京大兴旧宫两男子当街殴打一挡车女子，并摔死其婴儿车中的两岁半女儿起，我一直在想，嫌犯所作所为固然粗暴野蛮缺乏人性，但在两三分钟的争执过程中，他们之间的冲突矛盾如何瞬间爆发出来的？新闻始终没有给出详细交代。

　　我想知道的是，该女子究竟说了什么或者做了什么？她如何在如此短暂的时间激怒两男子的？一位母亲，一个年轻女子，在与他人发生冲突时，她的心里在想什么？她又该做些什么？

　　这使我不由地想到前两天朋友微信中转过的"垃圾人心理"。生活中，我们可能会遇到一些垃圾人，他们到处横冲直撞。在他们身上，永远背负许多负面垃圾，比如沮丧、愤怒、忌妒、仇恨、算计、傲慢与偏见、贪心不满足等。这些负面垃圾越积越多，他们需要发泄和倾倒。不幸的是，我们会不期然遭遇这些垃圾人，他们的垃圾就有可能泼溅到我们身上。

　　前两年，成都的一个男司机因开车变道当街暴打一个女司机的事件，更说明了善良的人们应谨记"垃圾人定律"。事件中的女司机在马路上无视交通法规，随意变道，危及他人行车安全，是一个典型的垃圾女；那个男司机则是一个"路怒族"，当街暴打女人，也是个典型的垃圾男。当垃圾女遇上垃圾男，悲剧发生了。垃圾女付出了被暴打的代价，还会受到违反交通法规的处罚；垃圾男则因为打人被追究刑责，付出了更大的代价。还有，一对情侣晚上在餐馆吃饭。漂亮女友被隔壁桌醉汉吹口哨，男友说反正吃完了咱走吧，女友说你怎么这么孬种啊，是不是男人？男友说犯不上跟流氓较劲。女友急了，骂完男友又过去骂那群醉汉，结果醉汉围上来开打，男友被捅三刀，在医院抢救无效死亡。临死前问了女友一句话："我现在算男人了吗？"

　　万一遇到垃圾人，尽快远离而去，千万不可接受垃圾并殃及我们身边的亲人、朋友、同事甚或家人。

　　"老师，谢谢你！我已经离开那个有苍蝇的饭店了。"收到这样的留言，我的心里充满快乐！他是一个求助者，因为感情问题，好多年，他离不开那个只能给他短暂欢愉而始终不爱他的人。所以，我给他打过一个比喻：你来到一家饭店，也许你曾经在这家饭店舒心地享受过一顿香喷喷的饭菜。可是，如今的这家饭店苍蝇乱飞，桌椅肮脏，即使那里的厨子是天下最好的师傅。请问，你可愿意在这样的饭店停留吃饭？他明白了我的寓意。生活中，其实有很多人都去过这样苍蝇飞舞的饭店，也就是垃圾人，他们却因为种种说不清道不明的原因不肯离开。以为将就着，就可以忽略垃圾人的存在。殊不知，只为刹那间的享受，短暂过去留下的是无尽的痛苦和烦恼。

有人说，现在的中国，遍地的戾气。所以请记住，当正常人遇到垃圾人，是不可以用正常方式去回击和反应的。

老虎看见一条疯狗，赶紧躲开了。小老虎说："爸爸，你敢和狮子拼斗，与猎豹争雄，却躲避一条疯狗，多丢人啊！"

老虎问："孩子，打败一条疯狗光荣吗？"小老虎摇摇头。

"让疯狗咬一口倒霉不？"小老虎点点头。

"既然如此，咱们干吗要去招惹一条疯狗呢？"

不是什么人都配做你的对手，不要与那些没有素质的人争辩，微微一笑远离他，不要让他咬到你。

如果想快乐，最简单的方式就是离开。离开那个不爱你的人，抛掉那些坏习惯，丢弃那些毒害你心灵的罂粟。

心有明灯，生有余幸。原谅他人，远离垃圾人，如同心植静莲，心似花开。千万别将他们的负面垃圾接收再扩散给我们的身边的人。快乐、成功的人绝对不让"垃圾人"接管自己生活当中的任何一天！

人生短暂，绝对不要把宝贵的时间和精力浪费在这些垃圾人身上！听从内心，走自己应该走的路。

瓷器何必去碰缸瓦？生命如此脆弱。生活中你总会遇到一些垃圾人，不如一笑而过。

微笑着，我

向过去，挥一挥手

告别一个流年

那些困顿和疑题

本来就是生活的组成部分

学会悦纳和接受

即使缺憾和不完美

当然，亲爱的

还必须学会放弃和告别

有些丧失，不值得悲哀

必须付出的代价

不在今天就在明天

有些不足，允许存在

因为你不是万能的神

脆弱的时候

让自己找个角落

泪流满面

抚慰哀伤

然后，记得

继续昂首向前

读者评语：

1 楼 评论时间：2012 - 01 - 20 22:02:42

老师，想您了，想起您的那些话，那熟悉的笑脸，祝您新年快乐，身体健康，阖家幸福！

2 楼 评论时间：2012 - 01 - 21 07:53:55

赞！王老师，祝您新春快乐！属于您的财富永存，健康美丽永驻！

25. 扔出去，抓回来

狠狠地，好像把所有生活的重担、包袱、郁结、难过、不平都在瞬间扔出去，扔到九霄云外，扔到遥远的山涧谷底，而后，手里竟然抓回来了平安、喜乐、健康和幸福。扔出去的都是垃圾和腐烂物，而抓回来的却都是千寻万觅的珠宝。就好像天上真的掉了馅饼，不费吹灰之力，举手之间竟然收获了一世的宝藏。

前些年，因孩子网瘾来咨询的家长很多；近年来，因孩子手机上瘾前来咨询的家长又多起来。也常常痛心地看到一些媒体报道：有老师因没收学生手机，导致师生起冲突的；更有母子或父子为争夺手机导致孩子跳楼自杀事件频频发生。

手机上瘾症是指长时间依赖于玩手机。和上网成瘾本质一样，手机上瘾更具有广泛性和隐蔽性，对人的生理、心理危害更大，具体表现为坐车玩手机，上课玩手机，吃饭玩手机，睡觉也玩手机，生活中许多人时时处处都在玩手机。一旦成瘾，对于成人来说，会导致意志力减弱，对生活失去兴趣，整个人变得懒散、消沉；严重的会产生暴力行为，如毁坏物品、对家庭成员施暴等；个别极端者会导致抑郁症。

对于青少年、儿童来讲，玩手机成瘾会导致他们的人格障碍，对人冷漠，缺乏爱心，还可能使他们的社交行为产生问题，不善于与人沟通。玩手机，既占用了睡眠时间，又不利于心身平静。

最近一段时间，晚饭后去附近的公园跳操，心里都特别舒畅。大汗淋漓之后，回到家冲一个热水澡，躺在床上，捧一本喜欢的书籍，这是我感到最自在、最惬意的时刻。尤其最近，在跳操的时候居然可以根据节律、歌词或者动作联想到一些案例如何去解决，自己的情绪如何去调控，觉得跳操真是一举两得的好事情。

狠狠地，好像把所有生活的重担、包袱、郁结、难过、不平都在瞬间扔出去，扔到九霄云外，扔到遥远的山涧谷底，而后，手里竟然抓回来了平安、喜乐、健康和幸福。扔出去的都是垃圾和腐烂物，而抓回来的却都是千寻万觅的珠宝。就好像天上真的掉了馅饼，不费吹灰之力，举手之间竟然收获了一世的宝藏。

每个人都有许多不同的经历以及美好的理想。我们的一生中，有欢乐，有痛苦，有荣耀，也有悔恨。在这其中，也许荣耀令我们自豪，痛苦令我们悲伤，欢乐令我们难忘，过错令我们后悔。当太阳再次升起，意味着新的一天的开始。我们就应该将过去扔出去，继续为未来、为理想而努力。

很多遇到情绪问题的人更应该如此，及时把压抑的情绪垃圾倾倒扔掉。累积痛苦只会让你更加难过，选择健康的发泄方法会帮助你获得轻松，比如大哭一场或者和朋友选个安静的地方倾诉。我们要切记：痛苦只是一刻的，我们只有将它们放下，去努力追逐梦想，梦想总会向我们招手。

戒掉手机，建议采取替代方法，如家长可以给孩子多买一些有趣的图书或玩具，转移他们的注意力；也可以采取激励的方式，奖励一些他喜欢的东西。一段时间之后，孩子养成良好的作息习惯，问题自然就解决了。对稍大一点的孩子，可以从培养兴趣爱好入手，鼓励他们多交一些朋友。不要粗暴野蛮地打骂孩子，如果孩子出现了类似的问题，家长可以向专业机构或专业老师求助。

　　运动事小，但我却受益无穷。身体棒了，心情放松了，体力恢复了，精神回来了。人生在世，若是每一件小事在付出的同时，得到的都比想象的要多、要好，那么，我喜欢并热爱这样的人生。

　　这世间，完美是不存在的，但我们至少可以尽量去扔掉悲伤，抓住快乐。扔掉不良嗜好，培养好的情趣和习惯，就好像金无足赤，人无完人一样，每个人都或多或少有疮疤，想办法修复、修缮却是可能的。

　　扔出去，抓回来。你能想到该把什么东西狠狠地扔出去吗？你又能想到该把什么宝贝抓回来呢？

那是一口深井
但没有光亮没有水
没有虫鸟没有草
就连空气
也已经稀薄和发了霉

一群又一群人
白天黑夜地迷醉
这死一般沉沉的空寂
是早该扔弃和
埋葬掉的枯萎
要像扫除白净脸上的灰
掬一把清澈的河水
给晨起
一个崭新的明媚

读者评语：

1楼 评论时间：2017－06－25 11:05:19

我也期望这样狠狠地扔出去，然后抓回自己想要的。

2楼 评论时间：2017－06－25 14:22:10

妹妹，这是上帝抓着你的脚想问题呢，好有趣啊！

3楼 评论时间：2017－06－25 14:54:10

"这世间，完美是不存在的，但我们至少可以尽量去寻找快乐。就好像金无足赤人无完人一样，每个人都或多或少有疮疤，想办法修复、修缮却是可能的。"喜欢这段话。

4楼 评论时间：2017－06－25 16:49:06

运动使身体分泌了"腓肽"这个快乐因子，再加上音乐的舒缓作用，想不快乐也难哦！

5 楼 评论时间：2017 - 06 - 26 08：45：40

我们更需要一些思维转换，换个角度仔细观察自己。跳过自己影子唯一的办法就是转过身去，面对阳光它就在你的身后。迎着阳光，舒展生命，自然开放！

6 楼 评论时间：2017 - 07 - 01 12：50：26

就这样，一篇一篇看着您写的日志，慢慢地就进步了。您心境的平和，眼光的深刻，是我可望而不可及的。或许是，期待的太多吧！

7 楼 评论时间：2017 - 07 - 02 20：37：00

生活中就是该放弃你要放弃的，抓住你想要得到的。

8 楼 评论时间：2017 - 07 - 16 17：43：44

老师的小诗很有趣，有人要是因了你的这首诗而觉悟，那可就真太好了！

9 楼 评论时间：2017 - 07 - 22 09：22：15

最喜欢最后一段：要像扫除白净脸上的灰，掬一把清澈的河水，给晨起一个崭新的明媚。

26. 自尊自爱，把握好尺度

自尊取决于成功，还取决于获得的成功对个体的意义，增大成功和减小抱负都可以获得较高的自尊。成功或许有许多制约因素，不是很容易就做到的，但我们可以降低对工作和生活的期望值，这样，一个小的成功，就可能使我们欣喜不已。

收到一个大二学生的短信："王老师，我是不是太爱自己了，受不得一点点委屈；我的自尊心似乎也过强，该大方的时候却退缩，得罪了身边很多人，也错过了许多展示自己的机会。我想知道怎么样才能把握好自尊？什么叫自尊适度？"

这实际上是一个老话题。自尊，亦称"自尊心"、"自尊感"，是个人基于自我评价产生和形成的一种自重、自爱、并要求受到他人、集体和社会尊重的情感体验。自尊是人格自我调节结构的心理成分。自尊有强弱之分，过强则成虚荣心，过弱则变成自卑。

现代汉语词典把自尊解释"尊重自己，不向别人卑躬屈节，也不容许别人歧视、侮辱自己。"心理学解释为"自尊是对自我的认可和尊重。"自尊是尊重需求的一种，因为尊重需求既包括对成就或自我价值的个人感觉，也包括他人对自己的认可与尊重。有尊重需求的人希望别人按照他们的实际形象来接受他们，并认为他们有能力，能胜任工作。他们关心的是成就、名声、地位和晋升机会，这应该是由于别人认识到他们的才能而得到的。当他们得到这些时，不仅赢得了人们的尊重，同时就其内心因对自己价值的满足而充满自信。若不能满足这类需求，就会使他们感到沮丧、消极和被动。如果别人给予的荣誉不是根据其真才实学，而是徒有虚名，也会对他们的心理构成威胁。

美国机能主义心理学的先驱 W·詹姆斯在《心理学原理》(1890)一书中提出了一个自尊的公式：自尊＝成功÷抱负，意思是说，自尊取决于成功，还取决于获得的成功对个体的意义，增大成功和减小抱负都可以获得较高的自尊。成功或许有许多制约因素，不是很容易就做到的，但我们可以降低对工作和生活的期望值，这样，一个小的成功，就可能使我们欣喜不已。

我们每个人都要了解自己的需要，都需要知道自己在团体和社会中所处的位置，从而体会自身的价值。只有比较才有自尊，没有比较就没有自尊。一般来说，社会比较主要有两种方式：一种是与比自己强或好的人比较，我们通常称为上行比较；另一种是与比我们弱或差的人比较，我们通常称为下行比较。人们常常认为，与比自己强的人比较，会产生嫉妒、敌意、挫折等消极的情感体验；而与比自己差的人比较，则会产生优越、满足、幸福等积极的情感体验。

什么是自尊适度？适度的自尊有助于我们面对批评，改正错误；过度的自尊则使我们过于敏感，作茧自缚，体验不到生活的乐趣。心理健康的人一般自尊适度，认为自己是一个有价值的人，并感到自己值得别人尊重，比较能够接受个人不足之处，也懂得尊重他人。因为他知道要想赢得他人的尊重，首先要尊重他人。不尊重他人的人不可能赢得他人的尊重。自尊和尊重别人是获得尊重的前提。自尊过度的人，一般认为自己没什么能耐，但是又不允许别人瞧不起自己，而是处处想方设法维护自己所谓的尊严，往往过分在乎自己的形象而忽视他人的感受。自尊心过强，容易受到他人的排挤，也就容易失去自我的人格魅力，这样就使得同伴不敢靠近，领导不肯轻易交付任务，最后自己就像裹了一层防弹衣，成了孤家寡人。适度的自尊，应该凡事不要太自我，搞清楚自己的强项和弱点，该强不弱，该弱不强，这样失去机会的几率就大大减小了。

自尊的心理素养不是天生的，而是在后天生活、学习和工作中循序渐进逐步培养起来的。有时，在寻找自尊的过程中，我们常常被眼前的不足与缺点蒙住眼睛，看不到自己的优点，体验不到自己的价值，对自己很失望，从而产生深重的耻辱感，这对我们的成长是非常不利的。"金无足赤、人无完人"，一个人的缺点并不可怕，关键是能够正确对待自己。

我在做心理咨询的时候发现，那些对自己不满意的孩子往往有些夸大其辞，比如有个女生，长得非常漂亮，却不敢放声大笑，因为怕露出自己第八颗别人根本看不到的、长得有点凸出和发歪的牙齿。我想这是她对自己过分的关注和渴求完美导致的身心紧张和焦虑。如果她能够真正体会那些身上破损残缺的人物的悲凉，从而发现他们身上的美德，也许她会改变对自己的苛刻。

自尊是个人心理健康的重要组成部分。自己越积极，我们的思想往往越健康。人们普遍存在一种误解，认为自尊是我们生活中不可改变的因素。幸运的是，有很多方法可以建立并保持高度的自尊。

自尊很多时候建立在我们对个人成就的看法上，以及我们与目标的接近程度。从这个角度来看，越接近实现目标，我们的自尊就越高。然而，如果没有明确的框架来实现我们的目标，那么很容易感到迷茫。明确目标有助于提供明确的实现途径。沿途的每一次胜利都有助于建立自尊。

提高自尊水平，需要我们不断地去学习、去成长。教育最重要的一环，我认为是使人一天天在进步。只有在一点一滴的进步中，你才能逐渐把握自尊的尺度，才能感受到自尊的强大和可贵。

当我真正开始爱自己

我才认识到，所有的痛苦和情感的折磨

都只是提醒我：活着，不要违背自己的本心

今天我明白了，这叫作"真实"

我才懂得，把自己的愿望强加于人

是多么的无礼，就算我知道，时机并不成熟

那人也还没有做好准备

就算那个人就是我自己

今天我明白了，这叫作"尊重"

当我开始真正爱自己

我明白，我的思虑让我变得贫乏和病态

但当我唤起了心灵的力量

理智就变成了一个重要的伙伴

这种组合我称之为，"心的智慧"

矛盾和问题，因为即使星星有时也会碰在一起

形成新的世界，今天我明白，这就是"生命"

读者评语：

1楼 评论时间：2015－07－06 18:42:14

凡事不要太自我，应该搞清楚自己的强项和弱点，该强不弱，该弱不强。这样失去机会的几率就大大减小了。

2楼 评论时间：2015－07－14 12:28:47

我转载你的日志让我的朋友也看看！

3楼 评论时间：2015－07－14 19:48:03

我真的曾经极度失望，就在当时以为命运把我戏弄了。一年过去了我渐渐明白了很多道理，我愿意在任何地方作更好的自己。

4楼 评论时间：2015－07－14 22:21:09

受益匪浅。

5楼 评论时间：2015－07－14 23:37:52

老师，今天我刚好也写了篇日志，认真审视了一下自己，不过就是没您写的有深度了。

6楼 评论时间：2015－07－15 20:30:00

真正爱自己的人，会努力寻求认可，找回自尊吧！

27. 在爱中，不断修正自己

恋爱阶段，男生一般比女生表现得积极主动，双方也都能够花心思取悦对方。可是，婚后就不一样。爱情的温度降低，感情也转淡，亲情似乎应该更上一层楼。这时候，如果男女双方不修正自己的爱情观、婚姻观、感情观，家庭就容易出现问题。

毕业多年，已经步入婚姻的学生给我发来短信，"老师，我咽不下这口气！他背叛了我，我要报复他，我也要让他尝尝遭背叛的滋味！"

我为她难过的同时，也指出她的粗暴和简单。我觉得，聪明点的女人应该这样做：首先得冷静，不能过激。即便一时过激，也要迅速冷却自己。好好地反思一下，找出问题可能存在的原因。然后，想一想，自己究竟想要什么结果？接下来，该清醒了，不要再沉迷婚姻而不上进了。总以为有男人可以依靠，所以当男人倾斜了，倒了，自己会觉得无依无靠，会茫然不知所措。

有时候，过度地发脾气、使性子，反而不如冷对。独立、坚韧，做自己该做的事情。

法国女演员于佩尔说："精神世界丰富的人，不需要婚姻，连艳遇都不需要。"一个人最好的伴侣不是别人，而是自己的心，尊重自己的感受，才能得到更有尊严的爱。夫妻关系的牢固和成熟，不是一方完全满足另一方的期待，更多的时候需要自己取悦自己。只有懂得自爱才会被爱，才能在一段关系中享受爱带来的强大喜悦。你只需要坚强、独立起来，不需要再依靠谁依附谁，这才是女人面对背叛应该有的智慧。

另外，不要跟随别人，做自己的选择，要从自己的实际出发，做自己承受得起的选择。因为，好歹，都需要自己承担后果！

我们常说婚姻是爱情的坟墓。男女相处是一门艺术，需要修炼和修正。生命也在不断地修正！学习要修正，工作要修正，为人处世要修正，恋爱和婚姻更需要不断修正。

恋爱阶段，男生一般比女生表现得更积极主动，双方都能够花心思取悦对方。可是，婚后就不一样。爱情的温度降低，感情也转淡，亲情似乎应该更上一层楼。这时候，如果男女双方不修正自己的爱情观、婚姻观、感情观，家庭就容易出现问题。

看过素黑心性治疗书籍后，深有感触：每一个人都应该在爱中修行！自爱、爱亲人、爱朋友、爱老人、爱小孩，甚至爱我们身边的一草一木！尤其自爱，一个人首先爱自己，才能去更好爱别人。扎实的夫妻关系，不是把自己的期待强加在对方身上，为了成全对方而放弃自己，而是发展自己独立的思想，彼此独立但相依。

不记得是哪部影片，但记得一句台词：每个男人都有帝王之心，每个女人都想作小鸟依人的受保护者！在这里，我想男人的帝王之心不仅是希望妻妾成群或事业辉煌，更多的是他要求自己在家庭的一种受尊崇的地位！而每个女人的小鸟依人观，并不表示她们甘于作一名弱者，而只是希望能长久地享受爱人呵护。

看过杨澜主持的《天下女人》，有一期她访问刘嘉玲，杨问："有没有想过给梁朝伟生个儿子？"出乎所有人意料，刘这样回答："他就是我的儿子呀！"

真的，每一个身在福中的男女都应该明白：她就是我的老婆，同时她是我的女儿、我的母亲、我的老师、我的朋友；他就是我的老公，同时还是我的儿子、我的父亲、我的老师、我的朋友！

每一个生命都需要被人关爱、被人在乎、被人重视、被人牵挂！我想，如果我们足够爱自己，就不会允许自己的平庸和错误；如果我们足够爱对方，就不会出现对方背叛自己的惨烈局面，除非对方根本不值得你爱！爱一个人，不是满足自己欲望的出口，而是两个人能更好地在爱中成长。好的夫妻关系，是做到融合又各自划分领地，彼此既能重叠、相交，也能相离，无论在什么时候都能有机会做自己。

曾获得诺贝尔文学奖的英国女作家多丽丝·莱辛在《十九号房间》这本书中讲述了这样一个故事：有一对完美的夫妻，他们丰衣足食，有着幸福和睦的家庭，他们自己也满足于自己的生活。但是有一天，妻子突然提出来想要拥有一间自己的房间，所以丈夫在二楼给妻子收拾了一间房。但在不知不觉间，孩子、丈夫在那间房进进出出，那间房成了另一个客厅。妻子感觉很不舒服，于是就在离家很远的一个廉价酒店租了一间房，偶尔她会一个人在那间房待几个小时，不做任何事情，那是她最幸福的一刻。

纪伯伦曾说："耳鬓厮磨中为彼此留出一些空隙，让天堂之风在你们中间起舞。彼此相爱，但是不要让爱成为桎梏，让爱成为波涛汹涌的大海，在你们灵魂的海岸间奔流。"

大部分夫妻关系走向瓦解，都不是因为爱得不够，而是期待对方成为自己生命的中心，让对方没有一丝喘气的机会，彼此之间经常产生摩擦，结果只能是遗憾结束。素黑还说："两个人在一起，并不等于两个人要变成一种生活、一种想法。要让两个人、两个世界舒服地碰撞，擦出火花，关键是保持两个世界的完整，人不应只爱自己的影子，或做别人的影子。"

夫妻关系不是靠彼此的捆绑来维系，而应该是细水长流的长相厮守，彼此独立又相互扶持。既不要把自己的快乐全部建立在对方身上，又能在相处中获取能量、得到成长。没有期待，各自强大，婚姻的格局才会更大。

生命实在是一段不长的旅程，正因为不长，所以我们更要珍惜！要不断修正自己对待亲人、爱人的态度，完善自己的缺陷和不足。

只有不断修正自己，才能使自己更完善、更完美，才值得他人一如既往地疼爱、关心与尊重！

一年又一年
光明总是会战胜黑暗
爱情美丽的光环
是不是一直鲜艳

阳光看得见
每一朵花开
每一支草颤

无边夜色里
花的色彩不应该暗淡

冬夜的月牙
如何可以挂在天边
多少时分的轮转
可以拖住永恒
可以不变

当新的太阳初升
某一块土地
某一个时点
黑暗又该怎么呈现
感情只是光阴的偶然

读者评语：

1 楼 评论时间：2016 - 08 - 10 13:59:08

写得真好，能够经常看到这样的文章，身边能有这样一位良师益友是我的幸福，多学习多思考，一定能够提高我的生活质量！

2 楼 评论时间：2016 - 08 - 10 19:05:48

其实恋爱与婚姻完全是两个不同的概念，恋爱时相互隐藏，婚姻中渐渐暴露，换句话说，恋爱根本就不懂牺牲的真正价值！唯死而恋，远远不如默默背负家责高尚。

3 楼 评论时间：2016 - 08 - 10 19:53:17

修正自己，完善自己。

4 楼 评论时间：2016 - 08 - 10 23:59:08

欢娱过后，徒留伤感；寄希望于他人的东西，都不可靠！自己成长、自己强大才是根本。

28. 改变自己，从阅读开始

　　我始终认为，年轻人不读书要吃亏，读错书更要吃亏。一个人能不能拥有成功和精彩，大学是非常关键的阶段。虽然，大学生活不能决定你的一生，但它为你奠定了未来职业的基础与继续发展的深度和广度。

　　常有大学生前来咨询："老师，如何改变自己？""老师，我们已经是大学生了，该读点什么书呢？"

　　作为一名高校教师兼心理咨询师，我始终认为书香可致远，改变自己，要从阅读开始。读大学，该从图书馆起步。

　　高尔基语："书是人类进步的阶梯！"

　　东坡诗云："粗缯大布裹生涯，腹有诗书气自华。"

　　俞敏洪讲："如果把大学比作一个人的话，图书馆该是这个人的心脏。"他今天的成就，与他大学期间读了800多本书不无关系。

　　李开复也说："如果你大学期间很少去图书馆的话，你就等于白白浪费了一大笔财富。所以，常常去那里，随意翻翻都会有收获。"

　　读大学除了读书，读大师，最重要的就是"读"图书馆。这里说的图书馆并不是指它的建筑和其他硬件设施，而是图书馆的藏书。可以毫不夸张地说，大学几年没有安心在图书馆好好看过几本书，那就没有真正意义上读过大学。

　　我始终认为，年轻人不读书要吃亏，读错书更要吃亏。一个人能不能拥有成功和精彩，大学是非常关键的阶段。虽然，大学生活不能决定你的一生，但它为你奠定了未来职业的基础与继续发展的深度和广度。

　　读书因人而异，有人偏爱文学类，有人偏爱历史类，还有人喜欢哲学类。在此，我建议大家各种类别的书都读一读，因为文学类的书籍可以增加我们的审美情趣和词汇量；历史类的书籍可以使我们明智和进步；而哲学类的书籍使我们的思维缜密与深刻。

　　宋代大儒朱子诗云："少年易老学难成，一寸光阴不可轻。未觉池塘春草梦，阶前梧叶已秋声。"大学生，一定要珍惜时间，好好学习，多多读书，多读好书。

　　首先，选择阅读文学类书籍。阅读文学类书籍和看故事一样，容易被人物和情节所吸引，可以间接体验人生和生活，可以提升情操和审美情趣；同时，可增加词汇量，提高写作水平。此类必读书籍有我国的四大名著、鲁迅、路遥、贾平凹、梁晓声的小说、散文以及古诗词。国外著作的也很多，如雨果、大小仲马、巴尔扎克、高尔基等的著作都可拿来一读，像《巴黎圣母院》《悲惨世界》《简·爱》《飘》《双城记》《老人与海》《杰克·伦敦中短篇小说选》《莎士比亚悲喜剧》等都值得一读再读。

　　其次，选择阅读历史类书籍。以史为鉴，可知兴替。历史像一面镜子，可以照见社会的变迁，也能看到个人成长与社会的融合。通过对历史的了解，可以让我们更清晰地把握我们生活的时空环境，找好自己前进的坐标。阅读历史书籍，还可以培养一个人的大视野、大格局和大气度，不会为小我的思想和利益所局限，比如《上下五千年》《世界通史》《二十四史》等著作。据说毛泽东主席一生看过20多遍《三十四史》。还有，历朝历代的野史、皇帝史不妨也读一读。

再者，选择阅读哲学类书籍，心理学也包括在内。阅读哲学类的书籍，我们能学会思考，思想也会越来越深邃和严密；也可以使我们清晰地了解自我和认识自我。心理学书籍能帮我们了解人类各阶层心理的共性和差异性，使我们的心理更加健康和成熟。

现阶段，人们的心理都比较脆弱，同时却面临着紧张激烈的社会竞争，大多数大学生是独生子女，也是电脑和电视机前长大的一代，环境适应能力差，人际疏离感强，心理状况整体不好，比如人际关系不和谐、情感处理不得当、集体意识冷淡、个性不健全等，严重的还有很多强迫症等精神疾病。心理学知识的匮乏，迫使我们低下头来从心理学中寻求解决的思路和途径柱。

关于哲学类书籍，建议大家阅读我们的古文化遗产，比如《大学》《中庸》《论语》《孟子》《道德经》和《庄子》等；近现代作家的有王蒙、冯友兰、周国平等。我比较喜欢林语堂的著作，比如《人生随想》。国外的著作有《苏菲世界》以及罗素、尼采、黑格尔、米兰昆德拉的著作等。心理类的书籍很多，国外有弗洛依德、荣格、阿德勒、杜威、马斯洛的作品，这些心理大咖的著作，理论性很强但也有经典案例和实验的支撑，使我们阅读起来不至于很枯燥。而现代的心理成长案例集等更适合大学生结合自己和周围事物去理解和分析各种心理现象。其他，还有《小故事大智慧》《点燃心灯》等作品都可以看一看。

最后，选择阅读人物传记。以人为鉴，可明得失。通过阅读人物传记，尤其是成功人士的传记，大学生可树立正确的精神榜样来鼓励自己，提高对事物的分析能力，激发个人对知识和未来的追求热情。阅读人物传记，还有助于形成积极向上的生活态度，培养正确的人生观、世界观和价值观。大学阶段是真正树立人生目标的关键时期，借鉴成功人士的历程，一定会对大学生有些帮助。文学类、历史类、哲学类的作者传记都可以拿来阅读。我最近一直在读阿德勒、潘石屹、李开复、俞敏洪、马云，他们的成长都不是一帆风顺的，读来有很大的借鉴意义。

总而言之，读书百遍，其义自见。读书既可以增长学识，又可以愉悦性情。读书既是一种休闲、娱乐的方式，也是一种提高自己、完善自我的好办法。读书，还可以调节我们身体的血管流动，使我们身心更健康。读书好，读好书更受益，在书的海洋里遨游真是一件快乐无限的事情。

改变自己，从阅读开始；大学生活，从图书馆起步。

祝愿大学生都喜欢读书，都读对书，读好书。

读书是一次旅行

漫步的是自己的心灵

打开自己，让文字牵着思想远行

沿途山川河流，有旖旎风景

这是快乐的出发

也是幸福的围城

读书是自己照镜
看见自己，自己的心情
在情绪里舞蹈
穿越了文字的迷宫
即便是夜深沉得摸不到边际
也会自信从容
因为心中有爱
而爱，是人间恒久的光明

读书其实，是在别人的故事里
寻找自己的梦
发现的却是太多的新鲜和陌生
没有后悔和哀怨
只有开阔与包容
别人的思想开了花
又结了果
成了可高挂枝头的明灯
追求成为希望的象征
而汗水却是点燃梦想的火种

打开的书页是震动的翅膀
载着我们穿越时空
邂逅神灵

读者评语：

1 楼 评论时间：2015 - 07 - 09 13：24：32

老师的文章很好，大学生确实该多多读书，并读好书。我妈妈说，不要和不喜欢读书的男孩子交往……

2 楼 评论时间：2015 - 07 - 09 14：29：14

老师，我喜欢读历史书，从中让我看到大人物的情怀、胸怀和气度。

3 楼 评论时间：2015 - 07 - 09 16：27：43

三更灯火五更鸡，正是男儿读书时。黑发不知勤学早，白首方悔读书迟。

4 楼 评论时间：2015 - 07 - 09 20：18：56

读书确实像是旅行，我喜欢阅读游记呢！

5 楼 评论时间：2015 - 07 - 10 09：35：12

谢谢老师，读好书就像和好朋友对话。

6 楼 评论时间：2015 - 07 - 10 15：55：48

谢谢老师，我们会珍惜这短暂的大学生活去多读一些好书的。

7楼 评论时间：2015－07－11 00：14：12

又一堂课！其实我觉得三类书都应该看，因为历史与哲学也在文学的范畴！并且我觉得读书已经成为一种需要了。

8楼 评论时间：2015－07－11 10：57：54

最近网络上很流行各种文字社团，而我不喜欢加入是因为觉得那是一种束缚，而我更喜欢把自己真情实感写在自己的空间，一个人一次又一次地品读。你说我们成长如果想拥有个更好的心态，就写日志吧，而我从初中写到现在，我是个给人感觉不用人疼的女孩。

9楼 评论时间：2015－07－13 20：21：46

筱鹏姐，谢谢！这也给我指了方向，昨天看张爱玲的作品了，以后我会多看些书了，也知道该看什么了，谢谢，祝你开心快乐！

29. 女孩子，请提升你的高度

我喜欢的女子总让人敬重，也爱怜。这样的人，本就不应该在社会上面对奔波的残酷。如花，应该沐浴阳光下，多情而妩媚，明丽而灿烂。女生是应该至少读一本亦舒的，但愿男生也能读一本。

如何读书，如何从书本获益呢？我认为应该做好读书笔记，读一本书后尽量写一写读书心得。这样子，对读过的书有梳理、有思考，才会吸收得好，进步得快。

有一阵子我疯狂地读着亦舒的小说，如《开至荼蘼》《曾经深爱过》《她比烟花寂寞》《喜宝》，还有很多很多我一时想不出名字的。对了，还有《玫瑰故事》。

亦舒的小说，文笔麻辣利落，节奏掌控娴熟，剑走偏锋，逆行而上，且又蕴藏沧桑与痛楚。在亦舒笔下，男子令人失望，爱情恐不存在；女孩却多具灵性与坚忍气质，自爱自主，经济与精神轩然并立。《忘记他》中的桂开，《玫瑰故事》里的苏更生，《我的前半生》中的子君……亦舒的女主角总是面庞美丽，气质高雅，品味一流，自尊自立，光华自照，都是我喜欢的类型。

我喜欢的女子总让人敬重，也爱怜。这样的人，本就不应该在社会上面对奔波的残酷。如花，应该沐浴阳光下，多情而妩媚，明丽而灿烂。女生是应该至少读一本亦舒的书，但愿男生也能读一本。

亦舒的故事里，人与人最和谐的关系，不是事无巨细全部知之甚详，而是彼此都有一个独立的空间，彼此了解的是对方的人品而非家长里短，彼此的关心都是她(他)需要且我能做到，而非我能做到不论她(他)是否需要。婚姻仿佛只是两个人的事，仔细思量才了然，是两类人的事。但又太像，于是恍如一人。

今天在空间动态里好像看见一个朋友给我留言，说"生子当生孙仲谋"。我当时有些恍神，过了些时候打算回复，竟然了无痕迹。亦舒常有一种感叹，是无痕无恨。啊，这也是她的一个短篇小说的名字。无痕无恨，人生经历过，又忘却了，将那些美丽的过去一笔勾销，置之不理，难道就能惆怅旧欢如梦了吗？将那些美丽的过去束之高阁，不闻不问，一切就又真的无痕无恨了吗？天空没有鸟飞过的痕迹，但它已飞过。

你可曾失恋过吗？也曾沉溺于痛苦之中不可自拔吗？那么，请你读亦舒的书吧，每一篇，每一章节，每一锦句，都会使我们感受到：师太在以犀利冷静的心与笔，对凡间女子做着泼辣尖刻却又一针见血的细语叮咛——

请受挫的你，借此提升你的高度。爱，原来只一炷细香，那点子亮，经不起西风隔着梧桐，沙沙地吹。就像一条鱼，对水死了心，你的痛苦如海水不可斗量。旁人眼见着你惊人地苍白和消瘦起来，多少卷时间的绷带，都缠裹不好你的伤痕。你的眼睛黯淡如秋之残月，笑容更是蜻蜓点水的敷衍。你试图对他好些，再好些，但事实证明，你越爱得痴心热烈，对方就越麻木不仁。你的不甘心，最终成了他的羁绊和退却的理由。

啊，女孩，何必这样。你才二十岁左右，为何就像余日无多般的挥霍，绝望地擒着昨日不肯放手？多少个长夜里心烬成灰，你才一点一点终于明白：青春的路上你走得太急，又过于执拗和专注，那满院子鲜红的花，你还没有一一欣赏。昆仑之北有水，其力不能胜芥，故名弱水。你掬他这一瓢饮，一生忘不了那冰凉而吸的滋味。这并没错，但是你总不能餐风饮露就只靠这一瓢饮来活着，总得需要一些正儿八经的粮食，譬如工作、事业，来切实维持你的生命，因为这些更能给人们踏实感和心灵上的安慰。爱情，是花上的颜色，是灯笼上的穗子，是蝴蝶翅膀上的斑点，有了这些固然楚楚动人，但没了它们，花有香、灯可亮，蝴蝶照样能掀起横跨南北美洲的风暴，可见它只是些点缀，又怎可放大成为人生的全部和唯一呢？

当爱情跌跌停停，就请你翻开书页，听亦舒不动声色的诉说吧。女孩，请拿出壮士扼腕的决断之心，把你的万丈柔情聚拢修炼成一把削铁如泥的合金软刀，闭起眼睛，挥泪而斩，拒绝纠缠，永勿藕断丝连，是百宝箱怒沉瓜州渡，是金刚杵砸碎了海洋之星，是数十斛绿珠坠楼而下，是深海里黑珍珠离开蚌，从此不能睡在一厢情愿的爱情腹内，无论多少撕扯的牵痛，都请你——别再回头。

如幼兽失群，又跌入猎人的陷阱，待挣扎上来时，只能选择默默舔干伤口，等待长大。因为爱到此时，已成了一段经历，这段经历曾经甘美如饴，却终于惨痛无比。这段经历在历经了风雨的磨洗之后，已逐渐沉淀为一级台阶。女孩，当你的恋曲已谱挽歌，当你的眼泪已化成襟前的明钻，你要站在这级台阶上——提升你的高度。

> 没有任何快艇能像一本书
> 把我们带到遥远的地方
> 也没有任何一匹骏马
> 能像一页欢跃的诗篇
>
> 最贫穷的人
> 也可做如此跨越旅行
> 而不必被迫为通行纳税
> 这运载人类灵魂的马车
> 是多么节俭朴素
>
> 在波光粼粼的海面眺望
> 在浩瀚无比的宇宙徜徉
> 在和谐幻美的天空飞翔
> 在无声的交流里成长
> 在书的世界里
> 终于不会迷茫

读者评语：

1 楼 评论时间：2017－10－19 15：27：38

遇到亦舒，就像是在坚守自己原则的道路上找到了同行的伙伴和引路人。

2 楼 评论时间：2017－10－19 15:59:14

真想成为亦舒笔下那样坚强独立的女性。

3 楼 评论时间：2017－10－09 16:27:43

最近看《我的前半生》，为子君悲哀，也为子君高兴。

4 楼 评论时间：2017－10－09 19:23:32

女人就应该提升自己的高度。老师说的很对！

5 楼 评论时间：2017－10－10 09:35:12

女性在婚姻里到底扮演什么角色好呢？

6 楼 评论时间：2017－10－10 15:55:48

亦舒的小说很现实的，她的文字充分反映了现实，没有人会一直被人呵护，没有人一直完美无瑕，命运的轮回是一直在旋转的。你必须为你的行为买单，这只是一个时间问题。

7 楼 评论时间：2017－11－13 10:29:18

书中自有颜如玉，书中自有千钟粟，书中自有黄金屋。

8 楼 评论时间：2017－11－13 10:57:27

谢谢老师，总带我们阅读好书。

9 楼 评论时间：2017－11－13 11:17:21

老师，我是女生，觉得读书真的很好，能多点书卷气。

10 楼 评论时间：2017－11－13 12:25:38

书中百货皆有，我喜欢读书。

11 楼 评论时间：2017－11－13 13:18:23

谢谢老师哦，每周相约星期二读书人讲坛，周四学生大讲堂，这些读书活动好棒！

30. 大学时代，关键期的自我教育

所谓人类心理发展"关键期"，意思是人类的某种行为、技能、知识的掌握，在某个特定的时期发展最快，最容易受环境影响。如果在这个时期施以正确的教育，可以收到事半功倍的效果；而一旦错过这一时期，就需要花费很多倍的努力才能弥补，或者将可能永远无法弥补。

新生开学后，很多学生咨询一个共性的话题：大学生，哪些方面的发展至关重要？如何有意义地度过大学时代？

这让我想起奥地利著名生物学家昆拉多·洛伦兹博士的著名"关键期"理论。所谓人类心理发展"关键期"，意思是人类的某种行为、技能、知识的掌握，在某个特定的时期发展最快，最容易受环境影响。如果在这个时期施以正确的教育，可以收到事半功倍的效果；而一旦错过这一时期，就需要花费很多倍的努力才能弥补，或者将可能永远无法弥补。

关键期的理论最初用于早期教育，心理学家研究发现，在关键期内，越早给孩子进行教育和训练，孩子的大脑就越聪明、灵活。例如，孩子4～6个月是吞咽咀嚼关键期；8～9个月是分辨大小、多少的关键期；7～10个月是爬行的关键期；10～12个月是站和走的关键期；2～3岁是口头语言发育的关键期；2.5岁－3岁是立规矩的关键期；3岁是培养性格的关键期；4～5岁是开始学习书面语言的关键期；5岁是掌握数学概念的关键期，也是儿童口头语言发展的第二个关键期；5～6岁是掌握语言词汇能力的关键期。也就是说，个体的发展、某种能力的培养是与特定的生理时期密切相关的。

印度狼孩的故事也足以表明，人类若错过各个时期的心理、技能、行为等教育，人将不成为人。如今，关键期理论使用于我们人类个体生长的每一个阶段。

让我们再看看埃里克森的人格终生发展论，埃里克森经过多年家研究证实，任何年龄段的教育失误，都会给一个人的终生发展造成障碍。

婴儿期（0～1.5岁），这个年龄段的孩子关键期的教育是基本信任和不信任的心理冲突时期。因为这期间孩子开始学习认识人，当孩子哭或饿时，父母是否出现则是建立信任感的重要问题。信任在人格中形成了"希望"这一品质，它起着增强自我的力量。具有信任感的儿童敢于希望，富于理想，具有强烈的未来定向；反之，则不敢希望，时时担忧自己的需要得不到满足。

成年早期（18～25岁），人格发展的关键是面对亲密感对孤独感的冲突。这一时期，年轻人渴望与异性建立亲密关系，从而获得亲密感，否则将产生孤独感。但是，除了人格的发展，大学生更重要的发展任务是各种观念是否渐进成熟。比如，学习如何学习？学习如何做事？学习如何与人相处？学习如何做人？因为已经是法律意义上的成人，许多大学生要求他的成人权利要获得满足，却往往忽略成人初期的核心问题：如何做一个心智成熟、内心强大的自己。

埃里克森认为，在每一个心理社会发展阶段中，解决了核心问题之后所产生的人格特质，既包括积极也包括消极两方面的品质。要在各个阶段都保持积极品质的发展，完成这阶段的任务，逐渐实现健全的人格，否则就会产生心理社会危机，出现情绪障碍，形成不健全的人格。

如今，大学生的困惑越来越多，心理问题也呈逐年上升趋势。尤其是，很多大学生反映同一问题——无聊。为什么会有这种无聊的感觉？

我想主要是无事可做，闲得无趣。很多学生以为辛苦多年终于上了大学，可以放马归山，刀枪入库，潇潇洒洒，混张文凭。殊不知，大学才是真正拉开彼此距离的几年。俞敏洪在大学阅读过 800 多本书籍，背会了三本英文词典，这需要何等的毅力？李开复曾说，我在大学期间积累的专业知识都是通过自学获得的。

还记得阅读过李开复写给大学生的一封信，我很是认同。信中说，大学是人一生中最为关键的阶段。从入学的第一天起，你就应当对大学四年有一个正确的认识和规划。为了在学习中享受到最大的快乐，为了在毕业时找到自己最喜爱的工作，每一个刚进入大学校园的人都应当掌握七项学习，即学习自修之道、基础知识、实践贯通、培养兴趣、积极主动、掌控时间、为人处世。只要做好了这七点，大学生临到毕业时的最大收获就绝不会是"对什么都没有的忍耐和适应"，而应当是"对什么都可以有的自信和渴望"。只要做好了这七点，你就能成为一个有潜力、有思想、有价值、有前途的快乐的毕业生。

由此可见，大学时期自我教育至关重要。苏联现代教育家苏霍姆林斯基强调，"没有自我教育就没有真正的教育。"可以说，一切教育都包括了教育者的施教与受教育者的自我教育。

大学的自我教育意义重大，主要有以下几个方面：

首先，在校大学生应学会自我监督，它在自我教育中占有特殊的地位。自我监督以自尊心、荣誉感、责任感为基础，主要通过主体的自我剖析、反思、内省来检点自己的行为。只有成为一个有高度自尊心、荣誉感、责任感的人，才能做到不但监督自己表现出来的外部行为，而且还监督自己的思想动机、思想方式。不仅在众目睽睽之下谨慎行事，而且在独处之时也恪守道德要求，不做任何对不起良心、对不起公众的事。

其次，在校大学生应积极参与社会实践活动，它是"经风雨、见世面、长才干、做贡献"的重要途径。在校大学生大多缺乏社会实践，缺少对社会的深入了解和真实体验，因此非常有必要参加社会实践活动。

最后，在校大学生应重视日常实践活动。培养良好自控的能力，让自己动起来，列一个详细的学习计划，为每一个小目标脚踏实地地去努力！在校大学生应意识到，崇高的理想要靠平凡的事业去实现，高尚的道德要在日常的行为中去培养，渊博的知识要靠孜孜不倦的勤奋去积累，严明的纪律要在日常生活中去锻炼。比如，让自己交些好朋友，养些好习惯，不要沉迷于对自己无益的恶习（如网络游戏）里。一位积极、主动的中国学生在"开复学生网"上劝告其他同学"不要玩游戏，至少不要玩网络游戏。我所认识的专业水平比较高的大学朋友中没有一个玩网络游戏的。沉迷于网络游戏是对于现实的逃避，是不愿面对自己不足的一面。我认为，要脱离网络游戏，就得珍惜自己宝贵的大学时间，找到自己感兴趣的方向，做一些有意义并能给自己带来满足感的事情。"

总之，在校大学生只有不断加强自我教育，才能尽快地成为国家的有用之材。衷心祝愿大学生学有所成！不辜负自己的大好韶光与前途！

没有人知道豁达背后隐藏的心酸
没有人知道热情之下内心的孤单
没有人知道人前笑着人后泪水涟涟
没有人知道坚强之下是多么的柔软
自己也不知道痛苦要持续到哪一天

软弱的背后或许有执着的一面
活着是为了自己不是为了别人看
身心憔悴，度日如年
冰冻的心如何才能得到温暖
花花世界怎么辨别真心与谎言
没有魅力就不能触摸大功率的来电
爱这个字不是游戏不是笑谈
一路走来都是那么得艰难
不知道接下来还有多少沟沟坎坎
都说风雨过后就是艳阳天
怎么就没能攀人生的顶端

记住什么是凤凰涅槃
懂得蝶变辉煌的蕴含
感恩所有的沧桑与悲欢
活出自我即是最好的期盼

读者评语：

1 楼 评论时间：2017 - 10 - 25 15:27:38

我们要先认知自己，才会喜欢自己，理解他人。

2 楼 评论时间：2017 - 10 - 25 15:59:14

目标好定可是想坚持下来，实在是太困难了。

3 楼 评论时间：2017 - 10 - 25 16:27:43

相信自己付出的一切努力都会得到等同价值的回报。

4 楼 评论时间：2017 - 10 - 25 19:23:32

我也有同感，每个时间段都有每个时间段该做的事情，如果过了这个时间段，你可能要花千倍百倍的时间来挽回。

5 楼 评论时间：2017 - 10 - 25 20:18:56

看来在学院是时候给自己定一个长久的目标了。

6 楼 评论时间：2017 - 10 - 25 20:22:29

大学期间的自我监督真的是至关重要的，我会做好自己的自我监督。

31. 加油，我的小尾巴——写给女儿

失败和挫折，我们一生中不知道会遭遇多少，这样、那样的不如意我们随时可能遇见，妈妈想告诉你的是，任何事情你必须有接受和承担的勇气。也许你不足够聪明，但妈妈希望你足够坚强和勇敢，你必须自己想方设法去改变、去创造进步的机会，而不是仰赖大人。

尾巴，小尾巴！妈妈常常这样唤你，有时候是宠爱和亲昵，有时候是恼怒与生气。就在上午，小尾巴，我和爸爸送你走，要上高中了，要去军训十天。我们看着你第一次爬到上铺，你细心地铺展你的床，叠放好你的棉花被。然后，你与宿舍新结识的伙伴们要一起去找你们的新老师、新教室。你就要大踏步离开妈妈的时候，似乎想起来什么，你羞涩但期待地朝妈妈看过来，我张开双臂，我们笑着拥抱，互相拍拍对方的脊背和肩膀。孩子，这是我们每次分开时或者心里难过时母女必做的功课。

这个拥抱是一个联结，它提醒你我，我们永远是不会分开的，即使住校，即使军训，即使旅行，即使将来天涯海角，我们的心永远连在一起。妈妈是河流，你是我的小鱼哦！你是我身上掉下来的一块肉，我们母女连心，你若疼我也疼，你若苦我也苦；你若难过我必定更难过；当然，你快乐我也快乐，你幸福我也开心。我们笑着拥抱，因为我们知道这不过是暂时分开而已。但这个拥抱会让我们时刻感觉到彼此身体的温度和心里的牵挂。

尾巴，妈妈的小尾巴，你要上的中学不是你理想的学校。中考成绩出来后，你哭了好久，你说你想上最好的高中，哪怕去了"垫底"做"板油"你也要去。但是，我们是老师又是父母，我们不认同你的想法，我们做了你的工作，希望你接纳自己的考试成绩和录取学校。你最后同意了，也接受了。

失败和挫折，我们一生中不知道会遭遇多少，这样、那样的不如意我们随时可能遇见，妈妈想告诉你的是，任何事情你必须有接受和承担的勇气，也许你不足够聪明，但妈妈希望你足够坚强和勇敢，你必须自己想方设法去改变、去创造进步的机会，而不是仰赖大人。

高中三年，也许是最苦的三年。但妈妈是过来人，觉得这三年弥足珍贵，它是你人生必经之路，你要痛而快乐地去经历，并诚实面对。从小到大，你每次从学校回来，我们常常与你交流的话题是你在学校开心吗，快乐吗？其次，才关注老师教了些什么？你学到了什么？我们当然希望你在学习上是一等一的优秀，但我们也清楚你始终不是那个考试成绩最出类拔萃的尖子生。我们也曾希冀，你能处处优秀，但我们也清楚，你不是聪明绝顶的孩子；你的英语和物理成绩一直偏弱。尽管你很努力，我们也给你请了家教。小尾巴，妈妈想说，不管你的学习成绩怎样，不管你上怎样的学校，甚至将来上末流的大学，这些并不重要。我们希望你起码健康快乐，不管你的学习成绩如何，你永远都是我们独一无二的宝贝。

现在，妈妈忙完了当天的工作任务，收拾完家坐在你的台灯前。此刻，你该上床了，离开熟悉的家、舒服的床你能睡得着吧？白天，学校的餐饭你吃的习惯不习惯不说，你吃

饱了吧？

小尾巴，走之前，你的卧室收拾得很干净，你的行李箱、洗漱用品等都是你自己亲自动手整理的。妈妈相信你越来越懂事了、长大了，妈妈祝福你！孩子，要健康，要快乐！当然，别忘了你对妈妈的承诺，努力，努力，再努力！因为你说再不努力就老了，再不努力就晚了！

加油，小尾巴！

加油，我的小尾巴！

你在一个隆起的山体睡了好久好久
都不知道在睡梦中你长大了手和脚
我用尽毕生的力量为你打开一扇窗
一线光亮洒在你的额头
你如同在梦境中
向我露出迷人的小眼睛
你给我的第一个惊喜
是一声啼哭
是最嘹亮的歌声
从高处回应着低处的我
我以两颗令神垂涎的果子
作为礼物
汁液饱满
像爱的源泉
美妙香甜，像绵延不绝的溪流

你为我带来光和圣母玛利亚
你让我勇敢地向黑暗挺近
并探索一切未知的秘密
你让我获得天空的高远
和大地的辽阔
你用那么多第一次
为我着色
让我成为一条丰饶的河流
和永不迟疑的光照
……

读者评语：

1楼 评论时间：2014－08－11 07:15:02

感动……

2楼 评论时间：2014－08－11 07:21:21

大赞！

3 楼 评论时间：2014 - 08 - 11 08：00：23

我如果有像您这样的妈就好啦！

4 楼 评论时间：2014 - 08 - 11 08：13：27

母爱真的很细腻。

5 楼 评论时间：2014 - 08 - 11 08：19：47

母爱是伟大的。

6 楼 评论时间：2014 - 08 - 11 08：26：54

母爱，无私而伟大！

7 楼 评论时间：2014 - 08 - 11 10：12：07

王老师，孩子从此会一点点走出你们的生活了，或者开始了另一种互相融合的方式，对家长来说，种种不适与不舍也需要慢慢接受与调试，所以我想跟您也说一句：加油！

8 楼 评论时间：2014 - 08 - 11 10：45：30

想起了我的妈妈，好感动！

9 楼 评论时间：2014 - 08 - 11 12：19：44

落泪了，好感动！

10 楼 评论时间：2014 - 08 - 13 21：32：39

骨血相连，永不分离，永远惦念！

11 楼 评论时间：2014 - 09 - 09 00：12：48

想一想很奇妙，我们眼看着孩子一步一步成长，经历我们所经历的一切。然后一步一步经历着父母的经历，感受到她们当时情绪上一丝一毫的变化。因为此刻我们爱孩子，于是更加深刻地体会到那时父母的爱多么不容易。人的阅历仿佛重复，所以爱也是循环的。我有点说不清，总之觉得很奇妙。

32. 幸福，是因为有他（她）的陪伴

世上最奢侈的人，是肯花时间陪你的人。谁的时间都有价值，把时间分给了你，就等于把自己的世界分给了你。世界那么大，有人肯陪你，是多大的情分！人们总给"爱"添加各种定义，其实这个字的解释也很简单，就是有个人，直到最后也没走……

她是我已经毕业十年的学生。从二十来岁结婚到现在有六七年了，他们夫妻在一起的时间加起来却不到一年。老公常年在外，聚少离多的日子，她感觉不到婚姻的甜蜜和幸福，只体会到一个人照顾孩子的疲惫和彼此感情的逐渐凉薄。如今，孩子上幼儿园需要接送，她的工作性质与接送孩子又老起冲突。焦头烂额的她，对生活简直失却了继续往前走的斗志和信心。

我在劝说她的同时，脑海里总是出现春节的某些场景。春节的十多天，我们姐弟几人还有侄女、小女等多人，常常围坐在爸妈的大床上，为的是陪伴生病的妈妈。她老人家一冬天没少遭罪，此病未消彼病又长（病毒性感冒转化成支气管炎，输液却导致胃肠功能紊乱，在太原医治好肠道回临汾的时候又意外地脚踝骨裂）。

我们一大堆人围坐在妈妈跟前说东说西，她老人家总是笑笑地听着，偶尔也插上一句半句。但每隔一小会儿，母亲总要问一声："你爸呢？"我们告诉她爸爸在休息或者爸爸在看电视等，无论告诉她爸爸在做什么，过一会儿她还是要问："你爸呢？"并且，她希望老爸应声出现。

可是，因为妈妈生病期间夜里起床多已严重影响到老爸的睡眠质量，我们想陪侍在侧却又遭到她和父亲的拒绝。白天的时候，我们总是劝说老爸去别的房间补觉。对妈妈的询问我们多以搪塞敷衍，希望她暂时忽略老爸。

但有一天我们阻止她寻找老爸的时候，八十岁的老妈忽然连哭带笑，像个小孩子一样撇嘴了："你们都可以不在跟前，但只要你爸在，我这心里就不慌，我这心里就踏实！你们谁也代替不了你爸！"小女听了后笑说姥姥酸，侄女听了后笑说奶奶矫情，我们这些女儿却听得眼眶发热，一时无语。

已过钻石婚的父母在年轻的时候也曾聚少离多，爸爸带我们姐弟们在城市，妈妈和奶奶在乡下。直到我上高中，老爸单位分到房子，我们一大家子才团圆在一起。几十年来，我们只看到父母的操劳，父母的辛苦，却第一次体会到他们彼此的依恋和陪伴。

在八十岁的老爸老妈面前，我忽然觉得人生才刚刚开始。无论何时何地，心里的那个他是无可替代的。夫妻夫妻，结伴结伴。没有了陪伴，幸福何在？

"无论贫穷、疾病、痛苦、富有、健康、快乐、幸福，你都愿意对他（她）不离不弃，一生一世爱护他（她）吗？"想想携手最初的誓言，我们走到了哪一步，我们又都做到了什么？

心理学建议，爱就是要表达，要说、要做、要让对方时时刻刻地觉察。最简单的幸福，

也是最难做到的，始终陪伴左右，痛苦时分担，欢乐时分享，我们有多久没对亲爱的他或她说出心里的牵挂和爱意了？

刚好看到苏芩微博的更新，她说世上最奢侈的人，是肯花时间陪你的人。谁的时间都有价值，把时间分给了你，就等于把自己的世界分给了你。世界那么大，有人肯陪你，是多大的情分！人们总给"爱"添加各种定义，其实这个字的解释也很简单，就是有个人，直到最后也没走……

原来，幸福就是因为有他（她）的陪伴。

年少的时候
牵手只是刹那
稚嫩率性的手
它还不懂爱情

成年以后
他们再次伸出手
慎重坚定
它越过千沟万壑
越过戈壁沙漠
越过海洋湖泊
直抵她或他的心房
带来满室的光芒和欢荣
并且，轻轻地从容地
亲抚爱人的脸颊
额角和嘴唇

如果一切暗淡
但，始终紧握一双手
请你相信
这就是爱情
这就是
永世的陪伴和光明

读者评语：

1楼 评论时间：2016－03－11 12：06：07
原来，幸福就是因为有他（她）的陪伴！

2楼 评论时间：2016－03－11 12：35：30
"有个人，直到最后也没走……"真好。

3楼 评论时间：2016－03－11 13：11：53
质朴的文字，老伴，老伴，老来相伴，真的是谁也代替不了呀！

4 楼 评论时间：2016 - 03 - 11 16:08:24

"你们都可以不在跟前，但只要你爸在，我这心里就不慌，我这心里就踏实！你们谁也代替不了你爸！幸福就是因为有他（她）的陪伴！"感动……

5 楼 评论时间：2016 - 03 - 11 18:53:48

好温馨的场景，这也是我一直以来最喜欢的场景。

6 楼 评论时间：2016 - 03 - 11 19:18:11

爱情的美，不在于轰轰烈烈，而在于平凡的相守、温暖的陪伴。

7 楼 评论时间：2016 - 03 - 11 19:22:39

好让人羡慕的一对，那该是多少人的榜样！你好幸福，其实，我也蛮幸福的，只是忘了体会……呵呵……我该向您看齐啊！我其实也正在酝酿着一次大的暴发……

8 楼 评论时间：2016 - 03 - 11 19:34:13

美好、温馨、爱等元素包围着一个幸福的家。小家温暖，大家昌盛。真好！祝福你们！也很向往我的家。

9 楼 评论时间：2016 - 03 - 11 19:47:01

看着老师写的这些温暖的字句，我的心里都特别暖。

33. 生命中的号角，难得有你

生命中的朋友，生命中的重要他人，在前行的道路上，如果不是他们作为我的生命号角，不会有今天的我！

她是我最好的朋友，也可以说，她是我的姊妹，是我的玩伴，也是我前进的动力；她，是我生命中的号角。

那一年，我们上高二，我们两个在班里是形影不离的死党。她去卫生间，我跟上；我去操场锻炼，她绝对奉陪，只要有我的地方她一定在，找到了她也就找到了我。在周末、节假日的时候，我们和几个要好的同学一起骑自行车去距离临汾城 20 公里远的姑射山仙洞沟游玩，我们去爬山，去捉螃蟹，去打篮球甚至和男同学一起踢足球。

有一天，她把我叫到操场，流着眼泪说要离开，要辍学。原因是她的父亲即将退休，单位可以解决一个子女的工作问题。当时她的哥哥姐姐都已经成年且有了很好的事业，她的弟弟学习很好，正上初三。虽然她学习成绩也很优秀，但是家人最后一致决定她必须接替爸爸的工作。

那时候，我们都很年轻，意气风发，一心抱着上大学的梦想。但是，我们不得不分开，这猝然的消息还是让我们彼此都落泪了。我本来就是一个非常容易感伤的女孩，从小到大，从农村到城市的转学，离开亲爱的奶奶和妈妈，跟着父亲和姐姐弟弟在异地求学，我经历的亲人朋友的分别，习惯性的分离焦虑症使我很长时间都觉得她还在我身边。有一段时间我竟然有种失魂落魄的感觉。就这样，校园里再也听不见我欢快的笑语，校园里再也看不见我活泼的身影，而是多了个形单影只的孤家寡人。

离校前，她去央求班主任给我把座位调在第一排，以免我坐在教室后排不好好学习胡思乱想。她上班后，时常来学校看我，周末也约我一起聊天散心，我不知道那一段时间是我在安慰她还是她在安慰我，但是，这一辈子难以忘记的是，在复读的日子里，在家人几乎都不再支持我上大学的时候，她仍然鼓励我。她常常说的一句话就是"你必须上大学，因为你要完成我没有完成的理想！你肩负的是两个人的使命！"

她从杭州灵隐寺旅行归来，给我一份特别的礼物，那是一个小梳妆盒，上上下下分四层，每一层里面她都给我放了一件小礼品。第一层放的是一个黄色的大耳环，她说她保留了另一只；第二层放了一枚紫色的小胸针；第三层放了一枚红色的幸运指环；这些都是女孩子喜爱的小首饰。最令我感动的是第四层，在梳妆盒的最底层，一小片指甲盖大小的粉红色的纸片上，有她的两个隽秀小字：希望。那一刻，我又流泪了，为她的细心，为着我们两个人的希望，我涕泪滂沱。

生命中的朋友，生命中的重要他人，在前行的道路上，如果不是他们作为我的生命号角，不会有今天的我！

昨夜我和一个女人躺在一起
整夜里我们相谈甚欢，枕着彼此手臂迟迟没有睡意
我亲爱的先生只能乖乖睡在客厅以地为席

记忆里
我和她一起走过美好的花季
一起走过忧伤的雨季
一起走过独木桥，越不过龙门的失意
又一起抵抗高四高五炼狱般的压力
一起走进同一个城市的象牙塔里
各自掌握了我们如今吃饭的手艺
又见证彼此爱与被爱故事的演绎

近三十年的携手
我们有过太多共同的回忆
那些少不更事的青涩日记
记录过我们吵红脸、写信断交的印记
那些偶尔互不理睬依然不知所谓留下的小纸条
提醒我们一次次把温暖珍惜，把友情拾起
尽管多少年后
我们为人妻、为人母少了联系
但只要想到对方
我们的嘴角和眼角就会漾起挡不住的笑意

昨夜我和一个女人躺在一起
我们相谈甚欢枕着彼此手臂迟迟没有睡意
她的孩子和我的孩子睡在另一个屋里
她们正是三十年前我们相识时的年纪

我只想说
难得的昨夜
难得的情谊
难得那些聊不完的话题
难得有你

读者评语：

1楼 评论时间：2014-07-12 19:14:07

顶！真正的友情是不会变味的，永远新鲜。加油吧，朋友，为了你们最真挚的友谊。

2楼 评论时间：2014-07-14 08:23:13

真是怀念啊……那个四层的梳妆盒……我小时候在姥姥家，在你书桌上曾见过。

3 楼 评论时间：2014 - 07 - 15 13:12:51

老师，写得真好！很感动，那些描述友谊的句子虽说平淡，但给人一种真实亲切的感觉，挺好。

4 楼 评论时间：2014 - 07 - 15 14:31:20

其实，有回忆值得自己去回忆，真好！每个人都有自己的幸福，但懂得去体味幸福的人寥寥无几，老师，愿您一直幸福！

6 楼 评论时间：2014 - 07 - 15 15:23:03

字里行间让我忆起了我无话不谈的好朋友，同窗共读，各为人母，联系虽少，但不忘互相鼓励，人生有这么一位知己足矣！

34. 让别人快乐是慈悲，让自己快乐是智慧

心理咨询可不仅是鼓舞人、安慰人，更主要是帮助来访者的内心达到成长、平衡与和谐。咨询过程中，马上理解叫领悟；一点点明白，叫修通。心理咨询就是一个不断理解、明白、修通，然后成长的过程。每个人都需要不断修通，包括心理咨询师在内。

作为一名心理咨询师，我常常分析我和我的求助者之间除了咨询和求助的关系，是否还有我个人的一些因素模糊我咨询时候的视线和决策。接触他们，是因为我的职业需求，还是我的兴趣，又或者是个人癖好使然？

为什么，对于有些求助者我会在瞬间作出转介的决定？对于另外一些求助者，即使知道自己水平有限，我却还在努力尝试和他们保持关系而不肯轻易地把他们转介？甚至，当已觉察有些求助者过多地占用着我的精力和时间，使我在矛盾中痛苦，我却依然沉迷其中，是找不到放手路径，还是我根本拒绝有效出口？

以前的我是迷惑不解的，是这次北京学习使我明白：即使心理咨询师，也难免有时会跌入潜意识的泥淖。当我对求助者产生了过于强烈的情感，关注过多或过少，那可能是我对自己过去某些生活的投射。比如，那些瞬间被我转介的求助者，想必他们的问题是我潜意识中决然不想碰触的话题；而那些留下来和我纠缠不清仍然不肯被我转介的求助者，是我喜欢的或者是我比较疼惜的一些人。在他们身上，我也许看到了自己过去失意时候的影子。我不忍心看他们在孤单、孤独中痛苦徘徊，而奋不顾身地想去拉他们一把，给他们一束温暖的关注和一份体贴的陪伴。然而，这份不能解决实质问题的牵挂使我痛苦，也耽误他们去寻找更适合他们的咨询师。从这一点来讲，我的关注无形之中阻碍了他们的前进，我的爱是多么自私和浅薄，我自己又是多么不自知、不警醒、不觉察啊！

半年多来，我想我是被自己的潜意识紧紧攫住了思想和腿脚。潜意识究竟是什么？心理学告诉我们，一般情况下我们清楚地知道自己想什么、做什么、为什么，这些就是意识。而潜意识是我们自己觉察不到的，我们看不见、摸不着，但它却在不知不觉中左右着我们的言行举止。

我自以为具备了心理咨询师的一些质素：善良、热情、耐心、真诚、尊重求助者，有一定的咨询技术水平，我便欣欣然在自己热爱的这片领域驰骋奔跑，甚至想飞翔。然而，我的内心何尝没有被认可、被接纳、被喜欢的欲望？我也是人，我摆脱不了我个人的欲望与社会的以及道德标准要求的冲突。

用精神分析的人格理论来讲，任何一个人都不是简简单单的一个人，任何我不是简单的一个我，而是"本我""自我""超我"三个我。本我，代表我的本能要求，遵循"快乐原则"做事，想怎样就怎样；自我，代表我的现实性，遵循"现实原则"行事，要理智清醒地处理世俗杂务；超我，代表内心的良心和道德，遵循"道德原则"办事。从心理健康的角度而言，"自

我"是中间桥梁，最辛苦，它要适当地满足"本我"的要求，又要接受"超我"严厉的监督，还要衡量现实世界的形势，然后决定采取何种行动。这三者之间应该协调一致处于平衡前进状态。一般而言，求助者往往是"自我"产生了问题，它不够坚定，不够宽广，以至在"本我""超我"或二者的联合作用下，失去了工作的能力，不能再充分履行自己的职责。心理咨询师的工作就是援助"自我"，协调"本我"和"超我"，通过平衡三者的需求，让自己坚强起来，在各种要求和困难面前，勇于发挥主动性和适应性，在生活的诸多种选择中，拣一条最适合自己的道路来走。

我怎么啦？这半年一定是"超我"占了上风，处处要求自己做好做强，而"本我"的快乐不能随心所欲地得到满足，"自我"在其中失去了平衡功能。明白了这些道理，我就借用我喜欢的一句话作为我目前思想动态的一个总结，"我必在认清了自己的痛楚下，才能明确未来的路，该从何处，怎么走。"

寒假，我带着自己在工作中的一些困惑和疑题，带着求助者的诸多症状和疤痕，带着一颗继续学习的心，如期参加全国第九期心理咨询师强化培训班，时间长达15天，课程包括四部分内容：第一，精神分析理论在心理咨询中的应用以及如何建立更好的咨询和求助关系；第二，认知的复杂性与心理治疗以及丧失、哀伤与心理治疗；第三，主客观分析心理治疗以及如何与烦恼共处；第四，团体心理咨询的技术与技巧操作。

我是欣欣然而去，又愉悦地满载而还。通过丛中教授对精神分析理论深入浅出、出神入化的讲解，我对自己从精神层面和人格结构都有了一个更新的认识。一个好的心理咨询师必须不断地对自我进行深刻分析，了解自我的思维方式、人格构成、自我需求和欲望以及自我局限和优势。

必须承认，在日常工作中我对自我分析太少了。在国外，每个心理咨询师都有自己的督导老师，在固定的时间去做心理疏导，以防求助者的负面情绪影响到咨询师的工作和生活质量。而我一直缺乏一个导师引领和适时的指导，所以，才有长达半年之久的困惑无法排解。

这次学习，使我更清晰地看到自己人格上的一些缺陷和不足。比如，有时太过软弱和过于感性。感性多，理性少，自然情绪上有时难以自控和正确把握。在协助求助者成长的过程中，心理咨询师固然要对每一个求助者先做感性的接通，其次才走进理性的治疗。但我，有些时候热情多，理性少，给自己带来了很多困扰和不安，又由于能力有限，所以不自量力的后果，自然是自己累，求助者也累。

这半年多痛苦的纠结，何尝不是因为不清楚自己的能力有限而给自己无形中套上的铁甲金锁在作祟？帮助别人自然没错，这是我工作的本分和职责；可是，帮助自己，解决自己的问题在咨询中更为重要。否则，想必是害人害己了。

从此，我必须学会"适时适地地退行，自由自主地切换"。实在不能应对的求助者要学会及时转介给其他更适合的咨询师，以免耽误他人。

从此，还要懂得，作为咨询师，解决求助者的问题，帮助别人是快乐是慈悲，帮助自己成长，让自己快乐更是一种智慧。

那孩子大胆地问——

老师，你可有苦恼和罪过

我笑着回答，只要是
人所具有的我都有——
包括腐朽和没落
甚至，某些时刻
我有更深的贪欲和懒惰
脆弱或懦弱
尽管——
没有几个人含着勇气
在人前展示和细说

孩子，让我告诉你真相
真实的"我"——
被三个"我"纠缠着
这是那个穿白大褂的
奥地利精神分析大师
关于"我"的切割

最低处，是来自于
原始的动物——
它为所欲为
是地狱的恶魔
它可不想停止——
任何可以享受的快乐
但，一味沉沦和堕落的后果——
可能就是
不可饶恕的忏悔和罪恶
从这个层面上说
我们每个人都是潜在的罪人呢

最高处，是灵魂的
圣洁女神——
她始终想做道德的楷模
终其一生——
她的唇间把真善美吟哦
但是，你可别——
被她的外表欺哄和蒙骗
过分追求完美的结果——
可能就是
强迫或跳楼的神经症患者

中间的"我"，在路上
千万不要小觑这个"我"——
他在人世间浮沉起落
最苦最累责任最多——
他是连接高低两届的桥梁
他是平衡梦想与现实的天平
他是天堂和地狱的真正引路者
若是他砝码不公不正——
"我"可能就要生病了

三个"我"都是"我"
没了哪一个——
人生都可能缺少些什么
所以，请不要追问——
我有没有苦恼和罪过

读者评语：

1 楼 评论时间：2016 - 02 - 24 17:18:23

其实，我们很多人都未必了解自己。因为，每个人在不同环境和不同关系中的表现不同。但我认为，这恰恰就是真实的人性。人性是多面的，是复杂的，我们一生都可能辨识不清这一特性。

2 楼 评论时间：2016 - 02 - 25 10:19:19

人非圣贤，孰能无过。我们了解了这些，就不会过分地自责或对别人要求过高了。这是至关重要的，否则，我们将走不出纠结灵魂的怪圈。

3 楼 评论时间：2016 - 02 - 25 13:14:17

站在人性的角度，每个人都不完美，但真实的人性的确如此。

4 楼 评论时间：2016 - 02 - 25 14:21:22

老师辛苦了！看老师的日志总能有所收获。谁能准确预知未来呢，走一步感受一步，挺好！

35. 提高心智，提高幸福的能力

　　爱是我们每个人获取幸福的关键，真正的爱是让我们心智不断成熟的过程，真正的爱是既爱自己，也尊重他人，懂得每个人都是独一无二的自己，爱不是一味的包容，也不是一味的付出，爱是一种帮助自己和他人、完善自我的旅程，所以在爱中，既有全心全意关注与倾听，同样也有敦促与批评，爱是世界上最复杂的字眼，但也是世间最有力量的词。

　　"老师，同学们都说我心智不成熟。心智是什么？"

　　心智，其实是人们的心理与智能的表现，对人的生存与发展起着重要的影响。

　　心智中的"智"，代表智力和智慧，但智力不等于智慧。智力，是指人认识、理解客观事物并运用知识、经验等解决问题的能力，智力包括多个方面，如观察力、记忆力、想象力、分析判断能力、思维能力、应变能力等。智慧，是生命所具有的基于生理和心理器官的一种高级创造思维能力，包含对自然与人文的感知、记忆、理解、分析、判断、升华等所有能力。

　　智慧与智力不同，智慧表达智力器官的综合终极功能，一个智力很高的人不一定拥有智慧，拥有智慧不一定需要很高的智商。智力是我们学习和应用所学知识的能力，而智慧是我们认识世界的洞察力和鉴别力，即知道什么是真实的、正确的、持续的、有意义的能力。一个人的"心智"指的是他各项思维能力的总和，用以感受、观察、理解、判断、选择、记忆、想象、假设、推理，而后指导其行为。

　　心智成长不但要开发我们的智力，更重要的是增强我们的智慧，在生命的旅途中能够作出正确的选择和抉择，实现真正的成功和幸福。根据人类智商正态分布图，我们发现大多数人智商相当，但心智表现却千差万别。什么原因导致？

　　美国著名的精神分析医师大卫·霍金斯运用人体运动学的基本原理给了我们答案。大卫历经二十多年，进行了一项"心智能量层次"的临床试验，结果表明，善恶意念有着不同的能量频率，对人体健康和成功立业也起着不同的影响。他发现人体不同精神状态会产生不同的人体频率，这些频率在1~1000(100 000 Hz)的范围。勇气正好处在200的关键点，200以下对人体有害。当一个人的意识处于邪念状态，他的心智级别就会很低，也就会削弱他的身体健康，比如恶念、冷漠、悔恨、害怕与焦虑、欲望、发火、怨恨、傲慢（依次是20~175）。200~1000对人体有益，比如温和、乐观、宽容、理智和理解、关爱和尊敬、高兴和安详；平静和喜悦在600；开悟在700~1000。他的实验表明，善念提高人体频率，善念净化人体。

　　无独有偶，闻名世界的《水知道答案》一书中，日本博士江本胜等在该书中展示了一百多张水结晶的图片，证明水听着"古典的音乐"和带有"善良、感谢、神圣"的美好讯息，就会结晶成美丽的图形；如果听"充满了愤怒和反抗的重金属音乐"和带有"怨恨、痛苦、焦躁"等不良讯息的音乐，水就会结晶成离散丑陋的形状。

《水知道答案》证明，人的善念会使水变得清洁、纯净，而恶念的作用正好相反。而水正是我们身体的主要成分。

美国的威廉博士的研究也表明，人的恶念能引起身体某种液质变成一种毒素注入血液，直接导致疾病。

一个人心存恶念就会导致疾病，一个人心存善念就会使心智能量级别提升，这里的善念和恶念其实都是一种心态。若真是这样，我们该抱有一个怎样的心态？

想起很多身残心不残的人们。当他们以一种平静积极的心态，笑对病魔和躯体不健全时，很多人的生命得以延长，创造出人生的辉煌成就；而那些处在恐惧、害怕和患得患失中的人，却走得仓促和急忙，留给家人无尽的哀伤和嗟叹。

日本有位长寿大师松原泰道，他的长寿并没有遗传因素，母亲在他 3 岁时病逝，父亲在他 30 岁那年也因脑出血猝然辞世。他小时候总是病快快的，到成年还是体弱多病，身体差到连参军入伍的资格都达不到。大学时，他还得了一场肾病，差点命丧黄泉。幸运的是他遇到一位好医生，医生告诉他："你的忧郁情绪是你得病的主要原因，我来医你的身体，你自己医你的心理，我们共同配合，你就会很快康复的。"这次康复给他一个强烈的启示：心态健康最重要！

改变心智，从改变心态始；改变心态，从改变认知起！

比如，那些处于较低级别的负面情绪并无绝对的好坏之分。如果能从 75 的悲伤提升到 150 的愤怒，心智条件就会改善许多。愤怒虽然是具有毁灭性的低端情绪，但正如社会历史所展现的，50 的冷漠常常让个人和民族文化整个受到禁锢，其负面影响远远大于较高的级别。如果 50 的冷漠和无望能慢慢转化为渴望（150），然后用 150 愤怒的能量开发骄傲（175），就有可能进一步上升到勇气（200），然后继续提升以改善个人和集体的心智条件。

心理学曾发现每个人大脑结构不同，所以我们体验现实的方式也千差万别，本质上每个人单独体验的世界都是扭曲与不真实的。

人与人不同其实主要体现的方式就是思维方式不同，正如我们之前强调这世界上有积极乐观主义者，也有悲观主义者，他们都是我们现实生活中的存在者，当我们懂得这个道理的时候，我们就可以保持开放的大脑，更重要的是懂得换位思考，获取更完整的世界。

人与人不同让我们知道不要过度以自我的眼光度量世界，而是学会倾听更多的看法，当你能吸纳更多人的看法与意见时，往往就越能接近事实的真相。

爱是我们每个人获取幸福的关键，真正的爱是让我们心智不断成熟的过程，真正的爱是既爱自己，也尊重他人，懂得每个人都是独一无二的自己。爱不是一味的包容，也不是一味的付出，爱是一种帮助自己和他人完善自我的旅程，所以在爱中，既有全心全意关注与倾听，同样也有督促与批评。爱是世界上最复杂的字眼，但也是世间最有力量的词。

我们中国古话说，人生不如意事十之八九。现实的人生就是苦难与问题重叠的，当我们懂得这个道理的时候，我们就会自然而然开始释怀，再也不会对困难耿耿于怀。

很多人总是会抱怨为什么人生下来就有那么多麻烦，其实每个人都有很多麻烦，活着就是麻烦，而心智成熟的人懂得带着问题奔跑，他们愿意去解决问题，而不是仅停留在抱怨上。

你要懂得这个世界上百分之八十的人在抱怨，只有百分之二十的人愿意解决问题，而正是这百分之二十的人带领着文明的跨越与前进。

人们必须对自我心智的成熟度承担完全的责任。自我观察和自我意识能将自我从牺牲者的自卑、自弃转化为对心智力量的不断追求。不是外部的环境和事件，而是你对这些环境和事件的反应和态度，决定了事件对人生是具有积极意义还是消极意义，是否是可以抓取的机会，还是受紧张焦虑的情绪困扰。

心智成熟需要时间的锤炼，当我们懂得充满爱心去生活，不断努力精进自己时，我们的人格也就越来越充满魅力与智慧。

是谁，是谁路过此地
这火一般的枫叶枫树
愿是你喜欢喜爱的火焰的颜色
我喜欢骄傲
我喜欢荣耀
喜欢到达远方
是谁，是谁在带路
是谁，是谁使你燃烧

当我擎起手中的火炬
你脚下的土地
你最深藏的内里
我知道，必定产生了巨大的变化和神奇

星火燎原，可以成为传奇
水知道答案，水中的秘密啊
被唤醒的记忆
愿是你得到的最美的一份厚礼

读者评语：

1楼 评论时间：2017-08-24 22:11:26

"改变心智，从改变心态始；改变心态，从改变认知起……"赞！

2楼 评论时间：2017-08-25 10:04:03

认知，有很多取得很高学历的人还做了许多违法、违背道德的事情，他们的心智呢？心智，其实是一种智慧。

3楼 评论时间：2017-08-25 10:25:13

老师那一个心智高的人是不是就有成就呢？这几天看三国曹操有吧！但是他很残忍，他可以因为误杀而一错再错杀掉他的叔父，他没有什么善念……

4楼 评论时间：2017-08-25 14:22:00

看来心智是一种能力，一种幸福生活的能力！

36．吾日三省吾身，学末告白

生活中，你可能遇见一些人，遭遇一些事，这些人或者事都会逐渐远离你，唯有你所拥有的真情和学识不会背离你，它们会成为你人生的支撑和财富，帮助你顺利地走向更广阔的社会，陪伴你拥有更加健康幸福的生活。

每到学末，因为所代的课是选修课，我总是比其他老师早早完成阅卷登分的任务。随着年终总结和来年计划的完成，在他人看来，我也该清闲下来了。然而，我却觉得这才是满满一个学期中我可以做自己的仅有的几天自由时间。

之前教学的忙碌、培训的奔波、咨询的迂回反复，似乎总是和生计或糊口有关，唯有这难得几日是属于我一个人的，我才有静下心来归纳梳理、打扫心灵空间的自由。一直如此，喜欢不断地反思、平衡或者追问：自己与自己、自己与社会、自己与他人的关系可曾处理妥当？作为老师，哪里做得不够好有待完善？作为心理咨询师，自己的身心是否统一和协调？

这样的说辞，在旁人看来或许显得虚妄矫情，但于我，却是再自然不过的事情。这，也许和我的工作性质有关，也许只是我本性使然。曾子曰：吾日三省吾身。检视自我，检视过往，似乎该是每时每日的事情，这一刻我不过是在补足平时落下的功课。

一直以来，作老师是我执着的一个选择，从不厌倦，从不后悔。尤其这几年给学生们讲心理健康教育的课程，我发现自己拥有了更多的快乐和对教师职业的更多感激：教书使我耳目阔空，教书使我笔尖生花，教书使我心灵纯洁高尚。健全的人格、深广的爱以及博厚的学识，这些都是在教书过程中慢慢磨炼成就的。尤其孩子们给我的留言、短信、提议等，这些都让我感到精神上的富足，这些也让我不断要求自己更好地成长。

享百年寿，何如做百年师！真的，感谢我的学生，他们使我方方面面都得到提高。做一名人民教师，做一名心理咨询师，这是我的自私，也是我的追求和信仰！

开学初，我搬到了新的办公室。办公面积扩大，环境布置更新，增添了咨询设备，一切都是那么舒服熨帖，我的心里漾荡着一波一波的感恩和感谢。

常常告诫自己，作为一名高校教师，一名心理咨询工作者，爱业、敬业的同时要专和精，不可马虎大意，不可拖延懈怠。常常要求自己，一定要本着一颗爱心、耐心、诚心和善心，认真教书育人，以诚心和善心接待那些前来求助的孩子。因为，爱心是建立师生关系的起步，是从事教育工作的基础；耐心是工作走远的补给，是前行的支撑；诚心是工作完善的保证，是效率；善心是工作的力度、宽度和厚度。我愿我的所作所为对得起、配得上我所得到的一切荣誉、地位和尊严。

我热爱我的职业。同时，我也深深知道，这个职业潜藏着一定的危险和危机。尤其是，接触到太多求助者的负面情绪后，如果不能及时地、敏锐地、果敢地跳脱出来，咨询师也可能会成为一个负面垃圾桶，污染自己毒害他人。

　　幸运的是，我一直被我的领导、同事、亲人、朋友以及学生们所尊重和喜爱，我一直拥有最强大的社会支持系统。一直以来，因为有他们爱的呵护相随相伴，使我能够依心而行，不问西东，快意而为。

　　也许，当一个人的兴趣、方向、利益与社会和集体的兴趣、方向、利益相一致的时候，一切困难都不再是困难，一切作为也不再是一个人的作为了吧。

　　写到这里，忽然想到前苏联教育家马卡连柯说过的小段话："我们不应该教育个别人，而要教育整个集体，这是正确教育的唯一途径。"

　　教育，需要鲜活的动力和延展的生命力；教育者，也需要鲜活的动力和延展的生命力；受教者，更需要鲜活的动力和延展的生命力。所以，教育绝不是一个人的事情，它需要各种资源的整合，各方力量的配合。

　　学期末了，最想说的话，孩子们也许都听腻了，可我依然选择再次告白："静下心来，孩子们，去发现自己的专长和兴趣，没有的话就尽早培养，然后极力拓展和加深。这世界上，如果真有幸运，'努力'才是它的另一个代名词。"

　　生活中，你可能遇见一些人，遭遇一些事，这些人或者事都会逐渐远离你，唯有你所拥有的真情和学识不会背离你，它们会成为你人生的支撑和财富，帮助你顺利地走向更广阔的社会，陪伴你拥有更加健康幸福的生活。

我熟悉弗洛伊德

那个穿白大褂的医生

他告诉我，人皆有梦

梦是内心深处

愿望的达成

我的愿望，我的梦

它是漫漫黑夜结束

黎明来临时的晴

朝霞、雨露、小草

欣然着乐

我的愿望，我的梦

它是春天和暖的风

唤醒一切沉睡的生灵

在原野

奔走着歌

我的愿望，我的梦

它是夏日池中

小小一朵荷

娉娉婷婷

摇曳生风

我的愿望，我的梦
它是秋天丰收的果
安顿
劳累疲惫的心灵

我的愿望，我的梦
它是冬日飞扬的雪
洁白纯净
轻灵

我的愿望，我的梦
它是参天葱郁的树
飒爽英姿
威武坚挺

我的愿望，我的梦
是晴是暖
是雨是风
我的愿望，我的梦
它变幻着隐形

读者评语：

1 楼 评论时间：2017 - 12 - 18 16：52：33
老师您的敬业精神是大家有目共睹的，喜欢您，敬佩您。

2 楼 评论时间：2017 - 12 - 18 16：52：44
教育，需要鲜活的动力和延展的生命力；教育者，也需要鲜活的动力和延展的生命力；受教者，更需要鲜活的动力和延展的生命力。所以，教育绝不是一个人的事情，它需要各种资源的整合，各方力量的配合。

3 楼 评论时间：2017 - 12 - 18 17：27：25
感受到老师的亲和、慈爱、敬业……祝好运永远陪伴老师！

4 楼 评论时间：2017 - 12 - 18 17：37：42
原来努力是幸运的代名词，呵呵，我就说我怎么这么幸运，是因为有时候自己太专注，努力忘了自己很辛苦，呵呵……

5 楼 评论时间：2018 - 09 - 09 00：26：22
其实学生培养兴趣应该是小学、初中老师做的事情。可惜兴趣也好，礼仪也好，都是大学老师因为自己内心强烈的责任感而反复劝说、告诫着。可是想想也很幸福，因为当老师，可以用自己所有人生经验汇聚成的智慧引导下一代。人生也因此精彩而圆满了。

附录 1 心理剧本《原谅过去，从现在开始》

学生：您好，这里是心理咨询室吧？

老师：是的，我是心理咨询师王老师。

学生：王老师好，我正是要找您。

老师：来来来，请坐！（学生坐下后闷声不语，唉声叹气。）

老师：你怎么了，孩子？

学生：老师，去年新生入学教育的时候，我听过您的心理辅导课。如今，我心里麻烦的不行行，想找您帮帮我。

老师：谢谢你对老师的信任，希望我可以帮到你。

学生：嗯嗯！……唉！

老师：你怎么了？我看你唉声叹气，的确有些不高兴呢。

学生：哎，我，我被人给甩了，我失恋了！

老师：哦，失恋是成长中比较痛苦的事情。老师替你感到难过。失恋多久了？

学生：大概两三个月了。

老师：那么，在这两三个月，你自己可曾尝试着做些什么？

学生：我，我努力地想挽回这段感情，可是，白费力气，徒劳无功。所以心里特别难受。我陷在自己的世界，怎么也走不出来。

老师：嗯，难过悲伤，这是失恋后的正常反应。如果失恋了没有难过悲伤，恋爱大概也就缺少些什么味道了。

学生：可是，到手的葡萄给丢了，这份遗憾，这份失落，您不是我，您能理解我心里的痛苦吗？

老师：老师虽然不是你，但也接待过很多前来求助的失恋者，我知道，失恋的滋味并不好受。

学生：真的吗？老师，您理解我的痛苦？

老师：是的，我理解。心理学告诉我们，18～25 岁的年轻人渴望异性的关注，接纳和喜欢。如果不被自己喜欢的人喜欢，心里自然是难过的。

学生：可是，我们彼此都喜欢过对方，只是最近，她告诉我，我们不合适。她要离开我了。

老师：那你下一步打算怎么做？

学生：我想等待，等到海枯石烂，等到她回心转意再次向我走来。

老师：等待？这一天也许永远不会到来。到最后，你可能眼睁睁看着她和另一个人走了去的。你又该如何呢？

学生：那我就用自杀来表示我的忠诚和痴心。

老师：傻孩子，如果这样，你不但失去了你的恋人，同时还失去了你自己，你的父母也
　　　会失去他们最亲爱的儿子，因为失恋，你将蒙受多少倍的损失啊！

学生：哎，想到父母，我就觉得，我的所作所为太对不起他们了。可是，我心里实在咽
　　　不下这口气。她竟然敢抛弃我，我想报复她，我要给她点苦头吃，我得不到的别
　　　人也别想得到！

老师：报复她？给她点苦头吃？这样的话只能使她离你更远，而你本来是想与她更接近
　　　更亲近的。（同学们，你们说是不是？）

学生：您说我该怎么办？我真的很爱她。

老师：真的很爱她？

学生：是的。

老师：那你当然希望你所爱的人幸福？

学生：那是自然。

老师：如果，她认为离开你就是一种幸福呢？

学生：不会的！她曾经不止一次地跟我说，她喜欢我，只有跟我在一起的时候她才感觉
　　　到幸福！

老师：那是曾经，是过去，也许现在她不这样认为了。

学生：这就是说，她一直在骗我？

老师：不，她一直对你很忠诚。当她爱你的时候，她选择和你在一起，现在她不爱你
　　　了，她就离去了。世界上再没有比这更大的忠诚。如果她不再爱你，却还假装对
　　　你很有情谊，甚至承诺将来还要跟你结婚、生子，那才是真正的欺骗呢！

学生：可我为她投入的感情，不是白白浪费了吗？谁来补偿我？

老师：孩子，你的感情没有浪费，也根本不存在补偿的问题。因为，在你付出感情的同
　　　时，她也对你付出了感情；在你给她快乐的时候，她也曾给了你快乐。你应该学
　　　会感谢她。

学生：感谢她？为什么？

老师：是的。感谢她。心理学告诉我们，恋爱的第一课，是学会感谢。我记得席慕蓉写
　　　过一首小诗，叫《无怨的青春》，大概意思是：在年青的时候，如果你爱上一个
　　　人，请你们始终温柔相待，若不得不分离，也要好好地说声再见，也要在心里存
　　　着一份感谢。感谢她给过你美好的记忆，感谢她曾经陪伴你成长。这样的青春，
　　　才会了无遗憾。

学生：可是，她现在不爱我了，我却还苦苦地爱着她，这多不公平啊！

老师：恩，的确不公平。我是说，你对你所爱的那个人不公平。你想想，爱她是你的权
　　　利，但爱不爱你则是她的权利，你在自己行使权利的时候却要剥夺别人行使权
　　　利的权利。这，是何等的不公平！

学生：可您看得明明白白，现在，痛苦人的是我而不是她，是我在为她痛苦。

老师：是，你是在痛苦。她的日子可能过得很好。我们可不可以理解为，你是你在为你
　　　自己痛苦？明明为自己，却还打着为别人的旗号呢。

学生：依您的说法，这一切倒成了我的错？

老师：也许，你的确犯了错。你想想，如果你能给她带来幸福，她是不会从你的生活中

离开的。要知道，没有人愿意逃避幸福。

学生：可她连机会都不给我了，您说可恶不可恶？

老师：当然可恶。好在，你现在摆脱了这个可恶的人。你应该感到高兴啊！

学生：高兴?! 怎么可能？不管怎么说，我是被人给抛弃了，这总是叫人感到伤心感到难堪的。

老师：可我认为，你不但该感到高兴，你还该感到庆幸呢！要知道，被抛弃的并不是就是不好的呀！

学生：被抛弃的并不是不好的？这什么意思？

老师：老师有过这样的经历。有一天，我路过一家商店，看到一套华丽的衣服，可谓爱不释手，当营业员问我要不要的时候。你猜我怎么说？

学生：您怎么说？

老师：我说，做工不细，质地太差，不要！其实，是我口袋里没有那个钱。年轻人，也许，你就是那件被遗弃的华服呢。

学生：唉，老师，您可真会安慰人，可惜，您还是不能把我从失恋的痛苦中引出来。

老师：是啊，老师也很遗憾没有这个能力把你从痛苦中引出来。但，心理咨询的实质，你知道是什么吗？

学生：什么？

老师：助人自助。老师也只能起协助和帮助你的作用。能不能从痛苦中走出来，要看你自己。西方有句名言"上帝也只解救肯自救的人。"我可以向你推荐一种方法和一位具有超能力的朋友。

学生：什么方法？哪个朋友？

老师：方法，其实你刚才提到过。

学生：什么？

老师：报复她！

学生：报复她？您竟然真的让我去犯罪？

老师：不，老师怎么可能让你去犯罪！你听说过俞敏洪吗？

学生：俞敏洪？他不是新东方的创始人吗？

老师：是啊，那你知道他在大学的时候，也曾被他的女朋友无情地抛弃了吗？

学生：他？他也被抛弃过？

老师：是啊，大学初期的俞敏洪，用他自己的话来讲，又黑又丑又穷，学习成绩在班里排倒数第五名。所以，他被自己喜欢的人无情地抛弃了。那你知道失恋后的他是怎么做的吗？

学生：他怎么做？

老师：失恋后的他把自己全身心投入到学习中，操场、教室、路灯下，从此多了一个爱读书的大学生。尤其是图书馆，成为他最爱去的场所。他后来讲，如果把大学比作一个人的话，图书馆就是这个人的心脏。大学期间，他读了八百多本书，还背会了三本英语辞典呢。

学生：哇，那么厉害！

老师：是啊，后来他多次讲过，报复抛弃你的人最有效的方法就是努力做一个出色的人，一个优秀的人，这样，让抛弃你的人有一天因为失去你而感到遗憾。让她因为失去你而感到自己所犯的错误。

学生：老师，我懂了！我知道自己该怎么做了。谢谢您！

老师：我很高兴，你知道自己该怎么做了。记住，孩子，还有一位具有超能力的朋友会陪伴你成长！

学生：朋友？谁？

老师：时间，时间是最伟大的导师。我见过无数被失恋折磨得死去活来的人，是时间帮助他们抚平了心灵的创伤，是时间为他们重新选择了爱人。年轻时候的失去并不可怕，失去其实也是一种获得，失去了本来就不属于你的部分，这样你才能腾出位置来接纳真正属于你的宝物！知道吗？俞敏洪后来娶到了他们学校德语系的系花，而且是北京姑娘呢！

学生：哇，真好，老师！我知道自己该怎么做了。谢谢你。

老师：孩子，不要光感谢老师，你还要感谢自己，是你给了自己一次思考和成长的机会；你更要感谢那个抛弃你的人，你要祝福她。

学生：祝福她？这又是为什么？

老师：因为，是她教给了你这份忠诚，是她给了你寻找幸福的新的机会！原谅他人，等于善待自己；原谅他人，能够成就自己。

学生：原谅他人，等于善待自己；原谅他人，能够成就自己。

老师：对，原谅他人，也要原谅自己，原谅自己过去的种种不堪。原谅过去，从现在开始！要记住，恋爱只是大学生活的一小部分，你们的主要任务是珍惜学校为你们创设的各种资源，珍惜你们大好的青春年华，努力充实自己，完善自己，争取做一个个出色的大学生。

学生：老师，我会的，我以后一定把重心放在学习上，好好锻炼身体，认认真真做人，努力做一个优秀的大学生。

老师：好，让我们一起"原谅过去，从现在开始！"

附录 2　心理测量量表

SCL - 90 精神卫生自评量表——为自己的心理"把把脉"

（一）概述

SCL - 90 的使用范围颇广，主要为成年的神经症、适应障碍及其他轻性精神障碍患者，不适合于躁狂症和精神分裂症。

（二）要求

1. 独立的、不受任何人影响的自我评定

2. 每次评定一般在 20 分钟内完成

（三）因子

SCL - 90 量表共包括 10 个因子、90 项，可分为十大类，每一因子反映受检者的某方面情况，下面是各因子名称及所包含项目。

（1）躯体化：1、4、12、27、40、42、48、49、52、53、56、58 共十二项。

（2）强迫症状：3、9、10、28、38、45、46、51、55、65 共十项。

（3）人际关系敏感：6、21、34、36、37、41、61、69、73 共九项。

（4）抑郁：5、14、15、20、22、26、29、30、31、32、54、71、79 共十三项。

（5）焦虑：2、17、23、33、39、57、72、78、80、86 共十项。

（6）敌对：11、24、63、67、74、81 共六项。

（7）恐怖：13、25、47、50、70、75、82 共七项。

（8）偏执：8、18、43、68、76、83 共六项。

（9）精神病性：7、16、35、62、77、84、85、87、88、90 共十项。

（10）其他：19、44、59、60、64、66、89 共七项，主要反映睡眠及饮食情况。

（四）计分

SCL - 90 量表一般采取 1～5 分的五级评分标准。从 1 分代表无症状到 5 分代表症状严重，依次递进。总分即为 90 个项目的得分总和。总分 160 分为临床界限，超过 160 分说明测试人可能存在着某种心理障碍。任一因子得分超过 2 分为阳性，说明可能存在着该因子所代表的心理障碍。每一种心理问题的阳性因子个数大于 2，则说明在该种心理问题上存在问题。

SCL - 90 量表还有一种 0～4 级的评分标准。如采用这种标准，则总分超过 70 分、因子分超过 1 分被视为阳性。

（五）测试题

1. 头痛   1. 无 2. 轻度 3. 中度 4. 相当重 5. 严重

2. 神经过敏，心中不踏实   1. 无 2. 轻度 3. 中度 4. 相当重 5. 严重

3. 头脑中有不必要的想法或字句盘旋   1. 无 2. 轻度 3. 中度 4. 相当重 5. 严重

4. 头晕和昏倒   1. 无 2. 轻度 3. 中度 4. 相当重 5. 严重

5. 对异性的兴趣减退   1. 无 2. 轻度 3. 中度 4. 相当重 5. 严重

6. 对旁人责备求全   1. 无 2. 轻度 3. 中度 4. 相当重 5. 严重

7. 感到别人能控制您的思想   1. 无 2. 轻度 3. 中度 4. 相当重 5. 严重

8. 责怪别人制造麻烦   1. 无 2. 轻度 3. 中度 4. 相当重 5. 严重

9. 忘记性大   1. 无 2. 轻度 3. 中度 4. 相当重 5. 严重

10. 担心自己的衣饰整齐及仪态的端正   1. 无 2. 轻度 3. 中度 4. 相当重 5. 严重

11. 容易烦恼和激动   1. 无 2. 轻度 3. 中度 4. 相当重 5. 严重

12. 胸痛   1. 无 2. 轻度 3. 中度 4. 相当重 5. 严重

13. 害怕空旷的场所或街道   1. 无 2. 轻度 3. 中度 4. 相当重 5. 严重

14. 感到自己的精力下降，活动减慢   1. 无 2. 轻度 3. 中度 4. 相当重 5. 严重

15. 想结束自己的生命   1. 无 2. 轻度 3. 中度 4. 相当重 5. 严重

16. 听到旁人听不到的声音   1. 无 2. 轻度 3. 中度 4. 相当重 5. 严重

17. 发抖   1. 无 2. 轻度 3. 中度 4. 相当重 5. 严重

18. 感到大多数人都不可信任   1. 无 2. 轻度 3. 中度 4. 相当重 5. 严重

19. 胃口不好   1. 无 2. 轻度 3. 中度 4. 相当重 5. 严重

20. 容易哭泣   1. 无 2. 轻度 3. 中度 4. 相当重 5. 严重

21. 同异性相处时感到害羞不自在   1. 无 2. 轻度 3. 中度 4. 相当重 5. 严重

22. 感到受骗、中了圈套或有人想抓住你   1. 无 2. 轻度 3. 中度 4. 相当重 5. 严重

23. 无缘无故地突然感到害怕   1. 无 2. 轻度 3. 中度 4. 相当重 5. 严重

24. 自己不能控制地发脾气   1. 无 2. 轻度 3. 中度 4. 相当重 5. 严重

25. 怕单独出门   1. 无 2. 轻度 3. 中度 4. 相当重 5. 严重

26. 经常责怪自己   1. 无 2. 轻度 3. 中度 4. 相当重 5. 严重

27. 腰痛   1. 无 2. 轻度 3. 中度 4. 相当重 5. 严重

28. 感到难以完成任务   1. 无 2. 轻度 3. 中度 4. 相当重 5. 严重

29. 感到孤独   1. 无 2. 轻度 3. 中度 4. 相当重 5. 严重

30. 感到苦闷   1. 无 2. 轻度 3. 中度 4. 相当重 5. 严重

31. 过分担忧   1. 无 2. 轻度 3. 中度 4. 相当重 5. 严重

32. 对事物不感兴趣   1. 无 2. 轻度 3. 中度 4. 相当重 5. 严重

33. 感到害怕   1. 无 2. 轻度 3. 中度 4. 相当重 5. 严重

34. 我的感情容易受到伤害   1. 无 2. 轻度 3. 中度 4. 相当重 5. 严重

35. 旁人能知道您的私下想法   1. 无 2. 轻度 3. 中度 4. 相当重 5. 严重

36. 感到别人不理解您、不同情您   1. 无 2. 轻度 3. 中度 4. 相当重 5. 严重

37. 感到人们对您不友好，不喜欢您   1. 无 2. 轻度 3. 中度 4. 相当重 5. 严重

38. 做事必须做得很慢以保证做得正确   1. 无 2. 轻度 3. 中度 4. 相当重 5. 严重

39. 心跳得很厉害　　　　　　　　　　　1. 无 2. 轻度 3. 中度 4. 相当重 5. 严重
40. 恶心或胃部不舒服　　　　　　　　　1. 无 2. 轻度 3. 中度 4. 相当重 5. 严重
41. 感到比不上他人　　　　　　　　　　1. 无 2. 轻度 3. 中度 4. 相当重 5. 严重
42. 肌肉酸痛　　　　　　　　　　　　　1. 无 2. 轻度 3. 中度 4. 相当重 5. 严重
43. 感到有人在监视您、谈论您　　　　　1. 无 2. 轻度 3. 中度 4. 相当重 5. 严重
44. 难以入睡　　　　　　　　　　　　　1. 无 2. 轻度 3. 中度 4. 相当重 5. 严重
45. 做事必须反复检查　　　　　　　　　1. 无 2. 轻度 3. 中度 4. 相当重 5. 严重
46. 难以作出决定　　　　　　　　　　　1. 无 2. 轻度 3. 中度 4. 相当重 5. 严重
47. 怕乘电车. 公共汽车. 地铁或火车　　1. 无 2. 轻度 3. 中度 4. 相当重 5. 严重
48. 呼吸有困难　　　　　　　　　　　　1. 无 2. 轻度 3. 中度 4. 相当重 5. 严重
49. 一阵阵发冷或发热　　　　　　　　　1. 无 2. 轻度 3. 中度 4. 相当重 5. 严重
50. 因为感到害怕而避开某些东西、
　　场合或活动。　　　　　　　　　　1. 无 2. 轻度 3. 中度 4. 相当重 5. 严重
51. 脑子变空了　　　　　　　　　　　　1. 无 2. 轻度 3. 中度 4. 相当重 5. 严重
52. 身体发麻或刺痛　　　　　　　　　　1. 无 2. 轻度 3. 中度 4. 相当重 5. 严重
53. 喉咙有哽塞感　　　　　　　　　　　1. 无 2. 轻度 3. 中度 4. 相当重 5. 严重
54. 感到没有前途没有希望　　　　　　　1. 无 2. 轻度 3. 中度 4. 相当重 5. 严重
55. 不能集中注意　　　　　　　　　　　1. 无 2. 轻度 3. 中度 4. 相当重 5. 严重
56. 感到身体的某一部分软弱无力　　　　1. 无 2. 轻度 3. 中度 4. 相当重 5. 严重
57. 感到紧张或容易紧张　　　　　　　　1. 无 2. 轻度 3. 中度 4. 相当重 5. 严重
58. 感到手或脚发重　　　　　　　　　　1. 无 2. 轻度 3. 中度 4. 相当重 5. 严重
59. 想到死亡的事　　　　　　　　　　　1. 无 2. 轻度 3. 中度 4. 相当重 5. 严重
60. 吃得太多　　　　　　　　　　　　　1. 无 2. 轻度 3. 中度 4. 相当重 5. 严重
61. 当别人看着您、谈论您时感到不自在　1. 无 2. 轻度 3. 中度 4. 相当重 5. 严重
62. 有一些不属于您自己的想法　　　　　1. 无 2. 轻度 3. 中度 4. 相当重 5. 严重
63. 有想打人或伤害他人的冲动　　　　　1. 无 2. 轻度 3. 中度 4. 相当重 5. 严重
64. 醒得太早　　　　　　　　　　　　　1. 无 2. 轻度 3. 中度 4. 相当重 5. 严重
65. 必须反复洗手或触摸某些东西　　　　1. 无 2. 轻度 3. 中度 4. 相当重 5. 严重
66. 睡得不稳不深　　　　　　　　　　　1. 无 2. 轻度 3. 中度 4. 相当重 5. 严重
67. 有想摔坏或破坏东西的冲动　　　　　1. 无 2. 轻度 3. 中度 4. 相当重 5. 严重
68. 有一些别人没有的想法或念头　　　　1. 无 2. 轻度 3. 中度 4. 相当重 5. 严重
69. 感到对别人神经过敏　　　　　　　　1. 无 2. 轻度 3. 中度 4. 相当重 5. 严重
70. 在商店电影院人多的地方感到不自在　1. 无 2. 轻度 3. 中度 4. 相当重 5. 严重
71. 感到任何事情都很困难　　　　　　　1. 无 2. 轻度 3. 中度 4. 相当重 5. 严重
72. 一阵阵恐惧或惊恐　　　　　　　　　1. 无 2. 轻度 3. 中度 4. 相当重 5. 严重
73. 感到在公共场合吃东西很不舒服　　　1. 无 2. 轻度 3. 中度 4. 相当重 5. 严重
74. 经常与人争论　　　　　　　　　　　1. 无 2. 轻度 3. 中度 4. 相当重 5. 严重
75. 单独一人时神经很紧张　　　　　　　1. 无 2. 轻度 3. 中度 4. 相当重 5. 严重
76. 别人对您的成绩没有作出恰当评价　　1. 无 2. 轻度 3. 中度 4. 相当重 5. 严重

77. 即使和别人在一起也感到孤单　　　1. 无 2. 轻度 3. 中度 4. 相当重 5. 严重
78. 感到坐立不安心神不定　　　　　　1. 无 2. 轻度 3. 中度 4. 相当重 5. 严重
79. 感到自己没有什么价值　　　　　　1. 无 2. 轻度 3. 中度 4. 相当重 5. 严重
80. 感到熟悉东西变成陌生不像是真的　1. 无 2. 轻度 3. 中度 4. 相当重 5. 严重
81. 大叫或摔东西　　　　　　　　　　1. 无 2. 轻度 3. 中度 4. 相当重 5. 严重
82. 害怕会在公共场合昏倒　　　　　　1. 无 2. 轻度 3. 中度 4. 相当重 5. 严重
83. 感到别人想占您的便宜　　　　　　1. 无 2. 轻度 3. 中度 4. 相当重 5. 严重
84. 为一些有关"性"的想法而很苦恼　　1. 无 2. 轻度 3. 中度 4. 相当重 5. 严重
85. 认为应该为自己的过错而受到惩罚　1. 无 2. 轻度 3. 中度 4. 相当重 5. 严重
86. 感到要赶快把事情做完　　　　　　1. 无 2. 轻度 3. 中度 4. 相当重 5. 严重
87. 感到自己的身体有严重问题　　　　1. 无 2. 轻度 3. 中度 4. 相当重 5. 严重
88. 从未感到和其他人很亲近　　　　　1. 无 2. 轻度 3. 中度 4. 相当重 5. 严重
89. 感到自己有罪　　　　　　　　　　1. 无 2. 轻度 3. 中度 4. 相当重 5. 严重
90. 感到自己的脑子有毛病　　　　　　1. 无 2. 轻度 3. 中度 4. 相当重 5. 严重

大学生人格健康测查问卷(UPI)——为自己的心理健康"打打分"

(一) 指导语

UPI(University Personality Inventory)是"大学生人格健康问卷"的简称,是为早期发现、早期治疗有心理问题的学生而编制的大学生心理健康检查表。1966 年,由日本大学心理咨询专家和精神科医生集体编制而成。1993 年,由樊富珉等主持召开全国 UPI 应用课题研究,对 UPI 的相关条目、筛选标准、实施过程等进行了较为系统的修订。目前,UPI 已经成为高校心理咨询与大学生心理健康教育工作的有效辅助工具。UPI 主要以大学新生为对象,作为精神卫生状况实态调查而使用,以了解学生中神经症、精神分裂症以及其他各种学生的烦恼、迷惘、不满、冲突等状况的简易问卷。UPI 问卷可操作性强、判断率高、简便快洁,是目前高校学生心理调查最为先进的调查方式。

(二) 测试目的

该测试主要以大学新生为对象,入学时作为精神卫生状况实态调查而使用,以了解学生中神经症、心身症、精神分裂症以及其他各种烦恼、迷惘、不满、冲突等状况的简易问卷。

(三) 问卷构成

大学生人格问卷由以下三部分构成:

第一部分是学生的基本情况,包括学生的姓名、性别、年龄、住址、联系方法、家庭情况、兴趣爱好、入学动机等。这部分内容作为问卷分析时供参考之用。

第二部分是大学生人格问卷问卷本身,由 60 个项目构成。其中 4 个项目是测试尺度(lie scale),其题号是 5、20、35、50。其中 56 个是反映学生的苦恼、焦虑、矛盾等症状项目。56 个项目中 16 个属于与身体有关的症状,即 1、2、3、4、16、17、18、19、31、32、33、34、46、47、48、49,其他 40 个属于精神状态的项目。这 60 个项目基本概括了大学生的各种烦恼。

第三部分是附加题，主要是了解被测者对自身身心健康状态的总评价以及是否受过心理咨询的治疗，有什么咨询要求。

从问卷可以看出，四个测试题属于健康尺度，而其余56个题是症状项目，即不健康尺度。如果不健康尺度上有许多是画了圈的，而健康的尺度也大多画了圈，说明学生没有真实地、认真地填写，所以这份问卷结果的可信度值得怀疑。一般说来，不健康项目划圈多，健康项目打叉，说明心理健康存在问题；健康项目划圈多，说明心理健康状况比较好。

（四）计分

大学生人格问卷测验完成后，需要计算的只有一个指标，即总分。大学生人格问卷采用是非问答，从两种选择中择一。当项目和自己的情况相符时选"是"，不符合时选"否"。填写大学生人格问卷所需时间一般是十分钟，快者五分钟，慢者十五分钟可以完成。既可用于个别调查，也可用于团体测量。事前无需作特殊准备，对测量场所亦无特殊要求。大学生人格问卷总分最高为56分，最低为0分。

（五）筛选原则

大学生人格问卷的筛选标准视研究需要和使用者的具体情况而定，国内高校普遍采用的筛选标准有以下几种。

第一类筛选标准

满足下列条件之一者应归为第一类：

（1）大学生人格问卷总分在25分（包括25分）以上者。

（2）第25题做肯定选择者。

（3）辅助题中同时至少有两题作肯定选择者。

（4）明确提出咨询要求者（由于此条选择人数较多，有时不用）。

第二类筛选标准

满足下列条件之一者应归为第二类：

（1）大学生人格问卷总分在20分至25分（包括20分，不包括25分）之间者。

（2）第8、16、26题中有一题作肯定选择者。

（3）辅助题中只有一题作肯定选择者。

第三类筛选标准：总分在19分以下。

（六）分数解释

在请来咨询的第一类学生中，通过进一步的诊断被认为确有心理卫生问题的学生称为A类学生，该类学生需要进行持续的心理咨询。没有严重心理卫生问题的学生称为B类学生，该类学生可作为咨询机构今后关注的对象。没有任何心理卫生问题的学生称为C类学生。A类是可能有较明显心理问题的学生，B类是可能存在一般心理问题，但不严重，如人际关系不协调、新环境不适应等。这类学生有种种烦恼，但仍能够维持正常学习和生活。对他们提供帮助的同时请他们有问题时，随时咨询。其余为C类，对他们通过面谈可以起到预防的作用。他们的症状暂时不明显或已经解决，以后出现症状知道咨询机构可以提供帮助。

把握A、B、C分类也可以从比率上入手。目前各种调查表明，大学生中心理障碍发生

率在 20％左右,其中心理症比较严重者约占 1‰～2‰。一般在大学生人格问卷调查中,A
类学生约占总体被测的 1％～2％。

A 类是可能有较明显心理问题的学生,应尽快约请进行咨询。

B 类是没有严重心理卫生问题的学生,应注意维护心理卫生。

C 类是基本上没有什么心理卫生问题的学生。

(七) 测试题

1. 食欲不振	是	否
2. 恶心、胃口难受、肚子痛	是	否
3. 容易拉肚子或便秘	是	否
4. 关注心悸和脉搏	是	否
5. 身体健康状况良好	是	否
6. 牢骚和不满多	是	否
7. 父母期望过高	是	否
8. 自己的过去和家庭是不幸的	是	否
9. 过于担心将来的事情	是	否
10. 不想见人	是	否
11. 觉得自己不是自己	是	否
12. 缺乏热情和积极性	是	否
13. 悲观	是	否
14. 思想不集中	是	否
15. 情绪起伏过大	是	否
16. 常常失眠	是	否
17. 头痛	是	否
18. 脖子、肩膀酸痛	是	否
19. 胸痛憋闷	是	否
20. 总是朝气蓬勃	是	否
21. 气量小	是	否
22. 爱操心	是	否
23. 焦躁不安	是	否
24. 容易动怒	是	否
25. 想轻生	是	否
26. 对任何事都没有兴趣	是	否
27. 记忆力减退	是	否
28. 缺乏耐力	是	否
29. 缺乏决断能力	是	否
30. 过于依赖别人	是	否
31. 为脸红而苦恼	是	否
32. 口吃声音发颤	是	否
33. 身体忽冷忽热	是	否

34. 注意排尿和性器官   是   否

35. 心情开朗   是   否

36. 莫名其妙的不安   是   否

37. 一个人独处时感到不安   是   否

38. 缺乏自信心   是   否

39. 办事畏首畏尾   是   否

40. 容易被人误解   是   否

41. 不相信别人   是   否

42. 过于猜疑   是   否

43. 厌恶交往   是   否

44. 感到自卑   是   否

45. 杞人忧天   是   否

46. 身体倦乏   是   否

47. 一着急就出冷汗   是   否

48. 站起来就头晕   是   否

49. 曾有失去意识、抽筋的情况   是   否

50. 人缘好受欢迎   是   否

51. 过于拘泥   是   否

52. 对任何事情不反复确认就不放心   是   否

53. 对脏很在乎   是   否

54. 摆脱不了毫无意义的想法   是   否

55. 觉得自己有怪气味   是   否

56. 别人在自己背后说坏话   是   否

57. 总注意周围的人   是   否

58. 在乎别人视线   是   否

59. 觉得别人轻视自己   是   否

60. 情绪易被破坏   是   否

61. 你认为人际关系很重要   是   否

62. 至今为止，你感到在自身健康方面有问题吗   是   否

63. 曾经觉得心理卫生方面有问题吗   是   否

64. 至今为止，你曾经接受过心理卫生的咨询和治疗吗   是   否

65. 如果你有健康或心理卫生方面想要咨询的问题，请写在下面

测测你的"情商"

"情商"是相对于智商而言，指情感智力的高低。丹尼尔·戈尔曼认为，情感智力包括了解自我、管理自我、自我激励、识别他人的情绪、处理人际关系等五个主要方面。你知道自己的情商（EQ）有多高吗？请对下列题目做出是或否的回答。

（1）你认为大多数人必须更加努力而不要轻易放弃。

（2）当学习碰到困难时，你认为这是对未来的警告。

（3）在你最好的朋友开始说话之前，你就能分辨出他（她）处于何种情绪状态。

（4）当你的情况不妙，你认为你到了该改变的时候了。

（5）当你和朋友或同学发生争吵后，你能在他人面前掩饰住你的沮丧。

（6）尽管你知道自己是正确的，你也能转换这一话题，而不愿引来一场争论。

（7）当你担忧某件事时，你在夜里难以入睡。

（8）你经常想知道别人是怎样看待你的。

（9）你对自己几乎能使每一个人高兴起来而感到自豪。

（10）你厌烦讨价还价，尽管你知道讨价还价能使你少花很多钱。

（11）你十分相信直率地说话，而且认为这样能使一切事情变得很容易。

（12）与你最好的朋友告诉你一些好消息相比，你更容易受一部浪漫影片的感染。

（13）你在学习中作出一个决定后，会担心它是否正确。

（14）你认为你的家人或朋友对你寄予厚望。

（15）你似乎是这样一个人：对于周末去做什么，总是能够提出有趣的设想。

（16）假如你有一根魔棒的话，你将挥动它来改变你的外貌和个性。

（17）你会把任何事都告诉你的好朋友，即使是个人隐私。

（18）你不会担心环境的改变。

（19）你认为一点小小压力不会伤害任何人。

（20）不管你学习（工作）多么尽心尽力，你的领导似乎总是在催促着你。

选是得 1 分，否不得分，合计总分。

16 分以上：在控制你的情感方面，你是自信、出色的。当处于强烈情感边缘时，你不会被击垮。即使你在愤怒时，也能进行有效的自我控制，保持彬彬有礼的君子风度，与他人相处融洽。

7～15 分：你能意识到他人的情感，但有时却忽略它们，不明白这对你的幸福是多么重要。你对下一步升学和就业等诸如此类的事情关心支配着你的生活。然而，无论实现多少物质目标，你仍然感到不满足。

6 分以下：你过分注重自己，对别人关心不够。你喜欢打破常规，并且不会担心通过疏远别人来得到自己想得到的东西。你可能在短期内就会取得一定成果，但人们不久就将开始抱怨你。

测测你的自信心

以下列出了许多反映普遍的情感、态度和行为的陈述，请仔细阅读每一个陈述，考虑一下它是否适用你。你同意每一个陈述的程度分别为：A. 非常同意；B. 基本同意；C. 基本不同意；D. 极不同意。

（1）我是个会交际的人。

（＊2）我近几天来有好几次对自己非常失望。

（＊3）使我烦恼的是我的模样不能更好看点。

（4）维持一个令人满意的爱情关系对我没有困难。

（5）此刻我比几周来更为快乐。

（6）我对自己的身体外貌感到满意。

（＊7）有时我不去参加球类及非正式的体育活动，因为我认为自己对此不擅长。

（＊8）当众讲话会使我不舒服。

（＊9）我愿意认识更多的人，可我又不愿意外出同他们见面。

（10）体育运动是我的擅长之一。

（11）学业表现是显示我的能力、让别人认识我的成绩的一个方面。

（12）我比一般人长得好看。

（＊13）在公共场合演节目和讲话，我想都不敢想。

（14）想到大多数体育活动时，我便充满热情和渴望，而不是疑惧和焦虑。

（＊15）即使身处那些我过去曾应付得很好的场合，我仍然常常对自己没有把握。

（16）我常怀疑自己是否有这分天资，能成功地实现我的职业和专业目标。

（17）我比与我年龄、性别相同的大多数人更擅长体育。

（＊18）我缺少使我成功的一些重要能力。

（19）当我当众讲话时，我常常有把握做到清楚、有效地表达自己的看法。

（20）我真庆幸自己长得漂亮。

（＊21）我已经意识到，同我竞争的大多数人相比，我并不是个好学生。

（＊22）最近几天，我对自己不满意的地方更多。

（＊23）对体育活动不擅长是我的一个很大的缺点。

（24）对我来说，结识一个新朋友是我所盼望的愉快感受。

（＊25）许多时候，我感到自己不像身边许多人那样有本事。

（26）在晚会或其他社交聚会上，我几乎从未感到过不舒服。

（27）比起大多数人来，我更少怀疑自己的能力。

（＊28）我在建立爱情关系上，比大多数人困难更多。

（＊29）今天我比平常对自己的能力更无把握。

（＊30）令我烦恼的是，我在智力上比不上其他人。

（31）当事情变得糟糕时，我通常相信自己能妥善地处理它们。

（＊32）我比大多数人更为担心自己在公共场合讲话的能力。

（33）我比我认识的多数人更自信。

（＊34）当我考虑继续约会时，我感到紧张或没有把握。

（＊35）大多数人可能会认为我的外表没有吸引力。

（36）当我学一门新课时，我通常可以肯定自己在结束时成绩处于班上前1/4内。

（37）我像大多数人一样有能力当众讲话。

（＊38）当我参加社交聚会时，感到很笨拙和不自在。

（39）通常我的爱情生活似乎比大多数人好。

（＊40）有时我因为不想当众发言而回避上课或做其他事情。

（41）当我必须通过重要的考试或其他专业任务时，我知道自己能行。

（42）我似乎比大多数人更擅长结识新朋友。

（43）我今天比平时更为自信。

（＊44）我时时避开那些我有可能会与之产生爱情关系的人，因为我在他们身边会感到太紧张。

（＊45）我希望我能改变自己的容貌。

（46）我比大多数人更少担心在公共场合讲话。

（47）现在我感到比平时更乐观和积极。

（48）对我来说，吸引一个渴慕得到的男朋友或女朋友从来不成问题。

（＊49）假如我更自信一点，我的生活就会好一些。

（50）我追求那些智力上富有挑战性的活动，因为我知道我能比大多数人做得更好。

（51）我能毫无困难地得到许多约会。

（＊52）我在人群中不能像大多数人那样感到舒服。

（＊53）今天我比平时对自己更无把握。

（＊54）要是我长得更好看一点，我会在约会上更成功。

该问卷由季益富、于欣先生 1990 年编制，用来评定自我评价的一个方面——自信，本量表涉及六个方面：学业表现、体育运动、外表、爱情关系、社会相互作用及同人们交谈。

评分标准：

A. 非常同意：4 分

B. 基本同意：3 分

C. 基本不同意：2 分

D. 极不同意：1 分

带＊为反向记分，即 A：1 分；B：2 分；C：3 分；D：4 分。

总分范围 54～216，分值越高表示自信程度越高。

测测你的逆商——意志品质测试

下面有二十道题，题后有五种答案：

A. 是，很同意或经常如此；B. 有时是，比较同意或比较常有；C. 可否之间或寸有时无；D. 很少是，不大同意或较少如此；E. 不是，不同意或不是如此。根据你的情况选择其中一个答案。

（1）我很喜爱长跑、远途旅行、爬山等体育运动，但并不是我的身体条件适合这些项目，而是因为它们能使我更有毅力。

（2）我给自己订的计划常常因为客观原因不能如期完成。

（3）如没有特殊原因，我能每天按时起床，不睡懒觉。

（4）计划应用具有一定的灵活性，如果完成计划有困难，随时可以改变或撤销它。

（5）在学习和娱乐发生冲突的时候，哪怕这种娱乐很有吸引力，我也会马上决定去学习。

（6）学习或工作遇到困难的时候，最好的办法是立即向师长、同志、同学求援。

（7）在练长跑中遇到生理反应、觉得跑不动时，我常常咬紧牙关，坚持到底。

（8）我常因读一本引人入胜的小说而不能按时睡觉。

（9）我在做一件应该做的事之前，常能想到做与不做的好坏结果，而有目的地去做。

（10）如果对一件事不感兴趣，那么不管它是什么事，我的积极性都不高。

（11）当我同时面临一件该做的事和一件不该做却吸引着我的事时，常常要经过激烈斗争，使前者占上风。

（12）有时我躺在床上，下决心要干一件重要事情（例如突击学一下外语），但到第二天，这种劲头又消失了。

（13）我能长时间做一件重要但枯燥无味的事情。

（14）生活中遇到突发情况时，我常常优柔寡断，举棋不定。

（15）做一件事之前，我首先想到是它的重要性，其次才想它是否使我感兴趣。

（16）我遇到困难情况时，常常希望别人帮我拿主意。

（17）我决定做一件事时，常常说干就干，决不拖延或让它落空。

（18）在和别人争吵时，虽然明知不对，我却忍不住说一些过头话，甚至骂他几句。

（19）我希望做一个坚强的有毅力的人，因为我深信"有志者事竟成"。

（20）我相信机遇，好多事实证明，机遇的作用有时大大超过人的努力。

记分方法：A、B、C、D、E 分值单序号题分别记 5、4、3、2、1 分；双序号题分别记 1、2、3、4、5 分。计算所得分数。

81～100 分：意志很坚强；61～80 分：意志较坚强；41～60 分：一般；21～40 分：意志较薄弱；0～20 分：意志很薄弱。

参 考 文 献

[1]   陶国富，王祥兴. 大学生交往心理. 上海：华东师大出版社，2005.

[2]   (美)卡耐基. 人性的优点. 李志敏，译. 北京：机械工业出版社，2004.

[3]   (美)索甲仁波切. 西藏生死之书. 郑振煌，译. 北京：中国社会科学出版社，1999.

[4]   曾建敏. 爱情心理测试. 珠海：珠海出版社，2002.

[5]   忻雨. 爱情坐标：婚恋心理测试. 上海：上海科学普及出版社，2003.

[6]   林蕙瑛. 成熟的爱与性. 北京：中国友谊出版公司，2004.

[7]   蔡登山. 人间四月天. 名人的爱情故事. 北京：作家出版社，2000.

[8]   (美)帕蒂·霍威尔，拉尔夫·琼斯著. 世界级婚姻：与伴侣亲密相处的法则. 罗小卫，黎荆，译. 重庆：重庆出版社，2003.

[9]   郑洪利. 大学生心理素质训练教程. 上海：上海交通大学出版社，2005.

[10]   毕淑敏. 人生五样. 北京：中国青年出版社，2006.

[11]   崔丽娟，刘琳. 互联网对大学生社会性发展的影响. 心理科学，2003.

[12]   段鑫星，赵玲. 大学生心理健康教育. 北京：科学出版社，2005.

[13]   樊富珉，郑洪利. 大学生心理素质训练教程. 上海交通大学出版社，2005.

[14]   菲利普·麦格劳，重塑自我. 卢苇，译. 北京：中国社会科学出版社，2002.

[15]   高薄超，高桐宣. 刺猬法则. 武汉：湖北人民出版社，2004.

[16]   高希庚，孙颖. 大学生心理健康的理论与实践. 天津：天津大学出版社，2004.

[17]   管向群. 中国传统和谐思想探源. 光明日报，2005.

[18]   和仁. 夫妻关系 15 堂课. 北京：中国盲文出版社，2005.

[19]   侯立华. 自我和谐与幸福人生. 浙江日报，2007.

[20]   胡近，等. 实用大学生心理咨询指南. 郑州：河南医科大学出版社，1997.

[21]   胡凯. 大学生心理健康概论. 长沙：中南大学出版社，2004.

[22]   黄希庭，张志杰. 青少年时间管理倾向量表的编制. 心理学报，2001，33(4)：338-343.

[23]   吉红，王志峰. 大学生心理健康与调适. 北京：中央编译出版社，2001.

[24]   贾晓明，陶恒. 大学生心理健康：走向和谐与适应. 北京：北京理工大学出版社，2002.

[25]   李维青. 心理健康与自我调适. 乌鲁木齐：新疆人民出版社，2001.

[26]   刘江，刘华. 恋爱心理自测与咨询. 杭州：浙江人民出版社，1999.

[27]   柳建营，刘晓明. 青年心理健康教程. 北京：北京工业大学出版社，2002.

[28]   罗伯特·凯根. 发展的自我. 韦子木，译. 杭州：浙江教育出版社，1999.

[29]   马建青. 大学生心理卫生. 杭州：浙江大学出版社，2003.

[30]   乔纳森·布朗. 自我. 陈浩莺，等，译. 北京：人民邮电出版社，2004.

[31] 冉超凤，黄天贵. 高职业大学生心理健康与成长. 北京：科学出版社，2005.

[32] 索阿娣，钟盎，周之艳. 大学生性观念调查报告. 青年研究，2004.

[33] 谭小宏. 时间管理能力培养与青少年成才. 青年探索，2003.

[34] 陶国富，王祥兴. 大学生网络心理. 上海：立信会计出版社，2004.

[35] 陶国富，王祥兴. 大学生社会心理学. 上海：华东理工大学出版社，2005.

[36] 田淑梅，黄靖强，巴兴强. 大学生健康心理学. 哈尔滨：东北林业大学出版社，2004.

[37] 王玲，等. 大学生心理手册. 广州：暨南大学出版社，2000.

[38] 王群，大学生心理健康教育. 上海：复旦大学出版社，2005.

[39] 肖永春，齐亚丽. 成功心理素质训练. 上海：复旦大学出版社，2005.

[40] 谢炳清，任自强，秦秀清. 大学生心理健康教程. 武汉：华中科技大学出版社，2004.

[41] 曾志强，刘君政. 人际关系与沟通. 北京：清华大学出版社，2004.

[42] 詹启生. 成功心理学. 天津：天津大学出版社，2005.

[43] 张大均，冯正直. 大学生心理素质教育. 重庆：西南师范大学出版社，2004.

[44] 张大均，等. 大学生心理健康教育. 重庆：西南师范大学出版社，2004.

[45] 张大均. 教育心理学. 北京：人民教育出版社，2005.

[46] 张小小. 职场生存智慧. 呼和浩特：内蒙古文化出版社，2004.

[47] 章明明，冯清梅，韩励. 大学生心理发展与教育. 广州：暨南大学出版社，2004.

[48] 赵宁. 办公室哲学. 北京：地震出版社，2005.

[49] 赵文明. 职场智慧168. 北京：机械工业出版社，2006.

[50] 郑洪利，樊富珉. 大学生心理素质训练教程. 上海：上海交通大学出版社，2005.

[51] 郑雪，严标宾，邱林. 幸福心理学. 广州：暨南大学出版社，2004.

[52] 周家华，王金凤. 大学生心理健康. 北京：清华大学出版，2004.

[53] 朱建军，邓基泽. 大学生心理健康. 北京：中国农业大学出版社，2004.

[54] 邹涛. 学会时间管理. 秘书之友，2003.

[55] 黄希庭. 心理学导论. 北京：人民教育出版社，1991.

[56] 蔡秀玲，杨智馨. 情绪管理. 合肥：安徽人民出版社，2001.

[57] 孟昭兰. 情绪心理学. 北京：北京大学出版社，2005.

[58] 谭兆麟. 情绪影响力. 深圳：海天出版社，2005.

[59] 郑洪利. 大学生心理素质教程. 上海：上海交通出版社，2005.

[60] 王路主. 我的情绪我做主. 北京：海潮出版社，2005.

[61] 李进宏. 当代大学生心理解读. 武汉：武汉理工大学出版社，2003.

[62] 贺淑曼. 大学生心理优化辅导. 北京：高等教育出版社，2005.

[63] 刘玉梅，徐建军. 论大学生的情绪管理. 长沙铁道学院报，2004.

[64] 程葵. 大学生情绪的调节与指导. 常德师范学院学报，2002.

[65] 张鹤. 和焦虑保持距离. 北京：经济管理出版社，2004.

[66] 夏欣欣. 调节心态的智慧. 上海：上海古籍出版社，2004.

[67] 吉红，王志峰. 大学生心理健康与调适. 北京：中央编译出版社，2006.

[68] M. 艾森克. 心理学：一条整合的途径. 上海：华东师范大学出版社，2000.

[69] 周鸿. 创新教育学. 成都：四川大学出版社，2001.

［70］ 冯正直. 大学心理素质教育. 重庆：西南师范大学出版社，2004.

［71］ 谢炳清，伍自强，秦秀清. 大学生心理健康教程. 武汉：华中科技大学出版社，2004.

［72］ 龙建成. 大学生心理健康向导. 西安：西安电子科技大学出版社，2004.

［73］ 张大均，郭成. 教学心理学纲要. 北京：人民教育出版社，2006.

［74］ 韩洪涛. 大学生心理学概论. 武汉：华中师范大学出版社，2004.

［75］ 秦虹，张武升. 创新精神的本质特点与结构构成. 教育科学，2006.

［76］ 张大均，王磊. 心理健康与创造力. 宁波大学学报，2001.

［77］ 黄石卫，冯江源，朱源. 大学生创造人格与创造力培养. 教育与现代化，2003.

［78］ 邵雅利，朱波. 当代创新技法的发展和研究综述. 河南职业技术师范学院（职业教育版），2002.

［79］ 王桂林. 试论学生创新精神和创造能力的培养. 天津师大学报，1999.

［80］ 李宝华. 试论大学生创新意识的教育. 辽宁工学院学报，1999.

［81］ （美）卡特·H·布利斯. 超级创造力训练：100％开发你的创新潜能. 王笑东，译. 北京：民主与建设出版社，2003.

［82］ 蒋家琼. 美育与大学生创造力的培养. 教育与现代化，2002.

［83］ 陈衷，佳帆. 大学生时期要做的50件事. 哈尔滨：哈尔滨出版社，2005.

［84］ 叶奕乾，孔克勤. 个性心理学. 上海：华东师范大学出版社，1991.

［85］ 黄希庭. 心理学. 上海：上海教育出版社，1992.

［86］ 高职高院校人才培养工作评估. 教育部高等教育司. 北京：人民邮电出版社，2004.

［87］ 林崇德. 发展心理学. 北京：人民教育出版社，1997.

［88］ 郑希付. 现代西方人格心理学史. 开封：河南大学出版社，1991.

［89］ 陈仲庚. 人格心理学. 沈阳：辽宁出版社，1986.

［90］ 林崇德. 积极而科学地开展心理健康教育. 北京师范大学学报，2003.

［91］ 陈仲庚，张雨新. 人格心理学. 沈阳：辽宁人民出版社，1986.

［92］ （美）Burger. Jerry M 人格心理学. 陈会昌，等，译. 北京：中国轻工业出版社，2000.

［93］ 陈福红，李爱叶. 教育心理学. 太原：山西经济出版社，2010.

后 记

爱自己，做自己心理健康的护航者

匈牙利诗人兼革命者裴多菲有一首名诗："生命诚可贵，爱情价更高。若为自由故，二者皆可抛。"在诗人看来，自由比生命和爱情都重要得多。我也曾看到许多高中毕业生高考结束后振臂高呼：我解放了，我要快乐！我要自由！

大学，似乎该放马归山、刀枪入库了。大学，学习似乎已经不再像初中、高中那样需要拼命去题海摸爬滚打了。大学，自由和快乐似乎已经在手了。作为一名心理学工作者，我所理解的自由与诗人的自由和同学们的自由可能都不太一样。在我看来，心灵上的快乐和自由更为重要，而且一切自由和快乐必须与心理健康相结合。

由此，我想跟大家交流一个主题：爱自己，做自己心理健康的护航者。

国家一级作家毕淑敏老师同时是军医兼心理咨询师，她有首小诗《健康是三色花》："如果把人间比作原野，每个人都是在这片原野上生长着的茂盛植物，这种植物会开出美丽的三色花：一瓣是黄色的，代表我们的身体；一瓣是红色的，代表我们的心理；还有一瓣是蓝色的，代表我们的社会功能。"

她说，生理健康固然重要，但无论黄花瓣多么艳丽，也只是这棵植物的一部分，红花瓣和蓝花瓣也要怒放，才是生机勃勃的风景。我想她之所以这样讲，是来自于 1946 年联合国世界卫生组织对健康的定义，"健康是一种在身体上、心理上和社会功能上的完满，而不仅仅是没有疾病和虚弱的状态。"我们从三方面来理解：① 身体上，生理健康我们都懂，就是身体没什么毛病。② 心理健康呢？心理健康就指心理的认知、情感、意志活动的内在协调一致，表现为心理的内容与客观世界保持统一，并据此能使人体内外环境平衡和促使个体与社会环境相适应，不断地发展健全的人格、提高生活质量、保持旺盛的精力和愉快情绪的一种状态。③ 社会功能则指社会支持系统，它包括一个人的人际关系、家庭氛围、社会角色、社会知觉等方面的知识。

现代社会，人们越来越关注心理健康。这绝不是赶时髦、追时尚，许多人的心理问题越来越严重，越来越不容忽视。

有人预言："从现代到 21 世纪中叶，没有任何一种灾难能像心理危机那样带给人们持续而深刻的痛苦。"确实，生活节奏的加快、市场竞争的激烈、学习就业压力的增大，人类面临着许许多多无法掌控的心理灾难。《中共中央关于进一步加强和改进学校德育工作的若干意见》指出，"要积极开展青春期卫生教育，通过各种形式对不同年龄层次的学生进行心理健康教育和指导，帮助学生提高心理素质，健全人格，增强承受能力、适应环境的能力。"

有一份调查结果表明，46.7% 的青少年有犯罪冲动。确实，只要留心一下，几乎每天我们都能看到这样的报道：本该是书声琅琅的校园，却成了一些学生不敢去、不愿去的牢狱监房；本该是温馨幸福的家庭，却成了家长与孩子互不信任、甚至"斗争"的血腥场所；本该是享受阳光与快乐的少年，却整天精神萎靡不振；本该在知识的殿堂自由遨游的大学生，却害人害己早早作了阶下囚，在高墙铁窗下度过一生……悲剧是如此触目惊心！例如，2018年1月26日浙江省金华市一名17岁高二学生徐某，残忍地向母亲下了毒手，徐某杀母的原因是忍受不了母亲催他学习的唠叨；太原一初二男孩协同伙伴，杀死太姥姥、姥爷、姥姥、舅舅、舅妈五条人命，为的是偷钱上网；某高校一女生未婚同居怀孕又弃子后被判刑入狱；众所周知的云南大学生马家爵杀人命案；北大二年级研究生跳楼自杀；等等。这些活生生的案例叫人心寒。

　　从他们的身上，我们认识到关注心理健康的必要性和解决心理问题任务的艰巨性。未来社会需要的不是高分低能的书呆子，也不是坐享其成的守株待兔者，未来社会需要的是心理健全和环境适应良好的新时代的人才。世界卫生组织对心理健康的论述提醒我们，你虽然体魄强壮，但心理不健康，就不算是一个"大写的人"，也就无法实现完满的社会功能。反过来，哪怕你的生理上出现了很严重的问题，但你的心理健康也有助于你完成自己的社会功能，比如张海迪、海伦·凯勒、史铁生等。所以古代著名医生华佗说，"善医者，先医其心后医其身"。我想鲁迅先生弃医从文也有这个意思。

　　看到别人，想想自己！我们都无法选择自己的父母，无法改变周围的环境，无法左右他人的心理，我们所能做的只能是爱自己，改变自己。每个人的命运不掌握在别人手中，而是掌握在自己手中。从生到死的整个生命航行中，你是船长，也是水手；你扬帆，你也沉锚。所以，你是自己生命的掌舵者！你要爱自己，做自己心理健康的护航者！做自己生命的护航者！

　　首先，要正确认识自己。蒙田说，世界上最重要的事就是认识你自己。解读心灵的秘密，了解自己，是一切成功的基石。印度有一句谚语："认识自己，你就能认识整个世界。"我们中国的老子也曾经说："知人者智，自知者明。"你可曾试着了解自己？我们不难看到，世界上很多人没有成功大都是因年轻时太自由散漫、放纵自己造成的。他们的生活模式也几乎是一样的：作息时间混乱，没有希望与理想，"东一榔头、西一棒槌"过得随心所欲、浑浑噩噩，不断地浪费时间，不断蹉跎岁月，不断地追悔。他们不懂得在人的一生中，要留一点时间，与自我的心灵对话，看清自己，认识自我。

　　"想要了解自己，就得多和自己谈话。"十八世纪法国最杰出的启蒙思想家卢梭，非常珍惜与自我对话的机会，因为他深深地懂得这样做对未来的人生是多么重要，正是由于他深刻而又持久地与自我对话，他才成为了"前无古人，后无来者"的伟大启蒙思想家。我希望同学们能留一点时间给自己，让自我的心灵解放出来，远离那些无关紧要的事情，去注意那些必须做的事情，更加看清你的过去、现在与未来，看清自己的长处与短板、优势和劣势。这样，你的心灵的空间就会渐渐扩大，尽力挖掘自己潜能，你成功的力量正是来自于你自己！

　　其次，要有心理健康的知识和理念。当前，许多学生出现心理问题、心理障碍、心理疾病，并不完全是学生们的错，而是与学生们长期以来所受的学校教育、家庭环境、社会氛围等有很大的关系。我们单靠个人的力量，很难改变其他。我们不能阻止暴风雨，但我们可以选择是否避雨。从我们自身来看，缺乏心理健康知识和理念是关键。

　　我们已经是成人，一味地埋怨过去的家庭教育和学校教育对自己毫无益处。我们需要重新出发，进行及时的自我教育。焦虑、抑郁、任性、孤独、虚荣等心理障碍使得我们许多年轻人误入歧途，悔恨终生。我们必须增强心理健康护航的意识，主动学习心理学知识，树立健康第一的大健康理念，多读书，结交优秀人物，多参加社团活动等都是提高心理健康意识的好办法。

还有，要学会合理调控情绪。在每天的生活中，我们绝大多数时候都在有意无意受着情绪的控制。情绪既能使人精神焕发、充满激情、思维敏捷、干劲倍增，又能使人萎靡不振、情绪低落、思路阻塞、消极怠惰。心理学家把人的情绪分为积极情绪与消极情绪两大类，积极情绪对人有正面的、积极的作用，消极情绪则对人有负面的、消极的作用。对于积极情绪，要尽力发展，对于消极情绪，则要严格控制。其方法有以下几种：① 理智调控，冷静处理。人是有理性的高级动物，情绪的强度、表达都可以在人的控制下来实现。遇到问题，我们要学会理智地分析、判断，三思而后行，这是一个非常有效的良方。② 适当宣泄，寻求咨询。心理问题产生后，如果不及时解决，被一再压抑，时间长了，心理问题会泛化、会变质，它也可能转化为心理疾病。不如我们防微杜渐，遇到情绪问题及时找朋友、找老师倾诉、哭泣，或者进行一场剧烈的运动等。这样把情绪合理地宣泄掉，身心就会轻松许多。或者找专业老师进行心理咨询，能很快去掉消极情绪，走出低谷。③ 放松心情，轻装前行。静坐冥想、欣赏音乐、肌肉放松等都可以使我们的心灵安静和沉淀，就像摩天大楼的蓄水塔，需要在中间的楼层设立一个减压器一样，我们的心理需要休息，休息就是放松。读小说、听音乐、看电影、喝杯水、看个笑话都不失为放松的好方法。大家要认识到，放松是生活的必需，就像足够的睡眠有益于身心一样。心理放松，是为了轻装前行走更远更好的路。

再有，树立正确的人生目标。每个人都有自己的目标，只有在目标的指引下才能找到真正的自我。人生之路是漫长的，但紧要之处只有几步，而且这几步就在青年时期。人生之路也是艰难曲折的，只有目标明确，坚定信念，义无反顾往前走，苦水才会变美酒。

最后，我建议：① 学会思考。俄国作家车尔尼雪夫斯基说过："不会思考的人，只能是粗鲁和愚笨的人。"假如你要使自己更好，你应该给自己思考的机会，那不是浪费时间，而是体会生命，因为思考教会你如何走下一步。② 学会忍耐。西方有句名言："患难生忍耐，忍耐生老练，老练生希望。"人生不可能尽如人意，在失败和挫折面前，有时我们不得不停顿，这使我们学会忍耐。但忍耐不是什么都不做，它是一种豁达、一种超越、一种成长，因为在忍耐的过程中我们在积蓄力量。③ 学会付出努力。古今中外许多名人，虽然他们年轻时榜上无名，但经过不懈的努力，终成大名。明代的李时珍三考科举不中，后立志学医，勤奋苦读，写成了医学名著《本草纲目》；著名发明家爱迪生、著名作家高尔基一生都没有上过大学，但他们的名字却永载史册。要想成功一定要经过努力，走过流泪谷才能到达欢乐泉。

同学们，任何带有痛苦的快乐，绝不是真正的快乐！不能冷静自己情绪的人，不能控制自己意志的人，不能掌握自己行动的人，也绝不自由！我希望大家在关注自由和快乐的同时，学点心理学知识，做好自己心理健康的护航者！

最后，再次提醒同学们，爱永远会赢，爱自己，做自己心理健康的护航者！

祝福同学们的未来，健康、快乐、成功！